図（1-1）ゼンコウ・ロシア正教会

図（2-10）四◯柱宮殿

図（3-20）ペトラのエル・カズネ

図（5-13）ポタラ宮広場

著者による水彩画

図（6-13）アナヌリ要塞教会

図（7-14）ドブロヴニクの路地裏

図（8-7）ドリナの橋

図（11-18）ヤルタの海岸通り

図（10-20）ネムルト山上で迎えたご来光

東西回廊の旅

北原靖明　著

東西回廊の旅◇目次

はじめに

　私が学生であった一九五〇年代末から六〇年代にかけて、最初の西域ブームともいえる現象があった。ヘディンやシュタイン、大谷らの探検記が次々に出版され、井上靖の小説『敦煌』や『楼蘭』が読者の関心を中央アジアに誘ったのである。しかし、当時は一般の日本人が外国に出掛けるのは難しく、せいぜい商用による欧米出張に限られていた。中近東、旧ソ連圏のバルカン諸国や中央アジア諸国、中国の新疆ウイグル自治区、チベット自治区などは、地図の上だけで辿れる夢想の領界に過ぎなかった。井上靖自身、自分の作品の舞台を実見できたのは、はるか後年だったと述懐している。

　この地域への憧れを抱きながら、数十年が過ぎた。私が初めてタクラマカン砂漠の周辺、いわゆる天山南路の南北道やネパールを周遊したのは、一九八〇年代になってからである。

　私が本書で規定する「東西回廊」とは、「西域」や「シルクロード」を包含しているがそれより広域の概念である。すなわち、ユーラシア大陸の中央部、アジアとヨーロッパが交差する地域全体を指している。通常、アジアとヨーロッパの境界は、トルコ領内のボスポラス／ダーダネルス海峡から黒海を抜けて大コーカサス山脈に連なる線とされている。本書では、アジア側ではチベット、中央アジア五か国、コーカサス三国、イラン、レバノン、シリア、ヨルダン、イスラエル、トルコ（国土の三％はヨーロッパ側）が含まれ、ヨーロッパ側ではバルカン半島の八か国、黒海北岸のウクライナ、ベラルーシ、モルドヴァなどがカバーされている（ただし上記、ネパールやタクラマカンの記録は内容がやや古いので今回は割愛している）。

歴史の研究者として私がこの地域に特に興味をもつのは、東西の交流史であり關係史である。東西回廊を通じて諸民族が移動交雑し、商品が流れ、文化が伝搬した。ゾロアスター教、ユダヤ教、キリスト教、イスラム教、仏教が、激しく勢力を争ったのもこの地域である。無数の国が興り滅んだ。アレキサンダーの東征、ビザンティン帝国の隆盛、モンゴルの侵攻、チムール帝国の栄華、オスマン帝国の勃興、そして近代の東西の冷戦とソ連邦の解体やバルカン内戦とユーゴスラヴィアの分裂。この地域を旅して肌で感じたのは、そのような歴史が各地に刻んだ深い痕跡だった。他国を理解するには、まずその国の歴史を知らなければならないというのが私の信条である。その意味から、各章では煩雑にならない範囲で、地域の歴史に触れるよう努めた。

異国への旅の興趣は、何と言っても初めて経験する自然的地政学的景観とそこで暮らす人々との接触であろう。この地域には、コーカサス山脈、天山山脈、崑崙山脈、ヒマラヤ山脈、エルブールス山脈、ザグロス山脈、レバノン山脈、チベット高原などの山地があり、ドナウ、ドニエストル、ドニエプル、チグリス、ユーフラテス、アムダリア、シルダリアらの大河が流れている。カスピ海、ヴァン湖、イシククル湖、青海湖ら大きな水溜りにも事欠かない。このような自然環境と気候風土に規定された人々の生活様式、住居、衣服、食べ物の多様性も旅人の心を捉えて離さないものだった。

本書は、主に日記形式を採っている。旅の記述には、何年の何時、何処で、誰と、何をしたかが重要と思うからである。年次と時間、季節などが変われば、旅のスタイルも当然変わるだろう。物価も違っているはずだ。旅仲間によっても雰囲気はまったく別のものになる。私の紀行文は、ある特定の時期における繰り返しの効かないただ一度だけの経験や人との出会いを紙面に定着させる試みである。本文中、男性の名には「氏」、女性の名には「さん」を付して区別した。

第一章　中央アジアの五つの国

一．アルマティ（カザフスタン）

中継地の仁川国際空港には、一四時四五分に着いた。関東組が到着するまで、初めての空港内の店をひやかしながらひとまわりする。以前よく立ち寄ったソウル空港より、店舗の数が多い。そして多くの免税品が関空より安い。

一六時半になってやっと成田からの便が来た。添乗員の外岡さんや関東に居住する八人、それに関空から来た私たち三人の合わせて一二名が、S社が主催するシルクロード一七日間の旅の道ずれである。S社は、少人数での僻地旅行を得意にしている。個人旅行が好きな私も、中央アジアへは気軽に入ることはできない。都市間の移動はまだしも、遺跡の多くが都会から離れていて接近が難しいうえ、言語の問題がある。このような地域には、これまでも幾度かS社を利用してきた。行動の自由は多少限定されるにしても、やはりツアーに便乗するのが安全確実で効率がよく、結果的に安上がりの場合がある。外岡さんは、S社歴一七年のベテラン添乗員だ。小柄でおかっぱ髪にした彼女は、日焼けしている。しょっちゅう僻地を飛び回っているのだろう。

一七時五〇分、仁川を飛び立ったアシアナ航空は、二〇〇六年七月六日二一時カザフスタンの都市アルマティに到着する。日本との時差三時間を加えると、約六時間の飛行だった。カザフスタンは、中央アジアではもっとも広大で日本の七倍以上の国土を持つが、人口は一五〇〇万にすぎない。空港ロビーで現地ガイドのアセル（現地語で「蜂蜜」の意）さんの出迎えを受けた。面長で丈の高い若いキルギス人で、モンゴル系の目鼻立ちをした感じのよい女性である。ほかに二人のドライバーが、カザフスタンとキルギス二国内で一行に同伴してくれるという。空港から市内まで一五キロ、三〇分ほどバスに乗って今夜の宿泊地オトラル・ホテルに着いた。暗くて通過する町の様子はわからないが、異国に来たという旅の初日の高揚感は、いつも変わらない。二三時頃チェック・イン、シャワーを浴びてやっと午前〇時過ぎに就寝。

七月七日（金）、五時に目覚めた。朝食まで時間があるので、六時半から小一時間ホテルの一ブロック北を東西に走る歩行者天国（シベック・ジョルス大通り）をツム百貨店あたりまで歩く。両側を並木で囲まれ、木馬や金属性のオブゼー、花壇、ベンチが置かれ、落ち着いて楽しそうな空間が広がっている。まだ人影は少なく、バザールや屋台の店は閉まっていた。

地上階の食堂でバイキング朝食を摂り、荷物出しを済ませてから、九時にホテル前の通りを南に横切ってパンフィロフ公園に行く。パンフィロフは、モスクワ防衛戦でドイツ軍と戦い戦死した将軍の名前だ。園内に二八人のカザフ人戦士像や無名兵士の墓がある。公園内でもっとも目立つのは、ゼンコウ・ロシア正教会である（1頁　図1―1参照）。尖塔を突き出し木製でまったく釘を使わないドームを載せた鮮やかな色彩の建物が、高い天山杉（ヒマラヤ杉と同じか）の木立の中に五、六棟並んでいた。内部ではミサが行われていて、スカーフをつけた女性が頭を垂れていた。正面祭壇にキリストのイコン（聖人画像）、左右の壁面にも聖者達のイコンが掛かる。これまで見慣れた西側のキリスト教会と違う、東方正教寺院の雰囲気が感じられた。

教会の横手に伸びる道を辿って行くと、両側の若い杉の根方に金属製のプレートがはめ込まれていた。中央アジアを含めた旧ソ連一〇か国の首脳たちの名前がプレートに記されている。ソ連崩壊後の一九九七年、彼らは結束を新たにするためカザフスタンの首都アルマティに集まっている。その記念に植樹しその根方のプレートにそれぞれの名前を残した。そのうち何人が、今でもその地位を保っているのだろうか。その後首都は、北のアスタナに移った。

図（1-2）古いマンションとジャンブル像

公園内には、ポプラ、松、幹がごつごつと盛り上がったカラカチの大木などが鬱蒼と茂る。その森林を抜け、日本大使館やカザフ民族楽器博物館の前を歩き、バスで考古学博物館に移動した。博物館前には、ドンブラという二弦琴を手にしたカザフの詩人ジャンブルの坐像があった。私は坐像よりもその後ろに建つ巨大で凹凸のある、生活臭にあふれた十階建てのマンションが気になった。大きな地震があれば、簡単に崩れ落ちそうな老朽ビルである。その前に建つ小さな考古学博物館は、閑散としていた。わざわざ立ち寄ったのは、有名な「黄金人間」を見学するためである。とはいえ私自身、黄金人間を耳にするのは初めてだ。近郊の古代スキタイ戦士の墓から発見された人間像である。その衣装が動物をモチーフにした数千の金細工から造られているので、黄金人間と呼ばれる。本物かコピーか、わからないらしい。

最後に、この国で一番大きな国立博物館を訪ねた。入り口すぐの広間に、三体の民族衣装を着けた大型人形が並んでいた。黄金人間のミニチュアもある。これから現地で目にするはずのトルコ系の岩絵や石人像、夫婦と一四人の子供からなるカザフ人のテント生活の模型などが展示されている。

「こんなに子沢山の家族が、今でもいるのですか」

と訊ねると、

「昨今は、少なくなりました。でも私の母親は、一七人中一四番目の子供でした」、とアセルさんが答えた。

昼食は市内の風通しのよい半屋外のレストランで、ナンに野菜や肉を主食とし、カレー風のスープがついたカザフスタンの料理を食べた。中央アジア共通の食材かもしれない。

この席で、参加者が簡単な自己紹介をすることになった。千葉県からの島田さんと埼玉県出身の荒川さんは、相室で旅しているお友達。以前に旅先で知り合ったのである。ときにより、相手を「ねーさん」とか「おばん」と呼んでいる。もう一人の仲間が、旅に加わることもあるという。「そうなれば、かしましネーサンになりますね」とひやかす。

陽気で気さくな島田さんは、いつも同室できる友達を見つけて旅に誘っているらしい。八百屋をやっている亭主を残して海外に出かけることが多いという。

「ときには、ご主人も一緒に来たがるのでは?」誰かが尋ねた。

「いいえ、商売熱心で店にいるほうがいいみたい」と島田さん。「でも私の旅の話は、喜んで聞いています。旅先で撮ってきたビデオをそのまま放置していると、勝手に編集してくれます。私と違って、几帳面で整理好きなひとですから。自身は行ったことのない土地の説明を付け足したうえ、『それでは、お疲れさまでした。またどこかの旅先で、お目にかかりましょう』、なんて最後を締めたりしてね」

千葉県流山市の大泉氏は、ちょび髭を生やした小柄な紳士だ。貰った名刺には、環境造形研究所とある。内容はよくわからない。外国旅行を始めたばかりだという。「これから、かっきり一〇回海外に出かけ、そのあとは家で自適の生活を送る予定です」

ゆったりとした動作で年齢不詳の渡部さん、一行のなかではもっとも若くスマートで軽快な生井さん、控えめで地味な鈴木さん、丈高くおしゃれな成田さん、いつも成田さんに連れ添っている中原氏らが、東京からの参加者である。関空から同行したのは、広島の山崎氏と兵庫県からの飴山さん。

「数年前、下顎部にできた癌を取りました」、と山崎氏。下唇が少し左下に垂れているのを気にしているのだ。「先に資金が無くなるか。あるいは癌が再発して命が尽きるか。それまでは、旅を続けたい」

七七歳という飴山さんは、まん丸顔の口をへの字に曲げ向こう気の強そうな面構え。これまでに、一〇〇ヵ国を超える国を訪ねたという。

「それだけ旅されたのなら、もう大満足ですね」と合いの手が入った。

「いいえ」、きっぱりと飴山さん。「まだ九〇ほどの国が残っています。最近、八四歳でツアーに参加している女性に出会いました。その歳までに、私もまだまだ旅ができます」

このひとは、危険なアフガニスタンの首都カーブルにも出かけているのだ。旅行社に希望渡航先を届けておく。希望者が一定数集まると、政情不安な国でも限られた地域につき特別企画が組まれるという。特殊な旅を専門にしている小旅行社があるらしい。たとえカーブルの一地区でも、アフガニスタンに入国したことにはかわりない。実は、山崎氏も一〇〇ヶ国超の旅行者だと判る。今回は、特に手強い人が集まった旅のようだ。

二　ビシュケク、イシク・クル湖（キルギス）

一時間半の昼食休憩を終えて、午後キルギスへの峠越えの移動が始まった。バスは西に向かって走っている。左手には天山山脈から分かれた支脈の山並み、右手は平原が広がる。草を食む牛の群れ、時々集落が車窓に現れては消える。一六時四九分一八〇〇メートルのコウダイ峠を越えて、カザフスタン側の国境コルダイに着いた。パスポートと顔の確認だけで、出国は終わる。ついでキルギス側のアクシェーでの入国手続き。アセルさんが、全員のパスポートを纏めて提出した。一九時、アクシェーのレストランでの夕食、ここでもナンに野菜や羊肉、カレー・スープ、果物にティが付く。

二〇時三〇分、人口およそ五〇〇万のキルギスの首都ビシュケクのアーケム・ホテル（旧ビナーラ・ホテル）にチェック・インした。中庭に大きなプールがある。外岡さんが受付で手続きをしているあいだ、一行はロビーの安楽椅子でくつろいだ。大泉氏が、アルマティの国立博物館の配列がよくないと批判した。歴史的な流れがわかりにくいというのである。いっぽう飴山さんは、大泉氏を無視して割り込んできた。彼女は、曾遊の地の話がしたくてうずうずしている。特にアルジェリア南部の奥地にあるタッシリ・ナジールの岩窟絵のことを旅行中よく口にした。よほど印象深い場所だったのだろう。私も少し興味を惹かれた。

翌七月八日（土）、六時起床。プールが見える地上階のレストランで朝食を摂る。八時三〇分出発、この都会は標高八〇〇メートルにあるが、気温は既に三〇℃に上がった。緑の多い市街地を抜けたバスは、昨日右手に見えていた山脈の南側にまわり、東南方向に走っている。右手には新たにキルギス・アラトーと呼ばれる別の天山山脈の支脈が見えてきた。最高峰のタフカル山は、四九〇〇メートルもある。キルギスは、国土の九〇％以上が一千メートルを超え、さらにその四〇％が三千メートル級の高山からなる山国である。左手に天山の雪解け水を水源とするチュー川が流れる。一帯は、小麦、大麦、トウモロコシの産地で、朝鮮人やドウルガン人（中国系イスラム教徒）が多い。

途中、スイカを買うために外岡さんは、車を停車させた。食事時のデザートにするためだ。直径七〇センチもあるスイカやウリが、道端に並んでいた。ついでに私もバスを降りて、赤い民族衣装を着けた売り手の母娘や男の子と一緒に記念写真を撮ってもらう。道路は、川に沿いカーブしながら山地を登っていく。土手に防蝿に使うという黄色の種をつけた草花が咲いている。野生のマリファナの茂み。一〇時五分、両側の山脈が狭まってきた。一面に薄紫の花が咲く。リンゴも実をつけている。

アセルさんが、キルギス人の結婚の話をした。まだ地方では、親たちが纏めるお見合いによる縁戚間の縁組が多いが、都会では当人たちが相手を選ぶ割合が増えている。ただ、結婚式にかける男性側の費用負担が大きいので、略奪婚の形をとり、式なしで済ませることもあるという。結婚しても女性は実家の姓に留まることが多い。改姓には金と時間がかかるからだ。子供たちは父親の姓を名乗る。末子相続が普通である。

一一時二〇分左手のクンゲイ・アラトー山脈が近づき、バスは谷あいに入っていく。右手の白い岩石の周りに人が集まっている。聖なる泉が湧き出ているのである。ポプラの板に、色とりどりの布が結わえられていた。私たちも小休止して、泉の水を両手で掬った。一二時、点々と道端に立っている小さな白いテントを見る。クムス（馬乳酒）の酒場である。ここでも短時間停車してもらって、みんなでクムスの味見をした。アルコール分は四％と軽いが、酸い味がつよく、少し塩辛い。

一二時三〇分、イシク・クル湖の西端にある漁師町バルクチに着いた。町に入るには、ゲートで一〇〇ソム（一ソムは、約二・五円）の環境税を支払わなければならない。この町で一時間のランチ・タイム。食後に外岡さんが、先ほど購入したスイカを切り分けて、配ってくれた。

バルクチを出たバスは、イシク・クル湖の北岸に沿って東に向かう。この湖は琵琶湖の九倍もあり、「中央アジアの真珠」とか「キルギスの海」といわれる茫洋とした紺青の大湖だ。古代サカ族（スキタイ人）

の故地であり、七世紀には天山南路を往来しインドを訪ねた玄奘三蔵が立ち寄っている。彼は、『大唐西域記』中この湖を「大清池」と記した。旧ソ連時代には、ロシア政府の幹部の避暑地にもなった。カザフスタンのナザルバーエフやキルギスのアカーエフの別荘もあった。バスの左手遠方には、万年雪を頂くクンゲイ・アラトー山脈の屏風が立ちはだかり、湖の南方遥かにテルスケイ・アラトー山脈が連なっている。このあたりは、天山山脈から分かれた二つの支山脈に挟まれた高所盆地なのである。

一五時、北岸の中ほどにある岩絵野外博物館に着いた。今日の宿泊地である避暑地チョルバン・アタも近い。道路のすぐ近くの鉄柵で囲まれた草地の中に、大小の岩塊が無数に転がっている。一見カルスト地形を思わせる地表である。この岩の表面に、白い輪郭線で山羊や狩猟の絵が描かれていた。大きい石は、高さ二メートル幅五メートルもある。およそ四千年前のものだといわれる約九〇〇個の岩絵がある。指示板のルートを辿って一回りした。なかには、五世紀の石人像（バルバル）もいくつか見られた。そこここに無数の茎を上に突き出し、グミのような赤い実をつけたエファドラという潅木が茂っていた。喘息の薬エフェドリンが採れるという。

再びバスに乗って一〇分ほどで、一六時半にアウロラ・ホテルにチェック・インした。夕食まで時間があるので、半ズボンに着替えて、サンダル履きで散歩に出かけた。ホテル裏と海岸のあいだは、一〇〇メートルほどあり、柵にかこまれよく管理された庭園になっている。ホテル裏手のテラス沿いの長いバラ園には、ピンクや赤いバラが咲き誇っていた。テラスの階段を下り、白樺やモミの並木のあいだの心地よい遊歩道を湖岸まで歩いていく。湖岸の砂地にビーチ・パラソルが並び、数百メートル先に湖中に突き出た桟橋が見えた（35頁　図1―3参照）。しかし週末にもかかわらず、人出は少ない。やがて同行の仲間が、一人二人と集まってきたので、写真を撮りあう。そこへ三人ずれの男性が現れた。そのうちの二人は、海水パンツで泳ぐ構えである。どうも日本人らしいので、話かけてみる。はたして彼らは松下の社員で、JAICAの要請で三週間ビシュケクに滞在し、キルギス人に技術指導をしているという。週末を利用して、傍らにいるキルギス青年に伴われて保養地に来ていたのである。国内ではあまり知られていない国で、日本の技術者が活躍しているのはうれしい。そのうち大泉氏や生井さん、飴山さんも集まってきたので、湖を背景にみんなで記念写真を撮った。

一九時から、ホテルのレストランで夕食。部屋に戻ってベッドに転がっていたら、そのまま眠ってしまった。けっこう疲労が溜まっていたのだろう。

三 ビシュケクに戻る

夜半の二時頃に目覚めた。少し吐き気を感じたので、正露丸を三錠呑んで再び寝つく。今度目覚めたときは六時になっていた。爽快な気分が戻っている。ホテル内は静謐で、ロビーやレセプションも人気がなかった。正面ドアを開いて、山手に向う。ホテル前には天山杉やしだれ柳の大木がそびえ、一〇本ほど並んだ掲揚ポールから、中央アジアの国々のものと思われる国旗が垂れ下がっていた。風がない。バス道路の北側は、地元の人の居住区だ。建ちかけの家もある。しかし、大型の犬に吠えられ、山手への散歩をあきらめる。ホテルには、本館のほかに一一階建ての北棟があるが、滞在客の気配がない。昨日歩いた遊歩道では、散水機が水を噴出しながら回転していた。庭園内の児童遊園地に気づく。今朝は、湖面が少し波立っている。

八時、オートミールやカナッペーなどの軽食を摂る。九時にチェック・アウトし、昨日きた道を引き返した。クンゲー・アルトー山脈の雪の頂は、雲に遮られて見えない。最前列の席に座り、アセルさんと雑談した。彼女の父親は歯科医で、イシク・クル湖には子供のころ両親に連れられてよく遊びに来たという。シーズンは七月から九月で、隣国のカザフ人のほか、ドイツ、イギリス、フランスからの旅行者が多いらしい。

一〇時半、イシク・クル湖を見納めてバルクチ村に入る。やがてまだらに潅木の茂った岩山のあいだの谷間にはいった。崩壊しそうな岩の急斜面が続く。左手にチュー川と鉄路、緑色の車体三両を繋いだ列車がしばらく併走した。

一二時半トクマクで一時間のランチ・タイム、レストランの中庭にしつらえた卓を囲んで、ラーメンに語呂も味も似たラーグマンという麺を食べる。

一三時四〇分、バラサグンの遺跡に立ち寄った。バラサグンは、カラハーン朝（一〇－一三世紀）の首都のひとつとされている。この王朝は、中央アジアにイスラム教徒が侵攻したとき、最初にイスラム化したトルコ系西突厥族の王国である。広い廃墟の敷地内には、三基の墳墓や礼拝堂跡、二四メートルの円錐台をしたプラナの塔が建っている（35頁　図1―4参照）。この塔は、本来四五メートルの円錐形をしていたが、上部は地震で壊れたのである。敷地は、野外博物館になっている。アラビア文字の碑文や石人、石臼などがキルギス各地から集められ、敷地内に無造作に配置されていた。石人とは、研磨され丸みを帯びた石の表面に、茶碗を支えたのっぺり顔の人間を彫ったものである。「お気に入りの石人を見つけて、一緒に記念写真を撮られては」、外岡さんの薦めで一同は石のあいだに散開していった。石人は、西突厥人の墓石だったともいわれている。

ついで、狭い螺旋階段を登りプラナの塔上に出た。開けた空間の中ではあまり高く見えないが、頂上からは万年雪を頂く遥かな山並みに囲まれた緑野が俯瞰された。

かつてシルク・ロードを行き交ったキャラバン隊は、あの山脈のどこからかこの地に現れ、再び次の宿営地を求めて去ったことだろう。古来幾たび、聖戦の旗を靡びかせた軍馬が眼下の平原を疾駆していったのだろうか。アレキサンダー旗下のギリシャ人が、西突厥兵が、サラセン軍が、セルジュク・トルコの勇士たちが、蒙古の騎馬隊が、あるいはチムールの大軍が。遺跡に立つと私の脳裏には、しばしばこのような白昼夢が過ぎるのだ。

バスに戻り、六キロ北のアク・ベシム遺跡（六－一二世紀）を訪ねた。外周の土手に囲まれた比較的狭い範囲に、ネストリウス派キリスト教会跡の長方形の穴ぼこがいくつか残るだけ。大きなアザミが花をつけている。当地は、唐代に砕葉城（スイアーブ）と呼ばれ、玄奘も立ち寄っている。李白の生地も近い。

ついで立ち寄ったクラスノヤレーチカ遺跡は、むかしの突厥人やソグド人の町。日本人研究者加藤久蔵氏が発掘に従事した。中心に要塞があり、周りに市街地（トリフィスタン）が広がっていたというが、今見られるのは塹壕のように穿たれた数個の窪みだけである。土地の人も殆ど知らない遺跡らしい。

「今日は、穴ぼこの見物ばかりね」、と島田さんと荒川さんが話している。

寄り道が続いたため首都のビシュケクに戻ったときには、一七時をまわっていた。だが、まだ日は高い。ホテルに入る前に、国立歴史博物館の見学が残っている。博物館は、市の中心部アラトー広場にある三階建ての立派な建造物だ。私たちは三階の歴史と民俗展示場に直行した。スキタイ人の青銅器、紀元前六世

図（1-5）ビシュケクのアラトー広場

紀のマニ教徒のミイラと木棺、先刻見てきたばかりの石人、キルギス人のテント（ボズ・ギュイ）生活のモデルなど。短時間に一人で二階の社会主義時代の展示会場も回ってみた。レーニンや銃剣を担いだ革命兵士が隊伍を組む物々しい金属性の像がところ狭しとばかり陳列されていて、異様な印象を受けた。ソ連が崩壊した現在では、むしろ珍しい展示物といえるのかもしれない。

正面玄関を出たところで、キルギス人家族に出会った。アセルさんの通訳によると、ビシュケクに住む息子夫婦が、田舎の両親を首都見物に招待したということだった。七〇歳の父親は、黒地に白い刺繍を施し、腰紐でくくった長い民族衣装を付け、先の尖った白帽（「パルカ」雪山を意味する）を被っている。六〇歳の母親の方は、鮮やかなピンクの衣装にスカーフをつけていた。私たちは、「良い息子さんたちで、お幸せね」と言って老夫婦と握手し、一緒に写真を撮った。若夫婦は、揃って立派な骨格をした感じのよい若者だった。

博物館前のアラトー広場を囲んで、ソ連時代の大きなビルが並んでいる。現在は、ビジネス・オフィスが雑居しているという。中央に立つ自由の女神像の場所には、かつてレーニン像が立っていた。レーニン像は、現在博物館の裏手に移されている。起重機で吊り下げられ破壊されたモスクワのレーニン像に比べれば、こちらのレーニンはまだしも幸運といえよう。

飴山さんは、いつも獲物となる被写体を探している。出会った相手をポロライド・カメラに収めては、有無を言わせず写真を押し付けるのだ。特に、びっくりして目玉を丸くする子供を見るのがお楽しみのようだ。飛行機の中でも、ホテルでも、田舎道を行く馬上の人でも。今は、広場にたむろしている人たちを狙っている。

市内のレストランで、夕食会になった。アセルさんが所属する旅行代理店の社長が姿をみせ、挨拶した。少し酔った飴山さんは、民謡カチューシャを、ロシア語で歌いだす。かなり若造りのソプラノである。

一九時になって、やっと一昨日泊まったアーケム・ホテルに戻った。

四．カザフスタンに再入国、タラス川の古戦場、トルケスタン

七月一〇日（月）、晴天が続いている。午前中は、昨日に続いてビシュケク市内の見物で、再びアラトー広場に来た。広場に続いて、アルマティの公園と同名のパンフィロフ公園の緑地があった。お化け屋敷やメリー・ゴーランドのある児童公園や高い鉄柵に囲まれた大統領官邸（ホワイト・ハウス）が隣接している。前年三月の「チューリップ革命」のとき暴徒により壊された柵の一部は、そのまま残っていた。ソ連時代のキルギス共産党書記長から共和国大統領に横滑りしていたアカーエフは、この平和革命で地位を追われた。

アラトー広場に戻って衛兵の交代を見届けてから、市街地西部のオシュ・バザールに移動する。どこの国でも市場見物は楽しい。、雑多で、騒々しく、活気があふれ、生活臭が漂い庶民の生活の一端に触れることができる。オシュ・バザールでは、取り囲む建物の内部に、屋台の青空市場がところ狭しとばかり並んでいた。野菜や穀物、香料などの食料品関係と、衣装、布、かばん、帽子などの日常品の店に大別できるようだ。キュウリは短く、トマトは少し楕円形である。

市内のレストランで昼食を済ませてから、一行は再度カザフスタンに入国するため北の国境に向かった。

一四時三〇分国境の町チャウダワルに着く。入出国事務所は、査証を受ける人たちで混雑していた。並んでいた私たちの列に割り込みが入る。一人が割り込み始めると、これに習うものが続いて身動きができないほどの圧力が加わった。怒声が飛び、険悪な空気になる。外岡さんの誘導で、なんとか雑踏を脱した私たちは、別の入り口に回った。

入国手続きが終わりカザフスタン側の国境の町ノヴァスクリセノブカに入ったときには、一六時を過ぎていた。左手にキルギス・アラトー山脈がまだ見えているがキルギスに比べると、カザフスタンは国土の大半が平原の国である。車道の両側にポプラ並木が直線的に続いている。アルマティやビシュケクに通じる鉄路の上を、五〇車両以上も連ねた貨車が走っていた。時折草を食む羊群を、車窓に見る。

アセルさんは、カザフスタンが抱えている二つの問題を話した。ひとつはセミハラジンスクでの放射能汚染問題である。政府がひた隠しにしているためチェルノブイリほど国際的には知られていないが、同様に深刻らしい。

二番目は、アラル海の縮小化だ。一九五四年自然改造計画の一環として、綿花栽培の便宜のためシルダリア（河）からカラクルム運河が引かれた。この工事によりアラル海に注ぐ水量が激減したのが、一因とされている。一九六〇年北海道ほどあった湖面が、いまや四国ほどの広さになってしまった。年間約一〇〇メートル、海岸線が減退しているという。やがて中央の浅い部分が陸地化し、アラル海は東西に二分されるかもしれない。濃縮されたアラル海の塩分濃度は、通常の海水よりたかく、周囲の土地に塩害を与えている。現在、塩分に強いサクサオウやタマリスクの植林が始まったところだ。

一八時、北に向かって流れるタラス川の畔に着いた。河川敷は、二〇〇メートルほどあるが、水が流れているのはその半分である。此岸には寺院の塔が見える。対岸では子供たちが水遊びをしていた。この川こそ、七五一年サラセン軍が高仙芝率いる唐軍を撃破した有名な古戦場である。タラス川の戦いの数年後中国では安史の乱が起こり、さしも繁栄を誇った大唐帝国は衰退に向かっていく。タラス川の敗戦は、その前兆だったのかもしれない。しかしタラスでの東西衝突がきっかけで、中国の製紙技術が西に伝えられたのである。

橋の袂から川床に降りて、タラス川の水を掬う。一緒に降りてきた生井さんやアセルさんと写真を撮った。橋の上では、手早くスケッチを終えた大泉氏が、画紙に水彩をほどこしていた。筆さばきは、けっこう巧みだ。

図（1-6）タラス川

一九時丁度に、タラス・ホテルに着いた。夕食は、ホテル前庭にある屋外レストラン、人馴れした雉色の猫が食卓に寄ってくる。渡部さんは、むかし飼っていた同じ色の猫が、二二年も長生きし、お手やお預けをしたと話した。

七月一一日（火）、七時起床、ホテル前のバス道を少し散歩。近くの小広場に、武将らしい姿の銅像が立っている。タラスは、ホテル以外目立つ建物がない閑静な地方都市だが、一〇から一二世紀には、カラハーン朝の首都として栄えた町だった。

八時三〇分ホテルを出発、まもなく一一代カラハーン王の廟に来た。ここから一二キロ西に、この君主との悲恋が伝承されているアイシャ妃の白いモスクが残っている。モスク横に茂る数本のポプラを間にして右手に建つ乳母ハルバニの小さなモスクもある。よく手入れされた参道から見た二つの瀟洒なモスクは、周りの田舎風景の中に静穏に溶け込んでいた。

一二時バスは、シムケントに近い丘陵地帯を西下している。自家用車の話になった。アセルさんのキルギスでは、セコハンの車の場合アウディ（一九九六年製）で一万五千（米ドル）、マツダ三千、メルセデス（トヨタ）が五千という。新車ならその二倍。ガソリン代は、カザフでリットル五〇円相当、キルギスで約七〇円、所得にくらべかなり費用がかかりそうだ。税金についてカザフでは、所得税四％、ガス、水道、電気が四％で、消費税はない。

カザフの教育制度は、小学校が四年制、中学五年制、高校一ないし二年制、大学は四年で学卒、五年でディプローマ号を取得する。医学部は九年かかる。

一二時半、シムケントのレストランで一時間のランチ・タイム。外岡さんが用意してくれたちらし寿司を頂いた。ここから南下すれば、ウズベキスタンとの国境は近いが、私たちのツアーは一泊だけ北の遺跡に寄り道する。

この国では、赤ちゃんが生まれたら、見せてもらうため子供たちが競って子守をするという。子守は、小遣いやお菓子が貰えるのである。

「キルギスやカザフ人の赤ちゃんに、蒙古斑は出るのでしょうか？」、人種学的興味から、アセルさんに尋ねてみた。

「必ずしも現れるわけではありません。多分、斑が認められるのは赤ん坊の三割くらいでしょう」

夕方、トルケスタンのヤサウィー廟に到着した（35頁　図1―7参照）。一二世紀イスラム教神秘主義のヤサウィ教団の創設者コジャ・アフメド・ヤサウィーを祀った聖廟で、巡礼者があとを絶たない中央アジアきっての聖地である。一四世紀末に、チムールが建造を命じた。二〇〇三年、世界遺産に登録されている。後日訪ねたチムールの都サマルカンドで幾つも目にすることになる、巨大な廟の上に載る鮮やかなコバルトブルーのドームは、遠方からでもひときわ輝きが目立っている。高さ三七メートル、壁の厚さ五メートルの廟の本体は、日乾レンガ製で、四面に明り取りの小窓が穿たれ、壁の下部にブルーのタイルが敷かれているほかは、ほとんど装飾がない。大広間の中央に、三千リットルが入る直径二メートルほどの大鍋が安置される。チムールが寄贈したものと伝えられるが、本来の意図は判らない。現在では、参詣者が賽銭を投げ込んでいた。廟内部にはいくつかの小部屋があり、そのひとつにヤサウィーの大きな石棺が納められている。

廟所の正門の外には、みやげ物店が並んでいた。この地方の民話に出てくる人物や踊り子を模した色鮮やかな陶製の小さな人形を、いくつか手に入れる。一八時、廟所に程近いヤシー・ホテルにチェック・インした。

五．国境を越えてウズベキスタンへ、中央アジア最大の都市タシケント

七月一二日（水）、曇り。六時起床し、ヤサウィー廟を囲む遊歩道を散歩した。早起きの村人が数人、低い外壁に腰掛けて、静かな朝の空気を味わっている。

八時ホテルを出て、今日最初の訪問地オトラル遺跡に向けて少し南下する。タマリスクが、草原を埋めている。九時三〇分オトラル遺跡の巨大な茶褐色の丘の麓にきた。一キロほど平地を歩き、緩やかな斜面を登って丘上の広場に出た。外壁の近くは深く抉られ、石積みの壁がむき出しになっている。発掘中の現

図（1-8）オトラル遺跡

場は、丸太と板が交差していた。居住区と推定される場所から、人骨、馬骨、かまど跡、石臼、水差しなどが発見されている。一二世紀の全盛期には、かなりの人口を持った都市であった。その都市が、ジンギス・ハーンの来寇で突然灰燼に帰したのである。オトラルを包囲していた蒙古軍に城内から放たれた一本の矢が、ハーン最愛の孫の胸板を貫いた。悲しみに怒り狂ったジンギス・ハーンは、城内の生き物のすべて、犬、猫にいたるまで皆殺しを命じた。以後、蒙古軍のすさまじい進撃と殺戮が、中央アジアと西アジア各地で繰り返されたのである。今では一見どこにでもある褐色の小山と化したオトラルだが、悲劇の現場として中央アジア史に長く記憶されている。

一二時三〇分、昨日と同じシムケントのレストランで昼食を摂る。一六時、ウズベキスタンとの国境の町チェルチ・シワカベに着いた。およそ一週間お世話になったアセルさんや二人のロシア人運転手とお別れだ。出入国手続きは三〇分で終わり、ウズベキスタン人のガイド、パテール氏の出迎えを受けた。

国境から三〇分でタシケント市街地に入った。

「まだ時間があるので、当地の日本人墓地に立ち寄りませんか」、という外岡さんの提案に全員が賛同したので、予定外のお墓参りになった。小人数の旅だから多少の融通がきく。

各自一ドルを出し合って線香と花輪を買い、墓所に向かった。案内してくれた墓守の亡父が、日本人の埋葬に立ち会ったという。樹木に囲まれたあまり広くない敷地に、約八〇人の氏名を記した石のプレートが埋め込まれていた。中央アジア遺族会福

図（1-9）タシケントの日本人墓地

島県支部が一九九〇年建てた、小さな石碑がある。石碑に花輪を捧げ、プレートのひとつひとつに手分けして線香を立てて、頭を垂れた。この国には、他にもいくつかの日本人墓地が分散しているようだ。敗戦後ウズベキスタンに連行された日本人は約二三〇〇〇人そのうち八〇〇〇人が帰国できなかった。中央アジア全体を含めると、ソ連に強制された日本人労働者の総数は七万四千人にのぼり、約二千のひとが現地で亡くなっている。日本国内ではあまり知られていないが、戦後望郷の思いを抱きながら異国の丘で暮らした日本人シベリア抑留者だけではないのである。は、日本人が強制労働に従事した中央アジアの分布図があった。タシケントでは、劇場など数箇所の土木建設作業に従事したらしい。

一七時三〇分、五つ星のアルカジイ・ホテル（旧シェラトン）にチェック・インした。遠方からでも目立つ高層のホテルである。旅に出てから初めての連泊なので、今宵は少しくつろげるだろう。夕食までに下着や靴下の洗濯をすませ、入浴した。一九時地上階の食堂で、シャシャリク（焼き肉片）の混ぜご飯（ブロフ）やボルシチ（ロシア・スープ）などのロシア料理のディナー、デザートにリンゴやモモがついた。当地のリンゴは、昔風の酸い味のかったものである。私には好きな味だが、島田さんや飴山さんは不満のようだ。この二人は、食材についてなにか一こと発言したいらしい。

キルギス同様ウズベキスタンの通貨もスムだが、換算率は違う。一米ドルが、一二三七スムである。すなわち一円は、およそ一〇スムに相当する。

当地はウズベク語のほかに、ロシア語が優勢な地域だ。ドブリエロ・エトラ（おはよう）、ズドラ・ヴイチェ（こんにちは）、ドヴリエロ・ビーチョ（こんばんは）などの挨拶言葉は、終戦後の満州で子供のころ私もよく耳にしている。チャンスがあれば飴山さんが使いたがっている単語だ。

七月一三日（木）、少し曇り。一日、タシケントの市内観光が予定されている。これまで訪ねた中央アジア諸都市のなかでタシケントは、人口も二〇〇万を超え、際立って大きな近代的国際都市である。唯一、地下鉄も走っている。新市街は、幅ひろい道路に歩道、風格あるビルと整備された公園があり、緑も豊かな町だ。

まず、独立広場（旧赤の広場）にある第二次世界大戦記念碑を訪ねた。ウズベキスタンでは一〇〇万人が動員され、なんとその半数の五〇万人が戦死したといわれる。ソ連軍の首脳は、中央アジアから集められた混成部隊を、危険度が最も高い西部の最前線に配備したにちがいない。記念碑は上に地球儀とウズベキスタンの地図を載せた母子像が立ち、平和の灯火が燃え続けている。これを囲む両側に、国内各州別の死者名を記した大型の金属製プレート、いわば過去帳が並んでいた。

国立歴史博物館まで歩く。博物館二階には、古代からブハラ、コーカンド、ヒワの三ハーン国の設立までのウズベキスタンの歴史が示されている。展示品中特に貴重とされているのは、三世紀のクシャーン朝時代とされるガンダーラ式仏像である。三階では、一八六五年の帝政ロシア進出以後の歴史が示される。一九一七年ロシアでレーニンに指導された一〇月革命が起こり、ロマノフ王朝が倒れた。中央アジアが五ヶ国に分けられたのは、一九二四年である。その後のこの地域の大事件として挙げられるのは、一九六六年のタシケント大地震と一九八九年のソ連邦の崩壊であろう。頭の中で、この国の歴史を整理しながら、ガイドに従って館内を回った。

博物館の近くには、日本人が建設に従事したといわれるナヴォイ劇場がある。その前の公園では、綿花の花弁を型取った石の彫刻中央から、噴水が高くあがっていた。一二時から一四時まで、ホテルに戻って昼食と休憩。この休憩時間を利用して、ホテル前のチムール通りを南に一キロほど歩いて、新市街の中心にあるチムール広場に行く。広場の中央には、右手を高く挙げたチムールの騎馬像が建っていた。この広場に市内の目抜き通りが四方八方から集まっているのである。そのひとつ東西一キロほどのザイールコフ通りを歩いた。ここは終日歩行者天国になっていて、両側に屋台の土産物店が連なっている。人形、カセット・テープ、飲料、衣料など雑多な品が並ぶ。

一四時からは、市街地の東北部にある旧市街地の観光に出かけた。新市街地と雰囲気がまったく違い、窓の少ない家の高い土壁に囲まれた道路は、狭く迷路のように曲がりくねっている。最初に訪ねたのは、一六世紀に建てられたというバラク・ハーンのメドレセ（神学校）、現在は中央アジアのイスラム教本部になっているので内部を見ることはできない。入り口のアーチに描かれたモザイク模様やアラビア文字が美しい。すぐ向かいに建つジェマ（金曜）・モスクには、チムールがシリアのダマスカスから持ち帰ったといわれる羊皮紙に書かれた最古のコーランのひとつが、保管されていた。僧侶に謝礼を払って、私の氏名をアラビア文字で書いてもらう。

カリフ・シャーシ廟に向かう路地で、民家の入り口が開いていた。覗いていると、家人が手招きした。つられて、一同が内部に闖入する。スペインのパチオ（中庭）のように、内部は二階建ての家屋に囲まれ、花園や樹木が茂った憩いの空間になっている。路地からは伺えない、地元の人だけのスペースである。街路側には少ない窓は、みな庭側に開かれている。片隅には食卓があり、安楽椅子には、長老らしい男が座

図（1-3) イシク・クル湖

図（1-4）プラナの塔

図（1-7）ヤサウィー廟

図（1-10）ヒワの城内

図（1-12）ミヤゾフ大統領の黄金の像

図（1-15）ブハラの神学校中庭でのショウ

図（1-17）公園で出会った新郎新婦

図（1-19）ペジュケント新市街

図（1-21）サマルカンドのレギスタン広場

図（1-22）ティラカリ・メドレセの丸天井

図（1-23）サマルカンドの青いドーム

っていた。老女や若い主婦、数人の子供たちが、好奇心むき出しの表情で一行を見た。飴山さんは、早速ポロライド・カメラで撮った写真を、子供の鼻先に差し出した。

市内見物の最後は、やはりバザールになる。タシケントにもいくつかのバザールがあるが、旧市街の入り口近くにあるチョルス・バザールが最も大きい。中央に屋内バザールがあるが、その周囲に屋台の店舗が雑然と並んでいる。その雑踏のなかで、飴山さんがポロライド・カメラのフィルムを掏られたのである。

夜、民家の中庭にあるレストランで夕食を摂っているとき、この事件が判明した。

「これまで何十回も外国に出たけど、掏られたのは今度がはじめてよ」と飴山さんが弁解した。まわりの人は、にわかには信じられないという顔をする。大泉氏が、一同の気持ちを代弁するように、

「私が掏りだったら、やっぱり飴山さんを狙いますよ」と人差し指を鍵形に曲げ、眉根を寄せて、よい鴨を狙う掏りの仕草をした。

「みんなの中で、一番金目のものを持っているように見えるし、隙もありそうだから」

事実、彼女は、いつも大きなバッグを肩にかけ、体を傾けて重そうに歩いている。バッグの中には、ポロライドを含め少なくとも三個のカメラが入っていた。カメラについては、このあとの旅行中にも事件が起きた。

六、ホラズム王国の都

タシケントは、カザフスタン、キルギス、タジキスタンに囲まれ東に突出したフェルナガ盆地にあり、一国の首都としては地理的に偏っている。本日訪ねるウルゲンチとヒワは、同じウズベキスタンでも西北

に位置し、トルクメニスタンとの国境に近い。今朝は、この二地点を飛行機で一気に飛び越えるのである。八時過ぎに離陸した機は、約一時間でウルゲンチ空港に着陸した。飛行場で、ガイドのタヒール氏が出迎えた。

機内の雑誌で、ウズベキスタンのサマルカンドから南のテルメスに抜けるシルク・ロードの要衝「鉄門」について、興味ある記事を読んだ。鉄門は、険しい渓谷の中でも、特に両岸の高さ一五〇メートル、幅一二から二〇メートル、長さ一キロに及ぶ隘路を指す。ヘロドトスによれば、紀元前五三〇年婚姻を拒絶した女王トルミスに怒ったペルシャの大王率いる大軍が鉄門を経由して東に攻め込もうとしたが、女王軍にこの渓谷で殲滅されている。六三〇年、玄奘三蔵も鉄門を通り抜けた。さらに一三七〇年、ホラズム王からの和睦申し出を警戒したチムールは、鉄門の手前で待機したとある。歴史に興味を持っている隣席の大泉氏にこの記事を見せると、彼は後日翻訳したいといって雑誌をかばんに仕舞った。

一〇時、ウルゲンチのドミナ・ホラズム・パレス・ホテルにチェック・イン。ヒワにはよいホテルが限られているので　三五キロ離れたウルゲンチに宿泊し、荷物を軽くしてからヒワ観光に出かけるのである。ヒワは外壁と内壁からなり、内壁に囲まれた内城（イチャン・カラ）の入場には特別のパスポート写真が必要という。予備の写真を用意していなかったひとは、途中でインスタント写真を撮ってもらった。一一時内城の西門に着いた。一九九〇年世界文化遺産に指定されたのは、この内城部分である。入場料のほか、域内の写真を撮るためには、二五〇〇ソムの許可料が必要である。

ヒワは紀元前から知られる古い町であるが、シルクロード幹線から北にそれた脇道の小都市に過ぎなかった。一〇世紀に出現したホラズム王国でもヒワは、長いあいだ地方都市に留まっていた。現在目にする

図（1-11）ヒワのミナレット

見事な市街は、アムダリアの河筋の東への移動に伴いホラズム王国が、首都をクフナ・ウルゲンチ（現トルクメニスタン）から当地に遷都した以後のものである。

二つの円柱に支えられた西門から城内に一歩踏み入れたときのこの町の印象を、どのように伝えたらよいだろうか。木質の素材の表面だけ色彩を施した形状の異なる積み木が、おもちゃ箱にぎっしり積み込まれている空間とでも形容すれば、町全体の雰囲気が多少は理解されるだろうか。

年間三〇〇日は晴れといわれるように、紺青の天空から明るい陽光が、東西を結ぶメイン・ストリートに敷かれた石畳のうえに惜しげもなく降り注いでいる。これまで訪ねた都市と違ってこの表通りには並木道がない。ベージュ色が基調の城壁や立ち並ぶ建物の壁は、強い日ざしを反射してまぶしい。空気が乾燥している。砂漠地帯の一部を囲い込み幾何学的な直線や曲線で素材を切り取って作り上げた、他に類のない異様な人工的空間である。「博物館都市」と称されるようにこの内城部分は、巨大な外壁の中にミナレット（イスラム式塔）、神学校（メドレセ）、イスラム寺院（モスク）、廟（モスレム）、城、王宮、隊商宿（キャラバン・サライ）、バザールなどが東西およそ三〇〇メートル、南北七〇〇メートルほどの長方形の空間に、稠密に配置されている。外国からの観光客に混じって、深紅や緑の単色に染め上げたワンピース姿のウズベキスタン女性が、浮き立つような華やかさを添えていた（35頁　図1―10参照）。

入場してすぐに目に入るのは、左手に続く一〇メートルを超えるクフナ・アルク城の土色の壁と対照的に、濃淡をつけた帯状の紋様をめぐらせ上部ほどエンタシス状に婉曲する太いミナレットである。これは高さ二八メートルに達したところで、未完のまま放置された。隣接する城内を人目に晒さないためという。その先で、右手に曲り少し南にさがると、ドームや壁に青いタイルを嵌め込んだ、詩人ハフラヴァン・マフムドを祀る同名の廟がある。中央の国王の棺の左手小穴から覗くとマフムドの小さな棺が見えた。その東に、ヒワ国最後の大臣イスラーム・フッジャのメドレセと、ここで最も高い四五メートルのミナレットと神学校が建つ。フッジャは、あまりに進歩的な改革を推し進めたため、保守派に疎まれ暗殺された。

すぐ北のメイン・ストリートには、二一二本の列柱で支えられたジャマ・モスクがある。明り取りは屋根の小さな天窓だけなので、内部は薄暗い。よくみると列柱は、不揃いで、一本一本に別の彫刻が施されていた。規模は劣るがこの寺院は、スペインのコルドバにある有名なメスキータ寺院を連想させる雰囲気を持っている。

東門近くには、西門に近接して聳える城砦に呼応するように広大な敷地を持つタシュ・ハウリ新宮殿があった。これまで見てきたモスレムやメドレセに比べ、宮殿だけに華やかなタイルや装飾インテリアで飾られている。公式行事を行う謁見の間や王の執務室、中央に二つの円形の舞台がある宴会や接待用の広間、中庭を囲んで一六〇を超える小部屋のある二階建てのハーレムなどの区域に分けられる。王が三度「立ち去れ!」と命じたら、たとえ四人の正妃でも身に着けているもの以外は一切持ち出しが禁じられた。そのためハーレムの女性たちは、宝石など貴重品を常に身に着けていたといわれる。

このあと、東門外にあるバザールと隊商宿を見物した。商人たちは、城内には入れなかった。奴隷市場もあり、奴隷を留置する地下室もあった。インド、アフガン、中央アジア各地で集められた戦争捕虜が、ここで売られたのである。当時は、ロシア人奴隷も多かった。

屋外レストラン「チャイハナ」で、遅いランチ休憩をとる。ここには木陰もあり、日ざしのもとを歩き続けたあとでは、微風が心地よかった。大泉氏が、画紙を広げている。私は、彼を画伯と呼ぶようになった。

西門に戻り、クフナ・アルク城砦を、最高所まで登る。立体的に模造した市街地プランを博物館で見るように、数時間かけて訪ね歩いた建造物やミナレットが、一望の下に鳥瞰された。

一七時三〇分、ウルゲンチのホテルに戻った。シャワーを浴びて、一九時地上階のレストランに下りていく。「このホテルの従業員はロシア語がさっぱり通じない」と飴山さんが向こうの席でぼやいているのが聞こえる。反対側に座っていた私は、前に座った東京からの生井さんや添乗員の外岡さんと顔を見合わせた。

「相手が理解できないのは、ご自分のロシア語のせいかもしれないという発想がまるで浮かばないというのは、凄いことですね」

と外岡さんが微笑む。生井さんと私は、相槌を打った。

「結局飴山さんは、どこに出かけても怖いもの知らずでしょう」

その外岡さんは、「ショール売りが、皆さんをさしおいて、私ばかりに付きまとうのは、何故かしら？」と訝っている。

「答えは簡単です」、と私。「外岡さんだけが、スカーフを首に被っているからですよ」

町歩きのあいだビデオを撮りまくっている島田さんに対し、お友達の荒川さんも負けじとばかり、カメラのシャッターを切り続ける。

「でも現像するだけで整理もせずに放置しているから、何時どこで撮ったものやら、後でわからなくなってしまう。島田さんのご主人のような、几帳面な相棒も家にいないし」と埼玉からきた荒川さん。

「私が死んだら、『おばあちゃんたら、わけのわからない写真ばかり撮っちゃって』、と孫たちに焼き捨てられるのが、おちですね」、そう言って彼女は笑った。

大学で看護業務をしていた鈴木さんは、八月で七六歳になるというから、一行のなかでは飴山さんについで年嵩だ。この人も既に八六ヶ国を旅している。一〇〇ヶ国まで到達したいようだ。口数は少ないが、話すときには明確に自分の意見を述べる人である。今宵は、飴山さんや大泉氏は少し酔いが回ったのか、日頃以上に饒舌になっている。

「酔っ払いには、よう付き合えんわ」、といって鈴木さんは早めに席を立った。

七．トルクメニスタンへ

七月一五日（土）、五時三〇分に目覚めた。

ホテルの周辺の道路脇には、平行して水路が掘られている。アムダリア河から引かれたシャガット運河の水が、用水として一円に配送されているのである。その運河まで、朝の散歩をした。片道一キロほど、左手緑地の中に、大きな劇場、映画館、遊園地があった。運河の幅はおよそ七〇メートル。長く茎を伸ばしたカンナの花が咲いていた。

八時出発、水田、綿花、桑畑。白い花房を垂らした砂ヤツメの木は、香料になるという。九時ウズベキスタンの国境の町シャクツに来た。トルクメニスタン側の町、人口四万七千のタシャホウズに着いたのは、一一時三〇分。ガイドは、ムーサ氏に代わった。ここで一時間半の昼食休憩となる。中央アジアでは東のシルダリアとともに重要なアムダリアが近くを流れている。

午後、ホラズム王国が一〇世紀に首都としていたクフナ・ウルゲンチの遺跡に立ち寄る。この遺跡はトルクメニスタンの最北に位置し、カザフスタンとの国境に近い。中央アジア史ではホラズムは、主役とはいえないかもしれないが、一〇世紀から一三世紀初頭まで現在のトルクメニスタンからウズベキスタン北部を支配していた強国だった。一三世紀蒙古に滅ぼされ、ついで一四世紀チムールがこの地を支配した。遺跡のうちコルク・モラーノと呼ばれる丘が、紀元前一〇世紀に遡る最も古い部分といわれる。現在残っている遺構で重視されるのは、六二・五メートルと中央アジアでもっとも高いクトルグ・チムールのミナレットと円錐形をしたチェラベック・ハヌーン廟である。いずれも見事な建造物であるが、広大な周囲の荒野の中にあっては渺茫とした点景に過ぎない。

二〇時過ぎの飛行機でタシャウズを発ち、ちょうど一時間でトルクメニスタンの首都アシガバートに到着した。この国の北端から、イランとの国境付近まで一気に南下したのである。二二時ニサ・ホテルに入った。

七月一六日（日）、早飯、早支度。今日は、見学と移動で忙しい一日になりそうだ。七時三〇分ホテルを早立ちした。

昨日、夜景に浮かび上がった輝く大理石の都心部を、改めて車窓に見る。この町は、一九四八年の大地震で一度崩壊している。そのため旧市街はまったく残っていない。いま目にしている市街地は、その後新規に建設されたのである。東西に走るマグトゥムグリ大通りとその周囲に、大統領官邸、議会、官庁街、迎賓館、銀行、ビジネス・オフィス、派手なホテル、緑豊かな公園が集まっている。この中心部は、先進国のどの都会にも引けをとらず、むしろ際立ってユニークな近代都市といえるだろう。アシガバートは、トルクメニスタンの中央部を占める広大なカラクム（黒い）砂漠が北に迫り、南はイランとの国境線であるコベット・タグ山脈に近い、人口七五万の都市である。全体としては平均月収が約二〇〇米ドルとまだ貧しい国なのに、耳目を引く豪華なビルが首都の一角に集中しているのはなぜか。並び立つ派手なホテルの客室を満たすだけの金持ちの顧客が、首都を訪問するのだろうか。

多くの中東の諸国の例に漏れず、この国の主な歳入源は、豊富な石油や天然ガスの輸出により得られる外貨だ。最大の輸出先は、ロシアとウクライナである。そのため、この国では、ガス、水道、電気は無料で、家屋の取得にも政府支援制度がある。たとえば床面積一〇〇平方メートルの個人アパートを二万ドルで購入した場合、一万ドルの政府援助がでる。

もう一つこの国の制度で特徴的な点を挙げれば、一応軍隊を保有しているが永世中立国として国外への派兵禁止が憲法で謳われていることである。アザディ広場に高さ七五メートルの黄金のトルクメンバシ像（中立のアーチ）が建って、市街を見下ろしている。

このような独自の政策をみると、一九九一年の独立からこの国を率いてきたミヤゾフ大統領はかなりのやり手かもしれない。しかしアザディ広場で大統領像を見て、一行は唖然としたのだった。最高指導者の銅像が建ち、個人崇拝を煽るのは新興国家によくある現象で、ことさら取り立てることもない。しかしその銅像が黄金で作られ、正面の道の両脇に四人の衛兵像と左右の噴水を配置したうえ、大統領の像の左右を生身の警備兵が直立不動で固めている様は、尋常ではない（35頁　図1―12参照）。ミヤゾフは、ラケ族の貧しい家庭に生まれ、一代で最高の地位に登りつめた人物という。極度に貧しい少年時代を送ったひとは一旦権力を手にすると、たとえば秀吉のように派手を好み、身の回りを黄金で飾りたがったうえ、出身階層を疎んじる傾向がある。もしミヤゾフもこの類であれば、彼自身も、この共和国の将来も心もとないと思った（ほぼ一年後、ミヤゾフは心臓病で急逝した）。

暑気が増さないうちに、首都から西一五キロにあるパルチア王国の最初の都であるニサの遺跡に向かう。左手には、イランとのあいだを遮るコベット・タグ山脈が連なっていた。

パルチア王国は、アケメネス朝の古代ペルシャがアレキサンダー大王のマケドニアに滅ぼされた紀元前三世紀から、紀元後三世紀に興隆したササン朝ペルシャに取って代わられるまでのおよそ六世紀間ものあいだ、西アジアから中央アジアにかけての広い地域を支配した大国である。全盛期の古代ローマ帝国と数世紀にわたり対峙を続け、三度ローマ軍を破っている。そのうちのひとつは、カエサル、ポンペイウスと共に第一次三頭政治の一角を占めたクラッサスを、紀元前五三年敗死させた戦いだった。二千のパルチア騎馬兵が疾駆する馬上から振り返りざま速射して、倍のローマ正規軍を壊滅させた。その古戦場は、ここの近くらしい。

ニサは、小高い丘の上の二五ヘクタールと広大な平面に位置し、天然の要害であった。五角形の城壁に囲まれた内城には、王の間、醸造所、円形のゾロアスター寺院があった。材料には、規格された日乾煉瓦が使われた。パルチア人は、アーチや鉄の鎧を発明したといわれる。預言者ツアストラと聖典アベスタを信じる善悪二元論を、パルチアは古代ペルシアから受け継いだのである。用水は山脈から地下水路で導かれ、三ヶ所の貯水池に溜められた。紀元前一三八年から七一年のミトリダス王の治世が、パルチアの全盛期である。ニア遺跡は、一九三〇年代ロシア人により発掘が始まり、現在イタリア人考古学者が作業を続けている。遺跡の高みからは、数キロ北の古い要塞跡が望めた。この要塞は、蒙古軍により破壊されたのである。

アシガバートに戻り、国立博物館でこの国の歴史と遺跡のおさらいをする。博物館のみやげ物店で、展示品のカラー写真入りの解説書を手に入れた。見学を終えて、正面玄関を出たところ、すぐ前のベンチで大泉画伯が腹部を押さえて、蹲まっている。額は青ざめ脂汗が流れて、苦しそうだ。日ごろ相手かまわず喋りまくっている人が、気の毒なことに文字通り「青菜に塩」の状態である。食中りしたのか、吐いていた。外岡さんが、腹痛薬を与える。日程が決まっているツアーでは、一ヶ所に留まることができないのだ。

昼休み休憩のあとは、後部座席に画伯を寝かせ、今日の宿泊地東方のマリに向けて出発した。まだ行程は長い。

一四時、シルクロードの記録でバガバードとして知られた路線脇のアナウ遺跡に短時間立ち寄る。後にインドに進出してムガール帝国を建設するバブールがこの地域を支配していた一六世紀の遺跡だが、一九四八年の大地震で破壊されたため、あまり見るべきものがない。わずかに、ジャマル・アイディン・モスクの残された厚い壁の上に、青いタイルのイスラム模様を認めるだけだ。

一四時半、バスはカラ・クム砂漠の南縁を走っている。右手はイラン国境のコベット・ダグ山脈、そのあいだにバス道に平行してカラ・クム運河が流れる。幅は、一〇〇メートルほどか。一五時一〇分、アクスールのチェック・ポイントで車の検問があった。イラン国境に近いこの主要道路は、警戒が厳しいのである。このあとも二ヶ所ほど検問所があった。そのたびに渋滞がおこる。トヨタの車が、目立った。この国の気候状況に合っているので、人気があるらしい。セコハンでは、三年ものが一〇〇万円、六年もので五〇万、一〇年の古車では一〇から四〇万円という。ドバイ経由で輸入される。

一六時、アビベール都市遺跡、ナムズカ遺跡、狼煙台跡などの遺跡で写真撮りのための小停車。合間に、ガイドのムーサ氏が、トルクメニスタンについての話題を提供した。たとえば、食料の自給率は八五％、砂糖五〇％。肉類ではキロ当たり、羊肉で二米ドル、牛肉七〇セント、禽が一〇セント、日本とは優先順が違うようだ。学校制度は中央アジア共通らしく、キルギス人ガイドのアセルさんから聞いた、カザフやキルギスと変わらない。普通教育が普及し、識字率は一〇〇％である。

二〇時を過ぎて、マリ市街地に入った。マリはマリ州の州都で、人口一五万のこの国で三番目の都会である。長いバス移動を終えて、マーグーシュ・ホテルに着いた。大泉画伯は、どうやら苦痛に耐えたようだ。

七月一七日（月）、今朝はこれまでで最も早い六時半の出発である。一日の行程が厳しいのであろう。最初に訪ねるのは、マリの東三〇キロにあり、一九九四年この国で初めて世界遺産に登録されたメルブ遺跡だ。規模の大きさの点でも、時代による推移のめまぐるしさの点でも、シルクロード有数の遺跡といえるだろう。規模が大きいのは、時代ごとに中心部が移動しているためである。つまりメルブは、単独の遺跡ではなく、別の時代の異なるメルブ遺跡の総称である。

遺跡でもっとも古いのは、エルク・カラと呼ばれる紀元前六から四世紀古代ペルシア時代のものである。阿蘇の外輪山のように周囲を土手で囲われた中央噴火口にあたる円形の丘が寺院とか管理本部と呼ばれる中心部である。紀元前四世紀以後のギャル・カラは、二キロ四方の壁に囲われた居住区で、仏教、ネストリアス派キリスト教、ゾロアスター教、イスラム教の遺跡が混在している。

第三のスルタン・カラといわれる遺跡群は、主にメルブを首都にしたセルジュク・トルコ王国（ＡＤ

図（1-13）キズ・カラ

一〇三七－一一五七）のもので、現在原型をとどめている建造物はみなこの時代のものである。セルジュク・トルコは、サンゼル王の時代に最盛期の文化の華を開かせた。『ルバイヤート』で世界的に知られるペルシアの詩人で数学者のウマル・ハイアムはこの地の天文台主任であった。巨大な図書館が複数あったといわれる。しかしサンゼル王の暗殺により、この王国はあっけない終焉を迎えた。死の前年に完成していたサンゼル廟は、スペインより二世紀も早く二重ドームの技術が応用された初めての巨大建築である。サンゼル廟の内部は、王の石棺がひとつ安置されただけの簡素なものだ。しかし、この頑強な建造物は、メルブにある遺跡の殆どを壊滅した蒙古軍も破壊できず、その後の度重なる地震にも耐えて今日まで残った。

スルタン・カラの南西にキズ・カラと呼ばれる大小二つのゼルジュクの城砦の跡が残っていた。いずれも、外部の高い土塁に縦溝が走っていて、列柱が並んでいるような異様な印象を与える。ガイドに訊くと、日乾煉瓦の内部壁の補強と装飾を兼ねた工夫で、合わせて二・五メートルの厚さという。

メルブという地名を知ったのは、私が一九世紀末のインド植民地史の研究を始めたときだった。当時インドを支配していた大英帝国は、北方から南下してくるロシアとのあいだで、緩衝地帯に位置するアフガンやペルシャ（イラン）を舞台に、いわゆる「グレート・ゲーム（諜報合戦）」を展開していた。ロシアは、カスピ海東岸からメルブを経てタシケントに至る「トランス・カスピ海鉄道」を敷設し勢力の扶植を進めた。いままさに一行が移動しているイランからアフガンの北縁に接する東西ルートである。後にインド総督になる若いカーゾン卿は、一八八〇年代この地域を視察し、ロシア軍の意気盛んな様子を伝えた。つまりこの地域は、ロシア（およびこれを継ぎ、一九八九年崩壊するまでのソ連）の勢力圏の南端だった。

当時から部族が割拠するアフガンは、インド北辺の安全を脅かす存在として、英国も対応に苦労したのである。一八八五年アフガンは、独立を維持しつつ大英帝国の友好国になった。しかし、一九四七年のインド独立以後、アフガンへの英国の影響力も失われた。一九七〇年代ソ連軍は、内紛に乗じて約一〇〇年も前からの宿願だったアフガンに侵攻した。結果は、一〇年にも及ぶ内戦の泥沼に巻き込まれたのである。このような歴史的経緯にもかかわらず、二〇〇三年に米国はアフガンに介入したのである。歴史から学ぶことの少ない指導者や国は、愚考を繰り返す。歴史研究者としての私は、このような思いを抱いて、当地を移動しているのだ。

一三時三〇分、メルブから東に二二〇キロに位置する人口七〇万、この国第二の都会トルクメナバートに着いた。途中で再三、検問所があった。一時間の昼食休憩。画伯は、まだ元気が戻らない。いっぽう、対抗馬の飴山さんは、ポロライド・カメラのフィルムを失くしたため、行きずりの人たちをインスタント写真でびっくりさせる楽しみは諦めていた。そのうえ、一眼レフの立派なカメラも、石畳に手落としたため作動しなくなっている。だが。三つ目のカメラがまだ残っているから、泰然と構えている。

「でも、修理代がかかるでしょう」、ときくと、「保険を掛けているから、だいじょうぶよ」と答えた。

「トイレ休憩がない」と走行中大騒ぎしていたが、用を足すやいなや、

「さあ、槍でも鉄砲でも来い！」と張り切っている。

昼食後二台のマイクロ・バスに分譲して、一五時いよいよ中央アジアではシルダリア河と並び称される大河アムダリアを渡る。橋の長さ八〇〇メートル、河幅は五〇〇メートルほどか。砂漠の土で黒く濁った水を満々と湛えている。このあたりの最深部は、一〇メートルという。

アムダリアを渡ると、ウズベキスタンとの国境は近い。トルクメニスタン側の出国事務所前には、ダンプが長い列を作っていた。ロシアやトルコから、食料、日用品がウズベキスタン、キルギス、中国に移送されるという。私たち団体は、優先的に手早く事務処理をしてもらう。ただ一行を代表して、島田さんのトランクの中身が調べられた。若い男が「しばらくお待ちください」と日本語で話しかけ、終わると「どうもありがとう」とパスポートを返していた。ウズベキスタンの事務所までの二〇〇メートルは、各自が荷物を運ばなければならない。外岡さんは、係員に頼んでリヤカーを借りた。外岡さんだけにまかせておくわけにはいかない。大泉画伯がダウンしている状況では、男の中で私がもっとも体力がありそうなので、大型荷物の運搬を引き受けた。日本から遥かな中央アジアの空の下、外岡さんと二人でリヤカーを挽いている姿は、なんだか滑稽だなと思いながら、ウズベキスタンの入国事務所に向かう。三日振りで、ウズベキスタンに戻った。国境から、今日の目的地ブハラまで七〇キロ、右手にアムダリアからブハラに水を送っているブハラ運河が走っている。沿道に、タマリスクのピンク色の花が咲き誇っていた。

旅の残りはあと四泊、ブハラとサマルカンドでそれぞれ連泊するから、少しゆとりある滞在になるだろう。一九時、ブハラ・パレス・ホテルに入った。

八．ブハラのタキとハウズ

世界遺産に指定されたブハラの旧市街地は、中央アジアでも有数の観光スポットだ。その多くは単に過去の遺構ではなく、いまだ建設時のまま残っている、いわば生きた資産である。

たとえば、ブハラのシンボル・タワーともいえるカラーン・ミナレット。塔身の壁面が異なる色調と紋様で一四層の帯状に仕切られ、頂点近くに優雅な灯火窓が開く四六メートルの高さのミネレットは、市内のどこからでも望めた。あるいは、二羽の鳳凰が羽を広げ太陽に向かって飛翔している姿を描いた、ナディール・ディワンギ・メドレセ正門のタイル。天辺にコバルト・ブルーの冠りを頂いた四本のミナレットを並べたチャル・ミナル。バラ・ハウズ・モスクとその正面の二〇本の列柱が池に落とす蔭。イスラム初期の建築を代表する一〇世紀のイスマイリ・サマニー廟。そのほか、知られたミナレット、モスク、メドレセ、城砦の名を挙げていけばきりがないし、実物を見ていない人にいくら詳細に語ってみても無益であろう。写真入の案内書にまかせればいいことかもしれない。それゆえ、この日の午前中に訪ねた名所旧跡については、これ以上触れない。

昼食後の一四時からホテルに戻って、二時間の自由時間。日ざしがつよく、気温も上がっている。海外にいて余裕があれば私は、よく大学の構内を散歩する。もともと外国の大学に興味があるし、学生がたむろしている構内の雰囲気が好きなのだ。ツアーではまず訪ねない場所でもある。私は、地図でホテルに近いブハラ州立大学を見つけて、散歩してみることにした。正門がわからないので、柵の隙間から構内に侵入する。若人がクラブ活動をしているグランドの横に人が集まって、真剣に掲示板を見つめている。通告や番号を探しているようだ。ただし、合格者の発表のような雰囲気ではない。結局、訊きそびれたままホ

図（1-14）ブハラ市場の楽器店

テルに戻った。

長い昼休みの後は、街中のタキやハウズ歩きである。この市街地の中心を南北に貫いているハキカット通りの三ヶ所の交差点は、明かり窓がついた丸屋根の天井に囲われた市場になっていて、タキと呼ばれている。北からタキ・ザルガラン（宝石市場）、タキ・テルバクフルシャン（帽子市場）、タキ・サラファン（両替商）である。タキは、昔は中央アジアの諸都市で広く見ることができたが、現在残っているのはブハラだけという。名前が示すとおり、もとはタキごとに特化された商品が取引され、専門の職人の工房があった。隊商宿（キャラバン・サライ）もタキに近接した場所に設けられていた。

絨毯や刺繍絵壁や床に並べた店の中で、男が楽器演奏をしていた。箒のように長い柄の弦楽器を壁いっぱいに吊るした店の中から、ピンクのワンピースを着た若い女性が、タンバリンを手にして、過客を眺めている。

神奈川の中原氏が、丸い胴に三弦の糸を張ったリジェクという楽器を二三米ドルで買った。島田さんも、装飾的刺繍を施した布（スザニ）二枚を四五（米ドル）から三五まで負けさせて手に入れる。つられて飴山さんは、大きなスザニ、一枚三二〇米ドルを三〇〇に値切った。

「ちょっとまだ高いんじゃない？」、と島田さん。

「ウォーデ・マイラ（私もう、買っちゃった）」　飴山さんは中国語で答えた。彼女は中央アジアでは広くロシア語や中国語が通じると思い込んでいるので、機会があればどちらかの片言を口にするのである。

今度は別の売り手が、飴山さんに近づく。「OK、二〇ドル。ノット四〇、ハーフ・プライスね。マダーム、OK?」と男はスザニを広げてみせた。「一〇ドル」、と飴山さんは値切ってみる。「OK、一〇ドル」「しょうがないから買うわ」飴山さんは、この布も買わされた。ガイドのムーサ氏でもラクダかオオカミか判別しかねる毛皮を、画伯は手に入れている。

タキを冷やかした一行は、午前中訪ねたナディール・ディバンベキ・メドレセ前のラビハウズに戻ってきた。ハウズとは池のことである。この旧市街のほぼ中心にある直径五〇メートルほどの池畔は緑地になっていて、茶店が立ち、市民のよい憩いの場になっていた。家鴨が、水面を漂っている。一九時からすぐ向かいのメドレセの中庭で催されるディナー付ダンスおよびファッション・ショーまでは、とくにすることもない。移動のない一日は、時間がゆっくり過ぎていく。

池の端で、六、七人の男たちが、麻雀牌を使って遊んでいた。ただし麻雀でなく独自のルールで、できるだけ多くの牌を場に出して手持ちの点が少ないほうが勝ちらしい。ただし、どのような組み合わせのとき牌を場に放出できるのか、いくら眺めていても規則がわからない。ちょうど来合わせたムーサ氏に尋ねてもらったが、要領を得なかった。このガイドは、あまり機転がきかない。

荒川さん、生井さん、島田さん、飴山さんと床机に腰掛けて、お茶を飲んだ。ようやく健康を回復した大泉画伯は、画紙を広げて近くの銅像をスケッチしている。生井さんの後ろでは客待ちのラクダが、肢体を伸ばして横たわっていた。

夜のショーは、入れ替わり立ち代り、真紅、緑、黄ときらびやかな衣装を着けた踊り子グループが現れ、軽やかに舞った。各地の民族衣装や民族ダンスだったのだろう。ファッション・ショーを直接見るのは、初めての経験である（36頁　図1―15参照）。

九．チムールの生まれ故郷と青の都

七月一九日（水）、八時間熟睡して六時半起床。七時階下のレストランでバイキング朝食を済ませて、二日間滞在したホテルを八時に出た。本日は目的地のサマルカンドに行く前に、少し南にあるチムールの故郷シャフリサーブスに回り道する。バスの車窓に、草原や疎林が現れては後方に消えていく。草を食む羊の群れ。疎林では、乾燥地に強いサクサオウが主流である。一度だけバスを停めてもらって、サクサオウの写真を至近距離から撮った。繊細な枝先を複雑に伸ばしている木だ。

一一時四三分、シャフリサーブス着。チムールの実際の生誕場所は、八キロ離れたクシュにあるが、若いチムールが頭角を現し、墓所まで用意していたシャフリサーブスが一般的には彼の郷里とされている。この町は、カシュカダリア（川）に沿ったソグディアナの古都、昔は「ケシュ」と呼ばれ玄奘も立ち寄ったと記録にある。

チムールは、一三三六年この地を治める豪族の家に生まれ、サマルカンドの太守の娘ビビ・ハニムと結婚している。西アジアから中央アジアにまたがる大帝国を築いたのち、彼はクニャウルゲンチやイランの戦争捕虜の職人を集め、シャフリサーブスに、白い宮殿（アク・サライ）を建造させた。その後ブハラの王がこの町を破壊したため、サマルカンドと異なりシャフリサーブスには、原型を留めるものは殆んど残っていない。

まず、町の北端にある白い宮殿跡から歩き始める。このあたりは、花壇や遊歩道が付いた広い公園で、

図（1-16）シャフリサーブスのチムール像

人々の憩いの場となっている。宮殿入り口のアーチを支えた二つの円柱は、濃淡の青を基調とした装飾煉瓦からできている。本来の高さは五〇メートルを超えていたとされるが、現在残るものは三八メートルで、上に載っていたはずのアーチもない。大理石を敷き詰めた中庭が、南の宮殿まで続いていたという。現在宮殿跡の台座の上には、チムールの立像が載っている。

歩いていると、先方から黒いスーツの花婿に伴われ、純白の衣装を身につけ赤い花束を手にした花嫁が歩いてくるのが見えた。彼らは、チムール像を囲む円形広場の花壇を背景に、記念写真を撮っている。片側では若い男が、長い柄を高く掲げてラッパを吹いた。さらに進んでいくと、別の新婚夫婦が現れた。本日は「よい、お日和」なのかもしれない（36頁　図1—17参照）。

民家の中庭で昼食。午後は、町の中心であるイバク・イコーリ通りを南に一キロ下ったところにあるドルッサオダット建築群の中のジャハンギール廟を訪ねた。二二歳で戦死したチムールの長男の棺を納めた頑強で巨大な建物である。彼の次男の墓石も近くにある。この場所は、チムール一族の墓所なのだ。だがドルッサオダットをわざわざ訪問したのは、すぐ裏手の階段を六段ほど下りた地下に、チムールが自分のためにつくらせた大きな石棺が残っているからである。この石棺は、長いあいだ土中に埋もれて存在すら分からなかったが、地上で遊んでいた女の子が毀れた穴に落ち込んだことがきっかけで発見されたのである。しかし、なんの飾りもない大理石の棺と分厚い蓋からなる石棺の中には、チムールの遺骨はない。彼が北のオトラルで急死し、サマルカンドに遺体が埋葬されたからである。いかなる権力者でも、死後は意のままにならぬものだ。

さらに一ブロック離れたチムールの父とその師が眠る廟所や、当時の文化保護者として知られるウルグベクによって建てられた青いドームと内部のフレスコ画を見学してから、今夜の宿泊地に向かった。

一五時、サマルカンドのアフラシャブ・ホテルに到着した。二〇時に予定されている夕食まで、十分時間がある。受付で簡単な市街地図を貰い、短パンに帽子を被ってホテルを出た。ホテル前の通りを西に五分歩くと、歩行者専用の通りの入り口、一〇段ほどの台座の上にチムールの大きな坐像がある。手持ちの地図ではその先に、サマルカンド国立外国語大学があるはずだ。この中には、日本文化センターがあると記されている。しかし、建物内を歩いてもそれらしい表示が見当たらない。むしろ韓国文化センターの掲示板がある。訊ねるのに適当な人にも会えないまま、諦めて外国語大学の校舎を出た。

歩行者専用道路に沿って南に向かっていると、三々五々下校途中の女子生徒に出会った。さらに進むと、右側に小さな広場があり、少年や若者がボール蹴りをしている。その前に、大きな門があり、内部の花壇が見えた。思い切って門をくぐる。花壇の周りのベンチで一〇人ほどの若者が談笑していたが、特に闖入者を気にする様子はない。花壇の裏手にある四階建ての建物の前の掲示板には、二日前ブハラ州立大学で見たのと同じような文字や数字が並んでいる。どうやら大学の構内らしい。ベンチに座っている若者たちにカメラを向けると、赤い半そでシャツを着た丈の高い若者が、英語で話しかけてきた。彼は、本サマルカンド州立大学の二回生のバブール君で、歴史学を専攻しているという。一二〇〇人の志願者中一二〇人しか入学できない難関だ。入学試験は八月一日、願書の締め切りが明七月二〇日に迫っている。過去の学部毎の志願者数と合格率が、掲示板に示されているという。これで、一昨日のブハラ大学訪問以来抱いて

図(1-18)サマルカンド大学で出会ったバブール兄弟

いた疑問が解消した。

彼は、とても気のよい若者だった。バブール君と立ち話していると、揃いの赤シャツを着た少年が近付いてきた。高校生の弟である。近郊に住む両親のもとを離れて、二人で市内に下宿しているという。彼らは、私を下宿に招待したがっていたが、団体旅行では自由がきかない。メイル・アドレスを交換し、一緒に写真を撮って分かれた。

チムール像のところに戻ってくると、女生徒のグループが、集まっていた。一人混ざっていた男性は、教師らしい。チムール像の前で、この人にシャッターを切ってもらった。今度は、生徒たちも加わって写真を撮ろうという。日本人というだけで、若い女の子に囲まれて、記念写真の主役に収まった。

二〇時屋上レストランで、バイオリン演奏を聴きながらの晩餐。近くのグリ・アミール廟が、ライト・アップされて輝いている。

七月二〇日(木)、五時三〇分に目覚めた。旅に出て早起き癖がついたようだ。ホテル裏手の高台を散歩した。金属製のすかしのパネルで壁面を覆った大きな建物や、色とりどりの花が咲き乱れる広い花壇の前に出た。建物は、銀行やオフィスが入ったビルらしい。テリアの雑種犬が、石段をとぼとぼ登ってきて、どこかに消えた。石段下には、遊園地が見える。七時に地上階で、ビュッフェ朝食。連泊なので荷物だしの手間がなく、くつろいだ気分である。

八時に出発、サマルカンド市内見物もしていないのに、本日最初の訪問地は、東の隣国タジキスタンのペジュケントである。九時三〇分、ダラコン運河を渡った。右手にザラフシャン山脈、左にトルケスタン山脈が迫る。ウズベキスタンの出国には、パスポート番号を台帳に書き留めるので結構手間がかかる。タジキスタン側は、ほかに入国者も見当たらないので簡単に済むと思っていたら、さらに小一時間かかった。出迎えたタジキスタンのガイドは、ニョウオトリダス氏。すかさず島田さんは、「尿を取り出す、さんね」、と皆が内心に思っていたことを口にした。

タジキスタン側は、古い日本の田舎を連想させるような、民家が散在する山村地帯が続く。タバコの畑。タジキスタンは、キルギス同様、国土の九〇%以上が険しい山地である。有名なパミール高原も、大部分がタジキスタンに含まれる。

一〇時四七分ペジュケントに着いた。ここは五世紀から八世紀の人間の営みが積み重なった広いソクド人の都市遺跡である。一九三六年、八〇キロ離れたムブ山の洞窟で農夫が見つけた文書からこの遺跡の存在が世に知れ、以来ロシアの考古学者が発掘に携わってきた。

遺跡は、居住区（シャフリス）、城砦（シタデル）、墓域（ネクロポリス）、城外（ラパット）に分けられる。最盛期には、三千人が住んでいたという。八世紀、アラブ人の侵攻に対し、三六年間の抵抗の末ソクドのリーダー、ディワスチチはこの町を放棄した。以後この古代都市は、ポンペイのように長い眠りに入ったのである。そのため、中央アジアではもっとも古いゾロアスター教の神殿跡も残っている。

居住区から小さな谷間を挟んで北側の小山に見える部分は、城砦の跡である。昔は木製の橋が城と都市をつないでいたらしい。発掘作業中の数人の男たちが立っていた。高みから、麓のザラフシャン川沿いに人家の密集した現代のペジュケント市街を望むことができる（36頁　図1―19参照）。此岸は緑も豊かで、対岸のトルケスタン山脈の茶褐色の岩肌と対照的だ。右手に五千メートルを超えるチムダルガ山の鋭鋒を見る。

近くの遺跡博物館やダルキー記念・歴史郷土館に立ち寄る。ダルキーは、タジキスタンの大詩人の名である。どちらも、遺跡で発見された絵画のコピーが展示されていた。その中には、これまでに見覚えのある絵もあった。中国風の衣装に中国人の顔をした人物が描かれているのは、絵描き手が中国人のためだという。現物は、ペテルスブルグの博物館が所蔵している。記念館の出口では、長いワンピースを纏った五人の女性館員たちが立ち並んで、一行を見送ってくれた。みな、恰幅の豊かな人たちだ。

小休止したバザールでは、少年が大きなスイカを掲げてポーズを取ってくれた。再び面倒な入出国手続きを終えてウズベキスタンに戻り、ホテルで遅い昼食を摂った。

一六時一五分、見物を再開した。夏日は強く長いから、まだ観光時間が十分ある。まず、ホテルに近いグリ・エミール（支配者の墓）廟へ。近年修復を終えたばかりのドームと門のアーチやミナレットは、澄んだ空のもとで独特の光彩を放っていた。一口に青といっても、たとえばフランスはシャルトル寺院のステンド・グラスのいわゆる「シャルトル・ブルー」は、ひとを内面に引き込んでいく感じがする。いっぽう、サマルカンドの青は、外部に開かれ、見る人に迫って来るものだ。紺青に輝くドームの頭部は、青空に溶け込むよりも、むしろそこから浮き出ているのである。

内部には子や孫に囲まれたチムール自身の遺骨が納められる。廟所の内部に墓石が並んでいるが、実際の亡骸は、さらに地下三メートルの墓室に葬られているのである。地下入り口から、孫で二代目後継者ムハメドや三代目シャーブハークの棺に挟まれた中央の黒い棺が、チムールのものである。チムールの四人の子息のうち二人は戦死し、残りの二人は凡庸だったため、彼が残した大帝国は孫たちにより引き継がれ

図（1-20）グリエミール廟チムールの黒い棺

た。手前に孫のひとり、大臣で文化指導者だったウルグベクの棺もあった。チムールは、戦傷のためびっこを引き、かねてから「びっこのチムール（チムール・レイム＝タメルラン）」と呼ばれていたが、遺骨の調査により事実が確認されたのである。背丈は一・九メートルあり、骨格頑強な偉丈夫だった。

次にレギスタン（月曜）広場に向かう（36頁　図1—21参照）。この広場は、「青の都」サマルカンドの中心に位置する。広場を中に挟み、三つのメドレセがコの字型に囲んでいる。向かって左が、ウルグベク・メドレセ、中央にティラカリ（金箔）・メドレセ、右手がシェルドル（ライオン）・メドレセである。シェルドル・メドレセの入り口アーチの上には、人面をしたライオンが描かれているので、この名で呼ばれる。私たちは、左背後に青色のドームを見せるティラカリ・メドレセに入場し、中庭を通って左のドームのついた礼拝所の建物に入った。メッカ方向の壁に穿たれたミハラーブや壁面には、アラビア文字や植物の美しい紋様が描かれている。しかし、このメドレセの圧巻は、中央から周辺に次第に拡大するように幾重にも連なった同心円の金箔の紋様であろう。丸天井の平面を飾っているのだが、遠近法の効果で、バチカンの蒼穹形天井のように、中央部ほど高所に伸びているように錯覚してしまうのだ（36頁　図1—22参照）。

広場に戻ると、結婚式を挙げたばかりのカップルに出会った。シャフリサーブスのときと同じく、花婿は黒いスーツを着用し、女性は純白の洋式ドレスである。これがこの国の結婚式用スタンダードなスタイルなのであろう。そして挙式後、公開の場所を歩き回って写真を撮るのも。私たちは大喜びで、一緒に写真を撮らせてもらった。それにしても中央アジアの人たちは男女とも、なんと立派な骨格をしていることだろう。古来、いろいろな人種が交流し、混血を重ねたためだろうか。丈が高いのは、ひとり北欧のゲルマン系人種に限らないのである。島国の日本人は、食生活を含め考え直さねばと思う。

一九時、民家の中庭レストランでの夕食になった。こちらの正餐は、トマト、キュウリ、ナス、ナンなどの前菜の後、スープが出て、マトンのメインが続く。そのうえ今回の旅では、外岡さんが、時々赤飯やデザートのスイカを添えてくれた。日ごろ食を控えめにしている私でも旅行中は多少頑張るのだが、全部を消化するのは難しい。仲間の同行者も大同小異である。「もったいない」、といいながら多くの食材が、毎度卓上に残された。

はすかいに座っている飴山さんは、椅子の背もたれにカメラの紐を掛けている。横にいた生井さんと「またカメラを忘れて、あとで大騒ぎするんじゃない?」と半ば期待を込めて小声で話す。だが、食事が終わると飴山さんは、カメラを軽く肩に掛けて立ち上がった。

七月二一日(土)、今朝も、東に向かって小一時間散歩した。ホテルから五〇〇メートルも歩けば、レギスタン広場に出る。まだ人影は、ほとんどない。朝の光を正面から受けたメドレセのドームやミナレットの青い頂点が、まぶしく輝いている。さらに、タシケント大通りを東北方向に歩いていくと、思いがけず道端にたむろする黒い服を着た集団に出会った。早朝から何をしているのだろう。

八時三〇分、このたび最後となるホテルのチェック・アウト。まず、市街地東北にある伝説上のソグド王の名を冠したアフラシャブの丘に登った。サマルカンド発祥の土地とされ、時代の異なる一一層の遺跡が堆積している。ザラフシャン川から運河が引かれ、水道施設が整った都市生活が営まれていたらしい。すべては、一三世紀の蒙古人の侵攻により破壊されたのである。北東の隅に、城砦と宮殿跡があるが、全体は凹凸のある空き地が広がるだけである。遥かに、現在のサマルカンド市街地が俯瞰された。

アフラシャブの丘の北東一キロのところに、一三世紀ウルグベクにより建てられた天文台があり、現在丸い天文台の基礎と当時弧径六〇メートルを超えていたとされる六分儀の一部が復元されている。ウルグベクが測った一年の長さは、現在の精密機械による測定値と一分も違わない正確なものだった。

丘を下って南麓のシャーヒズインダを訪ねた。傾斜地に付けられた石畳の両側に、チムールゆかりの人たちの霊廟が並ぶ聖地である。ここで、ちょっとした事件が起こった。一行が坂を上り始めたとき、飴山さんがすさまじい形相で追いかけてきたのである。

「このバカー！　ひとを、置いてけ掘りに残しやがって」彼女は唇を震わせ、添乗員に夜叉のよう歪んだ顔を向けている。「私なんか、ものの数にも入らないのね」

入り口の外で最後にトイレに入り、誰にも気づかれずに取り残されたのである。日頃の強気な発言にもかかわらず、一行からはぐれてパニックに落ち入ったに違いない。外岡さんが平謝りに謝っても、なかなか収まらない。同行者も、彼女の気分が落ち着くまで待つしかなかった。数多い霊廟は、それぞれすばらしかったが、記憶の中で混乱して思い出せない。

市街地見物の最後に立ち寄ったのは、霊廟群とレギスタン広場の中間にあるビビハニム・モスクだった。ビビハニムは、チムールの愛妃の名である。一三九九年インド遠征から帰ったチムールは、世界最大のモスクの建設を思い付いた。彼は、日夜自ら作業を督促し、わずか五年でサッカー場を包み込むほどの巨大ドームが完成されたのである。それは、チムールが亡くなる一年前の一四〇四年のことだった。しかし、この壮大なモスクは、彼の死後徐々に崩壊を始め、地震も手伝い見る影もないものになっていた。チムールが一代で築いた中央から西アジアに跨る大帝国が、わずか一世紀で分解したように。現在目にするビビハニム・モスクは、近年の技術により復元されたものである。

中央アジアに限らず、古来文明や文化は、巨大な富の蓄積や権力の集中により生み出されてきた。ユネスコの文化遺産のうち巨大遺跡の多くは、権力者の下で働かされた名もない庶民の文字通り血と汗と涙の結晶といえる。これは歴史的現実である。誰も否定することはできない。ただ、近過去の事象はともかく、はるか昔に生きた人物や史実を現代の人間が批判しても、時代錯誤に陥るだけである。いずれ劣らず無数の人間を殺戮した征服者であり、大帝国の建設者でありながら、「ジンギス・ハーンはすべてを破壊し、チムールは多くの建造物を残した」といわれる。私は、せめてその残された遺産を、ただ享受するだけである。

サマルカンドを代表する巨大な青いドームは、私の目の前に燦然と聳えている。中央アジアに点在する広大な遺跡、豪華な王宮やモスレム、天空に突き出るミナレット、雑踏し華やかなバザール、仮にそのすべてを見尽くしたとしても、青の都サマルカンドを逸したなら、まさに「画竜点睛を欠いた」旅になるだろうと思った（36頁　図1—23参照）。

ホテルに戻って、昼食休憩になった。飴山さんも機嫌を直したようである。なにを考えていたのか、「私って、まったくの馬鹿でもないわね。五〇年以上昔に耳にした中国語やロシア語を、まだ覚えているのだから」、という。

「もちろん。記憶力抜群ですよ」みんなで持ち上げる。

図(1-24)シルダリア(河)

「真面目に勉強していたら、もう少しましな人間になれたかもしれない」と彼女はつぶやいた。

「あとは、サマルカンド空港に行くだけですね」大泉画伯が口をはさむ。私も同意した。

「バスの長旅も、いよいよ終わりです」

つられて頷いていた外岡さんが、首を傾げた。

「あれ、日本への国際便は、タシケント発でした。まだ数時間バスで移動しなければなりません」、と二人の発言を訂正する。ここにきて、皆少し旅の緊張感が緩んでいるのである。

一四時一五分、タシケントに向けてバスが動き出した。車窓右手の林は、すべての幹が西に傾いている。東風が強いらしい。一五時、道路は遥かな地平まで直線的に延びていた。左手に砂漠が広がる。一七時シルダリアの岸辺に来た。四日前渡ったアムダリアと同じくらいの川幅を持つ大河だ。いずれも南の山岳地帯を水源とし、カザフスタン北西部のアラル海に注いでいる。シルダリアを渡ると、あと一時間足らずでタシケントに着けるだろう。


(二〇〇六年一〇月二一日　記)

第二章　大ペルシャ周遊

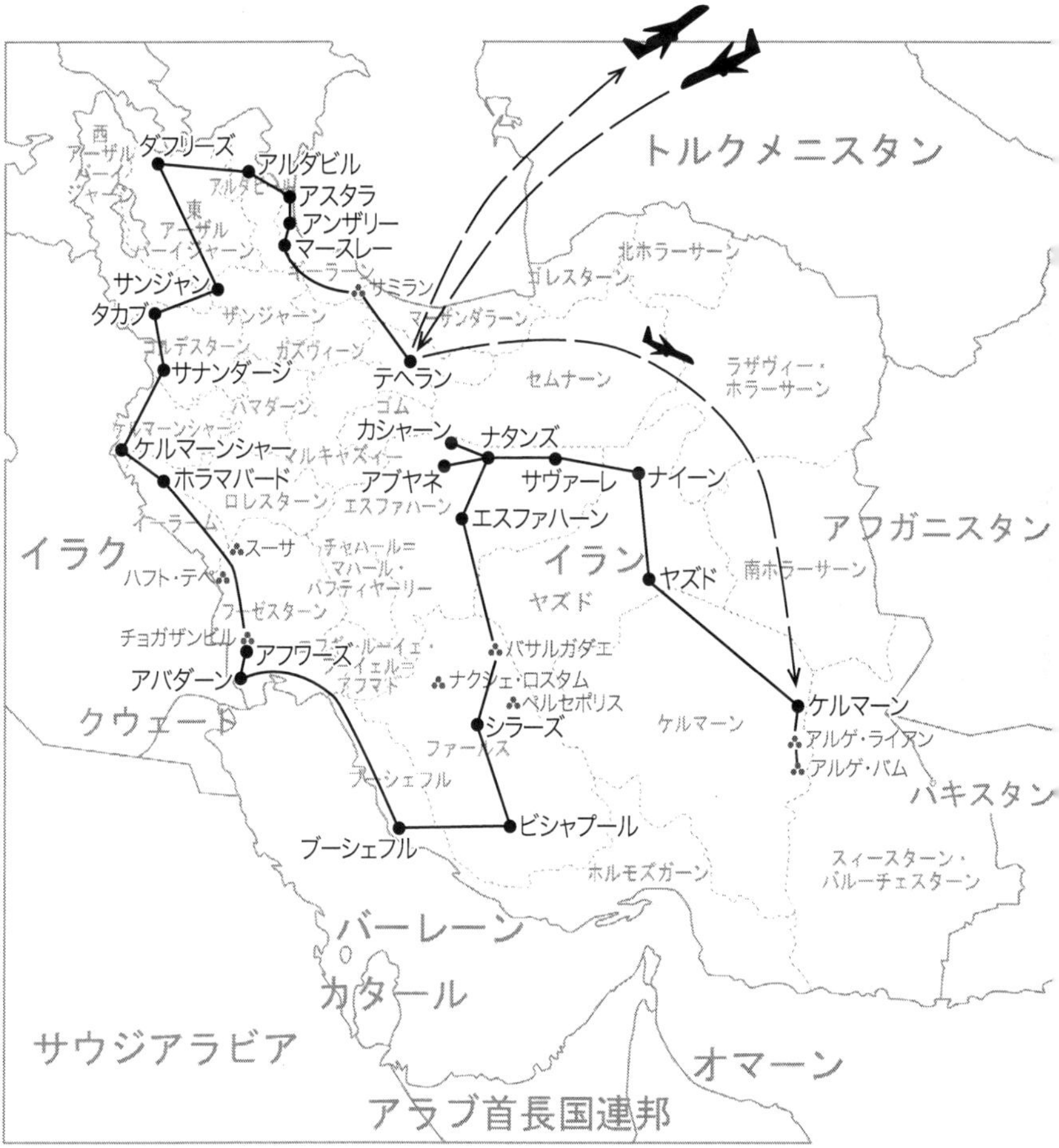

トルクメニスタン
タブリーズ
アルダビル
アスタラ
アンザリー
マースレー
サミラン
サンジャン
タカブ
サナンダージ
テヘラン
北ホラーサーン
ゴレスターン
マーザンダラーン
セムナーン
ラザヴィー・ホラーサーン
東アーザルバーイジャーン
ザンジャーン
ガズヴィーン
コルデスターン
ハマダーン
ゴム
カシャーン
ナタンズ
アブヤネ
サヴァーレ
ナイーン
ケルマーンシャー
マルキャズィー
ホラマバード
ロレスターン
エスファハーン
アフガニスタン
イラーム
イラク
スーサ
ハフト・テペ
チャハールマハール・バフティヤーリー
イラン
ヤズド
南ホラーサーン
フーゼスターン
チョガザンビル
アフワーズ
アバダーン
バサルガダエ
ナクシェ・ロスタム
ペルセポリス
クウェート
シラーズ
ケルマーン
アルゲ・ライアン
アルゲ・バム
パキスタン
ファールス
ブーシェフル
ビシャプール
ホルモズガーン
スィースターン・バルーチェスターン
バーレーン
カタール
サウジアラビア
オマーン
アラブ首長国連邦

一．イラン到着までの混乱

今回の旅は、スタートでつまずいた。二〇〇七年三月二六日（月）一二時、成田空港第二ターミナルの集合場所に行った。通常ただちに携帯荷物のチェック・インが始まるのだが、今日はその気配がない。同じS社のツアー参加者と思われるひとに訊くと、イラン航空が未到着らしいという。

そこへ、昨年の中央アジアの旅で顔なじみの添乗員外岡さんが戻ってきた。イランからの航空機の中国上空飛行許可が下りず、予定の八〇一便の成田出発が丸一日延期されたのである。イラン、中国のいずれに責任があるのかわからない。旅の出鼻を挫かれた感じである。通過許可は、各便ごとに下りるのだろうか。明日は、大丈夫か。とりあえず参加者一同、イラン航空が手配した空港近くのホリデイ・インに入った。

アメリカが肩入れしていたパハレヴィー王朝を倒したホメイニ革命以来、イランとアメリカの関係は良くない。特に近年アフマディネジャド大統領が、原子力開発を推進する強行路線を採ってからは、関係はいっそう悪化している。実はこの日、国連でイランに対する警告が採択されていたのである。今回の遅れが、国連決議と係わりがあるかは分からない。

ただ私がイラン旅行を思い立ったのは、国際情勢と無関係ではない。古代ペルシャから続く歴史あるイランを、行けるときに一度訪ねておきたいと考えたからである。航空便の遅延は、私の危惧を裏付けるように見えた。無用な心配をさせないため、家に連絡することは止めた。一九時一階のカフェーで、バイキングの夕食を摂る。今まで食べたことのないような実の詰まった大きなイセエビが出た。本来ならテヘランに近づいているはずの二二時頃に、日本のホテルで就寝した。

翌二七日朝食を済ませた後の午前中は、イラン航空の到着を気に掛けながらも、ほかにすることもないので自室でテレビを観ていた。選抜高校野球が始まっている。一三時呼び出しがかかり、一行はバスで第二ターミナルに向かう。どうやら、イラン航空が到着したらしい。一四時五五分、一日遅れで成田を発った。一八時インチョン空港で、約一時間の乗り継ぎのための待ち合わせがある。

最近は、単なる中継地でも一たん空港で乗り継ぎ手続きをさせることが多くなり面倒だ。ここで一行にはぐれ、うっかり韓国入国の手続きカウンターを出てしまった。旅慣れしているはずなのに、考えられないような失策である。昨日からの遅延で少し調子が狂っていたのかもしれない。係員に事情を説明し、大急ぎで出国手続きをした。冷や汗をかきながら、のんびり搭乗待ちをしている一行と合流する。

一九時一〇分離陸してすぐ夕食、さらに着陸前に軽食が出て二三時三〇分テヘラン国際空港に着いた。日本との時差五時間半だから、実質約九時間の飛行だった。日本から中東やインドへの航空機は、たいてい深夜に現地到着になるので、なにかと不便である。午前〇時三〇分ラレク・ホテルにチェック・インした。

二、泥土の遺跡へ

二八日(水)、晴れ。一時に就寝して、五時一五分目覚ましが鳴る。最初から厳しい日程だ。イランは、七千万の人口を擁し、日本の四倍半の国土を持つ大国である。そのイランに散在する八個の世界遺産すべてをカバーしようというのだから、二二日の旅程でも結構忙しい旅になる。首都テヘランも見ていないのに、八時三〇分のモハン航空で、東南のケルマーン市に飛んだ。
イランは国土の大半が高原状で、北のカスピ海沿岸にエルブールス山脈が東西に走り、北西から東南部に向かってこの国の脊梁ザグロス山脈が連なっている。国の東部、トルクメニスタン、アフガニスタン、パキスタンに近接した地域は、カヴィール砂漠やルート砂漠などの荒蕪地が国土の三分の一ほどを占め、人口も希薄だ。一〇時過ぎにケルマーン空港に着いた。ケルマーン市は、ルート砂漠に近いオアシス都市で、一七〇〇メートルの高所にある。これより東に大都会はない。

本日の主な観光地はさらに南東のアルゲ・バム遺跡であるが、その前にアルゲ・ライアンに立ち寄った。車窓から小麦畑とナツメ椰子の並木が見えた。アルゲとは、周りを高い土塁で囲んだ城砦集落をいう。岩石が得がたいこの地域の建築基材は、土が主体になる。赤土、卵、炭酸カルシウムを固めたサルージと呼ばれる日干し煉瓦を、麦わらを混ぜた粘土でつなぎ合わせて壁や土塁が築かれた。中央広場を囲んで、王宮、倉庫、大臣執務室、金持ちの居住区、商人町、バザールなどがあった。ズルハネ（中央に八角形のくぼみのあるレスリングなどの格闘技の練習場）もあった。最大二五〇〇人が住んでいたという。王の居間に続く小室には、彼が王宮内の各所に密かに移動できるよう八つの入り口が開いていた。その一つは、非常時の逃げ道である。各部屋の天井は、明り取りをかねてアーチに組まれている。王宮の二階に上ると、この州の最高峰四四〇〇メートルのハザール山が遠方に望まれた。近くのレストランで、羊の焼肉とサフラン入りのライスを食べる。ベールという木が、白い花を咲かせていた。

一六時、アルゲ・バムに着く。パルチア時代（BC三世紀—AD三世紀）から一九〇〇年前後まで人が住んでいたという。日干し煉瓦だけで造られた城砦都市として、世界遺産に指定されていた。しかし二〇〇三年の大地震で、壊滅的な打撃を受けたのである。現在世界危機遺産として、ユネスコによる修復が進められているという。至るところに屋根と鉄パイプが組まれ、工事現場となっている。そのあいだを縫うように、にわか作りの遊歩道が付けられていた。

「これでは、修復するより初めから造り直したほうがよさそうですね」と外岡さんが言った。約六〇メートルの最高所は、猿山のように無残な土の固まりになっている。先にアルゲ・ライアンに寄ったのは、バムではもはや見られないアルグの原型を知るためだった。

図（2-1）地震で崩壊したアルゲ・バム

遺跡の外で開かれていた物産展に立ち寄った。この国の正月休みということで、親子ずれの姿も目立った。バム市街の商店の屋根や壁にも、まだ地震の爪あとが残っていた。町の人口一二万のうち、七万人が亡くなったといわれる。治安も悪化したらしい。この旅から一年後、一人旅行中の日本の若者がこのあたりからアフガニスタン国境まで拉致される事件が起きている。アルゲ・ライアンに近い国道沿いのバム・アザーデ・ホテルに泊まった。ロビーに大きな温室がある。受付の背後に多くの国の小旗が並んでいた。受付嬢に国旗の数を訊くと、五三本という。

「真ん中のあたりに、日本の旗も立っていますよ」、そういって彼女はウインクした。

三　バザール、沈黙の塔

二九日（木）五時過ぎに目覚めた。蒸し暑いので窓を空けていたら、蚊が侵入している。少し喉がいがらっぽい。今朝も七時一五分の早立ちである。これから数日北西テヘラン方向にバスで戻る。少し雨がぱらついたが、三〇分ほどで止んだ。

この旅の現地ガイドは、三〇代の男性で、ワーヒド氏という。イラン人のなかでは中肉中背だが、日本人より一回り骨格が頑強そうだ。名古屋で七年ほど働いていたことがあり、少し日本語が話せる。当時よく面倒を見てくれた上司がいて、日本での住み心地は悪くなかったらしい。この道一八年で中近東やパキスタンに詳しい添乗員の外岡さんとワーヒド氏が二人三脚で、一行を案内してくれるのである。車内で、イラン語の簡単なレッスンが始まった。出会いと別れの挨拶、一から一〇までの数え方、値段の尋ね方など。

八時三〇分、再び黒雲が広がっている。小潅木の疎林の中を走る。一一時に標高一七〇〇メートルにあるケルマーン市内に入る。まずバザールに寄った。アーチ状の天井の下、裸電球の明かりが商品に陰影を与え、客足を引き止める。通路は石畳だ。靴屋、洋服店、下着、バンド、時計、薬、ポットにコンロ、ミシン、鏡、布地など一見雑踏し何でもありの感じだが、業種や配置にはそれなりの秩序があるらしい。黒いチャードルや褐色のコートを纏っている女性が多いが、ジーパン姿もみられる。幅五〇メートル、長さ一〇〇メートルほどのガンジアリハーン広場に出た。四隅に美しい門があり、四角い塔が建っている。

狭い入り口をくぐり、公衆浴場ハマムに降りていった。大理石の床に、アーチ状の天井から明かりがさし、中央の大浴槽を囲んで小さな浴室がある。湯男人形が垢すりをしているトルコ風呂、僧侶専用の風呂など。バザールに戻ったところで、紙とボールペンを手にした眼鏡をかけた小男に捉まって戸惑っている一行の女性を見た。近寄って訊ねると、「この国に来たモーチベーッション（動機）」をアンケートしているのだという。いささか怪しげな感じがする。アンケートを採るモーチベーッションを、こちらの方が知りたいくらいだ。「この国の歴史や文化に惹かれてきました」という答えを期待しているのかもしれない。それではありきたりで面白くない。そのうえ、少し反発したい気分があったため、「国連決議に対するイランの人の反応を知りたいから。あなたはどう思う?」、と逆に問い返す。彼は、憮然とした表情で立ち去った。市内のアフワーン・ホテルで、ランチ・タイム。前菜にナン、野菜サラダ、ヨーグルト、ライス、メインはケバブ、ナスとチキンの煮物、コーヒーを約一時間かけて摂る。

午後は、一路三六〇キロ北西にあるヤズドに向った。バスの制限速度は八〇キロ、小型車は一二〇キロという。ほとんど土漠地帯である。ピスタチオの畑やタマリスクの潅木が、どこまでも続く。写真撮影のため、途中小休止した。タマリスクは、根元近くから枝が四方八方に、細かく分かれている。

車中でワーヒド氏から、イスラム教徒の結婚について説明があった。イスラムの男性は、四人まで妻を持てるといわれているが、現在では結婚前に女性のほうから、他の女と結婚しないという誓約書を求められることがあるという。一時婚、一日婚、売春などは、むろん禁止。ただし、隠れて行われるためエイズが問題となっている。ワーヒド氏は、祖父がゾロアスター教徒、父親がイスラム教徒シーア派だが、僧侶が仲介するイスラム教は疑問だという。外国での生活を経験している彼は、いわば開けた思想を持っているようだ。

一八時、ヤズドのサファイエ・ホテルに着いた。広い敷地内に宿泊棟が散在するバンガロー形式の新しいホテルだが、フロントやレストランのある本館まで歩いていくのが面倒だ。その上、夕食を済ますと各自別の棟に別れるのが、少しさびしい。ロビー脇のテーブルには、小麦、マメ、金魚鉢、リンゴ、野菜など正月の縁起物が飾られていた(101頁 図2—2参照)。一日遅れで出発したが、このホテルから本来のスケジュールに戻ったようだ。

翌三月三〇日（金）、六時に目覚めた。六時三〇分、本館レストランに行く。肌寒い。ヤズドは、標高九〇〇メートルに位置するのである。この地で有名なのは、ゾロアスター教徒による鳥葬のための「沈黙の塔」である。八時、塔の麓に着いた。市街地からあまり離れていない岩陵の中に、高さ五〇メートルほどの沈黙の塔が二つ立つ。いずれも円錐状の先端部に低い円柱の壁を頂いている。平地にある数棟のくすんだレンガ色の建物は、墓守や遺族の待機用の居住区だった。

図（2-3）ヤズドの沈黙の塔

円推を巻くように緩やかな道が競り上がっている。私たちは、二つのうちの左手少し高い方の塔に登って行った。頂点にある円柱の壁の一部の隙間をよじ登って、沈黙の塔の内部に入る。内部は、直径三〇メートルほどの円形広場で、中央に直径約五メートルの石積みの凹みがあった。ここに遺体が置かれたのである。あとは、ワシ、カラス、キツネ、ジャッカルに任せるのだ。一週間から一〇日で、人体は白骨化したという。これが、鳥葬のすべてである。ただし現在鳥葬が禁じられていて、遺体はイスラム教徒と同じ様に土葬に付される。

私たちが沈黙の塔を降りてきた頃合を見計らって、居住棟のひとつから頭に布を巻いた日焼けした老人が、白いロバを連れて現れた（101頁　図2―4参照）。墓守のシャーリヤール老で、英語のガイド・ブック『ロンリー・プラネット』イラン編の表紙に載ったため旅行者のあいだで顔を知られるようになった。ロバの方も二五才の雄というから、かなり高齢である。旅行者と一緒に写真に納まることで、彼は小遣い稼ぎをしているのである。一米ドル払って、ロバを挟んで記念撮影を撮った。ロバのえさ代になればいいと思う。

図（2-5）ゾロアスター寺院
アーテシュキャデ

ヤズド市内に戻って、火の家（アーテシュキャデ）と呼ばれるゾロアスター寺院を訪ねた。正面入り口の上に、「翼ある日輪」で表される善の神アフラ・マスダの横顔がある。これがゾロアスター教のシンボルである。寺院自体は、小さな平屋で特徴はない。しかし狭い内部は、多くの参拝者であふれていた。一五〇〇年から燃え続けている聖火を見物するためである。ロシアのカリアンからアズルカン経由で、一七四五年ヤズドに持ち込まれたという。内陣のガラス・ケース越しに、天皇杯優勝カップの形をした大型ランプに灯っている、その聖火を見た。日本でも高野山の奥の院には、一千年近く燃え続けている灯火があるから、おどろくほどのことはない。しかしゾロアスター教徒にとって、火は特に高い象徴性をもっているのである。

次に訪ねたのは、シーア派の行事アシューラーなどが行われるアミールチャグマークのタキイエ（広場）。正面の二本のミナレットに向かう参道の中央には、水路が流れ、噴水が上がっていた。この広場も人出が多い。あまり離れていないアスジャデ・ジャーメ寺院にもよく似た二本のミナレットが建っているが、こちらは国内でもっとも高いという。中庭には、地下の水路（ガナート）に降りる階段がある。砂漠地帯にあるヤズドは、かつては地下水の確保が重要だった。都市の地下に引かれたガナートが命綱だったのである。市内には、地下水層に蓄えられた水を冷却するための土器色のドーム屋根と風採り塔がいくつか見られた。丈の高い土塀で囲まれた旧市街を少し歩く。

ナイーン村に移動しツーリスト・イン・ホテルで昼食、その後少し村中を観光した。ササン朝のゾロアスター寺院、城跡、小さいが歴史のある金曜モスクの壁ガン（ミハラブ）、木造の凝った説教台、土塀でさえぎられた人家などが混在していた。各戸のドアーに付けられた突起型（男性用）とリング型（女性用）のノッカーが左右二つあるのは、その音色により訪問者が男女のいずれかを内部から識別するためという。このような細部にも、国柄がでている。街中に佇むチャードル姿の女性を密かに撮ろうとしたが、顔を背けられてしまった。

小雨が降り出して、寒くなった。左手の車窓にはまったく草木が生えない岩山が連なっている。一六時、浅い積雪を見た。車内暖房と、外岡さんが用意してくれたチャイで少し温まる。道路脇の雪は、さらに深くなる。ところが突然雪がなくなり、美しい並木道に換わった。一七時サヴァーレ村に着いた。本日最後の訪問地である。ここでも、まずジャ・メイ・モスクの訪問。寒くてトイレに行きたいのを我慢して、説明を聞く。内陣には絨毯が敷かれ暖炉もあって、少し落ち着いた。日本の片田舎の由緒あるお寺を想像すればいいだろう。地方の村といってもイランのものは散村ではなく、二階建ての人家が密集していることが多いのである。民家は、二メートルほどの日干しレンガの壁に囲まれている。人家のあいだに、祭日劇を演じるためのタキイという空間があった。道は直線的で、見通しが利く。民家の下にくりぬかれたトンネルを抜けると反対側の路地に出るのだった。一九時になって、宿泊地カシャーンのアミールカビール・ホテルについた。直ちにレストランで夕食、少し食欲がない。二一時過ぎに寝た。

四．カシャーンからエスファハーンへ、途中アブヤーナ村に立ち寄る

カシャーンは、テヘランと南のエスファハーンのあいだの小邑、東の砂漠と西の山岳のあいだ標高一一〇〇メートルに位置する。三一日（土）今朝一番に訪ねたのは、フィン庭園。サファビー朝（一五〇二

図（2-6）カシャーン村のフィン庭園

－一七六三）のアッバス一世（大帝）の命により造られ、カジャール朝（一七七九年以後）歴代の王たちも別荘に利用した瀟洒な名園である。木立に囲まれて分散するいくつかの小宮殿の正面には長方形の池や流水溝が穿たれ、噴水が撥ねていた。水面に落ちる宮殿の影は、水と光の輝きの中で揺らいでいる。その情景は、グラナダ（スペイン南部）にあるフェネラリーフェ庭園を思い出させた。宮殿の一つに付いたハマム（蒸し風呂）は、カジャール朝の名宰相アミール・カビールが暗殺された場所という。その名さへ初めて耳にする異国からの旅人には、古い物語の一エピソードとして漠然と脳裏を通り過ぎていく。庭園を囲む壁の外は自由に立ち入れる小公園があり、こちらは家族づれで賑う。茶店も出ている。ザクロの木の下で弁当を開いている人もいた。当地のお花見である。

テペ・シアルク（テペとは、「丘」を意味する）は、紀元前四〇〇〇年ころからの遺跡が幾重にも積み重なったものである。ワーヒド氏は、一層から六層の各時代の特徴を詳しく説明してくれたが、詳細は分かり辛い。たとえば第四層は、文字が使用され始めた紀元前五〇〇〇年に該当する、という。

一一時、ザグロス山脈の岩山のあいだを、バスは走っている。片側二車線の舗装された良い道である。右手前山の麓に、ナタンズの核施設が見えてきた。大砲の砲身が、こちらを指している。少し日照が出てきた。一一時二〇分、パンジャンユー村。左の車窓に、岩山と城砦がある。アーモンドの薄桃色の花やポプラの若木が美しい。

一二時やっとアブヤーナ村に着いた。岩山の麓、緑の渓谷に囲まれた集落である。赤土で作られた家並みが幾筋か傾斜に沿って密集し、村全体がピンクがかって見える。

もともとは、ゾロアスター教徒だけが住む特殊な集落だったといわれる。バス駐車場を備えた大きなレストランの二階に上がって、たっぷり一時間のランチ・タイム。食後一行は、ワーヒド氏と外岡さんの後について、多くの観光客に混ざってみやげ物店を冷やかしながら、もっとも離れたモスクまでの約一キロを歩いた。日本でいえば、長野県の馬籠か妻籠を連想すればよいのかもしれない。村の女性は、バラ模様のスカーフにスカートをつけている。この時期男の働き手はほとんど出稼ぎに行き、村に残っているのは、女性と子供である。見かける若い男たちは、観光客なのである。だがモスクあたりまで行ったとき、腹の調子がおかしくなった。トイレを探すが分からない。途中一ヶ所見かけた公衆トイレは、観光客が長い列を作っていた。結局もとのレストランまで懸命に戻る。正露丸を四錠飲んだ。このようなアクシデントのため、みやげ物も買えず、せっかく訪ねたアブヤーナ村の印象は中途半端なのである。

一五時一六分出発し、再びザグロス山脈の岩山に分け入る。一七時、トクルード村を過ぎた。池、城砦、雪山を見る。車中でワーヒド氏が、学制の話をした。小学校五年、中学三年までが義務教育、高校四年、大学四年と続く。

エスファハーン近くの検問所から警官が乗り込んできた。本日の勤務を終えた彼は、エスファハーンまで顔パスで戻るつもりらしい。一九時、コルサール・国際ホテルに着いた。このホテルのロビー脇にも、リンゴ、玉ネギ、青菜、赤カブ、茸、額縁など色とりどりの正月飾りが整えられていた。

二〇時前に地上階で夕食、みな腹ペコの様子だったが、私はデザートのヨーグルトとプリンを摂るのが精一杯である。さいたま市から来た繁田夫妻、上海出身で名古屋市に住む大柄な女性張さん、滋賀県の斉藤夫妻、ワーヒド氏等と同じテーブルに着いた。小柄な繁田氏は、自動車メーカー勤務で世界各地を飛びまわったらしい。

「シベリアなど極寒地でのタイヤの耐久実験をしました」と言う。

斉藤氏は、丸刈りで丈高く頑強な骨格の人。いっぽう斉藤夫人は、小柄で活発な人柄と見受けた。色白で深い切れ長の目をしたイラン風の美人である。この夫妻は、欧米より辺境の旅が好きらしい。アフリカ大陸の国々も結構訪ねているようだ。

「東アフリカのエチオピア、スーダン、ケニア、タンザニア、マダガスカル、西アフリカではガーナ、マリ、ナイジェリアを、二人で旅しました」

アフリカではまだ北部地中海側のエジプトとモロッコしか訪ねていない私には、うらやましい話である。彼は、張さんとシャングリラ（桃源郷）など中国僻地旅行の話をした。私も幾度か中国に行っているが、まだまだ行きたいところがある。たとえば、西域のローランやロブ湖。これらの地へのツアーは結構高いので、安く上げる一人旅を考えていたのである。

「それは難しいと思いますよ」と斉藤氏。「ローラン地区に入るだけで当局から、日本円にして約三〇万円を要求されるのですから」

「インド象の鼻は、とても美味いですよ」、今度は繁田氏がとんでもない話を持ち出した。象は稀少で、殺傷が禁じられているのではないか。ましてインドでは、象は神聖な動物である。その生き物を食わせる場所がどこにあるのだろうか。

「インドでは、美容整形がとても盛んです。上向きの鼻が、美人の条件とされています」

ワーヒド氏は、象の鼻から人間の鼻に話を切り替えた。

「でも時々えせ医者に引っかかり、手術穴だけ残ることもあるのです」

旅も五日目になると、同行者のあいだに打ち解けた雰囲気が生まれてくる。このホテルでは、旅に出てはじめての連泊なので、食後も長く雑談が続いた。

五．正月のエスファハーン

エスファハーンは古い歴史を持つ町だが、一五九七年サファヴィー朝のアッバス大帝が首都に定めて、発展の基礎が築かれた。イラン国土のほぼ中心部に位置し、幅数百メートルのサーヤンデ川が街中を東西に流れている。「イランの真珠」と呼ばれるに相応しい美しい古都である。

四月一日（日）の朝、ホテルの窓から、川岸の緑地帯の向こうに町のシンボルともいえる三十三アーチ橋が見える（101頁　図2―7参照）。三十三アーチ橋は、上部が歩道下部が水道の二層からなる。この都会の中心を南北に走るチャハール・バーゲン・アッバース通りは、この橋を越えて北の旧市街に延びる、中央並木のあいだに広い遊歩道がついた気持ちのよい大通りだ。六時に目覚めたので、橋の北岸まで散歩した。朝の空気は、すがすがしい。気温は摂氏一八度前後か。

エスファハーンの観光は、サーヤンデ川にかかる数本の橋めぐりから始まった。三十三アーチ橋の東二キロにあるハーズ橋、中ほどに小宮殿のあるタイル橋、さらに東の市街でもっとも古いササン朝時代のジエイ橋などサーヤンデ川には、パリのセーヌ川やロンドンのテムズ川に架かる橋同様に個性のある橋が多い。緑地帯の花壇では、マリーゴールドやディジーが咲き誇っていた。

金曜モスク（マスジャデ・ジャーメ）は、旧市街の東北端にあり、創建が八世紀に遡るエスファハーンでもっとも古い大寺院である。一度焼失し現存する大部分は、一二世紀から一四世紀に再建されたもの。その後も増改築を繰り返したため、いろいろな時代の建築様式が見られるという。イラン／イラク戦争時にはミサイルが打ち込まれたらしいが、その痕跡は残っていない。広い中庭を囲む回廊の無数のドームとこれを支える列柱や、庭の四隅に開かれた回廊入り口上部のエイヴァン（半ドーム状の壁玩飾り）が印象に残った。

旧市街の中心エマーム広場のレストランで昼食を摂った。午後は、南北五一〇メートル東西一六三メートルのこの広場を取り囲む文化財の観光が予定されている。このエマーム広場のゆえにエスファハーンは、かつて「世界の半分」と称えられた。この広場とその周辺は、代表的な寺院、宮殿、バザールなどサファヴィー朝の文化の粋が集中しているため、今はユネスコの世界文化遺産に指定されている。

最初に訪ねたのは、広場の東側にあるシェイフ・ルトウフッラ寺院（王族のモスク）。王家専用の祈祷所なので規模は小さいが、エイヴァンを縁取る巻き毛紋様が美しく、黄金色の天井はドーム状に穿たれた天窓からの光で輝いていた。広場の西側中央にあるアーリー・ガーブ宮殿のハーレムとは地下道で繋がっている。女性が、人目を避けて移動できるためである。宮殿は、六階建てのイラン最初の高層建築である。広場に面した二階バルコニーで皇帝は、広場で演じられる出し物やポロを見物したのだった。広場を越えて金曜モスクも眺められた。最上階の音楽室の天井には、音響効果も計算された繊細で優美な装飾くぼみが彫られていた。

エマーム広場で最も目立つのは、青タイルで覆われたドームを戴き、二つのミナレットを持つ広場マスジュデ・エマーム（モスク）だ。去年訪ねた「青の都」サマルカンドの寺院のように、コバルトブルー

図（2-8）マスジュデ・エマーム（モスク）のエイヴァン

図（2-9）エマーム広場のチャイハネ（喫茶店）

の天空の中に、植物紋様の入った淡青色のドームが浮き出ていた。蜂の巣状に沢山の窪み（ステラクト・タイト）のある第一のエイヴァンを潜って内部に入り長い回廊を抜けて中庭に出ると、本堂に入る第二のエイヴァンがあった。ここで寺院の中心軸は、四五度まがっている。ミハラブ（イスラム教徒が祈りを捧げる壁面のくぼみ）をメッカの方角に向けるためである。この中央礼拝堂は、二重ドームになっていて、些細な音でも複雑な反響となって返ってきた。

この後二時間ほど、近くのバザールを冷やかした。細密画の店の実技、地元の銘菓ギャズやソハーンの試食。エマーム広場の端の狭い階段を上がって伝統チャイハネ（茶店）にも立ち寄る。鴨居の上や下に、額縁の絵や写真、骨董、衣装、湯沸しなどが、ところ狭しとばかり飾られていた。地元の人たちは壁際に座り、茶を飲んだり水ギセルを吸いながら雑談していた。若いひとが多かった。私たちもその中に混じって、しばらく休憩する。日本人とみた一人の男が、立ち上がり身をひねって踊ってくれた。こっけいな仕草に、つい笑ってしまう。会話ができたらもっと楽しかっただろう。

一九時、旧市街の一角にあるアバシイ・ホテルで晩餐。アガサ・クリスティ『そして誰もいなくなった』の映画ロケに使われた曲線階段や大きなシャンデリア、赤い布で覆われた背もたれの高い椅子はロケのままだという。広い中庭のテーブル席も多くの客で占められていた。この庭は、キャラバン・サライ（隊商の宿泊所）の跡である。食後、再びエマーム広場やハーズ橋の夜景を楽しみ、コーサル・ホテルに戻った。

四月二日（月）、今日はザーヤンデ川の南岸地区の観光である。ジョルファール地区にはアルメニア系の人が多く住んでいる。アッバス大帝がオスマン・トルコ軍を破ったとき、トルコに従っていた技術者を多数エスファハーンに移住させた。彼らは、商才だけでなく、大砲の製造など軍事技術にも優れていたからである。市内のアルメニア教会ではもっとも知られている一七世紀創建のバーンク教会を訪ねた。中央にイスラム的ドームがあるが、入り口正面の屋根上に小さな十字架が立っていて、アルメニア派キリスト教会であることが分かる。内部には最後の審判図など、聖書に纏わるフレスコ絵画がかかっている。

アルメニアは、東ヨーロッパでキリスト教を国教とした最初の国民だった。アルメニア人は、オスマン帝国内で長いあいだ平和裏に共存していたが、一九世紀末から二〇世紀になってトルコ人から繰り返し迫害を受けるようになった。バーンク教会に隣接して、小さいが興味あるアルメニア博物館が建っている。たとえば、七ヶ国語に訳された世界一小型の聖書、顕微鏡でなければ読めない髪の毛に記された聖書の文言などがあった。

市内移動の途中にあった鳩を飼う塔に登る。内部が吹き抜けになっている壁の中に鳩が巣くっている。鳩の巣はエジプトで見たことがあるが、イラン人も鳩を食用にしているのだろうか。次に訪問した四〇柱宮殿は、サファヴィー朝の皇帝たちが迎賓館として用いたもので、鬱蒼と茂る林に囲まれている。五〇メートル・プールのような巨大な水槽に、宮殿ファサードの列柱が影を落としていた（1頁　図2―10参照）。四〇柱宮殿のすぐ隣には、まったく性格の異なる自然史博物館があった。表に恐竜の象が立っている。子供が多い。無料なので私たちも覗いてみることにした。昆虫の標本や動物の剥製の中に人間の奇形がホルマリン漬けされているのはやや違和感があった。

ホテルに戻って一休みした後、すぐ前のサーヤンデ川岸の緑地に集まってピクニック・ランチをすることになった。ピッツアなどの他、外岡さんが用意してくれた赤飯を頂く。彼女は、はるばる日本から全員分の材料を運んできたのである。ここまでやるのは大変だと思う。既に多くのイラン人の家族が、芝生のそこここに敷物を敷いて空間を占領していた。今日はイスラム新年の一三日目。この日に家に留まるのは良くないとされ、イラン人はみな戸外に出てくるのである（101頁　図2―11参照）。おかげで多くのイラン家族の素顔に触れるよい機会になった。彼らは、日本人を珍しがって、交互に近づいては一緒に写真を撮ろうとする。いつもは被写体になることをあまり歓迎しないイラン人である。言葉は通じないが、思いがけない国際交歓の場になった。

午後最初に訪ねたのは、市街地の西六キロにある「揺れるミナーレ」と称する高さ二〇メートルほどの二つのミナレット（尖塔）のある建物、昔の聖人の廟らしい。対になっているいっぽうのミナーレを内部から揺すると他方のミナーレが揺れることで人気のあるスポットなのである。定刻になり、みなが固唾をのんで見上げていると、わずか一〇秒ほどだが、たしかに揺れた。てこの原理が仕掛けられているのだろうか。あっという間に終わったので、みんなで「アンコール」と叫んだところ、なんと観衆の要望にこたえて、もう一度ミナーレが動いたのだった。

ここからさらに西三キロには高さ五、六〇メートルの岩丘上に、日干し煉瓦で築かれたアーテシュガーと呼ばれるゾロアスター教の拝火神殿がある。その凹凸のある岩肌の斜面を、チャードルをつけた女性も、老いも若きもジグザグに登っていく。少し風が立ち砂塵が舞い上がった。ヤスドの沈黙の塔を登る感じである。しかし、市街地に近いだけに、アーテシュガーの丘には多数の人が次々に登ってきた。頂上から、エスファハーンの市街地が遠望できた。

コーサル・ホテルに戻り、夕食までフリー・タイム。ガイドなしでも大丈夫という七、八人が、勇んでアンバシー・ホテル近くのチャイハネに向かう。しかし夕立に会い、なんとか拾ったタクシーでホテルに戻った。

六、キュロス大王の都を訪ね、詩人ハーフィズの郷里シラーズへ

四月三日(火)、三連泊したコーサル・ホテルを、八時にチェック・アウト。南方約五〇〇キロにあるシラーズまでが今日の行程である。岩礫地帯や小麦畑が交互に現れる。途中で道端のカナートを覗いたり、イッザトハースト村ではバスを停めて、小川にかかる半ば壊れた石橋の背後の丘上に三世紀ササン朝時代の町の廃墟をみた。ずっと後代のサファヴィー朝のキャラバン・サライの遺跡もあった。バサルガダエのレストランで、昼食休憩。

バサルガダエは、古代ペルシャ、アケメネス朝が紀元前六世紀にキュロス大王により創始されたという歴史的な土地で、世界文化遺産に指定されている。BC五五二年大国メジナを滅ぼしたキュロスは、ギリシャ人の石工を連れ帰り、新都の建設を開始した。彼は、BC五三九年新バビロニアを征服し、「バビロン幽囚」にあったユダヤ人を解放した。アケメネス朝はゾロアスター教を国教としたが、他民族の宗教を圧迫することはなかった。絶対君主キュロスであるが、寛容な治世の故に歴史に名を残している。キュロスは東方遠征の際戦死したが、彼の後継者カンピセスやダリウス一世により古代ペルシアは、北はユー

フラテス河から南のエジプトまで、三世紀にわたって西アジアを支配する大帝国に発展したのである。四世紀にアケメネス朝を滅ぼしたアレキサンダー大王も、キュロスの異民族政策を受け継いだ。

パサルガダエ遺跡は低い丘陵に囲まれた広大な平原の中に散在し、簡単に歩いてまわれる範囲ではない。遺跡の入り口近くに、キュロス大王の墳墓があった。巨石を積んだ上に、棺を収める石室が載る。現在は、修復と保存のため上部が屋根でおおわれている。歴史書に載っている写真から私は、平野のなかに孤立した小さな墓を想像していた。

「飛鳥の石舞台のようなものを脳裏に描いていましたが、比較にならぬ巨大な墳墓ですね」

図（2-12）パサルガダエ
キュロス大王の墳墓

「碑文のペルシャ語、バビロニア語、エルム語で、『王の中の王者』と書かれています」、と外岡さん。「当時からよく知られた建造物でした。この地に来たアレキサンダー大王も、表敬したそうです」

ゲートにも、キュロスのレリーフが残る。宮殿の謁見の間、私的宮殿などを見てまわる。迎賓館に使われた石材は、内部を空洞にして重量が軽減する工夫がみられる。また高い円塔は、数本の円柱に心棒を通して積んだものである。タフテ・スレイマーンという兵舎跡の高みに立つと、遺跡の広大さが改めて実感された。野生のチューリップが咲いていた。

一六時、人口五〇〇万イラン第五の都市シラーズに、北のコーラン門から入った。ファールス州の州都、世界的に知られるペルシャを代表する叙情詩人ハーフィズやサーディの郷里である。門の上にコーランが

図（2-13）ペルセポリスのクセルクセス門

掛かっていた。旅立ちのとき頭上にコーランを掲げ、旅の無事を祈る習慣があるという。小休止し、上手の公園まで登った。展望テラスから、シラーズ市街地が望まれた。まもなく着いたホマ・ホテルでは、二日間の連泊になる。

翌四月四日（水）朝八時、昨夕潜ったばかりのコーラン門を抜けて、六〇キロほど北東にあるイランでも最大級の遺跡、世界文化遺産ペルセポリスに向かう。ペルセポリス（「ペルシャ人の都」の意味）は、BC五一二年アケメネス朝のダリウス一世の命により建設が開始され、次のクセルクセス一世の時代に完成された都である。当時の政治上の中心スーサに対し、宗教儀礼のための都市であったといわれる。後背地に当たるラフマト山の西麓に、南北に長い長方形の基礎を持つ。バサルガダエと違い主な建造物の基盤が完全に残っているから、旅行者は往時の規模を容易に想像できる。クセルクセス二世の墓のある東の高みに立てば、宮殿の間取りやゲート、石段、列柱にいたるまで、緊密に組まれたもとのプラン全体を見晴らすことになる。遺跡を囲む平原には、畑地が拡がっていた。

西側の正面階段は左右に分かれ、どちらを登っても上の正門であるクセルクセス門（万国民の門）に行き着く。現在高さ一〇メートルほどの側柱と人面有翼獣神像が残るだけだ。門の前で、全員の記念写真を撮った。ここから東に儀杖兵の通路が延びている。歩いていると、双頭の鷲や馬の像が無造作に置いてある。いずれも列柱の上に載っていたものであろう。

この右手のアパダーナ（謁見の間）は、ペルセポリス遺跡の中で必見の場所だ。謁見の間に通じる東西の階段のレリーフが、特に有名である。王に貢物を持参する世界各国の使者の姿が、衣装や持参の品とともに写実的に彫られているのである。たとえば、アルメニアの使者は馬、バビロニア人は牛、インドからはスパイスの入った壷、エチオピアの象牙、という具合である。古代ペルシャ帝国の版図と国力が、レリーフに見事に表象されていた。有名な牡牛を襲うライオン像のレリーフもここで見られた。

百柱の間は、無数の円柱の台座だけを残す広い空間だ。膨大な貢物の収蔵庫として使われたらしい。その他、ダリウスやクセルクセスの宮殿などを見物したが、煩瑣になるので省く。

このように栄華を誇った古代ペルシャの壮大な都も、占領中のアレキサンダー大王の兵士による失火で、基礎を残してほとんど崩壊してしまった。ペルセポリスを建設したアケメネス朝の偉大な君主たちは、北西に六キロ離れたナクシェ・ロスタムの岩山の中に眠っている。断崖のレリーフの裏にある横穴式墳墓が、その場所である。こちらは午後の訪問になった。

午後の訪問予定のひとつナクシェ・ラジブ近くの屋外レストランで昼食を摂った。日差しはきついが乾燥しているから、木陰に休めば心地よい。近くに小川が流れていた。

ナクシェ・ラジブの方は、紀元後の三世紀から始まるササン朝ペルシャ初期の君主を讃えるレリーフで知られる遺跡である。ナクシェ・ロスタムのように岩肌に彫られているが、墳墓ではない。ササン朝の創始者アルデシール一世がゾロアスター教の善神アフラマスダから神権の象徴である大きなリングを受けている叙任図と後継者シャプール一世の騎馬像などのレリーフがならんでいる。

アケメネス朝のキュロスやダリウス、クセルクセスの名は、ヘロドトスの『ペルシャ戦争史』などでよく知られているが、これに比べササン朝の王の名前は日本では一般的とはいえない。しかし、アルデシールやシャプールは、政治軍事のみならず文化の発展にも寄与したペルシャ史上重要な君主なのである。

このあと訪ねたナクシェ・ロスタムには、アケメネス朝の墳墓に加えて、シャプール一世がローマ軍を破り皇帝を捕虜にしたレリーフもある。ローマ皇帝フィリップは、敗戦後無事ローマに戻ったが、ヴァレリアヌス皇帝は捕虜としてササン朝の宮廷で生涯を終えた。

一五時三〇分シラーズに戻り、市街の東北端にあるハーフェズ廟を訪ねる。前庭に赤やピンクのバラが咲いていた。高台の東屋風の建物の中にハーフィズの棺がある。シラーズは、イラン南部にあるが標高一六〇〇メートルの高所にあり気候温暖な土地で、花壇や公園の緑に恵まれた、美しい都会である。ハーフィズやサアディーら優れた詩人が生まれたのはこの環境によるのだろう。ハーフィズの詩をこよなく愛したゲーテは、『西東詩集』一巻を書いた。詩人の名前はむかしから耳にしていたが、残念なことにハーフィズの詩自体を私はまだ読んでいないのである。ピンク色をはじめて使った花や家の絵、ステンド・グラスのある通称「ピンク・モスク」（102頁　図2―14参照）やキャリーム・アサブ城、バザールを見物して、ホテルに戻った。

夜は、ホテル近くのレストランで、郷土料理アッバー・グーシュトを食べる。土壷に入った水分の多い具のうち、汁を一方の皿に受け、固形部分を印判のような棒で捏ね回し、これを別の皿に取り分ける。そして、それぞれをナンの皮で包んで食べるのである。凝ったわりに、旨いとはいえない。

「誰が、こんな面倒な料理を創案したのでしょうね」同じテーブルに座った東京から一人参加の中野氏に話しかける。具を捏ねていた氏は、

「壷でごった煮を調理しているうちに、偶然できたしろものかも」といって笑った。

「半ば腐った出し汁から、クサヤの干物が生まれたように。最初は、臭いだけで敬遠してしまう」

「珍味とは、そういうものですね。郷土料理として残っているからには、愛好者がいるのでしょう。慣れると、案外病みつきになる味かもしれない」

ホテルは、庭園や大学などがあるホシュク川の北岸にあり、川の南バザールなど旧市街の中心部とは少し離れている。夜の時間は十分あったが、土地勘がない町なので散歩はあきらめ、自室で過ごした。

七．ペルシャ湾岸

四月五日朝食前、隣接するアザディ公園を散歩した。人口の岩山から滝が池の中に落ちている。数本の高い棕櫚の木、大きなダチョウの模型、公園の木立の向こうに低い岩山が迫っていた。はじめは、シラーズ大のキャンパスまで歩くつもりだったが、意外に遠いので途中で引き返す。八時にホテルを出発した。斉藤氏が、日ごろ鍛えている太極拳やヨガを語った。一〇時、岩山の崖下、モスクと四、五軒の商店が並ぶ場所でトイレ休憩。どの商店も間口より奥行きがあり、果実、穀物、香辛料、飲料、その他の日常品を供えた華やかな雑貨店である。

移動を再開してまもなくバスは、潅木しか生えていない山岳地帯に分け入った。一一時三〇分、ビシャプールに着いた。ここには、ササン朝のアナーヒタ神殿遺跡がある。モザイクの間、謁見室、ローマ皇帝ヴァレリアヌスが幽閉されていた宮殿などを回った。つづいてシャプール川の左岸の崖に彫られたレリーフを見物に行く。バフラム一世の騎馬叙任図は、ササン朝レリーフの最高傑作という。右岸のレリーフ見学の前に川岸の木陰で、ピクニック・ランチを食べた。ドライバーとワーヒド氏が、バーベキューを準備してくれたのである。このあたりには適当なレストランがないらしい。

右岸には、シャプール一世の戦勝図と捕らわれたローマ皇帝たちのレリーフがあった。この地のレリーフでは、ローマ人は散々である。再びバスで南下する。羊の群れを移動させる遊牧民たち。羊の先頭には常に山羊が進む。山羊は新芽の所在に聡い。その山羊の後を、羊が追うのである。

「地元の住民とのあいだにトラブルは起こらないのですか」とガイドに質問する。これは、日本的発想だった。

「広い国土のイランでは、田舎の境界はほとんど問題にならないのです」、とワーヒド氏は言う。「遊牧民は、草地を追って自由に移動し、宿営することが認められています」

対岸の岩山とのあいだにかかる石橋の写真を撮るために、小休止する。一五時四五分平坦地に出ると、ナツメヤシの畑が現れた。一六時半、ようやく今日の宿泊地ブーシェフルに着いた。ペルシャ湾に面した港町である。まだ明るいので、高い壁に囲まれた付近の横丁を散歩し、地もとの金持ちの家を改装した考古学博物館に立ち寄った。波止場には、多くのダウ船が繋留されていた。ペルシャ湾の海水に触れてみる。海に赤い太陽が沈むところだった。一八時半、シラーフ・ホテルにチェック・インした。これまでの都会のホテルに比べると簡素なホテルだが、私に割り当てられた四〇一号だけは、やたらと大きい。

夕食の席では、中国人の張さんや東京の佐久間さんと一緒になった。張さんは、

「ブーシェフルのような田舎町を、わざわざ訪ねる理由がわからない」

という。思ったことを口にする率直な人だ。

私は、ザグロス山脈を西側に抜ける適当な間道や宿泊地がないためと思っている。ペルシャ湾の海水を

図（2-15）ペルシャ湾のブーシェフル港

体感できたのはよかった。

佐久間さんは、戸外ではベドウィンのように黒い服をつけ頭巾を被りストックを手にしていた。年配者と思っていたが、頭巾を脱いだら五〇代の人だった。登山も旅行も好きだという。山の話を始めたら、彼女も日本百名山をすべて登り終えていた。これは油断ならない。はたして、

「数年前、アフリカのキリマンジャロ山（五八九五ｍ）も登りました」、という。六日前まで、一日五〇キロほど歩く四国の遍路に出ていて、このツアーに参加した。この旅行の後、六月はチベット、八月マダガスカル、一二月ペルーとスケジュールが詰まっている。夢、体力、気力、金力、行動力のすべてが充実したひとである。

明けて四月六日（金）は、西六〇〇キロにあるアフワーズまでの長丁場、七時の早い出発になった。今日は観光よりもっぱら移動の日なので、ワーヒド氏の話が続いた。徴兵制、学区制、宗教制度など。

近隣のイスラム諸国が合議制でカリフを選んだスンニ派イスラムが主流であるのに比べ、イランは創始者ムハマドの血統を重視した系譜であるシーア派が九〇％以上の絶対多数を占める。そのなかでもイランのシーア派は一二イマーム派と呼ばれ、最高指導者イマームがすべての権限を握っているのである。これまで一一人のイマームが史上に現れたが、すべて暗殺された。一二番目のイマームは、国家的大事が起こるまでは、まだどこかにお隠れになっている。だからホメイニ師以後の現在の最高指導者も実はイマームの代理人なのである。殺害されたイマームのうち八人目のレザーは、国内のマシュハドに葬られたため、メッカとマシュハドがイラン人の聖地とされる。メッカに詣でたひとはハッジと尊称され、マシュハドを

詣でた人はマシュハビーと呼ばれるという。日の出、正午、午後、日没、夜の五回メッカに向けて礼拝するのは、シーア派である。スンニ派は、正午と午後、日没と夜を纏めて一日三回の礼拝で済ませる。

九時三〇分、小さな町でトイレ休憩。そこに葬式の行列がやって来た。蓋を開いた棺の中に黒い布で包まれた遺体が置かれていた。一一時三〇分、広い草原地帯をペルシャ湾沿いに北西に走っている。しかし海岸線から離れていて、海はあまり見えない。一二時マーシャルという小さな町に着いた。街中の公園で、今日も野外でのランチになる。赤飯、ふくじん漬、ナン、焼肉にスイカ、外岡さんとワーヒド氏は忙しい。

一時間半の休憩後、移動開始。左手エマーム港の深い入り江に製油所の煙突が並んで炎を上げている。対イラク戦争時、ミサイル攻撃を受けたという。イラクとの国境に近づいたのである。一五時半、シャトラ・アラブ川を渡ってホーラム・シャーハル市に入る。開戦当初、イラク軍がイランに侵攻してきた地点である。渡し舟で川を少し遡ればイラクとの国境が見えるという。ところが、私たち一行を見た船頭たちが客の取り合いを始めたのである。あまりの険悪な空気に国境見物は諦め、近くの戦争博物館に寄った。階下の展示場には、イラン特攻兵士や爆撃で丸裸になったナツメヤシの写真、二階には廃墟となった石油基地アバダンの写真や犠牲者の遺品が展示されていた。

一八時、戦争時の塹壕地帯を抜け、浅い池塘を走った。このあたりは、イランでも重要な油田地帯である。一九時、長い一日のバス移動を終えて、アフワーズのパレス・ホテルに到着した。夕食は、斉藤夫妻や大阪守口市から友人二人で参加した三宮さん、吉本さんとご一緒。斉藤氏から、マダガスカル島の状況をたっぷり聞かせてもらう。三宮さんは、ツアー参加者の中では若いほうだが、既に八六ヶ国も周っていた。日ごろは、トレッキングで体を鍛えているという。夕食後、数人で夜景を見ながらホテル裏手のコアルーン川の岸辺を散歩した。

八、再び北上の途へ、遠隔地に散在する遺跡

四月七日（土）、五時三〇分起床、コアルーン川の遊歩道に降りて、モアッラグ橋や両岸をスケッチした。六時三〇分ホテルに戻って朝食を済ませ、七時三〇分に出発する。

今度の旅程も半ばとなった。ペルシャ湾岸を南限として、本日からザグロス山脈の西側をひたすら北上する。エスファハーンやシラーズのような世界的に知られた大都会は少ない。イランの自然や地方都市を巡り、主に古代ペルシャやササン朝ペルシャの歴史的遺構を訪ねる旅になるだろう。

九時、今日の最初の訪問地チョガザンビル遺跡に着いた。アケメネス朝の古代ペルシャよりさらに古いエラム王国（BC二〇－七世紀頃）の遺跡で、世界遺産に指定されている。それは、BC一三世紀ウンタッシュガル王の命により建設されたジグラッド（階段状ピラミッド）のためである。同じく階段状で有名なテオテワカン（メキシコ）の月のピラミッドより古いのである。一〇〇メートルを越える基底部から日干しレンガが緊密に積み上げられていて、三段目までは完全に残っている。かつては、五〇メートルの高さまでレンガが組まれていた。最上部には最高神インシュシナを祀る神殿があったという。表面に張られていたという青いタイルは抜け落ちてしまったが、赤みを帯びた日干しレンガの壁面も美しい。同じ遺構内には、王家の墓や葬祭殿、日干しレンガの間に瀝青を詰めて防水した巨大な貯水槽もあった。

車で近距離のところにある、同じエラム王国の遺跡ハフト・テペにも立ち寄る。チョガザンビルより数世紀古い都市遺跡で、規模は小さいが、宮殿、墓地、寺院跡が見られた。いずれの遺跡もBC七世紀に、

図（2-16）チョガザンビルの階段状ピラミッド

この地方に勢力を伸ばしてきたアッシリアのアッシュル・バニバル王により破壊されたのである。日照の厳しい遺跡めぐりの合間に、外岡さんが用意してくれたスイカを食べながら日陰で休憩した。

一二時五〇分、スーサ（ソーサ）遺跡に着いた。スーサは、夏の都エグバダナに対し冬の都（九月から翌年五月）と呼ばれ、祭礼の都ペルセポリスを含めてアケメネス朝の主要な都市だった。ダリウス王やクセルクセス王は、複数の都のあいだを巡回しながら帝国を支配していたのである。ただし、スーサ遺跡は謁見室や宮殿の礎石が残るだけで、ほとんどが土に還っている。顔面が毀れた馬をかたどったホマ（柱頭）が、無造作に地上に放置されていた。

スーサのレストランで遅い昼食を済ませ、一四時三〇分移動を再開した。菜の花が咲き誇っている。一六時、左右車窓に二千数百メートル級の岩山が連なる山間を走った。羊の群れ、土色の川が流れている。一七時一〇分、大きな岩石が転がっているあいだを、九十九折れの国道が縫う。カルスト地形に似ている。落石が怖い感じだ。

水田が見え、車の数が多くなる。一部切れ落ちたササン朝時代の石橋の向こうに村落があった。一八時五〇分、川と山に挟まれた比較的大きな集落が現れた。灯が点り始めた。完全に日暮れた二〇時、ロスターン州の州都ホラマバードのツーリスト・インにチェック・インする。夜ホテルでは、結婚式があった。

四月八日（日）朝、遅く着いたため昨夜は分からなかったがホラマバードは、山間の国道沿いに延びた市街である。ホテルの背後は崖で、前面にも山が迫っている。ホテルの横には崖に競りあがった野外劇場

図（2-17）ビストーン遺跡のレリーフ

があった。

八時に出発。当地ロレスターン州は、平均標高二千メートルにあり、年間雨量四〇〇－八〇〇ミリ、夏でも摂氏二八度を超えず、二月には氷点下になる。九時、雪山の連なりを見た。九時五〇分、ヌーラバード（光の村）を過ぎる。レンガ造りの二階家、小川、枯れ木の並木が遠くまで続く。一一時、左車窓にロッククライミングのできそうな垂直の岩肌が聳え、右手の小丘の上に一台の小型戦車が停まっていた。一一時三〇分、スーサとバクダッドを結ぶ古代の「王の道」の途中にあるビストーン遺跡に着いた。

駐車場から少し歩いた右手にヘラクレスの像が横たわっていた。さらに登った崖の上部に、ダリウス一世による帝国統一を描いた有名なレリーフが彫られている。レリーフを身近に見るため、崖に掛けられた鉄製の梯子を登った。レリーフには、いきさつが楔形のエラム語、ペルシア語、アッカド語の三文字で併記されている。一八三五年ローリンソンがこの遺跡を発見し、その比較研究により楔形文字の解読に成功したことで、このレリーフは広く知られるようになった。エジプトのロゼッタ・ストーンに刻まれた象形文字のシャンポリオンによる解読とも比較される業績である。現在このレリーフは、ユネスコの世界文化遺産として登録されている。

ターク・イ・ブスタン・ホテルの地階、テーブル脇に水流を設けた洒落たレストランで昼食、その後徒歩で遺跡に行く。ビストーン遺跡同様に、ターク・イ・ブスタンも岩肌に彫られたレリーフの遺跡だが、こちらは複数個の大きなレリーフが断崖に沿って並んでいる。いずれもアーチ状に岩肌を掘削し、正面と側面にレリーフを彫っているので立体的効果がある。題材は、ササン朝のアダシル一世がアフラマスダより神権のリングを受ける図や、狩猟の風景だった。レリーフのある崖の下には、池や遊歩道のある公園があり、その向こうに小麦畑が広がっていた。

一五時三〇分、咲き誇る桃の花の写真を撮るため一行がバスを降りると、子犬が尾を振りながら近寄ってきた。一六時一〇分、とある町で開かれていた青空市で車を止めて、外岡さんが野菜を仕入れた。夕食に不足がちな青物を補足するためだろう。農産品で国が買い上げるのは、小麦、米、ピスタチオ、チャイ、ナツメヤシである。このうちグルドの農民は、もっぱら小麦を作っているので、現金収入が少ないという。

一八時、サナンダージのツーリスト・イン・ホテルにチェック・インした。飾りのない実質的なホテルである。地方都市では、ホテルは質数ともに限られている。市街の夜景が美しかった。

翌四月九日（月）、六時半に目覚めた。ホテル前の山手を散歩し、山を背景に市街をスケッチ・ブックに書き留める。八時三〇分、移動開始。高い建物はないが、サナンダージは結構広い市街地である。九時山道にかかった。少し下りになり、右手に小麦畑や薄桃色の花樹、ダム湖が見える。湖上は、少し霞んでいた。なだらかな小丘地帯を走る。一〇時、このあたりの高所に来た。残雪がある。軍隊の小駐屯舎やサッカー・グラウンドがある。標高は、二千メートルを超え、落葉樹林帯が続く。車内で、チャイと菓子のサービスがあった。イランの菓子は甘く、砕けやすい。

一一時三〇分、サファビー朝時代のサバラターバ橋の袂にきた。七つのアーチ状水路をもつ石橋である。橋を入れた景色を手早くスケッチする。平行して付けられた新橋を、バスは渡った。一二時三〇分、タカブ・ホテルで、ランチ。対面に座って手提げの中身を調べていた東京の佐久間さんが、

「あら、昨夜泊まったホテルに忘れ物しちゃった」と声をあげた。

さては、財布かパスポート?、周りに座っていた仲間が、一瞬心配そうな顔をした。

「松ボックリですよ。昨日の夕食時、皆さんにお見せした」

それは、拳のような大きな松の実である。どこで拾ったのか知らないが、日本に持って帰るといっていた。その松ボックリを、部屋の冷蔵庫に入れていたらしい。

「冷蔵庫を開いた人は、びっくりするでしょうね」

昼食後、五〇キロ離れたタフテ・ソレーマンに向かう。

「私が大好きな遺跡です」、と外岡さんは宣伝した。

遺跡のある丘の上には、深いエメラルド色の水を湛えた湖があった。火口湖であろうか。遺跡は、湖を囲んで広がっている。少し積雪があった。私たちは、ぬかるむ小道から高い横木をまたいで、遺跡の中に入った(102頁　図2―18参照)。

この遺跡はアケメネス朝古代ペルシア時代からの歴史を持つが、現存する最古のものはアルケサス朝バルチア時代に建設されたゾロアスター教の拝火神殿という。ササン朝ペルシア時代には、多く建造物が増築され、城壁も巡らされた。七世紀から始まるイスラム時代には放棄されていた。一三世紀に興ったイル汗国(モンゴル)の王が離宮として利用した後、遺跡は一九世紀まで忘れられていたのである。タフテとは「狼煙台」、ソレーマンは「ソロモン」を意味する。拝火神殿は、戴冠式、戦勝祈願など国家的行事に使われた。聖火は、三キロほど向こうに見える山頂のとがったゲンダーネス・ソレーマン山から噴き出る天然ガスが利用されたという。アーチ状に石を組んだ拝火神殿を始め、「王の火」の保管場所、宮殿などが入り込む遺跡の間を歩いた。入場には苦労したが、遺跡の出口は障害物もなく、あっけなく外に出た。

ワーヒド氏が、悪戯してわざと難しい入り口に一同を誘導したのである。

タフテ・ソレーマンの全景を撮るために移動した場所に、生まれたての可愛い子山羊を抱いた少年が現れた。こちらも、みんなのカメラの被写体になる。ゲンダーネス・ソレーマンは、麓から見るとヤスドの沈黙の塔に似ていた。

一八時、タカブ・ランジ・ホテルに着いた。幅一〇メートルほどの市の本通り沿いの商店の並びにある、旅籠とでもいうべき小ホテル。ただ、町の散歩には便利なので、夕食時まで付近を歩いてまわった。本通りを南に下ると小広場に数本の道が集っている。さらに進むと青空市があった。人通りが多い。

一九時三〇分、受付のある入り口すぐの部屋に置かれた長い食卓台の両側に座って夕食を摂る。特別のレストランはないらしい。このような人数の客が、一堂に集まることも稀なのかもしれない。ワーヒド氏が、イランとアフガンやパキスタンのあいだの麻薬密輸の話をした。麻薬運搬に使われるラクダは、自体麻薬中毒にされているという。麻薬につられて一度覚えたルートを、ラクダが独自に移動する。麻薬密輸業者は、ラクダのあとを見え隠れしながらつけているだけだから、発見されても召し捕られるのはラクダのほうで、業者自身ではない。

アフマディネジャド大統領の強行路線に、ワーヒド氏は批判的だ。

「でも選挙で選ばれたのだから、人気があるのでしょう」と反論してみた。

「そうとはいえません。立候補できるのは、最高指導者が容認した人物に限られているのですから」

ワーヒド氏が、日本のことを知りたがっている若者がいるから相手になって欲しいという。学生かと思ったら、受験生だった。入学のために二つ目のテストの準備をしているところである。数学科を志望している。

表現する英語が分からず、ときどき辞書を引いている。なんだか英会話の相手をしている感じになった。

図（2-19）コンパデ・ソルターニエ

九．トルコやアルメニア国境に近いイラン西北部を行く

四月一〇日（火）、七時起床。室温が高いのと廊下の明かりでよく眠れなかった。八時三〇分出発する。野生のチューリップの群落やポプラの梢に密集したカラスの巣を見た。九時半、右手車窓に小川と丘のあいだに、シーマルド村のグルド人集落が現れた。一一時バスは、青磁色の斜面をした山間を走る。ダンディール銅山である。銅鉱運搬のためのゴンドラが空中を移動していた。道端に積雪を見て、外岡さんがバスを止めて雪かきした。車内の冷蔵庫に使う。

一三時今夜の宿泊ホテル、サンジャン市のツーリスト・インで昼食時間になった。サンジャン市は、首都テヘランと明日に訪ねる北西部の都会タブリーズを結ぶ中間点にある。私たちは、ペルシャ湾岸からかなり北上したのである。

一五時三〇分、一四世紀イル汗国の首都であったコンパデ・ソルターニエに着いた。世界文化遺産に登録されたイル汗国の王の墓は、高さ四八・五メートルもある二重ドームの巨大で頑強な建造物だ。フィレンツエのサンタマリア大聖堂、イスタンブールのアヤソフィア寺院につぐ大きなドームという。八角形の建物に、八つの入り口が付いていた。内部は、パイプの支柱が天井まで縦横に張られ、修復中である。回り階段で上階まで登った。レンガ積みの壁面にも、細かな紋様が彫られていた。

一九時、ツーリスト・インに戻る。夕食時、滋賀県からの斉藤夫妻と同席し、アフリカ旅行の話を改めて詳しく聞いた。彼らは、既にアフリカだけでも一三回も旅していた。

「一度私も本物のサファリの経験をしたいのですが、実際に肉食動物の生態が身近に見られるのですか。寝転がっているライオン見物に、わざわざアフリカにまで行くこともないし」

「それが、キリンを食べているライオンの現場を目撃したのですよ」とイラン風美人の斉藤夫人が鼻をうごめかせた。「非常に幸運だったのかもしれません」

「百獣の王といっても、いつも自ら狩をするわけではないようです。たいていは、チーターなどが仕留めた獲物を横取りするのです。そのほうが楽ですから」、と斉藤氏。「豹と違いチータは、顎の力が弱く、餌を安全な木の上まで運ぶことができません」

「あなた、マリの酋長の話をしてあげたら」と夫人が促した。

「西アフリカにも行かれたのでしたね」

「ええ、グループでマリの奥地の村を訪問したときのことです」斉藤氏が話し始めた。「家に上がりこんで、酋長の歓迎を受けていました。そのとき、酋長の背後にある大きな赤い土偶が、気になったのです。長い鼻に長い耳を持った山羊面の架空の動物の像でした」

「何かのまじないでしょうか」

「よく分かりません。でも酋長が、とても大切にしていたものでした」

「なんと主人は、その家宝を譲り受けることになったのです」と夫人が言った。

「一〇数万円で、商談成立です。ただ手元が不如意だったので、現物の着払いということで酋長は了解しました」、と斉藤氏。

半信半疑で待っていたところ、数ヶ月経って巨大な梱包が送られてきた。

「酋長が指定した銀行口座は日本の銀行で調べても分りません。やむなく、主催のS旅行社により現地の代理人を通じて現金を酋長に渡してもらうことになりました」

なんだか現代離れした話である。

「律儀な酋長のもとに、無事現金が届けられていたらいいですね」

「幾重にも包装されていたにもかかわらず、土偶の鼻の一部が欠けていたので、修理に出しました。おそらくこの土偶は、マリの博物館で見かけたものよりはるかに優れた作品です。日本円にしたら、少なくとも一〇〇万円はするでしょう」

マリの片田舎にあった赤い土偶は、アフリカとユーラシア大陸を跨いで、収まるべきところに収まったのである。

四月一一日（水）、七時間眠って、五時に目覚めた。曇天。八時半バスは、二八〇キロ北西のタブリーズに向けて動き出した。左手ゲゼルオーゼン川沿いに走る。一〇時、川の中央で分断されたままの一五世紀の古橋ポリドホタールの写真を撮るため小休止した。一〇時二〇分、渓谷地帯に入った。小菊が咲く川岸が続いている。長いトンネルを出ると、平地が広がっていた。一三時半タブリーズ市に着いた。アゼルバイジャン、トルコ、イラク三か国に囲まれたイラン西北端の東アゼルバイジャン州の州都である。トルコ系の住民が多く、公用のイラン語と異なる言語が優勢という。一三世紀のモンゴル系王朝の首都となって以来、歴史の変転とともにタブリーズも盛衰を繰り返した。現在は、近隣諸国とイランの首都テヘランを結ぶ幹線上の要衝として発展している。

図（2-2）サファイエ・ホテルで見た正月飾り

図（2-4）墓守とロバ

図（2-7）エスファハーンの
三十三アーチ橋

図（2-11）イスラム新年一三日のピクニック・デイを楽しむイランの人たち

図（2-18）タフテ・ソレーマン遺跡

図（2-14）シラーズのピンク・モスク

図（2-20）シェイフ・サフィーオッディーン廟

図（2-21）マースレー村で出会った女子学生カミリ

今夜宿泊するパース・ホテルで、ランチ・タイム。午後は市内観光に出かけた。まず訪ねたのは、マスジェデ・キャブーデ寺院、正面入り口や内部の天井の一部に残る紺青のタイルから通称「ブルー・モスク」、と呼ばれる。度重なる地震のため多くが剥げ落ち、現在修復中という。完成したら、さぞかし美しいことだろう。隣接する東アゼルバイジャン州博物館には、女子中学生が見学に来ていて、賑やかだった。日本人と見て、私たちの写真を撮ろうとする。それではとばかり、こちらもカメラを向けると、彼女らは逃げ腰になった。誰かが、「相互主義でないと、認められない」、と文句を言っている。

タブリーズのバザールは、店舗数七千を超えるというイラン屈指の規模を誇る。かつてマルコポーロやイブン・バトーダらの大旅行者が立ち寄って、当該バザールの豊かな産品を書き留めているのである。外岡さんが一行を誘導したのは、名物の蜂蜜探しのためだった。

この日最後に立ち寄ったのは、一四世紀イル汗国時代に建てられたアルゲ・タブリーズ（タブリーズ城）、正面と左右に側面を開いた形の高さ五〇メートルほどの巨大建造物である。遊牧民族である蒙古人は、本拠地や中央アジアではあまり建物を残さなかったが、イラン高原で定住したイル汗国では、コンパデ・ソルターニエの廟所やブルーモスクのような大地震でも崩壊しないような頑強な建築を造形した。

一九時二〇分、五つ星のパース・ホテルに戻った。最上一一階の回転展望レストランで、繁田夫妻や中野さんとテーブルを囲む。メインには、海老フライを注文した。宿願のローランやロブ・ノールの旅について、中野さんが語った。

食後一階ロビーに集まり、毎日出てくるインスタントのネス・カフェーの代わりに、カプチーノを注文してみた。しかし、予期したものとは違いやはりインスタントで「これは、ネス・チーノね」と皆で笑う。

ワーヒド氏が、日本生活七年の思い出話しをした。名古屋の自動車関連の企業で働いていたらしい。カラオケ大会で、地区代表にも選ばれたという。それでは、「一曲歌って頂戴」とせがむが、ワーヒド氏は首を縦に振らない。

「そんなに勿体をつけないで」と斉藤夫人。「それとも、あなた本当に代表に選ばれたの」

イラン風美人の彼女は、時々単刀直入で辛らつなことを言う。パース・ホテルは悪くないが、市の中心部から離れていて、夜のバザール歩きができないのは残念だ。

一〇．カスピ海沿岸

四月一二日（木）、八時三〇分出発。今日は、山岳地帯を越えて、東のカスピ海沿岸まで一気に走る。九時三〇分右手にサハンド山（三七〇七m）の頂、一二時今度は左車窓にサバラーン山（四八一〇m）の裾野が拡がる。頂付近は雲に隠れていた。バスは、山道を下り始めた。アルダビル市着、一三時。ダルヤーホテルで約一時間のランチ・タイムをとった。少し低地に降りてきたため、気温が上がっている。

午後、市の中心部にあるシェイフ・サフィーオッディーン廟を訪ねた（102頁　図2—20参照）。イスラム教シーア派に属する神秘教団サファヴィーの創始者の霊廟である。彼の子孫エスマーイールは、一五〇二年サファヴィー王朝を創建し、シーア派の中のエスマーイール分派を国教とした。この霊廟は、彼が建造させたのである。内部には、教団の創始者をはじめエスマーイール一族が合祀されている。入り口近くのドーム左手にエスマーイールの棺、さらに大きな奥のドームには、教団創始者の青色の棺が安置されていた。壁紙の使用は、世界最初という。金色を基調とするドーム内部は、床からの光を反射して照り輝いていた。

一六時、左車窓の谷間に雲海が拡がり、その上に連山の頂が浮かんでいる。バスを止めてもらって写真を撮っていると、瞬く間に一面が濃霧に覆われた。やがてヘイラン峠の長いトンネルに入った。トンネルを抜けると、景色は一変し、緑深い森林地帯になった。小さな川沿いに、バスは下っていく。この谷合の川が、北のアゼルバイジャンとの国境である。低地に来るとアゼルバイジャン側の家並みや水田が見えた。

一七時、カスピ海岸のアスタラ市に入り、ツーリスト・インにチェックインした。夕食まで時間があるので、なにはともあれカスピ海の岸辺に急ぐ。ホテルから歩いて五分ほどだった。レンガ小屋に焚き火の跡、積まれた岩石など殺風景な岸辺に小波が寄せていた。むろん対岸の見えない茫洋たる世界最大の内陸海である。海水を手で掬った。

ホテルへ戻る途中、「こちらに上がって来て！」と頭上から声がする。見上げると三階家の窓から、斉藤夫人や中国人の張さんが、手を振っていた。裏手に回って、階段を上がる。東京の佐久間さん、大阪から来た吉本さんもいる。みんな、きれいに飾られた客間のテーブルの周りに腰掛ていた。サイド・テーブルには、キャンデイや果物を盛った皿がある。毛編の襟巻きをつけた小柄でふくよかなおばさんが、にこにこ顔で何か話している。

「おばさんに手招きで、呼ばれたの」と張さんがいう。「でも、話がまったく通じない。あなた、ロシア語できるでしょ。通訳してください」

「とんでもない。それに、おばさんが話しているのは、ロシア語と違うみたい」

こんなやり取りをしているあいだも、おばさんは絶え間なく駄弁り続けた。これはいいことだ。お互いが黙ってしまえば、間が持てず座がしらけてしまう。彼女が話している限り、私たちは頷きながら、意味を考えたり推量するゆとりが持てる。どうやらおばさんは、グルジアの人らしい。息子と娘を持ち、ソ連時代に分断されたグルジア共和国に親戚が住んでいる。そしてこの町で民宿を開いていることが分かってきた。客室のひとつに案内される。この階と下の階に、ダブルの部屋が合計八室あった。コーヒーをサービスされ、ウイスキー・ボンボンを貰う。

「お返しできなくて、悪いわね」と佐久間さん。「記念になるものがあればよかったけれど」

「ちょっと待っててちょうだい。ホテルの部屋に何かあるから」

吉本さんは、小さな日本人形を持って戻ってきた。みんなで記念写真を撮り、握手を交わして、小柄なニコニコおばさんと別れた。「誰か泊まって呉れることを期待していたのかも」、と吉本さんが言った。

夜、ホテルで結婚の披露宴があった。夕食を終えた私たちは、花嫁が来ていると聞いて中庭に下りる。タクシーの中で、白いドレスを着けた花嫁が待機していた。しかし、私たちの期待を悟った花嫁は、タクシーから出てきて花婿と並んでポーズをとったり、一緒に写真に収まってくれた。イラン人らしく目鼻立ちのはっきりした花嫁は、花婿より丈が高く胸も豊かで、立派な骨格の女性である。彼女と並ぶと小柄な斉藤夫人は、胸もとほどしかない。

やがて、花嫁花婿が、披露宴の会場に入場し、真ん中に近い一般席に二人向かい合わせに座った。といっても、参列者が二人を拍手して迎えるわけでもなく、司会者が挨拶したり、来賓が祝辞を述べるでもない。町中のひとが招待されているのかと思われるほど、参列者が次々にやってきた。彼らは、随時入場して飲食のサービスを受けて勝手にお喋りしているだけだ。そして満腹すれば、後から来るひとのために席をあけて会場を去った。

四月一三日（金）七時起床、二〇分ほど散歩した。雲が多い。八時三〇分、バスが動き出した。ワーヒド氏が、カスピ海のことを話す。広さは本州の一・五倍、平均水深一七〇メートル、塩分は通常の海水の三分の一ほどという。この地方は、チョウザメとその卵キャビアの産地である。イスラム教徒は鱗のないものは食わないのに、何故チョウザメを食べるようになったか。当地のチョウザメは「ベールガ」と呼ばれる四メートルに達する大型種で、尾鰭近くに菱形の鱗が残っている。そのため最高指導者ホメイニ師時代から、食してよいことになったらしい。うまく理屈さえつけば、原理主義も融通が効く。

九時四〇分、左手カスピ海側に水田、右手山村のあいだを東に向かっている。ただしカスピ海の岸は、この辺りでは離れて見えない。水田では、はやくも田植えが始まっていた。後方の座席で、神奈川県から来た大野氏が、ビデオ・カメラをまわしながら、口頭で説明を録音している。彼は、「カスピ海と水田を同時に写真が取れる場所がないか」、と無いものねだりの注文をガイドにした。「別々にとって、後で合成するしかありませんね」とワーヒド氏に軽くいなされる。

一〇時三〇分、おやつとお茶が出る。小さな広場のあるターレシュという町を通り過ぎた。ついでナーブルード川の流れるアザレム村、このあたりの道路標識は、アラビア文字とキリル文字の二つで示されている。

一一時二五分、シャベルマンという小集落で一時停車し、外岡さんがスイカを買う。小川の向こうに、ミナレットを備えた小さなモスクが見えた。一一時五〇分、赤紫のスオウの花が咲く茅葺の農家があった。希望者が多いので、写真ストップ、ついでに農家のキッチンを拝見させて貰う。

図（2-22）アンザリー漁港の市

一三時ちょうど、マースレー村に着き、モンファーレ・ホテルで昼食、その後高低差ある山腹に建つすべて平屋根の家並を、各自自由に一時間ほど歩き回った。イラン人の観光客で賑わっていた。場所により、屋根の上が歩道になっている。途中で、黒い首巻を纏った丈の高い女性が声をかけてきた。シラーズ大学三年のアズレー・カミリ（102頁　図2―21参照）、イスラム学を専攻している二三歳の女性である。週末を利用して南から遊びに来たのだ。母はイラン人という。「グルド人の父は、対イラク戦争で戦死したので私の記憶に残っていません」。話しながら、近くの小さな動物博物館を訪ねた。彼女が、入場料を払ってくれる。麓の村のゲート近くで、e－メールを交換して別れた。

一八時から三〇分、再びカスピ海沿岸に来た。アンザリー港の魚市場を見物する。ベールガのキャビアは、二五〇グラムが、一五〇ドルもする。一九時、セフィド・ケナール・ホテルにチェック・イン した。裏手に海岸が迫っている二階建ての瀟洒なホテルである。夕食に、チョウザメの焼肉が出た。

一一．首都テヘランに戻る

四月一四日（土）曇り、六時二〇分起床して、ホテル裏の砂浜を歩く。コンクリートの簡易な施設がある。アンザリーは、沿岸のリゾート地らしい。

出発してすぐ、ギラーン州の州都ラシュート市に入った。噴水のある広場を回る。雨模様になってきた。一〇時、カスピ海地方と首都テヘランなどのある内陸部を分けるエルブールス山脈を越え始めた。雨が止み、霧が晴れた。左手セフィード・ルード

図（2-23）サミラン砦

川の河川敷は、菜種畑と水田になっている。一〇時、オリーブの産地ロスタム、バードに着いた。バス停近くの商店の前には、大小のオリーブ漬の瓶が並んでいる。

一〇時四五分、マンジール湖畔のマンジール・ダムに着いた。風車が並んでいた。このあたりは風が強く、風力利用が盛んである。ここでタクシーに分譲し、マンジール湖の岸辺を半周し舗装道路が尽きたところで、赤土と石ころの山道に分け入った。小一時間で、一三世紀のイマーム・ザーデ遺跡に着いた。向かい側にレンガの建造物が二つ見える。その先の小高い岩山の上に立つ奇怪な異物が、有名なサミラン砦跡である。一〇九〇年から一二五〇年ころ、アサシン教団はここに本拠を置いて、世界各国に暗殺者を送りこんだ。そのからくりは、まず無垢の青年を誘拐し、麻薬で陶酔させ、酒池肉林を味わせたのち、目的の王宮に送り込む。暗殺が成功すれば、一生夢のような悦楽が得られると洗脳された若者は、かくて死地に赴いたのである。教団名アサシンは、「暗殺」を意味する英語として今日まで残った。

はじめは、砦まで行く予定だった。しかし、雨脚が強くなり、足元が泥濘始めた。天気の日でも、砦のある岩山に登るのは危険性があると聞き、残念だが遠方からサミラン砦の形を確認するに留めた。サミラン砦に期待していた登山の達人佐久間さんは、不満そうだった。

マンジールに戻って、ランチ・タイムになる。午後、ローシャン村のサファビー朝の古い橋ポレドフタールを写真に撮るため、しばし停車しただけで、一路テヘランに急いだ。テヘランのラーレ・ホテルでの夕食時、吉本さんの誕生日を祝った。

四月一五日（土）、イラン滞在最後の日になった。ラーレ・ホテルは、広大なラーレ公園の一角にある。早朝、公園内を抜けて南となりのテヘラン大学構内を散歩した。このあたりより北が、首都の新市街でビジネスの中心地域になる。今度の旅では、首都テヘランはイランへの入出国地点に過ぎない。夕方の離陸まで、二、三の博物館訪問が予定されているだけだ。まず、ホテル近くの絨毯博物館に行く。ペルシャ絨毯の本場とあって、素人目にもすばらしい大作が並んでいる。最高のものは、編み目の密度一二〇ラジ（ラジとは、七センチ当りのニット数）という。公園や果樹園などを描いた具象的な紋様もある。

ホテルに戻り、今度はバスで南のホメイニ広場近くの三つの博物館を訪ねた。まず考古学博物館―紀元前六〇〇〇年から一九世紀までの考古、歴史上重要な美術品を集めたイラン最大にもの―を訪ねた。本館はイスラム化以前、別館はイスラム以後と分けられているが、別館は修復中で入場できない。ペルセポリスで発見された「ダリウス一世謁見図」や「階段のレリーフ」など今度の旅を復習する。ガラス／陶器博物館は、展示物よりカシャーン朝時代の権力者の屋敷という建物自体に興味を持った。正面や二階に通じる木製の回り階段がよい。

近くのホテルで昼食後、イラン中央銀行の地階にある宝石博物館へ。所持品一切入り口に預け、館内の人数制限の中で入場する。しかし展示品の宝石は、見事だった。輝くエメラルド、サファイヤ、トルコ石、中でもナーデルシャーがインド侵攻の際持ち帰ったという世界最大のダイアモンド「光の海」（一八二カラット）は、英国女王の王冠に付いているといわれるダイアモンド「光の山」（コヒノール）と対比される名品である。しかし、四センチ角厚み五ミリと、思ったより小さかった。宝石類を玉座や地球儀や家具に飾るのは、管理上の便宜のためという。宝石博物館の見学で、予定された旅の訪問先をすべて見尽くしたことになる。一八時五五分発のイラン航空搭乗のため、飛行場に向かった。

機内の隣席に、理知的で品のよい美人が座った。きっかけをつかんで、

「日本に観光で行かれるのですか」、と尋ねた。

「いいえ、イランで正月休みを過ごし、夫のいる東京に戻るところです」

「ご主人は、たとえば商社とか日本企業にお勤めでも」

「彼は、フランス人です。広尾にあるフランス領事館に勤務しています」

イランとフランスを含む西欧諸国の関係を考えると、フランス人外交官の夫人である彼女の立場や視点には、微妙なものがあろう。

「イラン各地を三週間かけて回ってきたところです。歴史や地誌に深い興味を持っている私には、とても楽しく多彩な旅でした。それでも、広大なイランの一部を瞥見したに過ぎないでしょう。イラン最大の聖地マシュハドをはじめ、イラン東部の景観は、未知のままに残っています」

「父は、そのマシュハド出身の作家で、母はシラーズ生まれです。私自身は、絵描きになりました」

「きっと、教養ある家庭にお育ちになったのでしょう。残念ながら、イラン文学を読んだことはありません。父上は、どのような作品を書いておられますか」

「いろいろ書いていますが、外国語にも翻訳され広く読まれているのは、『行方不明のソルーチ』(Missing Soluch) でしょう」

作家である父の氏名は、マムード・ドウァタバリ、彼女の名前はサラという。

「是非とも手に入れて、読ませて貰いましょう」

彼女は、広尾にある住いの電話番号やｅ－メール・アドレスまで教えてくれる。成田空港の荷物受け取りカウンターで、サラと別れた。

訪ねたことのない国は、たとえ書物の上で知っていても、依然として未知の国である。しかし、一度旅してその国の景観を眺め、そこに住む人々に接触すれば、これまで未知であったイランのような国が、身近な親しい国に一変する。まして、白いロバを連れたシャリヤール老、わざわざ車から降りてポーズをとってくれた胸もと豊かな花嫁さん、受験準備中の若者、ニコニコおばさん、アズレー・カミリやサラら生身の人たちと会ったり実際に言葉を交わした現在では。

どの国にも、いろいろな立場の人が住み、相反する意見や思想がある。しかし、みな生まれた土地を愛し、懸命に生活している人たちだ。偏った日本の一部のマスコミや新聞報道を鵜呑みにして、イランの人たちをステレオ・タイプ化することはできない。今後仮にイランが国際世論に叩かれて苦境に立ったときに私が真っ先に思い浮かべるのは、イランの指導者ではなく、旅で訪ねた懐かしい場所と、そこに住む人々のことだろう。

（二〇〇七年五月一〇日　記）

第三章　レバノン・シリア・ヨルダン

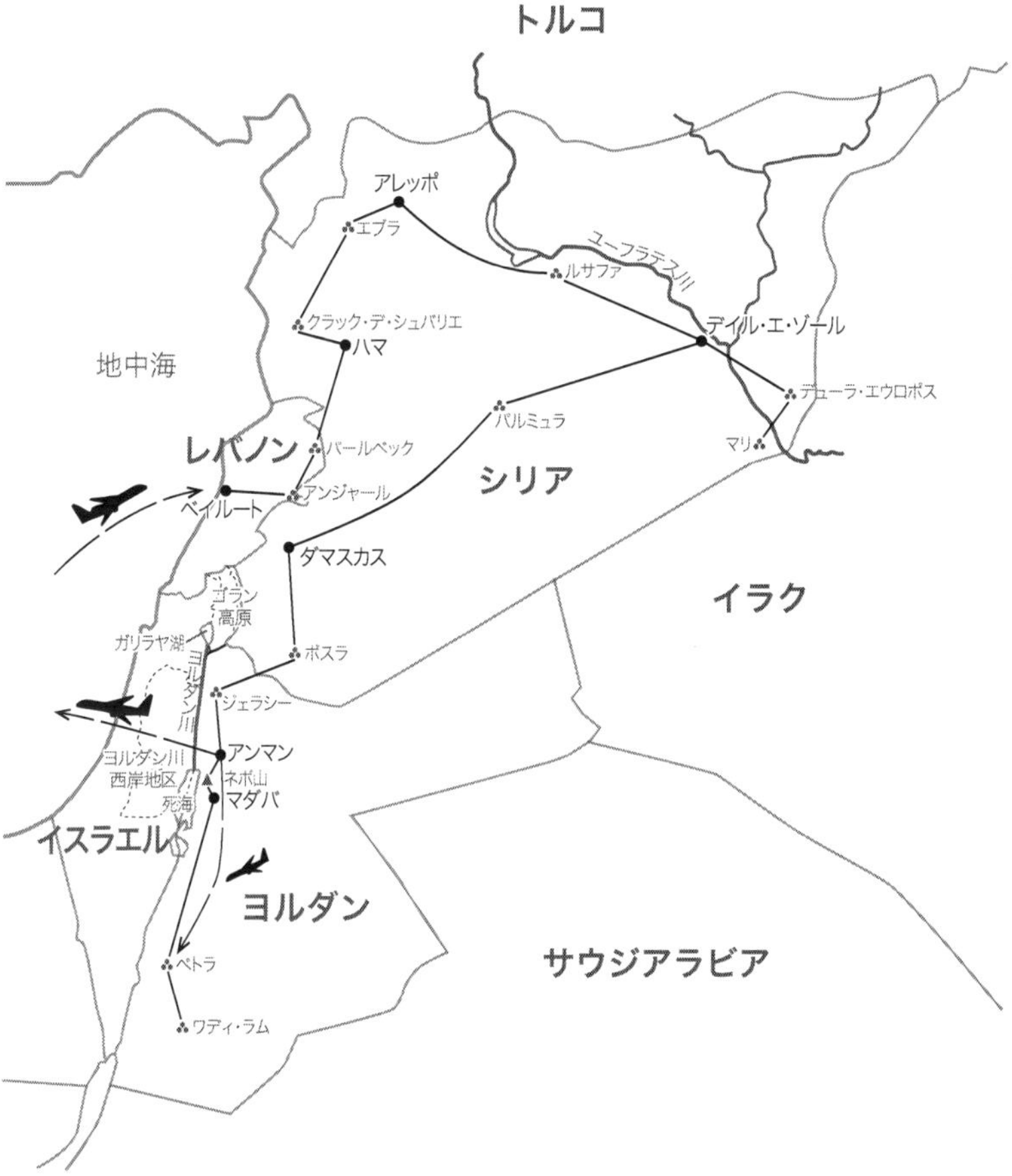

一・ドーハ

関西空港を前夜の二三時に飛び立ち、二〇〇八年二月一六日（土）午前六時二〇分、ドーハ国際空港に着いた。日本との時差六時間、空路一二時間半の行程である。タラップを降り、空港ビルまで歩いていった。晴れ、気温一七℃、空気が乾いている。ドーハは、私たちの旅の中継地に過ぎない。当初のスケジュールではドバイ経由だったが、何かの事情で変更になった。そのためドーハで、ベイルート行きに乗り換えるため六時間の待ち時間ができたのである。空港の待合室で過ごすには長すぎると思っていたら、旅行社が数時間の市内観光を用意してくれた。S社添乗員の女性山本さんに率いられ、まだ互いによく顔を知らない一行十数人がバスに乗り込んだ。ネパール人の若い男性ガイド、ラジ氏が紹介される。

さて、ドーハはどこにあるか。アラビア半島から東方ペルシャ湾に、秋田県ほどの小半島が突き出ている。カタール王国である。この国の名は、既に二千年前に「ペルシャ湾のカタール（真珠）」として知られていたらしい。現在は生息していないが、かつては真珠貝の産地だった。ドーハは、半島の先端に位置するこの国の首都である。三方が海に囲まれている。地名は、かつてアラビア海を支配していたダウ船（屋形船）に由来する。地元のアラブ人三〇万人に対し、出稼ぎ労働者約七〇万人が住む。出稼ぎの多くは、インド人という。

ドーハの場所は知らなくても、「ドーハの悲劇」という呼称を憶えている人は結構いるだろう。一九九三年アジア予選で、日本チームがイラクに終盤引き分けに持ち込まれワールド・カップ初出場の夢を絶たれたのが、当地のアハール・アリ・サッカー場での出来事だった。二八℃の炎天下での試合である。

日本のファンの間で名高いこのサッカー場に、まず立ち寄った。

青、黄、橙、紫と色とりどりの背もたれの観覧座席は二〇段ほど、あまり高くないがけっこう広い競技場だ。よく手入れされた緑の芝生と、赤茶色のバック・グラウンドのコントラストが美しい。散水機が、芝生に放水していた。まだ午前中の早い時間帯なので、暑気は少ない。日本チームがタイになる得点を決められた側のゴールを確認して、その前で記念写真を撮った。ワールド・カップに興味を持っている友人への自慢話になると思った。

バスは、椰子並木の中央分離帯で仕切られた広い街路を走る。町全体が、明るく白っぽい感じがした。ベイジュ色の窓枠以外は白亜の建物が多いのだ。ラクダ市《いち》を訪ねた。広い木枠の中に、多くの一瘤ラクダがばらばらに立ちつくしている。まじかに見るラクダは、やはり巨体である。木枠の外に、ひと一人がやっと横たわれる小さな藁の番小屋があった。入り口に、掛け布の端が覗いている。人の気配がすると、寝転がっていた男がやおら起き上がるのだった。

つぎに連れて行かれたのは、野菜市である。高い石塀の内部に、屋台店が並んでいた。売り手の多くは、インド人である。店に並んでいたのは、メロン、スモモ、ミカン、ブドウ、バナナ、クリ、イチゴ、スイカ、トマト、ナス、ピーマン、マメなどどこにでもみられる種類である。その中で初めて目にしたのは、イチジクに似た果肉の表面が、毛根で覆われたランプタンという果実だった。

二〇〇六年アジア・オリンピックのメインスタジアムになったカリハ競技場、馬事公苑の厩舎を見て回る。その合間に、ラジ氏の説明が入った。イスラムの国家らしく、男女の区別が厳しい。たとえば大学では、男子学生は男性教師が、女子学生には女性教師が付く。女性は、アーバーヤという黒衣を纏っている。

結婚式でも女性は室内、男性は戸外で宴席を開く。しかし女性の多くは、外で仕事を持っているという。

一行は、高層ビルの立ち並ぶ新ドーハに向かう。新興住宅が並んでいる。この国では、外国人が不動産を取得することができない。多くの出稼ぎは、約二五〇〇リアル（一リアルは、約三三円）もする高い政府の賃貸住宅で暮らしている。この国のGNPは四万リアルに過ぎない。ただし、税金がなく、学費、病院の治療費は無料である。

黄色の壁に青い屋根を載せた建物の前を通り過ぎた。ガイドが「アラブ放送、アルジャジーラです」と指し示す。新ドーハの中心部にあるファッショナブルな店舗や大きなスーパーを収容しているビルに立ち寄った。スーパーは、一国の物価の目安を知るのによい場所だ。Tシャツ三枚二九・七五リアル(約一千円)、オレンジ・ジュース二リットル七・七五リアル（約二三〇円）。

この周りには、完成したものや建設中の高層ビルが入り混じっている。繁華街が同時に建設現場なのである。あと一五〇ほどのマンション計画があるという。このようなビル・ラッシュは、石油ブームに沸く産油国に共通の現象らしい。たとえばトルクメニスタンの首都アシュハ・バードがある。荒蕪地に囲まれた谷間に突如出現する大理石の都。あるいは、自身訪ねたことはないが、最近喧伝されているドバイも同じだろう。新ドーハ市街の全景を見るために、湾曲した海岸線の対岸に回った。右手に首相官邸、左手にピラミッドを模したシェラトン・ホテル。「去年の二月、阿倍首相が宿泊されました」とラジ氏はいう。しかし当の阿倍さんは、すでに政権を投げ出している（第二次阿部内閣が成立するのは二〇一二年）。

対岸に立つと、ニュー・ヨークの自由女神像辺りから見たマンハッタン島のように、緑がかった明るい海水の彼方に急成長した高層ビルが林立していた。しかし、突然吹き始めた風により巻き起こった砂嵐の

図（3-1）ドーハの高層建築

ため、ビル群はたちまち霞んでしまった。砂漠の中の蜃気楼のように。ふと私は、中央アジアで見てきた多くの遺跡を思い浮かべた。かつて交易の要衝として富を蓄積し栄華を極めた都市国家である。経済や地政学的条件が変ったり気候の変動により、これらの諸都市は衰退し砂漠の中に埋もれてしまった。いま石油ブームに沸いている国や振興の都市が、同じ運命を辿らないとは誰が保証できようか。

二 レバノン山脈を越える

正午にドーハを発ち、一四時三〇分ベイルートに着いた。国の人口約四〇〇万、岐阜県ほどの小国レバノン共和国の首都である。かつて、中東のパリと呼ばれたこの都市は、一九七五年から一〇年以上にわたるイスラム教徒とキリスト教徒間の内戦のため市街地の多くが破壊された。一九八九年の停戦以後回復が進んでいるという。

市街地は、西北から南東に走るダマスカス通りを境に東ベイルートと地中海沿いの西ベイルートに分けられ、東にはキリスト教徒（マロン派、ギリシャ正教、アルメニア正教）、西にはイスラム教徒（スンニ派、シーア派、ドルーズ派）が住む。人種的にはアラブ系が九〇%を占めるが、内戦に見られるように、宗教的に複雑な国なのである。絶対多数を占める宗教やセクトは存在しない。それは、フェニキア、ローマ、オスマン帝国、フランス信託統治と変転したこの国の歴史を反映している。宗派間のバランスを保つため、大統領、首相、国会議長は、異なるグループから選ばれる仕組みになっている。

この土地が歴史に登場するのは、BC二〇世紀のフェニキアであった。フェニキアの名は、ブレックス

図（3-2）ベイルートの市役所

貝から採れるフェニックス色の染料に由来するという。赤紫で、当時の重要な貿易品であった。フェニキア人は、レバノン杉で建造した船を使い、シドン、ティルスなどの港を基地に東地中海貿易を独占して繁栄を築く。やがてBC一〇世紀に勃興したアッシリア帝国に追われたフェニキア人は、現在チュニジア国になっているアフリカ北端に建設していた植民地に移住した。やがてローマと地中海の覇権をかけて抗争することになるカルタゴの建国である。これは古代史のイロハに過ぎないが、現実にその土地に一歩を刻す感慨は別だ。

「今回は、たった一泊二日しかレバノンに留まれません。しかしこの国は、地中海に沿ってローマ以来のすばらしい遺跡、美しい自然と町並みに恵まれた国です。いつか、この国だけのツアーを企画しご案内したいと思っています。是非参加してください」、と添乗員の山本さん。

バスは、南から市街地に入り海岸通りを走って時計回りに市街地を抜ける。ベイルートは、神戸のように海岸のわずかな平地から後背の丘陵にかけて立体的に広がった、坂の多い町である。フランス時代の影響で、瀟洒な建物が見られた。白壁の家やビルが高みに建つ。白い市街という印象だ。町の中心部に、出窓が半ばひしゃげた白亜の三階建てがあった。昨年二月、ハリレ首相が暗殺された市役所の現場という。後任が決まらず、首相不在が一年も続いている。まだ町の一部の治安はよくない。急勾配のカーブを上っていくと、谷間をまたいだ高速道路の陸橋が、途中で切断され橋脚だけが立っていた。イスラエルからのミサイルで、爆破されたのだという。

ひとつの丘を越えると、新しい丘があらわれる。そして谷合に、市街地が入り組んでいた。高度をあげるにつれ、市街地の彼方にくすんだ海岸線が延びるのが見渡せた。日陰に残雪がある。だが、今年は積雪が少ないらしい。そこここで「ＡＩＮ」の標識があるのは、泉が湧く場所を示す。この国は降水量に恵まれ、かつては有名なレバノン杉が一八〇〇メートル以上の山岳地帯を覆っていた。フランスの統治時代に鉄道の枕木などのため大量に伐採されたのである。北レバノンには、まだレバノン杉の森林が残っているというが、ベイルートの周辺では殆ど消滅してしまった。私たちは、レバノン山脈の峠を越えようとしていた。

「やはりレバノン杉が見たい」と誰かがいった。

「途中で一箇所だけ、道路脇に大木が数本残っています」と山本さんが答えた。「このあたりで見られるのは、おそらくこの場所だけです。写真が撮れるよう、運伝手さんに徐行してもらいましょう」

レバノン杉は、ベイルートを見下ろす丘の最高点付近に三本連なっていた。丈はそれほどでもないが、太い幹が根元近くでいくつか枝分かれして傘の骨のように広がり、その先端に葉を繁茂させている。国旗にもデザインされたレバノン杉に向けて、皆がカメラのシャッターを切った。

レバノン山脈に分け入るにつれ、あたりは白一色の雪景色に変わった。レバノン山脈は、北部のサルダ山（三〇八八ｍ）、ヘルモン山（二八一四ｍ）などの高峰を含めて、二千メートル前後の山々を連ねて南北に走るレバノンの脊梁なのである。この山脈を境に、気候は地中海性から内陸性に遷移する。峠を越えるとシリア側で平行して南北に連なるアンチ・レバノン山脈との間に、高原が広がっていた。標高数百メートルのベカー高原である。アフリカ地溝帯の北部に当たり、中東の有数の穀倉地帯であった。中を、リタニー川が流れる。この土地を巡って古代から争奪戦が繰り返され、多くの国が興り滅んだ。そして旧約聖書の物語の多くも、ここが舞台になっている。カインは、兄弟のアベルを殺してエデンの東に去った。私たちは、その高原めがけて一気に下っていった。

一六時、シュートラ村のシェラトン・パーク・ホテルに着いた。外観は平凡だが、内部の調度は重厚な四星ホテルである。シャワーを浴び、一九時階下の広間で、レバノン最初の夕食を摂る。前菜はレタスとトマトのサラダ（タブレ）に、ナス、ヒヨコマメ、ヨーグルトのペースト、メインはチキンにライスだった。

この席で、参加者一五名が簡単な自己紹介をした。夫婦連れは、小田原から来た渡辺夫妻、茨城県の若い小高夫妻、福岡市に住む冗談好きの吉森氏と小柄な奥さんの三組、東京と埼玉県からの女性の二人組み、横浜出身で共に七八ヶ国をまわったという大熊氏と橋田氏の二人組み男性、残りは個人での参加だった。一人で東京から加わった門永さんはお洒落で、このあと訪問先の雰囲気にあわせて、毎日変わった衣装で現れたのである。宮崎県出身の山本さんは年配の女性だが、インドのグジャラート州から帰ったばかりで、郷里に戻らず東京で待機していたという。このツアーの後一週間で、再び東インドに出かけるらしい。

最後に、添乗員の山本由紀さんは兵庫県の人。一七一センチの丈があり空港や人ごみの中でも目立つので、彼女の姿を見失うおそれは少ない。旅が進むにつれて次第にわかったことだが、中東に精通した添乗員である。よく勉強しており、説明も流暢で話しに澱みがない。S旅行社は、一般の旅行社と違い僻地旅行を得意にしている。参加者も、旅なれた人が多い。その分、添乗員のほうも選りすぐりの熟達者が求められるのである。

二二時三〇分、長い一日を終えて就寝。

三　レバノンからシリアへ

五時に目が覚めた。しばらく読書。六時半地上階に下りて、バイキング朝食をとる。まだ出発の八時まで余裕があるので、ホテル周辺を歩くことにした。少し坂を下りてこの村のメイン・ストリートに出た。通り沿いに二〇軒ほどの民家や小店が並んでいる。

昨日越えてきたレバノン山脈が西に迫っていた。その方角に向かって通りを歩いていくと、迷彩服を着けた数人の兵士に出会った。道路わきに、一輌の小型戦車が停まっている。付近に兵営があるのかもしれない。誤解されないように山脈を指差してから、カメラを構えた。兵士のひとりが、―どこから来た、これからどこに行くのか―と英語で尋ねた。

八時前ホテルの玄関前に集まっていると、一人がすぐ前のロータリーに茂っている五、六本の大木を指して、

「あれ、ひょっとしてレバノン杉じゃない?」と言い出した。私も同じことを考えていた。添乗員の山本さんは、首を傾げた。「デスクで確かめてみます」。彼女も、このホテルを使うのは初めてという。「やっぱり、皆さんがおっしゃるとおりです。ここにレバノン杉が残っているとは、予想しませんでした」、戻ってきた山本さんが言った（135頁　図3―3参照）。

本日の最初の訪問先は、アンジャール遺跡である。国内の旅でも私の主な関心は、いつも地誌と土地ごとの歴史にあった。海外に出れば、歴史への思いはいっそう募ってくる。事象の背景がわからなければ、なにも理解できないし印象も皮相にとどまる。せっかく得られた知識も経験も、たちまち忘れてしまう。歴史を知らずに初めての国を旅するのは、羅針盤もなく海を漂うようで不安定なものだ。中東、それも今

回訪ねる地中海に近い三か国は、古代ローマ史、旧約聖書、イスラム史について最低限の知識が必要だろう。ひとつ、ひとつの遺跡、都市、城砦、風景、民度に、歴史的背景が分かちがたく複雑に織り込まれている。

アンジャールは、古代ローマとウマイア朝イスラム文化の合作といってよい。イスラム教の創始者ムハマド（マホメット）が亡くなった紀元六三二年以後カリフ（最高指導者）を継いだのは、アブー・バクル（初代）、ウマル（二代）、オマル（三代）、アリ（四代）であった。この期間は、正統カリフ時代（AD六三二－六六一）と呼ばれる。カリフたちは、ムハマドの血族か姻族だった。アリは、ムハマドの三女ファティマの夫である。アリが暗殺されて、イスラム教徒は分裂する。リーダーたちによる互選でカリフを決めようとするグループは、シリアのダマスカスを拠点に、スンニ派のウマイア朝（AD六六一－七五〇）を開いた。

いっぽうムハマドの血統を重んじる一派は、アリ／ファティマの子孫をカリフに擁立し、現在のイランの地にシーア派の王朝を建てる。これが現代まで続いているスンニ派とシーア派抗争のはじまりである。この後アッバス朝（AD七五〇－一二五八）が、ウマイア朝に取って代わり、首都をバクダード（現代のイラク）に定めた。

アンジャールは、ウマイア朝カリフの避暑地だった。だが遺跡の基本プランは、ローマ式である。南北にカルドと呼ばれる大通りが走り、その中心で東西通り（ドキュマン）が交差する。その交点の広場にローマ式四面門（テトラ・ペロン）が立っていた。カルドを南に下っていくと、左手に王宮、右手に商店跡がある。壁は石と日干しレンガ（アドベ）でできている。耐震力が強いのである。ワリド一世の大宮殿。モスクやハーレムとして使われた小宮殿、といっても宮殿の階段と散在する列柱のアーチを除けば殆どが

図（3-4）バールベック遺跡

基礎を残すだけで、全体は広大な石材の堆積に過ぎない。うす曇の彼方に、雪を擁いたレバノン山脈が連なっていた。

つぎに向かったのは、レバノン最大で世界遺産にも指定されているバールベック遺跡である。途中道の両側に、黄色の旗の上にカラーの大きな顔写真をつけた黄色の旗が並んでいた。近年のビスボラ紛争で戦死した村出身の若者たちが、殉教者として祀られているのである。行きずりの人間の目には、異様な情景だ。

近くの石切り場で列柱作成の過程を確かめてから、一〇時過ぎにバールベックに着いた。ギリシャ時代、この地はヘリオポリス（太陽の町）と呼ばれていた。遺跡は、古代の土俗神バールに捧げられた大神殿跡である。バールは、ローマでは最高神ジュピターに変身していく。私たちは、高い石段を登って六角形の塀に囲まれた前庭に入った。これに続いて大きな広場がある。プールの手すりにも、階段の壁や屋根の破風にも無数の文様が彫られている。メデューサの顔もある。その中で特徴的なのは、卵(生)と矢(死)を交互に並べた幾何学的紋様だろう。その紋様が途中で途絶えている。「ここまで彫られた紀元三一三年、コンスタンチヌス大帝の有名なミラノ勅令がでたのです」と山本さんが説明した。キリスト教がローマ帝国で容認されたのである。「そのため、石工たちは、面倒な紋様を放棄してしまいました」

話しとしては面白い。しかしキリスト教が認められても、それまでの信仰が禁じられたり、いきなり廃棄されたわけではない。グレコ・ローマン風の宮殿自体の建設はその後も続いた。

大広場に続く大神殿は、壁面や列柱を除けばほとんど崩れ落ちている。だが規模は、アテネのパルテノン神殿をしのぐらしい。神殿の高みに立つと、少し低所に本殿とこれを囲む列柱の原型を見事にとどめているバッカス神殿が見える。この場所は、絶好のカメラ・ポイントだ。私たちは、恐る恐る切れ落ちた壁際に寄って、記念写真を撮りあった。多くの巨大な大理石の建造物がひしめく空間は、ローマ市のフォロ・ロマーノを思い出させる。バッカス神殿入り口の鷲、壁面に掘られたバッカスとブドウの木、クレオパトラと蛇のレリーフは、まさにローマ人の世界である。

正午私たちはバスに乗り込み、ベカー高原を北のシリア国境に向けて走る。車内で弁当が配られた。このあたりに適当なレストランがないのだという。左手の西方にレバノン山脈、右手車窓にはアンチ・レバノン山脈が連なっていた。ベカー高原は、砂漠ではなく褐色土からなる土漠地帯である。途中古代史上重要なガディッシュの古戦場付近を通過した。ラムセス二世率いるエジプトとアナトリアで鉄器文明を起こしたヒッタイト。いずれも全盛期の二大帝国がBC一三世紀に中東の覇権をかけてこの地で一〇年以上も対峙したのである。それでも決着はつかなかった。

「一〇年間もかけて、いったいどんな戦だったのですか」と質問してみた。添乗員の山本さんは、レバノン人のガイド氏と相談して答えた。

「むろんこの間、激しく戦ってばかりいたわけではありません。停戦もあったし、戦闘には厳しい冬季があり、穀物の収穫期には農事が重要ですから。つまり休み休み戦争を続けていたのです」

私は、何次にもわたるイスラエルとアラブ諸国の中東戦争を考える。

「ヒッタイト側にも、ラムセス二世のように名を残したリーダーがいたのですか」

「文書には残っているのかもしれません。だがヒッタイトの研究者が少ない日本では、この帝国のことは一般にあまり知られていないのです」

一三時半から三〇分かけて、レバノンとシリアの出入国管理手続きを済ませた。シリア人ガイド、ニダール氏が、シリア側の事務所出口で待ち受けていた。頭髪を短く刈り上げ、鼻髯を伸ばした四〇歳前後の恰幅のよい人物だ。

私たちはさらに北上して、レバノン山脈が北端で尽きるこの国第三の都会ホムスまで来た。ここでは地中海からの西風が、まともに木立を揺るがすのである。木々の幹がみな東側に傾いでいる。私たちは、本日最後の訪問地クラック・デ・シュバリエに向かった。七〇〇メートルの高所に聳え立つ、十字軍により建てられた一二世紀の堅固な城砦である。シリアの世界文化遺産のひとつだ。ここなら、二五キロ西の地中海からの物資の移送も容易だし、緊急時の退路も確保されている。いわばこの城は、十字軍がアラブ内陸部に打ち込んだ楔だった。ただし、十字軍が維持したのは一三世紀までの一〇〇年間に過ぎない（135頁図3―5参照）。

城は、外城と内城に分けられる。外城は防御、内城は騎士や修道士の生活空間である。まず外城を一周した。石畳を敷いた外周の天井は、ゴシックのアーチで支えられて重厚である。ただ凹凸の多い石畳は、歩きにくい。外壁に続くアーチ上の狭間を額縁として仕切られた風景画のように、麓の村が見えている。最高所の司令塔からは、かすかに地中海の水面が光って見えた。内城には、大食堂、キッチン、竈、寝所があった。飲料水は、雨水のほかレバノン山からの水を誘導していた。二五〇〇人が、常駐していたのである。

一八時ごろ、ハマのアバメー・シャムパレス・ホテルにチェック・インした。

四　シリア北部を行く、ハマとアレッポ

二月一八日(火)、五時に目が覚めてしまった。六時半になって階下で朝食、七時四五分チェック・アウト。道路を渡ってオロチョン川沿いの公園を歩いた。朝の空気が心地よい。対岸の丘の下には八層に古い町が積み重なっているという。このあたりはハマ市の中心である。ハマは、水路と水車で知られている。この公園内にも直径一八メートルもする大きな水車が二つ回っていた。近くで見ると水車の骨格は、中心軸に収斂せず複雑に交錯している（135頁　図3―6参照)。最近人口が急増し、排水設備が追いつかない。そのため水の都ハマは、季節により川が悪臭を放つようになった。

今日の最初の訪問地は、エブラ王国（BC二四〇〇年）の遺跡である。この地域ではシュメール（BC四〇〇〇年）についで古い国であるが、私はその名を知らなかった。いずれも人種は分からないらしい。シュメール文明は楔形文字を発明し、エブラではこの文字を用いて多くの記録を粘土板に残した。

ハブール川とユーフラテス河に挟まれた地域には、テルと呼ばれる台形の丘が多い。テルは自然の丘ではなく、人間が居住した人工の丘である。慣れれば容易に見分けることができる。土漠の中に盛り上がった大きなテルが見えてきた。エブラ王国の故地である。外壁が三キロの巨大遺跡だ。ガイドのニダール氏によれば、この遺跡は現在のイラク北部で勢力を伸ばしたアッカド人（セム族）のサルゴン二世に滅ぼされるBC二二五〇年を境に、前期と後期に分けられるという。遺跡の低所が前期にあたり、アナトリアの金細工などの技術の影響が見られる。後期にあたる高所には、アッカド由来のイシュタル神の祭壇や、神の使いと看做されたライオンの飼育跡が残っている。白い壁の王宮に謁見の間、粘土板庫。ここで発見さ

れた一万七千枚を超える粘土板は「エブラ文書」と呼ばれ、旧約聖書の記述を裏付ける貴重な史料になっている。

ニダール氏は、旧約聖書のアブラハム（BC二二〇〇年頃）のくだりを引いて、「ユダヤ人とアラブ人は、もともと同根の子孫です」といった。アブラハムが正妻サラに生ませたイサクがユダヤの祖となり、ハゼルとの間に生まれたイシュマルがアラブの祖となった。ベカー高原を含むこのあたりメソポタミアの肥沃な三日月地帯の物語である。

つづけて彼は、次のようなエジプトとメソポタミアの違いを指摘した。まずナイル河の氾濫は毎年九月と決まっていたので安定した農事を営むことができたのに対し、ノアの洪水伝説に示唆されるように、ティグリスやユーフラテス河の氾濫は予測がつかなかった。次にエジプトは砂漠が天然の要害となり、外的の侵入を妨げた。いっぽうメソポタミアは侵略が容易で、古来文明の栄枯盛衰が絶えなかったのである。

国家間の争いは、直接的には富の格差や指導者の権勢欲によって起こることが多いが、より根本的には相手方の人間性を知らないこと、想像力や好奇心の欠如、他者の歴史に対する無知から生まれるものではないか。米国の指導者たち、なかでもニューライトの人たちは、中東のアラブ諸国のことが殆ど分かっていない。イスラエル・ロビイの影響が強く、イスラム圏に偏見を持っている。おそらく、それらの国に親しい一人の友人もないのであろう。彼らにとってイスラムは、得体が分からず血の通わぬ木偶の住処なのだ。だから、アフガンやイラクに無造作に介入し、あとで手こずることになる。それでも懲りずに、イランを敵視している。ユダヤ寄りの笛ばかり吹いている国が、幾度試みても中東和平の公平な裁定者になれるとは思えない。近過去のヴェトナムでの経験も忘れている人たちだから。

ただし、個人の好奇心や想像力は限られている。現代世界に生きていても、異国や異文化を理解するのは容易なことではない。ましてBC数千年も昔の異郷の人々の生活への理解となると、不可能に近い。ここに歴史や考古研究の意味がある。これらの学問は、時空を超えて人々の心の橋渡しをしてくれる。いつの時代にも与えられた条件と環境の中で、人間は飽くことなく日常の営みを続けてきたのだ。

シュメール文明、アッカド王国とサルゴン二世、アッシリア帝国やネブガドネザル王、ティグリス河にユーフラテス河、これらは私が中学で世界史の勉強を始めた最初の日に耳にした名称である。その呼称には、遥かな天空へ誘うような漠とした響きがあった。同時に周りの世界とあまりにかけ離れていて、学ぶことにどのような意味があるのか分からなかった。あの時から半世紀を超える歳月が流れている。ついに、昔覚えた呼称と現場の映像が私のなかで重なり合う。今回は、これらの歴史的舞台と装置に日ごと向かい合いながらの旅となるだろう。

一一時前に、シリア第二の都会アレッポに着いた。まず国立博物館をたずねる。正面玄関で、ライオンにまたがるシュメールのハダド（雷）神とアッカドのイシュタル神像に迎えられた。出自の異なるこの二神は、やがて夫婦神にされた。トルコ国境に近い北シリアには、テル・ハラブ、テル・ブラックなどBC五〇〇〇年頃の遺跡が発見されている。この地域の研究には、ヨーロッパの研究者に混じって日本人も貢献している。ネアン・デル・タールの発掘には、東大の調査団が従事した。アガサ・クリスティも考古学者の夫ハラン男爵に伴われてこの地を踏んでいる。

シュメール人の像は、みな大きな目玉をつけている。彼らはパンを鹿や魚の鋳型にはめて焼いた。鯛焼きくんの元祖といえる。テル・アレフで発見された黒い玄武岩に彫られた現物のレリーフは、不死の英雄

図（3-7）アレッポ城

王ギルガメッシュである。有名な叙事詩『ギルガメッシュ』のモデルは、アッシリアの王だったといわれる。同じテル・アレフ出土のイシュタル神が提げたハンドバックの中には、人間の未来が封じ込められている。パキスタン地方産のラピツラズリーが、装飾品によく使われているという。当時の交易のルートがわかるのである。

「ラピツラズリー？」

名前はこれまで耳にしたような気がしたが、宝石類に縁のない私はどんなものかわからない。添乗員の山本さんは、現物を示そうとあたりの展示品を見回した。すると近くに立っていた東京からの門永さんが、懐中から装身具の束を取り出し、そのなかの一つを示した。青いラピツラズリー石の首飾りだった。彼女は、毎日衣装換えをし、これにあった装身具を身につけている。

一三時、細い路地奥にある古い家屋を利用したレストランで、ラムのケバブ（焼肉）を食べた。商店街を抜ける日本人を地元の人が振り返る。午後からはアレッポ城の見物が組まれている。市の中心部に小山のように聳える、世界遺産に指定された巨大な城郭都市だ。

アレッポ城は、周りに深い堀が巡らされ、城砦の下部は分厚い硬材でドーム状に固められていた。その上に、城壁や見張塔などの建造物が見える。南側の石橋を渡り、巨大な城門を抜けて内部にいると、石とレンガからなる段差の付いた中央の通りが、城砦都市の最高所に向けて延びていた。もともとこの場所は、地元神ハダテのために建てられた神殿があり、ローマが引き継いでゼウスの神殿にした。

城郭都市としての基礎ができたのは、一二世紀のアユーブ朝の時代である。当時エジプトに拠点を置いていたサラディン王は、シリア地方に進出し、一一八三年アレッポを奪取した。十字軍の進出を抑えるためである。彼は、無用な殺戮を厳しく規制した。十字軍を撃破し多くの捕虜を得たが、身代金と引き換えに囚われの兵士たちを安全に帰国させている。サラディンは、政治、軍事の才能に加え教養と寛容さの点で、キリスト教世界でも畏怖と尊敬を集めたイスラムの英雄だった。キリスト教の西側よりイスラム世界が、文化的に卓越していた時代である。聖地奪回を目指した西欧世界のほうが後進地域で、繰り返し送り込まれた十字軍軍団の多くの兵士は、現地では蛮行に走るならず者の集団に過ぎなかった。

私たちは、商店の間を通り抜けて、まず最高所にあるグラン・モスクを訪ね、それから王宮に向かって下っていった。建物の屋根の上が、下手への通路になっていた。あまり広くはないが、イスラム装飾や彫刻が見事な王宮の謁見室。ニダール氏が床の隙間を指し示している。覗いてみると、地階を歩く人の姿が見えた。王宮を訪ねる人は、ここで監視されていたのである。下のハマーム（アラビア式サウナ）では、天井の明り取りに美しい湯気の虹がかかっていた。

アレッポ城のすぐ西側には、広大なスーク（市場）がある。すごい雑踏だ。「ここではぐれたら、大変だ」、と皆懸命に添乗員についていった。スケジュール表をバスに残して手ぶらで歩いているので、ガイドと山本さん以外は今宵のホテルの名も覚えていないのである（135頁　図3—8参照）。

香辛料、果物、各種ナッツ、レース、首飾り、生地、衣料、靴、金物、ありとあらゆる種類の店が、裸電球で照らされた薄暗い土間の両脇に並んでいた。天井は、雨風を凌ぐための低い石屋根で覆われている。

「お姑さんに、ひとつお土産いかが。仲がよくなるよ」アレッポ石鹸売りが声をかけてきた。黒っぽくて見栄えはしないが肌によく、この地の特産品である。固形チーズのように、希望により適当な量だけカットしてくれる。上質のもの一キロを六米ドルで手に入れた。これをもっともらしく手渡して妻の機嫌がとれるのなら、結構なことだ。

みんなの足をもっとも長く引き留めたのは、ナッツ店だった。ピスタチオでも、ピーナッツにしても、とにかく種類が豊富なのだ。そしてとても安い。試食も存分させてくれる。ピスタチオは、キロ三ドルから。松の実が比較的高くて、キロ二五ドルした。あれこれ品定めしていると、店の若い衆が、「ナムアミダブツ」と唱えた。ついで「トウキョウ・トッキョ・キョカキョク」。調子に乗ったこの男は、「タン、タン、タヌキの〇〇は」と歌いだした。

一五時四〇分、スークの一角にあるグレート・モスクに立ち寄る。ウマイア朝のAD七〇五年に創建された由緒ある寺院で、タイル張りの中庭を絨緞敷きの回廊と本堂が囲んでいた。本堂では説教中で、聴衆は柱の下など適当な場所を選んで座り、コーランの頁を開いていた。寺院を出たところで、驟雨に会った。バスが駐車しているところまで、ぬかるむ道を急ぐ。

一七時三〇分、五つ星のシャムパレス・ホテルにチェック・イン。一六階の部屋が割り当てられた。高層のホテルに宿泊するのは、あまり好きではない。このホテルには、ハマム、プール、ジムの設備がある。ホテルの売店で、『今日のシリア』日本語版を買った。

一九時階下で、夕食を摂る。昼食につづいてラムがでた。添乗員の山本さん、福岡からの吉森夫妻、堺市に住む南氏、東京出身の門永さんと同じテーブルについた。旅に出て四日目になると、ようやくお互いの顔と名前がわかり、会話が増えてきた。南氏は、シルク・ロードや僻地に興味があるらしい。カイラース山詣でもしたという。

「あの異形の山に？　麓を四つん這いしながら、まわったのですか」と冷やかしてみる。

「まさか。異教徒ですから、観光だけですよ」

ピアノ演奏が始まる。かなり年配の男性歌手が、シャンソンを歌いだした。いつも冗談ばかり言っている陽気な吉森氏が、「身振りは堂に入っているが、肝心な声にまったく張りがない」と冷やかしている。傍らの奥さんが、「あなた、こんなところで批評なんかしなくても」と亭主をたしなめた。控えめなひとだが、要所は奥さんが抑えているようだ。気楽に喋りながらも奥さんの反応を窺っている吉森氏を、その後しばしば目撃した。

右隣に座った門永さんは、午後のスーク見物を止めて、ひとりで博物館に戻っていたらしい。近東に残るローマ遺跡に興味があるという。英語やフランス語の会話も続けている。

「六〇歳までに、ラテン語が読めるようになりたいと思っています」と彼女は言った。

「そして、遺跡や墓石の碑文を見ながら気ままな旅がしたいです」

このあとハマムで温まって、二二時に就寝した。

五．アレッポからデイル・エ・ゾールへ

二月一九日（火）、晴れ。五時コーランの声が聞こえている。六時半食堂に出向き、ビュッフェ朝食を済ませた。出発まで少し余裕があるので、ホテルの周辺を散歩する。昨夜雪が降ったらしく、道路の端に残雪が見られた。アレッポは、シリアでも北のトルコ国境に近い内陸部に位置している。ちょうど通学の

時間帯で、小グループの子供たちと次々に出会った。近くの小学校まで、彼らを付けていく。男の子が雪をつかんで、仲間に投げた。その破片が私にも飛んできた。年長の生徒が、たしなめている。

八時にチェック・アウト。今日から二日間、東のイラク国境に向けて移動する。バスのなかでニダール氏が、シリアの簡単な言葉を紹介した。たとえば、「ジャマハール・ヘール（お早う）」少し丁寧に「アッサラーム（お早うございます）」「ミジャール（美しい）」「メイヤ・メイヤ（おいしい）」など。最後の単語は「うめいや、うめいや」と覚えたらよいと思った。単語に続いて、この国の簡単な歴史の学習をする。

シリアは、日本の半分ほどの国土に一八〇〇万の人が住んでいる。東西八三〇キロ、南北七四〇キロとあまり変わらない。アンチ・レバノン山脈の西側地中海寄りに肥沃な平野があるが、イラクやヨルダンの国境に近い南東部は不毛のシリア砂漠が広がっている。首都のダマスカスは、国土の南部に偏っていて、イスラエルが半永久的に占領しているゴラン高原に近い。九〇％がアラブ人で、公用語もアラブ語である。アラブ人のおおもとの出自は、現在のイエーメンあたりだそうである。彼らのうち南に向かったのは、エジプトに入り、比較的純血のまま彼の地にとどまった。いっぽう北に向かった一部族は、シリア人の祖になり混血を重ねた。ただし、旧約聖書のノアの伝説の中の長男のセム（セム族）はこの地を支配したアッカド人の祖であり、次男のハム（ハム族）はエジプトの祖に対応する。ノアの洪水は、ウル（チグリス河）の大氾濫の史実であることが、考古学的に推定されている。

一九七〇年から、社会主義を唱えるバース党出身のアサド大統領が政権を担ってきた。数年前その死去に伴い、次男が職責を引き継いだ。長男のほうが政治家向きと期待されていたが、航空機事故で亡くなっていた。人柄の穏やかな次男は、一応無難に大統領を勤めているらしい。行く先々で、親子二代のアサド大統領の顔写真を見かける。一九八〇年来石油、天然ガス、アスファルト、岩塩、リン鉱などの発見が相次ぎ、現在のシリア産業の柱になっている。

八時半、初代アサド大統領の名を冠したアサド湖に近づいた。ユーフラテス河を堰きとめた水深六〇メートルもある巨大な人造湖である。旧ソ連の支援で一九七三年に完成した。ダム工事には、グルド人労働者の寄与があった。安定した水源であると同時に、洪水を予防する。雨量の少なかったこの地域で、穀物や綿花の栽培や綿羊の牧畜が可能になった。近年鉱工業も盛んという。猛煙をあげている数本の煙突が見える。三菱石油の製油所だった。

九時二〇分、バスは濃い褐色の大地を走っている。散在している土壁の民家。このあたりに来てもまだ木々の幹は、東側に向けて傾いでいた。タマリスクの潅木の茂みがある。一一時過ぎ、ルサファに着く。ローマ人は、二日あとに訪問予定の南のパルミュラとルサファを結ぶ南北ラインを帝国の東端の防衛線とした。彼らは、現在のイラン高原を拠点とする東の大国パルチアと、約五世紀の間対峙を続けたのである。三世紀にルサファ駐屯地を指揮していたシリア人セルギリウス将軍が、ローマ皇帝に処刑される事件が起きた。彼は、キリスト教徒だった。その後ローマでキリスト教が公認されてからセルギリウスは聖人に列せられ、ビザンチン帝国（東ローマ）時代にルサファは聖なる巡礼地になった。最盛期には、二万の人口を擁したとされる。

しかし、歴史の変転とともに、ルサファは再三外敵の侵入を受け、ローマ時代のものはあまり残っていない。アーチ状の城門をくぐると、周り二キロの列柱式壁で囲まれた膨大な遺跡の中に入る。ニダール氏の説明を受けながら、中央の大通りを抜けて異なる時代の寺院跡を見て回る。ひとつの祭壇しかない単廊

図（3-3）ホテル前のレバノン杉

図（3-5）クラック・デ・シュバリエ要塞

図（3-6）ハマの大水車

図（3-8）アレッポのスーク

図（3-9）ユーフラテス河

図（3-12）ウマイヤド・モスクの中庭に集まった地元の男の子

図（3-16）ジェラシー遺跡

図（3-17）アンマン市街

図（3-21）セント・ジョージ教会のモザイク

式のメトロポリタン教会はもっとも古く、ローマのバシリカ式建築の様式を受け継いでいる。時代が進み六世紀ごろになると、中央の祭壇に聖歌台を設けた三廊式のシリア教会が現れる。

これに隣接して、ウマイア朝のモスクも建っていた。この地のイスラム教徒は、古い教会を破壊することなく共存させたのである。遺跡の中央低所には、巨大な四つの地下貯水槽への入り口があった。結局一三世紀の蒙古軍により建造物の多くが破壊された。一九五二年ドイツ・チームが、この遺跡を発掘調査したのである。遺跡の中央に立っていると、急に砂嵐が激しくなった。

一三時、このあたりでは河幅一〇〇メートルほどのユーフラテス河を北に渡って、ラロッカ市のレストランで昼食を摂る。昼食には、ナマズのグリルがでた。今日の日程には余裕があるのか、一時間半もレストランにいた。

聖地の連想からか、小田原市から来た赤ら顔で大柄の渡辺氏が、

「イスラム教徒であれば、誰でもメッカに行けるのですか」、と訊いた。

「いいえ」、とニダール氏の説明を通訳しながら山本さんが答えた。

「希望者過剰のため、年齢と人数制限があるのです。まず、四五才以上であること。人数は、人口に応じて国別割り当てがあります。シリアの場合、年間五万人までで、かつ男女比一対一です」

「この国には、老人ホームがありますか」、と誰かが質問した。

「ほとんどありません。老いた親の面倒を見ない不孝者は、村八分にされてしまうでしょう」

「女性から離婚できますか」、思いがけなく埼玉県から女性一人で参加している富岡さんが尋ねた。おとなしそうなひとである。

「もちろん。ただし、離婚が成立しても四ヶ月間は再婚できません。再婚しなければ、家族親族が面倒をみます」

シリアは、まだ親戚関係が濃密な社会のようだ。

一五時四〇分、バスは土漠地帯を走っていた。突然砂嵐の中に突っ込んだ。一〇メートル先も見えない。運転手は、前照燈を点け、徐行した。砂嵐の中から、時々対向車の明かりが浮かびあがり、すれ違っていく。

一六時、デイル・エ・ゾールのフラート・シャムパレス・ホテルにチェック・インした。ユーフラテスの落日を見る予定だったが、砂嵐のため中止。一九時地階で夕食を摂る。ここでもナマズ料理がでた。ユーフラテス河の名物なのだ。食後自室で、BBCテレビを見ていると、パキスタンではムシャラフの与党が敗れ、暗殺されたブット女史の夫が率いる人民進歩党とシャリフのクラウン党が連立を組むと報じている。パキスタンも、アルカイダ問題で米国に振り回されている国のひとつだ。核保有国の政情が安定しないのは、きわめて危険な兆候である。キューバでは、革命五〇周年を機にカストロが引退を表明した。

六、マリ、デューラ・エウロポス、ユーフラテスを渡る

二月二〇日(水)、晴れ。五時起床した。六時ホテルを抜け出し、裏の土手からユーフラテス河縁に降りる。光が水面を照らし始めていた。河幅は三〇〇メートルほどであろうか。左手で大きく迂曲していた。手前の南岸がシャミーヤ地域で、草地が広がる対岸はジャジーラ（島）と呼ばれる。人家は見えない。岸辺に転がる大きな岩石の間にわずかの葦が生えている。足元があまり良くないが、手を伸ばして水を掬った。なまぬるい（135頁　図3—9参照）。

土手道を歩いていると、散歩中の渡辺夫妻や南氏に出会った。少しの時間があれば、じっとしていない人たちなのだ。ホテルのロビーには、茨城県からの若い小高夫妻がいた。この二人は、ガイドの説明はそっちのけで、いつもお互いの写真撮りに熱中している。

「ユーフラテスを、いま朝日が照らしてますよ」

「あら、そんなに近いのですか」

「ホテルのすぐ裏手です。河の水に触れてきました」

二人は、カメラを手にロビーを出て行った。

朝食を終えて、七時三〇分ホテルを出発する。本日は、東のイラク国境に近い遺跡まで往復してデイル・エ・ゾールに戻り、つぎにパルミュラまで南下するという。長い一日になりそうだ。まず、今度の旅ではイラク国境に最も近いマリ遺跡を訪ねた。国境までこの先一〇キロ足らずである。トルコ中部の山岳地帯に源を発し東南方向に流れてきたユーフラテス河は、ここで南に向きを変えイラク領に入る。

マリは古名でテル・ハリクと呼ばれ、BC四〇〇〇年に遡るシュメール文明の研究に極めて重要な遺跡なのだ。この土地のもとの持ち主が、文字通り墓穴を掘り当て、そこから遺跡が発見されたのである。土地は政府が買い取り、発見者は遺跡の前で管理人を兼ねてみやげ物店を開いている。

「正直いって、マリ遺跡の名はこれまで知らなかった」、と私。すかさず添乗員の山本さんが、「それは、あんマリだわ」、と返した。

素人目で見渡せば、遺跡は広い土漠のところどころに穴凹や高低のある荒蕪地に過ぎない。しかし、人類に知られている中でもっとも古い文明のひとつがこの地方で発祥したのだった。幾多の王国が生まれ宮殿が営まれては異民族が侵入してこれを破壊するという繰り返しの歴史が、ここに何層にも堆積されている。二日前に訪ねたエブラ王国と同じように、シュメールの後には、アッカド人がやってきた（BC二二五〇年）。ついでジムリ・リム王に率いられたマモリ人の進攻（BC一七八〇年）があった。

マリ王宮の丘まで、二〇〇メートルほど歩く。丘から少し下ったところに二層の王宮がある。下層は、アッカド侵入前のシュメール人の宮殿、上層がBC一七五〇年ジムリ・リム王が建てた宮殿である。壁は日乾レンガで、その上にかつてレトラップ技法（ニカワを入れた泥絵の具で漆喰などに描く手法）による絵が描かれていたという。中庭には、椰子が茂り、真中に井戸が掘られ、木製の天井で覆われた室内には青銅器やラピツラズリーが飾られていた。王権神授を示すフレスコ絵が、壁にかすかに残る。

この地でも「マリ文書」と呼ばれる二万五千におよぶ粘土板が出土している。マリの宮殿の壮麗さが、粘土板の解読から判明した。エブラの王がアレッポの王に宛てて、「かねて素晴らしいと聞きおよぶマリ王宮をなんとか一目拝見したいので、どうか仲介してください」と懇願しているのである。古代のコンパクト・ディスクともいえる粘土板に込められた故人のこころが、異国からの現代の旅人にも伝わってくる。

粘土板については、アッシリア史の専門家である京大南教授の講義を聴講したことがあった。楔形文字で書かれた粘土板は、一部が欠けていたり文字が擦り切られていたりで、一枚の解読にもずいぶん手間と時間がかかるらしい。その内容は、公文書から商業取引、個人の手記などさまざまである。南教授は、「これまで、約三〇〇枚の粘土板を解読してきました。しかし生涯を賭けても、一人の研究者がやれる仕事の量はかぎられています」、といわれた。

「あとは、志ある若い方に引き続いて頂かなければなりません」

図（3-10）ユーフラテスの女神像

管理人の店で、マリで発掘された「ユーフラテスの女神」像のミニチュアを記念に買った。オリジナルは、首都ダマスカスの博物館に保管されているという。二つに分けた頭髪を両肩の前に垂らし、衣裾引く長い白のワンピースを着けた女性が、胸の前に両手で水瓶を抱いている白い像である。水瓶には、たった今掬いあげたばかりのユーフラテスの水が入っているのであろうか。

私は、この女性は女神というより近在に住んでいた農家の娘ではないかと思う。ゆったりと過ぎ行く澄んだ古代の時間、ユーフラテスの流れのように幾世代も変わらぬ農作業、労苦と不安定な収穫。娘にとって水汲みは、日常の煩瑣な営みのひとつに過ぎなかった。しかし、近年になって河辺で発見し手にした人の目には、この像が水泡から湧きいでた女神、あるいはユーフラテスの化身と映ったのかもしれない。

私たちは、来た道を引き返しデューラ・エウロポスに立ち寄る。ユーフラテス南岸の段丘に広がる都市遺跡だ。ペルシャ湾からイラク領を抜け、延々八〇〇キロもユーフラテス河を遡った場所に位置する交易の要衝である。そのため多くの人種や宗教、雑多な建築や文化が混在しているので、まとまった映像を脳裏に描くことが難しい。ミトラ教の祭壇のすぐ横にキリスト教の教会があり、あるいはアルテミスの神殿も建っている。シナゴーグ（ユダヤ教会）も見られた。宗教を超え、なんでもありの国際都市だった。

宗教や人種の垣根に拘っていては、国際的商取引は成り立たない。多国籍企業のように商人たちは、昔からコスモポリタンなのだ。そしてキリスト教が国教となるまでのローマ人も、多神教徒で宗教的に寛容だった。だから彼らは、ヨーロッパ、北アフリカ、ここ西アジアにまたがる大帝国を築いたのである。オスマン・トルコ帝国の元でも、ギリシアの船乗り、アルメニアやシリアの商人、イスラエルの金融業者が平和共存していた。

反論を承知のうえで敢えて私見を記せば、ユダヤ教、キリスト教、イスラム教のような唯一至高の神を信奉する一神教が広がり、さらに国民国家が成立してから、人類は排他的で偏狭になったように思う。他教の信者に改宗を迫るか、あるいは異教徒として排斥した。ひとの心を救済するはずの宗教が、人種間の憎しみを増幅したり宗教戦争を起こしたりする。

デューラ・エウロポスにもローマ軍団が駐屯していた。段丘の一部を切り開いた坂の下に、軍船を繋留した港のあとが見えている。茶褐色の段丘の崖ぎわから俯瞰すると、対岸メソポタミア側の緑の草原が地平まで拡がっていた。竜巻の渦が、中天に向かって延びている。両岸の間の低所に、ほとんど時間を停止したような青く澄んだユーフラテスの流れがあった。

デイル・エ・ゾールのホテルに戻り、昼食を摂る。シリアの学校教育の話が出た。中学までが義務教育、その六〇%が高校に進み、高卒者の二〇%が大学に進学するという。五つの国立大学と九つの私立大学がある。大学まで行く女性もいるが、彼女らの社会進出はまだ限られている。

一五時デイル・エ・ゾールの博物館を見学した。BC四〇〇〇年頃イラク南部チグリス河沿いに、初期の都市国家ウルクが生まれた。このハラーフ期の赤と黒に彩色された土器の展示が面白かった。ハリネズミや野ウサギ、亀などを型取った土器。ネズミ捕り機。あるいは納品書を挿入して物品を送った粘土容器。識字力のあった神官たちのほうが、王族より権威があったらしい。横浜から来た大熊氏と橋田氏の二人組みが、展示室の片隅で笑い声をあげた。こんな場所での男たちの歓声は、大体見当がつく。果たして、スカートをたくし上げた女性の石造が立っていた。

一六時二〇分、一行はデイル・エ・ゾール橋の畔に立った。フランス信託統治時代の一九二二年に建てられた、ユーフラテスに架かる幅五メートルほどの歩行者専用のつり橋である。途中木立で覆われた河中島で遮られているため、全体を見ることはできない。河面を眺めていた東京の門永さんが、こちらに振り返った。

「何十年も昔から憧れていた大河、人類の文明を育んだユーフラテス。その河を、私たちは今まさに渡ろうとしているのです。これって、なんだかすごいことじゃない！」

エジプトのスフインクスを前にして兵士たちを励ますナポレオンのように、彼女は一同を促した。

「さあ、みんなで、メソポタミアまで行きましょう」、肩にかけたショールを翻して、門永さんは颯爽と橋を渡り始めた。

約三〇分かけてつり橋を往復してきた私たちは、ふたたびバスに揺られて一路シリア砂漠を南西に向かった。ほとんど人家のない荒野である。左の車窓の西空が、赤く染まっている。夕日が急速に地平線に落ちていく。一七時三〇分ついに太陽が沈んだ。闇の大地をなお走り続けて、一八時三〇分今夜の泊まりであるパルミュラ・ホテルに着いた。

七. ゼノビア女王の都

六時起床、少しくつろいだ気分がする。毎日移動の連続だった今度の旅で、初めての連泊だ。早々に朝食を済ませ、出発までの時間を利用して窓外の景色をスケッチした。前景は、蘇鉄やくすんだ緑色の葉を茂らせたなつめ椰子の木立である。遠景は、植生をうけつけないベージュ色に光った丘が、右から左に緩やかに競りあがっていた。立方形の塔と、要塞のような建造物が見える。アラブの城砦であろうか。

八時四五分、シリア最大、中近東でも屈指の世界遺産パルミュラ遺跡の見物に出発する。この地域にある他の遺跡同様、パルミュラの歴史も古い。少なくとも、BC一〇世紀にユダヤ王国のソロモン王が、その古名タドモルに言及したマリの文書があるという。しかしパルミュラの全盛期は、AD一世紀から三世紀、特にゼノビア女王が支配した三世紀後半であろう。それまでシルク・ロードの幹線であったカスピ海―アナトリア（現トルコ領）を経由する北方ルートが安全でなくなったのである。

現在のイラン、イラクから最短距離で地中海に抜ける南のルートが、紀元後北方ルートに変わって基幹道路として利用されるようになった。このルートは、シリア砂漠を横断している。パルミュラは、東はイラク国境に近いマリと西はホムス間四〇〇キロの中間点、また東北のデイル・エ・ゾールと南西の首都ダマスカス間四〇〇キロのルートでもちょうど中間に位置する。まさに、シリア砂漠のオヘソといえる要衝を占める大オアシス都市だったのである。

一行は、まずホテルに近い墳墓区画に案内された。墳墓は時代により明確に様式が変化している。まずAD一世紀のものは、直方体の塔墳墓であり、約二〇〇が残っている。訪ねたエラベールの墳墓は、大きい切り石を高さ一〇メートルほどに積み重ね、入り口と明り取りの窓がついた立派なものであった。内部天井に、塗料の色がかすかに見えた。碑文の文字は、商人のあいだで通用していたアラミア語で書かれているという。

二世紀になると、墳墓は地下に潜る。代表的な「三人兄弟の墓」は、正面入り口から五メートルほど

図（3-11）パルミュラの列柱通り

石段を下った奥にあった。かまぼこ状の地下室の突き当たりに彫刻を刻んだ棺室がある。半円状の天井には、トロイ戦争を語る叙事詩『イリアス』中のアキレウスのエピソードがフレスコで描かれていた。アレクサンダー大王の死後シリア地方を継承したセレウコス朝の影響が認められるのであろう。もうひとつ訪ねたボルハボルパの地下墳墓は、奈良大学が調査にあたった。中央正面の棺室には、家族のレリーフが刻まれている。その服装の襞に、日本の古い彫刻にもあるガンダーラ様式が見られるという。三世紀になるとローマの影響が強くなり、様式は地上墳墓に変わる。この時代にパルミュラを支配したのは、ゼノビア女王の家系であるアラブ系のオダナイト家だった。

一〇時半遺跡群の東端にあるＡＤ一世紀のバール神殿に着いた。すでにアンジャール遺跡で述べたように、古くからのバール（ベル）信仰は、この宮殿でもローマ人によってゼウス神と混交されている。西の入り口から入ると祭壇のある前庭に続いて、正面に頑強な宮殿が立っている。宮殿を囲む二〇〇メートル四方の広い敷地は本殿より高い優美な数百本のコリント式列柱で支えられた壁で囲まれていたという。現在一〇本ほどの列柱が、数か所残っているに過ぎない。入り口のすぐ北に地下通路があり、ここから動物が誘導され祭壇前で生贄に供された。

最短距離で祭壇に立って振り返ると、門永さんが生贄の道をゆっくり登ってくるのが見えた。今日は毛皮のコートを纏っている。かつて本殿左右奥の壁がんには、それぞれ一体のバール神の像が安置されていた。ただし、右奥の像は移動式で布に包まれていたため、どのような原型だったかは知られていない。

神殿の裏手に回ると、頭部に梁の一部を残して連なる八本の列柱が、天空を幾何学的に仕切って聳えていた。白い大理石と紺青の空が、相乗的に輝いている。これを下支えするように、近くに重厚なバール神殿が大地に根を張っていた。かつては大小の建造物が、神殿の左右前後を囲んでいたはずである。しかし、長い年月をかけて朽ちるものが朽ち果てたあげくに、列柱と宮殿だけが広漠とした紺青の空間のなかに浮かび上がっていた。

しかし、歳月だけがこの景観を創生したのだろうか。あるいは、この廃墟の構図こそ、もともと製作者たちが企図していたものかもしれない。ヴィーナス神の見えない手に導かれた設計者たちは、最後に残る列柱と宮殿と蒼穹を三位一体不可分なものとして最初から脳裏に描いていた……私は、そのように想像するのだ。

バール神殿の入り口からパルミュラ遺跡の西奥の高所にあるディオクレチアヌスの城砦まで、両側に列柱に支えられた回廊を持つ幅一一メートル、東西長さ一・二キロの道（ドキュマン）がある。パルミュラのメイン・ロードだった。ただし、数か所で道は折れ曲がっている。古くからあった建造物を避けて、道路工事が進められたからである。三本のアーチに支えられた優美な記念門の先に、今はまばらに残った列柱が連なる。ここから岩山の最高所にあるアラブの城郭まで、広大なパルミュラの全貌が見晴らせる。

門をくぐってすぐ右手に三世紀に造られた浴場があった。ローマ人が、入浴の習慣を持ち込んだのである。エジプト産の赤みを帯びた花崗岩が使われていた。午前中は女性、午後は男性の入浴時間と決められていた。ゼノビア女王も利用したかもしれない。さらに進むと、左手に半円の野外劇場やアゴラ（市場跡が見えてくる。ここでも南北に走る基幹道路（カルド）との交点には、四面門が立っていた。

遺跡は、さらにキリスト教会、ギリシャ式住宅跡を経て、巨大な堆積物の山ディオクレチアヌスの城砦に突き当たる。その横にあるキャンプという地域は、ゼノビア宮殿の名残である。最盛時のパルミュラの規模は、現在の三倍ほどであったといわれる。人口もおよそ三〇万人に達していた。だがこの古代のオアシス都市は、三世紀の後半に突如大国に発展し、須臾にして滅びた。

ＡＤ二二八年東のイラン高原では、パルチアに代わりササン朝ペルシャが興った。パルミュラのオダナイト王は、通商路を守るため、ローマとの友好を保ちつつ独立的な立場を固めていく。しかし、二七〇年王は暗殺される。この後を継いだ幼少王の摂政女王として、母親のゼノビアが政治軍事権力を掌握した。彼女は、気位が高く気性も激しかった。そして気品のある稀代の美女だった。クレオパトラの子孫を自称していたとも伝えられる。最後は、ローマからの完全独立を試みた。ローマとペルシャ両大国の均衡が利用できると読んでいたのかもしれない。あるいは、パルミュラの軍事力を過信していたのか。二七二年ローマ軍にパルミュラを包囲されても、城壁の上に立ったゼノビアはローマ軍に罵声をあびせることを止めなかった。しかし期待していたペルシャ軍は、結局姿を見せない。

密かに脱出を試みたゼノビアは、捕えられローマに連行された。ゼノビアの末期は、杳として判らない。ローマ人は彼女を、記録からほとんど完全に抹消してしまった。ハレー彗星のようにゼノビアは忽然西アジアに登場し、再び歴史の闇に消えていった。輝く都パルミュラも女王と運命を共にしたのである。東西の通商路は、さらに南のアラビア海沿岸に移った。シルク・ロードとして北方ルートが復活するのは、その後の話である。

昼食はホテルに戻って、炊き込みご飯マンサフのランチ。席上で、「歴史書には、いつもゼノビアの横顔が載っています。なにかモデルになった彫刻があるのですか」、と以前から気になっていた疑問を山本さんに投げる。

「ええ、ゼノビアの治世に鋳造されたコインが、元になっています。彼女の面影を伝える唯一の遺物です。このあと、パルミュラ博物館で実物をご覧になれるでしょう」

午後、遺跡群の東北のはずれ現在の市域にある、その博物館を訪ねた。入り口には、復元されたライオンの像が、守衛のように立っている。館内に入ったところに、バール神殿の復元模型があった。パルミュラ語で書かれた碑文、墳墓から採掘されたレリーフや装飾品、古代の神々の大理石像、モザイク絵画、そしてもちろんゼノビア女王を模したコイン。鼻骨の張った横顔は、少し黒ずんでいた。パルミュラの美術は、グレコ・ローマン様式と西アジア的要素が融合しているという。

いったんホテルに戻って休息し、一六時再びロビーに集合した。遺跡の最高点に建つアラブの要塞から、落日を眺めようというのである。少し早めに着いたので、見張り塔や、城壁を結ぶ細い通路や急な階段を上下しながら、要塞内部を見て回る。そのうち夕日が地平線に近づいたので、城壁のひとつに寄りかかって西空を凝視した。夕日は、テレビ塔が建った手前の岩山の右手遠方の水平な丘陵に沈むところだった。一度シャッターを切る。しかし二度目に構えたときには、山端に残光だけが残るだけだった。急に暗さを増した石段を、用心しながら降りる。

夕食は、小田原から来た渡辺夫妻や堺の南氏と一緒になった。旅の情報を交換するよい機会である。小田原市や箱根は、私も幾度か訪れている。赤ら顔の大柄な渡辺さんは、話し好きで、声をかければすぐに乗ってくる。

「小湧谷あたりに泊まって、一度箱根駅伝を見物したいと思っています。でも予約が難しいでしょうね」

「ええ、それはもう。駅伝見物の帰り際に、次年度の予約を入れるひとが多いですから」、と渡辺氏。

「でも小湧谷は、季節を問わずよいところですよ。強羅の洋式庭園に彫刻の森美術館も近い。ワイン風呂や、今回の旅でも訪問予定の死海からの水を沸かした風呂など、遊ぶ楽しみには事欠きません」

「外国には、いつもお二人でいらっしゃるのですか」

「ええ、最近のことですが」、と今度は奥さんが引き取った。門永さんのように派手なお洒落ではないが、彼女も趣味の良い衣服をいつも身に着けている。

「むかしから主人は、会社の出張でよく外国に出かけていました。仕事相手の事務所や工場と空港の往復だけの旅です。それを海外旅行と思っていたようです。わたしがいくら誘っても、面倒くさがって応じませんでした」、彼女は続けた。

「ところが、一度外国に連れ出すことに成功すると、主人はすっかりツアーの味をしめたのです。当たり前ですよね。なにも自分で苦労しなくても、すばらしい景色や遺跡を案内してもらえ、グルメし快適なホテルを渡り歩くのですから」、と息を継ぐ。

「今では、主人のほうが旅のパンフレット集めに熱心です。つまりこのひとは、外国旅行の楽しみに、やっと目覚めたのね！」

渡辺氏がツアーを選ぶ基準は、明快だ。「なるべく沢山の世界遺産がカバーされている旅行です」、という。「その分だけ楽しみが多い、よい企画と思うからです」

今回は、三か国あわせて八つの世界遺産を訪ねる予定だ。渡辺氏にとっても優先順位が高い旅であった。

私は、カイラス山などアジアを中心に旅を楽しんでいる南氏も会話に引き込む。

「最近のアジアでは、一年ほど前全線開通した青海鉄道経由のチベット行きが大人気ときいています。もし途中下車が認められるようになれば、すぐにでも利用したいのですが」

「当局はひた隠しにしていますが、開通以来すでに七人の日本人が死亡しているのですよ」、さすがにアジアの旅行通は、的確な情報を得ていた。五千メートルを一気に超える汽車の旅では、高度に順応できない人が出てくるのである。旅から戻って数ヶ月後、チベットでは中国政府の自治区政策への不満から、騒擾が頻発するようになった。チベット行きの計画は、まだ先のことになりそうだ。二二時に就寝。

八．シリア砂漠を抜けて、首都ダマスカスへ

二月二二日（金）、七時半ホテルをチェック・アウト。一昨日に続いて、しばらくシリア砂漠を走る。けっこう起伏がある。車内で、マラジェックとククワラという地元のゴマ・クッキーが味見に配られた。おいしかったので、各一二米ドル一袋ずつ買った。

八時一五分、右手にリン鉱石の精錬所を、ついで内陸部と地中海を結ぶ鉄路を見る。九時三〇分、路傍にあるアラブ・カフェーで、トイレ休憩。店の前の鉄柱の上に付けられた風車は止まったままだ。今日は快晴で、ほとんど風もない。店で、シリアの国旗や遺跡のカラー写真を付した磁性の紙挟を数個手にいれた。砂漠の中の直線道路を背景に、添乗員やガイドのニダール氏と記念撮影する。あとで現像すると、黄色のセーターに白い綿パンを履いた大柄な山本さんとニダール氏に両サイドを固められ、私自身はそのあいだで少し窮屈そうなポーズをしていた。

一〇時三〇分、北からシリアの首都ダマスカス市街に入った。シリア人三五〇万に、近年イラクから一五〇万の避難民が加わり、市域が周辺部に膨張している大都会だ。BC三世紀アレキサンダー大王の部下がこの地に入り、その後ローマの辺境としてヘレニズム文化の影響が残った。AD七世紀になるとイスラムが起こり、ダマスカスはウマイア朝の首都になる。AD七五〇年ウマイア朝の後を襲ったアッバス朝は首都をバクダードに移し、ダマスカスは一時期荒廃した。この都市が復活するのは、十字軍を撃破しエルサレムを奪回した英雄サラディン（サラーフ・アッディーン）の治世（AD一一七六-九三年）である。彼は、アユーブ朝を創設してダマスカスを首都とした。その後もモンゴルやティムールの侵攻、オスマン帝国の支配、第一次世界大戦後のフランス統治など、この都市は歴史の盛衰を経て今日に至る。

最初に、国立博物館に立ち寄った。シリア各地の遺跡から採取された貴重な出土品の宝庫である。まず博物館の正面入り口自体、パルミュラ南西のシリア砂漠で発掘されたウマイア朝期の宮殿の巨大な城門を、そのまま利用している。デューラ・ユーロポリスのバール神殿で採掘された壁面のレリーフ、マリで発見されたラピツラズリーの首飾りや胸元の膨らんだ男性歌手像（去勢によるらしい）、そしてかの白い衣装を纏った「ユーフラテスの女神」像のオリジナル。エジプトのラムセス二世に係わりのあるヒエログラフで書かれた碑文もある。

あるいは細かなピンセットや小刀を含む細密な医療器具、アッバース期の黒い玄武岩の彫刻。学問と戦をつかさどるアテナイ神（ローマ名ミネルバ）像や石棺に彫られたトロイ戦争のレリーフなどは、ヘレニズム文化の影響を反映しているのであろう。これまで見てきたことを、館内で復習しているような感じだ。見学の合間に、展示室から中庭を隔てて建つシナゴーグも覗いてみる。こちらは、壁一面に旧約聖書にまつわるアブラハムとイサク、モーゼの出エジプト記などの物語絵が描かれていた。ユダヤ教会に、絵画があるのは珍しいという。

バスで城壁に囲まれた旧市街に移動する。東西二キロ、南北一キロほどの世界文化遺産に指定された市域である。狭い路地奥にあるレストランで、シシカバブの昼食をした。午後の散策は、東門近くのアナニアス教会から始まる。ここはエルサレムで迫害された初期キリスト教徒が隠れた、地下教会である。彼らを捕らえるためにローマから来たパウロが、光に打たれここで倒れた場所という。アナニアスに助けられたパウロは、以後キリスト教の伝道者に変貌するのである。この使徒教伝のエピソードが地下の礼拝堂に描かれている。

アナニアス教会から城壁沿いに少し南に下ると、改宗したパウロがユダヤ教徒に襲われ危地を脱出したパウロ教会も残っている。そのパウロが歩いた旧市街を東西に走る道幅一〇メートルほどの「まっすぐな道」を、私たちは通り抜けた。旧市街は、初期キリスト教の記憶に満ちた町でもある。道路はそこかしこが工事中で、雑然としていた。

次に訪ねたアゼム宮殿は、オスマン・トルコ時代の総督の屋敷で、現在民族博物館になっている。内部の展示物もさることながら、私は木立と噴水のある内庭とこれを囲むアーチと橙色や緑色の横縞が入った建物の壁面の美しさに惹かれた。庭には、頭から黒衣を纏った人々と対照的にジーパンを履いた若者や子供たち、スカートにショルダーを提げた女性の姿も見られた。みな黒い瞳に、頭髪は黒色からブロンドの人たちである。金曜の午後なので、くつろいだ雰囲気があたりを包んでいる。

個人の旅行と違い団体で見所を追っていると、効率はよいが地元の人と接触する機会が少ない。せいぜいホテルの従業員やガイドくらいである。この中庭で私は、初めてシリアの若い人たちを撮ったり、父親に伴われた四人の娘や男の子と一緒に被写体に納まった。みな明るい表情をしている。旅の仲間も、身振り手振りで土地の人たちに近づき、写真を撮ったり撮られたりしていた。

旧市街の中心は、幅一〇〇メートル長さ二〇〇メートルもある七世紀創建のままに残るウマイヤド・モスクである。この場所は、ローマの進出以前から神殿があった。ローマ時代にはジュピター神殿になり、四世紀にはヨハネに捧げられたキリスト教会になった。最後にウマイア朝ワリド一世が、現在の壮大なモスクに造り替えたのである。この地方の重層的歴史が、このモスクに圧縮されている。寺院前の広場は、参拝客であふれていた。広場側に開いている北門から人込みに押されながら狭い通路を通り抜けて、中庭を囲んでいるアーチ状の柱廊に入る。ここで女性は、深いフードが付いた灰色のマントを羽織らなければならない。

「私たち、まるでネズミ人間になったみたい」

と誰かが言っている。

大理石が敷き詰められた中庭は、そこここに参拝者が群れている。アーチ状の列柱に支えられた屋根の上から尖塔が見える。庭の西隅にある宝物庫の美しいモザイクにカメラを向けていると、五、六人の男の子たちが集まってきて、ポーズをとった。会話はできなくても、彼らは外国人との接触を望んでいるのだ（136頁　図3—12参照）。

庭の南側全面が、東西に長い礼拝堂になっている。このことからわかるように、ウマイヤド・モスクは、回廊の最奥に内陣を配した通常のモスクやキリスト教会のプランと異なっている。元のローマのバシリカ

図（3-13）カシオン山頂から見たダマスカス市

様式が残ったのである。明確に区分された内陣がない。説教段やメッカの方向を示すミハラブは、長方形の末端でなく中央部の南に配置されることになった。ミハラブの近くに、聖ヨハネの墓もある。

モスクのすぐ北に、一二世紀に建てられたサラディンの霊廟があった。サラディンはグルド人の出身で、一一九三年本拠のダマスカス城で亡くなっている。西欧世界にもっとも知られたアラブの英雄の墓にしては、質素である。王の棺は、黄色のアラビア文字で刺繍された緑の布で覆われていた。横に大理石の白い記念碑がある。ドイツ皇帝ウイルヘルム二世が、敬意を表して寄贈したものだ。彼は、十字軍戦役で示された軍事的才能と捕虜に対する寛容さから、サラディン王を崇拝していたといわれる。しかしウイルヘルムは、豪胆さではサラディンに似ていたにしても、叡智にかけては遥かに及ばなかった。そのため先代ウイルヘルム一世の名宰相ビスマークの手腕で築き上げられた対仏包囲網を失ったばかりでなく、外交的失点を重ね第一次大戦でドイツ帝国を崩壊に導いたのである。

バスに乗るため、大きな通りを歩き、スークを抜ける。街角にサラディンの騎馬像が建っていた。休日なので、スークの店はほとんど閉まっている。バスで、ダマスカス市街を一望するカシオン山の展望所まで登った。野外レストランが並び、休日を楽しむ家族の姿がみられた。

一七時過ぎ、シャムパレス・ホテルにチェック・インした。一八時一一階にあるレストラン「フジヤマ」での晩餐。魚の照り焼き、味噌汁、米飯など一応日本料理らしい。二二時就寝。

九．国境を越えてヨルダンに入る

二月二三日（土）、六時起床、しばらくユーロ・ニュースを見た。当地の気温一七℃、東京は七℃。コソボの独立に反対するＣＩＳ首脳会議が開かれた。

七時三〇分出発、市街を抜けると大地は昨日までの白いシリア砂漠から褐色の土漠に変わっていた。右手にアンチ・レバノン山脈を見ながら南下する。ベカー高原を北上したのと逆方向から同じ山並みを眺めているわけだ。八時山脈の最高峰ヘルモン山（二八一四ｍ）を見た。

九時シリア南部の世界遺産に指定されているボスラ遺跡に着いた。ボスラの名は、既に紀元前一六世紀のエジプトの有名なアマルナ文書に見られるという。ギリシャ時代には、ナバテア人が住み、ローマ時代には半独立国で、トマトや小麦の産地として知られた。六万人のローマ軍団が駐屯していた。三世紀この地出身のローマ皇帝により、市街のローマ化が進んだのである。東ローマのビザンチン帝国時代の六世紀、バヒラがキリスト教を布教した。若いムハマド（マホメット）も商人であった父親に連れられて、この地を訪れている。バヒラ修道院は、アーチ状の門をもつ高い塀に囲まれた小さな空間の一部に遺跡の堆積が残るだけだ。しかしこの場所で、バヒラとムハマドが対話したと伝えられる。キリスト教の高僧とイスラム教の創始者のあいだでどのような言葉が交わされたか興味のあるところだが、知るすべはない。

このような歴史の転変のため、ボスラには多民族の遺跡が幾重にも錯綜して見られる。ナバテア人のアーチ、ギリシア人のアゴラ（市場）や公衆浴場、地下の貯水タンク、ローマのバシリカ公会堂、両側に列柱が建つ道路。ＡＤ五一〇年の大地震をはさんでイスラム期のハマムや初期モスク。その中でもっとも目立つ建造物は、ローマの円形劇場であろう。外部はアユーブ朝の要塞に改修されている。音響効果を考え

図（3-14）ボスラの円形劇場

図（3-15）街角で見かけたアサド父（右）子（左）二代の大統領の写真

て、客席が急傾斜で中央の舞台に落ちている。段幅が狭いので、つまずけば危うい。私たち四、五名は用心して、緩やかな回り道を歩いて降りることにした。すると下方の舞台に、はやくも門永さんが現れた。今日は、マントを纏っている。彼女はそのマントを広げて、両手を空に伸ばして気取った声を挙げた。

「バニタス、バニタズム……」

どうやら勉強中のラテンの一節を暗誦しているらしい。たしかに音声や拍手は、見事に上階まで伝わってくる。

ボスラは、パルミュラやデューラ・エウロポスに比べ空間が限られている。そのなかに、長い歴史的遺物が雑多に詰め込まれた感じである。学術的にはともかく、旅行者には全体としてまとまった概念や印象を得ることがむつかしい。どこをどのように歩いたのか思い出すことができない。

一一時四〇分、ヨルダンとの国境の町ダラーに着いた。ここで数日見慣れた親子二代のアサド大統領の顔写真とお別れだ。碁盤上に整備された町並みは、結構人出があった。国境には、ヤルムークという小さな水なし川があるだけだ。しかし通関に小一時間かかった。ヨルダン側の管理事務所をでたところで、新しいガイドのアムジャット氏が待ち受けていた。早速この国の通貨ディナールに、頭を切り替えなければならない。一米ドル＝〇・七ディナール＝一〇八円に相当する。

ヨルダンは、ハシミテ家を元首とする人口五五〇万の立憲君主国である。一九四六年独立した。長年アラブとイスラエルのあいだに立ち難しい舵取りをしてきたフセイン国王を、一九九四年現アブドーラ国王が継いだ。母は、イギリス人である。

たっぷり昼食に時間を割いたのち、この国で初めての遺跡ジェラシーに立ち寄った。これも巨大なローマ遺跡である。ローマは、現在のシリアと ヨルダンを結ぶ線を東の勢力圏として、パルチアやササン朝ペルシアと数世紀にわたり対峙した。例によって、南北通りと東西通りの交点には四面門が建ち、ローマ時代のコリント式列柱が並ぶ。同時にギリシア風の市場アゴラやゼウス神殿、イオニア式列柱も見られる。この遺跡の特徴は、多少の起伏ある広大な空間の中で、その全貌が俯瞰できることである（136頁 図3―16参照）。

一八時、ヨルダンの首都アンマンのメリディアン・ホテルにチェック・インした。夕食は、ユーラシア通の南さんや門永さん達と卓を囲んだ。門永さんは、オペラの台本を読むためイタリア語の勉強もしているらしい。一体彼女は、どんな仕事をしているのだろうか。毎日おしゃれな衣装換えをする門永さんに、同行者も興味をもっているらしい。

「ブティックにお勤め？」誰かが尋ねた。

「いいえ」

「それでは、デザイナー？」

「でもない。日本に戻れば、経理部のおばちゃんですよ」彼女はにっこりした。

一〇．ヨルダン南部、死海とワディ・ラム

二月二四日（日）、晴れ。朝八時にホテルを出る。アンマンは車窓からの見物だけ。バスは、直ちに市街地の高所にある要塞ジュベル・アル・カラへと急斜面を登っていく。丘陵や谷間に広がる首都を一望しようというのである。九〇〇〇年前から知られ旧約聖書にも登場するアンマンは、シリア側のボスラ同様ギリシャ、ローマ、イスラムの建造物が混在しているが、いまだに人口が増大している現役の都会である。近年はヨルダン川西岸からの難民の流入により、居住地が斜面の上部にまで競りあがっている（136頁 図3―17参照）。

市街地を抜けたバスは、右手にイスラム解放戦線の支配地区やイスラエルとの国境をなすヨルダン渓谷を見下ろしながらひたすら南下した。谷間には、一筋の流れが光る。北のガラリア湖を水源として南の死海に注ぐヨルダン川である。旧約聖書の舞台であり、キリストゆかりの土地だ。九時低地に向けて、バスは下り始めた。潅木がまばらに生える乾燥した土壌である。人家もほとんどない。空気が少し霞んで、太陽がぼやけて見える。途中、海抜〇メートルの標識が建っていた。しかしバスは、なお降下を続けた。死海の海面は、海抜マイナス四〇五メートルの低所なのだ。海底は、さらに平均一四五メートルも下にある。

やがて、死海の東岸に建つスパ・ホテルに着いた。ロビーを抜け、プールわきのロッカー・ルームで水着に着替えて、湖岸に降りていった。対岸は、かすんで見えない。岸辺に椰子が数本立っている。このあたりは遠浅で、波はない。文字通り生物がほとんど生息できない海なので、青く澄んでいる。私たちは、山本さんやアムジャット氏にカメラを預けて、水につかった。生ぬるい。山頂では雪が残っていても、海辺は夏の気候だ。いよいよ、死海での浮遊を体験する。つまり、顔と両手両足を水面から挙げ、腰から下

だけ水面下に沈めて、水中に浮かぶのである。海面でポーズを取り、カメラに収まった。

海水を舌にのせると、きわめて塩辛い。塩分は三〇％を超えるという。なぜ世界でもっとも塩分濃度が高い海が生じたのか。ひとつには、地域の土壌に岩塩が多く含まれている。次に、乾燥による海水の蒸発が激しい。さらに近年ではヨルダン川流域の取水量が増え続けていることが原因とされている。エホバの神が悪徳の町ソドムとゴモラを破壊したとき、逃走中のロトの妻が町を振り返ったため塩の柱に変えられたという聖書中の有名な逸話は、この地域の岩塩の豊かさが昔から知られていたことを物語るものであろう。

一二時三〇分私たちは砂漠の中を南下している。制限時速一〇〇キロ、片側二車線の高速道路が、荒野を一直線に仕切っていた。このまま直進すれば、ペルシア湾のアカバ港まで三〇キロというところで、バスは左手東側に逸れた。道路わきのみやげ物を兼ねたレストラン小一時間の昼食休憩をとる。午後再びバスで南東に進み、広漠とした赤土のヌビア砂漠地帯に入った。サウジ・アラビアとの国境も近い。

一六時過ぎ柵に囲まれたキャンプ地に着く。ワディ・ラム探訪の拠点である。管理事務所の人が、白人のバック・パッカー夫妻をテントのひとつに案内していた。時々激しい風が、砂塵を巻き上げ、テントをゆるがせていく。街灯もなく遮る物体もない満天のもとで過ごす荒野の夜半は、どのような気分であろうか。スケジュールに追われる私たちは、ここで四輪駆動車数台に分乗し、二時間ほどワディ・ラムを周回するにすぎない。

ワディは、水無し川を意味する。しかし、雨季の大量の雨により土質の柔らかい部分が浸食され、酸化鉄の赤土の砂漠になった。浸食を免れた部分が奇怪な形状の岩山として砂漠の中に残っているのである。

振り落とされないよう椅子に捕まりながら、道らしい道もない荒涼とした赤土と散在する岩山のあいだを進んだ。脚つきのテーブル状の岩、七本槍を中天に突き出した岩山、アルセーヌ・ルパンの『奇岩城』を思わせる怪奇な小山が次々に現れた。有名なアラビアのロレンスが隠れ住んだという大きな天然の岩窟もあった。

ロレンスは、オクスフォード出身の中東の若手研究者としてこの地を初めて訪れたのである。次第にベドウィンの生活や慣習に魅せられた彼は、英国の中近東政策に呼応してアラブ側に立ち、ベドウィンを率いてオスマン帝国と戦う。しかし、英国政府の狙いは、アラブ人の独立より石油の利権にあった。これに失望したロレンスは本国に戻り、一九三五年に四七の若さで亡くなっている。短時間の周遊でも、この風土の厳しさが実感された。仮にここで取り残されたら、脱出は不可能だ。居住できるのは、昔からヌビア砂漠を抜ける交易ルートを使い、地形に精通しているベドウィン族の人たちだけだろう。

図（3-18）ワディ・ラム

ワディ・ラム見物を終えた一行は、約一〇〇キロほど北に引き返した。一九時、ペトラのクラウン・ホテルに着いた。「今日からの連泊は、皆さん全員に遺跡が見える側の部屋が予約されています」、と添乗員の山本さんがいった。このホテルの客室は、バンガロウ形式に孤立した斜面の別棟にある。遺跡に相対する斜面に窓が開かれているので、どの部屋に当たっても谷間を隔てた丘陵の上に建つ構造物の一部が望めるわけだ。山本さんがいうとおりには違いない。ただし、バンガロー形式のホテルは、個人的には好きではない。雨など天気がよくないときの移動に不便である。

二〇時少し前、本館の食堂に集まった。バイキング・スタイルの夕食で、少し込み合っている。今夜は、もう一組日本からの団体が泊まっていた。二一時自室に引き上げＣＮＮのテレビ・ニュースを見る。福田首相が、韓国大統領就任式にソウルを訪問したことが報じられていた。

二、ペトラの宝物殿

二月二五日(月)、夜半雨が降った。早く目覚めたので、本館横のプール・サイドから、遠景をスケッチした。丘に見える塔状のものは、要塞であろうか。プールを清掃していた若い男が、背後にまわって覗いている。そして、画紙と鉛筆を寄こせという仕草をみせた。彼は、なにかを書き込んで画紙を返した。見ると、空白に残していた空の部分に、二羽の鳶が添えられていた。

八時半ホテルを出発する。歩いて数分のところに遺跡への入場ゲートがあった。ここからさらに六、七分騎乗して、岩山のあいだを抜ける道シークの入り口に来た。馬に慣れない人は、歩いたほうが楽かもしれないと思った。シークは、高さ約一〇〇メートルの岩山のあいだが侵食により削り取られてできた、幅一〇メートルほどの曲りくねった小道である。エル・カズネ（ファラオの宝物殿）まで、およそ一キロ半続く。この道以外に遺跡に通じる道はない。

図（3-19）ペトラのシーク

このペトラは、九〇〇〇年前から部落があったが、現在の遺跡に痕跡をとどめているのは、ＢＣ六世紀からＡＤ一世紀にかけて居住したナバテア人である。彼らは交易で富を蓄え、ＢＣ三世紀には三万人が首都ペトラに住む王国を築いた。ローマ時代にも独立を保つが、次第に衰えやがて忘れられていく。一八一二年スイスの探検家J・ブルクハルトに発見されるまでは、人類有数の世界遺産ペトラは砂塵のなかに埋もれていた。

シークの両側の岩壁には、ナバテア語の碑文、記念碑、祭壇が彫られている。また水道管跡の横溝も残る。ダム跡もあった。ナバテア人の優れた治水技術がわかるのである。岩山は水成岩らしく、紋様のような黒ずんだ横縞が幾重にも重なっていた。痛くなるほど首を傾げなければ、最上部を見上げることはできない。岩肌が開け、道幅が広くなっている数箇所を除けば、日の光が地上に届く場所はない。このようなシークを半時ほどあるいた。横を歩いていた若い小高さん夫妻は、相変わらず写真の撮り合いをしている。「もう、そろそろかしら」と小高夫人がいう。やがて、前方の岩の隙間が明るくなった。淡いピンク色のエル・カズネの一部が見えた。ついにファラオの宝物殿全体が姿を現したのである。私たちは開けた空間に立ち、前面の黒縞岩壁の中にばら色に浮き出た巨大な彫刻建造物に固唾をのんだ。

エル・カズネのファサードは高さ約四〇メートルの上下二層からなり、上部はエジプトのイシス神やギリシャ神話のアマゾネス像など三体の神像が彫られている。あいだにライオン像を挟んで下層には、アッシリアの死神が馬に跨り、左右それぞれ三基のコリント式の優雅な列柱が神殿入り口を下支えしていた。つまり、エル・カズネでは、ナバテア、アッシリア、ギリシャ、エジプト、ローマなどの文化的影響が渾然と融合している。外観の絢爛さに比べれば、内部は二つの四角い部屋があるだけで、装飾も彫刻もなくきわめてシンプルである。ただ、岩肌の色彩と変化に富んだ凹凸のある紋様が、みごとな天然の造形になっている（1頁　図3—20参照）。

どのような目的で誰がこの建造物を造らせたかはわかっていない。神殿説、葬祭殿説、ファラオの宝物庫など諸説が、見る人の想像を掻きたてる。作者がこの遺物を知っていたはずはないが、私は『アラビアン・ナイト』のなかの「アリババと四〇人の盗賊」の物語こそ情景にもっとも相応しいのではないかと思う。はるばるシークの小道を辿って来た人が岩山の間から初めて垣間見るエル・カズネこそ、まさに「開けゴマ！」の呪文により開陳される宝の蔵ではないだろうか。事実、イシス神の上部に彫られた壷のなかに宝が隠されているのではないかと疑った人物がいて、銃弾でこれを打ち抜いたということである。

エル・カズネを過ぎると、アウター・シークと呼ばれる少し広い道がローマ劇場までつづいている。岩山に囲まれた広い空間の中に遺跡が点在する。右手を振り返ると、巨大な岩壁にいくつか大きな彫られ、その下部に穴が穿たれているのが見えた。つぼ型墳墓、シルク墳墓、宮殿墳墓など呼ばれる大型の墳墓が並んでいた。たとえばシルク墳墓は、岩の成分の違いにより黒、茶、青、黄、白の波紋が内外の岩壁をシルクの布地のように覆っていた。宮殿墳墓は、大型の三階建で二階までは岩中に空間が刳り抜かれ、葬祭殿として使われた。これらの巨大な墳墓の下層にも、埼玉県の吉見の百穴のような多くの小穴がある。こちらは庶民の墓らしい。このあたり全体が、墳墓の領域である。

遺跡は、一五〇メートル列柱の並んだ幅六メートルの石畳道に続く。ローマ時代にはこのあたりに官庁、市場、商店街、公衆浴場が並び、町の中心部だった。列柱道路の突き当たりの台地に、古い神殿がある。神殿右手の階段を上ったところに、博物館とレストランが隣接していた。一〇時四五分。ここで一三時のランチ・タイムまで、自由時間が与えられた。片道小一時間ほどの山頂に近いエド・ディル（修道院）まで往復する時間がある。足に自信がなければ、留まって散策すればよい。私は、初めからエド・ディルまで登るつもりでいる。

岩山のあいだに歩き易い石段がついている。途中数箇所で、地元のひとがみやげ物を道端に並べていた。山道には慣れているので、三〇分で鞍部の広場に建つエド・ディルに着いた。エル・カズネに似てファサードは上下二層に分れ、内部には大きな一室がある。その壁に十字のマークがあることから修道院と名付けられたが、建物のもとの用途はわからないらしい。エド・ディルを見下ろすレストランには、数人のフランス人旅行客が休んでいた。彼らの一人に、エド・ディルを背景に、シャッターを切ってもらった。さらに数分で山頂に達する。頂には石組みの山小屋があり、小さなヨルダンの国旗がはためいていた。周囲は、突骨とした岩山群が幾重にも囲んでいる異様な眺めだ。黒雲が動いている。山を下っていると、後続の仲間が山本さんと登ってきた。

一三時、レストランでバイキング・ランチ。あとは閉門時間一七時一五分までに、各自が出発点の遺跡入り口まで戻ればよい。一本道だから迷う心配はない。時間が十分あるので、墳墓地区の裏山に上って古い宮殿に立ち寄るつもりだった。福岡の吉森夫妻と一緒になった。彼らも、宮殿にまわるらしい。ストックを手にした夫人は「山歩きには慣れていますので、このくらいの丘は大丈夫です」という。小柄だか元気なひとだ。ところが歩き出してまもなく、雨粒が落ちてきた。やむなくレストランに引き返して、天候を窺う。一〇分ほど待ったが、雲行きは怪しくなるばかりである。寄り道を断念して、帰途を急ぐことにした。しかし列柱道路の途中で雨脚が速くなる。人が屯していた木立に逃げ込んだが、とても雨水を避けることはできない。次に飛び込んだのは、シルク墳墓だ。雨宿りには最適な場所である。

一息ついて低所を眺めると、アウト・シーク道路に帰途を急ぐ観光客姿があった。左手の茶店にも人が群れている。しかし、道路を流れる水流が激しくなっている。私は、細いシークで、さらに水嵩が増すこと恐れた。急がなければならない。もはや、雨に濡れることを気にしている場合ではない。エル・カズネの前では、限られた馬車が客を乗せてシークの中に去っていく。シークも馬車がすれ違う幅はある。ただ、通常の四〇ドルが、一〇〇ドルに値上げされていた。それでも馬車を拾えた人は幸運だ。シークは、濁流に溢れている。ひざ近くまで水に浸かり、捲り上げたズボンの裾も濡らしながら、入り口に急いだ。時々馬車が水しぶきをあげて、行き交った。遺跡の入り口で渡辺夫妻に追いついた。冗談好きの旦那やおしゃれな奥さんも、いざとなればすばしこい人たちだ。一四時半なんとかホテルに辿りついた。衣類や靴の泥を取り乾かす。靴は代替がないので明朝までに乾燥させなければならない。

バスに浸かり、やっと気分がくつろいだ。雨が止んでいたので、ロビーのすぐ外にあるみやげ物店で、ペトラのガイド・ブック、石版にファラオの宝物殿を彫った壁掛け、絵葉書を買う。時々、夜空に稲妻がひかり、雷鳴が響いた。今夜がヨルダン最後の夜になる。

一八時、本館レストランで最後の晩餐。席上山本さんが、灯火で明るい夜のシークをエル・カズネまで歩くキャンドル・ツアの参加希望者を募った。すでに雨水が引いているので、支障はないらしい。門永さんや埼玉の新座市からきた梶野さん、渡辺夫人ら七、八人が手を挙げた。女性のほうが優勢だ。岩山の下の小道や、夜空に浮かび上がるファラオの宝物殿は、格別に美しく印象深いことだろう。しかし、昼間に濁流に苦闘した場所を再び歩く気力はなかった。ベッドに横になって、夜のエル・カズネを想像するだけで満足しよう。私も人並みに好奇心はあると思っているが、同行の女性たちにはとても敵わない。そのまま二二時頃に眠ってしまった。

一二、帰国の途へ

二月二六日（火）、くもり。四時に目覚め、そのまま起きて荷物を整理する。八時ホテルを出発、バスは「王の道」からその東に平行する「砂漠の道」をひたすら北上する。標高一四〇〇メートル前後で少し積雪がある。一二時二〇分、ネボ山に着いた。この地は、エジプトから故地カナーンに帰還するユダヤ人を率いたモーゼ終焉の場所とされている。山頂に、小さな教会が建っている。韓国人クリスチャンの団体が訪ねていた。教会の前庭から、死海が望まれた。エリコ、エルサレム、ベツレヘム方向を示す表示板がある。ヨルダン川は、黒い一筋の線のように見えた。エホバの予言によれば、モーゼ自身はユダヤ人の故地を踏めない運命にあった。エジプト軍に追われ、シナイ山で十戒を受け、砂漠に道を失い、飢えに苦しみながら荒野をさまよい、艱難の末たどり着いたネボ山で、モーゼは死を迎えた。軍人ヨシアがモーゼの遺志をついで、ユダヤ人を郷里に連れ帰ったのである。

私も今回は、ヨルダン川西岸を遠望するだけだ。中東紛争の焦点であるイスラエル。ユダヤ教、キリスト教、イスラム教が交錯するエルサレムやキリストゆかりのベツレヘムやナザレを、いずれ訪ねなければならないと思った。

一三時過ぎ、アンマンの南四〇キロにあるマダバの町についた。小さな田舎町に過ぎないが、ビザンチン時代のモザイク絵が多く残っていることで知られている。街中の土産物屋の店先にも、モザイク絵が懸かっていた。街中のレストランで昼食後、旧約聖書を物語るモザイク絵で有名なセント・ジョージ教会を訪ねる。祭壇に続く広間の床一面に、文字入りの大きなモザイク絵が広がっていた。死海とヨルダン川を中心にしたユダヤ人の古代王国の地図である。ガリラヤ湖から下ってきた淡水魚が、死海の塩分の高さに驚いてUターンをしている様子がユーモラスに描かれていた（136頁　図3―21参照）。
セント・ジョージ教会訪問で、私たちの旅程はすべて終わった。あとは首都アンマンに戻り、ドーハ経由のカタール航空で往路を逆にたどって帰国するだけだ。

（二〇〇八年一一月二七日　記）

第四章　約束の土地

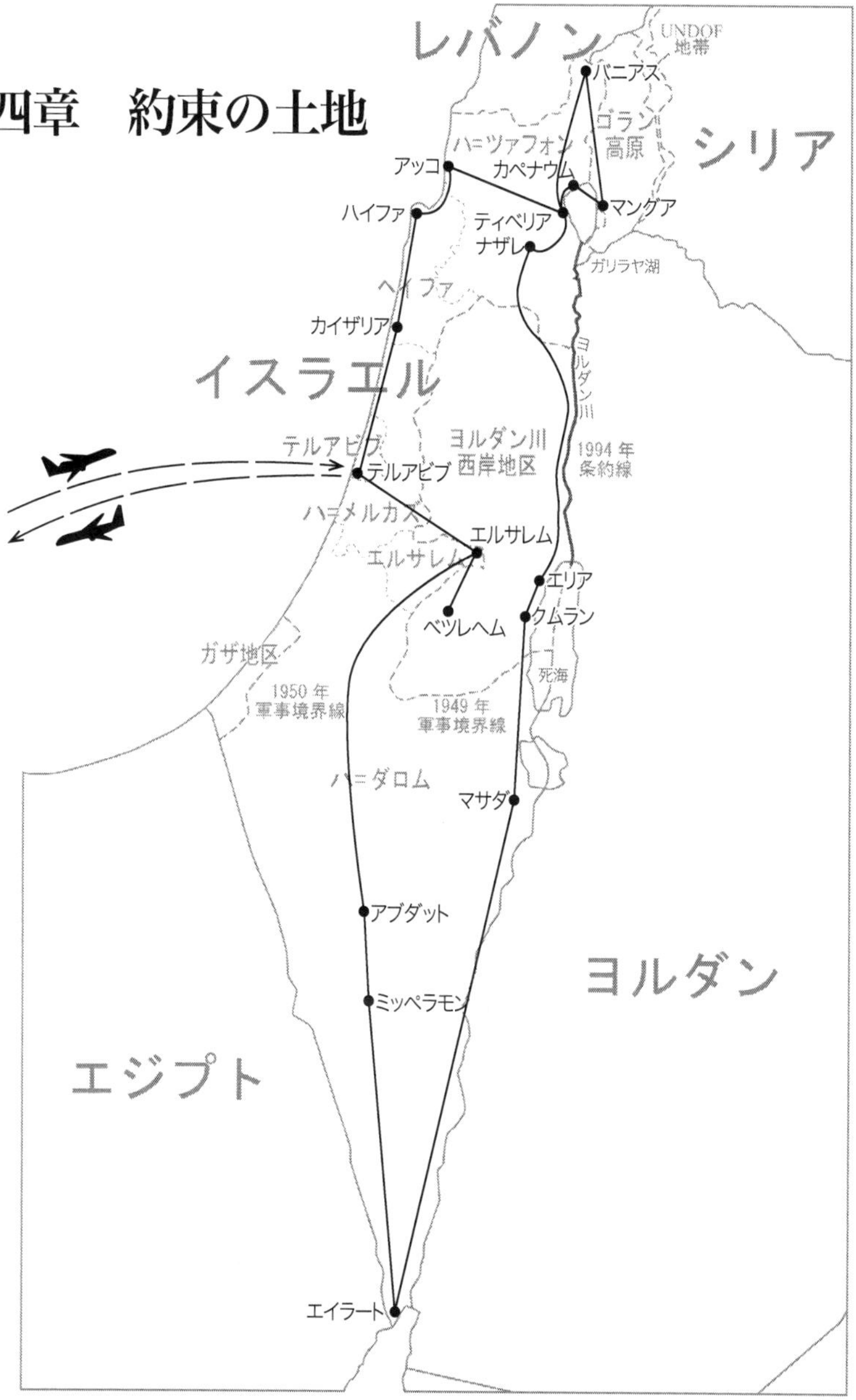

レバノン
UNDOF
地帯
バニアス
ゴラン
高原
シリア
ハ=ツァフォン
アッコ
カペナウム
ハイファ
ティベリア
マングア
ナザレ
ガリラヤ湖
ハイファ
カイザリア
ヨルダン川
イスラエル
テルアビブ
ヨルダン川
西岸地区
1994 年
条約線
テルアビブ
ハ=メルカズ
エルサレム
エルサレム
エリア
クムラン
ベツレヘム
ガザ地区
死海
1950 年
軍事境界線
1949 年
軍事境界線
ハ=ダロム
マサダ
アブダット
ヨルダン
ミッペラモン
エジプト
エイラート

一．カイザリア、ハイファ、アッコ、ティベリア

二〇一〇年二月一八日午前八時過ぎ、イスラエルの首都テルアビブのベングリオン空港に着いた。ウズベキスタン航空で関空を前夜の二二時四五分に出発して、およそ一六時間の行程だった。日本との時差は、七時間である。

早速、N社主催の観光が始まる。午前着の便ではツアーの効率はよいのだが、睡眠不足で少しきつい気もする。そのうえ、この時期はかなり気温が下がる日もあると聞いて厚着をしていた。しかし今日のテルアビブは摂氏一六度になるという。今夕ホテルにチェック・インするまでは、着替えができない。

成田組み関空組み合わせて二〇名を超える一行は、空港から地中海沿いにバスで北上して最初の訪問地カイザリアに向かった。首都テルアビブは、イスラエルの出入り口に過ぎない。新旧聖書ゆかりの土地を巡るのが、今度の旅の目的である。添乗員は東京からの畔柳さん、ガイドは本日に限り安芸氏が務める。

今回は、数年ぶりに妻同伴の旅になった。万一のことを考えると、日ごろはあまり一緒に海外に出かける気がしない。そのうえ行き先の興味も、旅の趣向も違う。あまり一般的でない地域をできれば宿泊先も決めずに個人で旅したい亭主にくらべ、近所の主婦仲間や友人と豪華なホテルに泊まりグルメしながら回るのが妻の趣味である。

最近は、韓流ドラマに凝って韓国語を習いだした友人に誘われて、数人で幾度か彼の地に足を運んでいる。釜山東岸沖の聞いたことの無い小島にも出掛けた。「冬ソナ」の最後の舞台という。取り立てるほどの歴史や文化遺産もなさそうな場所のなにが面白いのか分からない。だがイスラエルには、「私も行く」

とあっさり乗ってきた。これもマスコミの影響かもしれない。パレスチナ問題は新聞で日常的に取り上げられるし、エルサレムの「嘆きの壁」はテレビでもしばしば放映されている。

車内で早速ガイドから、イスラエル国の概要の説明を受けた。四国より少し大きい国土に、約七五〇万の人が住んでいる。そのうちユダヤ人五〇〇万、イスラム系アラブ一五〇万、クリスチャン・アラブ二〇万、その他少数民族としてベドウィン九万、ドルーズ人六万など。ユダヤ人の中では、東欧やロシアからの移住者（アシュケナージ）が一五〇万と最大である。公用語はヘブライ語とアラブ語で、英語も通用する。

さらに安芸氏は、この国の生活状況を話した。平均的月収は日本円にしておよそ二四万円、生活費が三九万円もかかるから、多くの主婦がアルバイトで補っている。三LDKで一二万円、食費九万円など物価が高いうえ、所得税二五%、年金控除九%が引かれるから家計は楽ではない。その理由は、はっきりしている。国防費が国家予算の六〜七〇%を占めるからである。アラブ諸国に囲まれたイスラエル国民は、常に緊張状態を強いられている。一八才から男性は三年間、女性は二年間、軍務につかなければならない。

外貨収入は、一位が聖地巡りの観光産業、欧米のキリスト教国からの旅客についで多いのは、クリスチャン比率が高い韓国の人たち。日本人観光客は、まだ年間五千人ほどという。観光に次ぐこの国の収入源は、ダイアモンドの研磨やミサイル産業である。

車窓左手の平地には、ユウカリの疎林が見える。一〇時頃疎林がつき、海岸が近くにきた。カイザリアは、紀元前一世紀ヘロデ王（治世BC三七－四、以後後継者のヘロデ・アンティパスと区別するため大王と称する）が建設した港町で、当時の宗主国ローマの皇帝オクタヴィアヌス・カエサル（アウグストス）

にちなんでこの名が付けられた。後にローマの属領になり、本国から派遣された長官も代々ここに居住したのである。ペテロやパウロも、一時期この町に滞在した。ローマ、ビザンティン、十字軍に係わる遺跡が残る（201頁　図4―1参照）。

入場してすぐ左手に、ローマの円形劇場があった。石畳の道を少し登ると、イエスの処刑に同意したポンテオ・ピラト長官の名前を刻んだ壁のレプリカが、通路脇に置かれていた。文献で知られていた長官の実在が、物的に証明されたのである。遺跡の列柱の向こうに紺青の地中海があった。要塞跡までの二〇〇メートルほどの道を岸壁に沿ってそぞろ歩く。右手には戦車競技場と観覧席が連なっている。映画「ベンハー」のロケ地に使われたという。要塞と石畳路のあいだの低所は芝生になっているが、昔は入り江の船着場だった。その先のレストランで、一時間のランチタイム。旧約聖書（以下「旧約」と略すことがある）の申命記第一四章には、食事規定が細かに記されている。たとえば、子羊の肉を母乳と混ぜてはならない。二つ爪の反芻動物（牛）を食べてはならない。肉は血抜きしなければならない。鱗の無いもの（貝、えび、かに）を食べてはならない、等々。これに違反すれば、レストランの営業が停止されるのである。このレストランのランチでも、ミルクは出たが肉類は供されなかった。

午後、バスに乗ってまもなく、水道橋の遺構が延々と続く海岸線に出た。一瞬この遺跡の意味がわからず、「何のために、ここに水道橋があるのですか」、と畔柳さんに愚問する。「むろん、カイザリアに水を送るためです。水源は、東の山地にあります」

たしかに壊れた水道橋の端の延長線上南方に視線を向けると、先刻見物したカイザリアの遺跡が霞んでいた。

図（4-2）カルメル山頂から見たバハイ教庭園とハイファ市

さらに海岸線に沿ってバスで北に向かった。ベージュの壁に濃い橙色の屋根を載せた平屋の家屋が、車窓に次々に現れては消えていく。一三時三〇分、右手糸杉のあいだから斜面一帯に人家が密集した小山が見えてきた。と思うまもなく、車は市街地に入る。この国第三の都市でヨーロッパからの海の玄関口ハイファである。独立直前の一九四七年、五千人のヨーロッパからのユダヤ人が入植したのもこの港からだった。長崎や函館のようにこの都市も、海岸から山頂に至る傾斜面に市街地が広がっている。中心部の広い道の両側にはレストランやオープン・カフェーが並び、穏やかな日差しのもと戸外の歩道にしつらえたテーブルで人々が談笑していた。自分もこの中に混じって一刻を過ごしたいと一瞬思った。一見平穏なこの町も三年前のレバノン内戦の折、イスラム過激派ヒズボラによる北からのミサイル砲撃を受けたという。

坂の正面にはバハイ教の本殿のオレンジ色のドームが聳えている。バハイ教は、一九世紀初頭テヘランで創始されたイスラム教改革派で、カルメル山の斜面に本山と庭園を展開している。地方宗派の拠点が、世界文化遺産に指定されるという珍しい場所だ。ただし、異教徒は本殿には入れない。

バスは坂道を幾度かターンを繰り返しながら、カルメル山の頂上に近い展望所の前で停まった。鉄柵の前に立てば、すぐ下手の庭園と本殿を超えて、ハイファの市街地や港や広がり、長く右側に延びている防波堤が見渡せる。畔柳さんが寄ってきて、妻と二人の写真を撮ってくれた。観光スポットにくると、のんびりまわりを眺めている亭主そっちのけで妻は動き回り、ガイドの近くに格好の場所を見つけて坐ったり、みやげ物店にはいりこむ。そのため、たまに二人で旅しても揃いの写真はあまり残らない。

本日最後の訪問地は、ハイファからさらに北一〇キロにあるアッコである。紀元前一六世紀のフェニキア時代からの歴史を持つ古い港町だ。西に突き出た岬一帯の城壁に囲まれた旧市街には、特に十字軍以後オスマン帝国や英国支配時代の建造物が詰まっている。私たちは、白い石造りの門をくぐって中央部に芝を敷き詰めた四角い中庭に出た。三方は石を重ねた数階建て、他の一面は高い塀の上に緑のドームやミナレットが聳えるモスクである。

トイレで用を足す人たちを待つあいだ、芝生の端のコンクリート土留めに腰掛けていると、三毛や茶毛や黒猫が次々に現れた。ここに住みついた野良猫らしい。黒毛の猫が人懐こくそばに坐ったので背中や頭を撫でていたら、いきなり小手を振るって私の腕を払った。手首に三本の爪あとが残り、やがて血が滲んできた。近くにいた女性も猫に手を出そうとしていたので、注意してあげる。トイレから戻ってきた猫好きな妻にも傷跡を見せる。あきれて笑いだすかと思ったら、「旅先で、黴菌に感染したらどうするの」、と怖い顔をして背中を叩かれてしまった。何十年一緒に暮らしていても、相棒の反応は予測できない。

安芸氏が案内してくれたのは石造の建物の方である。オスマン帝国の要塞になり、上階は英国支配末期には政治犯の監獄に使われた。もともとは一一世紀から一三世紀にかけて聖ヨハネ騎士団の本部がおかれ、十字軍やエルサレム巡礼者の保護と医療に当たった場所だった。地下聖堂の天井は、上部が鋭角状に交差した複雑な船底形アーチ組みになっていて、上階の重量を分散して支えている。ゴシック式建築の中でも古いもののひとつであろう。柱に刻まれている百合の紋様は、聖ヨハネ騎士団の紋章である。

騎士団の名称は、前から知っていた。マルタ騎士団、ロードス騎士団、ドイツ騎士団など。時代も地域も異なる英国近代史を専攻するにせよ歴史研究者としてはうかつなことに、今回ガイドの説明を聞くまでは騎士団を十字軍と結びつけて深く考えたことも無かった。安芸氏によれば、ヨハネ騎士団とテンプル騎士団は、一〇九六年第一次十字軍が聖地を回復したのち、それぞれ一一世紀末から一二世紀初頭にエルサレムで創設されたのである。ヨハネ騎士団は、エルサレムのシオン教会に本部を置き、安全のため現金の携帯なしで旅できるよう巡礼者に一〇分の一の手数料で手形を発行していた。

テンプル騎士団もエルサレムの本殿（テンプル）を本拠に、同じような活動を続けた慈善集団だった。ただテンプル騎士団は、なにか金蔓を握り権力者をゆすり始めたため、殲滅された。いっぽう聖ヨハネ騎士団のほうは、キプロス島、ロードス島と撤退を繰り返し、一七世紀オスマン・トルコのスレーマン大帝によりマルタ島の要塞が陥落するまで命脈を保った。

旅をしていると、雑然と頭の中にあった記憶が、わずかなヒントをもらうことで整理されることがある。空白だった知識の穴が、埋められる。これも現地を訪問し、実地に対象と向き合うことの効果と楽しみといえる。アッコの聖ヨハネ騎士団の要塞は、一二九一年アユーブ朝の有名なサラディン（サラーム・アッディン）王に陥された。これにより十字軍は、中東における拠点を完全に失ったのである。

穀物や衣類、雑貨店の並ぶスーク（市場）を通り抜け、キャラバン・サライ（隊商宿）の跡をのぞき、海岸に沿った城壁の上を歩いてバスの駐車場に戻った。車が動き出してすぐ妻が、フロント席の畔柳さんになに事か相談している。彼女が席に戻ってまもなく拡声器から、テンポの速い曲が聞こえてきた。歌声も混じっている。スークでしばらく姿が見えないと思っていたら、そのあいだに地元でポピュラーなＣＤを手にいれていたらしい。夕食のレストランに着くまで、耳慣れない音楽が車内に流れていた。

夕食のレストランで私たちに同席したのは、広島からの田中さんと彦根の野々見母娘。今回の一行は女性が優勢で、それも単独参加の人が目立つ。年配の田中さんも、連れはいない。「歳とったら、耳も遠くなるし足腰も弱って、いいことなし」、といいながらも、音声は明晰で話し方も断固としている。「行けるときに、なるべく遠隔地を訪ねておきたい」、とおっしゃる。これは、この旅行に参加している多くの人の思いと同じだろう。その話し振りから、私は学校の先生をしていたのではないかと見当を付ける。あとで妻は、「きっと会社の経営者か、社長夫人よ」、と主張した。

野々見さんのお宅は、お寺さんだ。娘さんは今春卒業予定で、既に就職も決まっている。

「保護者付の卒業旅行ですね」

「ええ」と彼女はうなずいた。「話し相手の欲しい母が、いつも私を誘うのです」

「今後ともよろしくね」、と母親の方がいう。仲のよい親子だ。今後も当分母親費用もちの旅が続くのだろう。

「彦根といえば、去年二人で石田三成の佐和山城址散策に参加のおり、四〇〇年祭をしていた彦根城も訪ねました。縫いぐるみの人気者の彦ニャンに会いましたよ。石田三つニャンにも」

「彦ニャンは、仕草がとてもうまくて可愛かった。三つニャンの方は、今一でしたが」、と妻が相槌を打った。

「私は、左近ニャン同好会のメンバーです」、と母親。「左近ニャン？」、妻は怪訝そうな顔をした。三成の名臣島左近の名までは、ご存じなくても仕方がない。

「同じニャン仲間でも、彦ニャンと三つニャンは彦根市、左近ニャンは私たちの同好会が管理しています」

夕食を終えてガリラヤ湖の西岸ティベリア市にある今宵の宿泊先レオナルド・ホテルにチェック・インした時には、一九時をまわっていた。今夕から、ここに二連泊する。

二、ガリラヤ湖とゴラン高原

翌一九日晴天、朝八時ちょうどにホテルを出発した。今日からの旅は、鼻と顎下にちょび髭を付けたガイド暦二六年のベテラン信夫氏。「その日の気分を考慮しながら、ご案内の内容を変えていきます。むろん、私の気分のことですが」、と挨拶があった。

湖岸に沿ってガリラヤ湖の北側に近いダブハの「山上の垂訓の丘」に向かった。新約聖書（以下「新約」と略すことがある）にゆかりの深い地域に、いよいよ足を踏み入れるのである。緩やかな斜面にはカラシナの黄色い花が咲き乱れていた。鉄柵に囲まれた「垂訓の丘」入り口の立て札に、禁煙、禁食など園内での禁止事項が絵や記号で表示されている。その中に、赤い唇の上に斜線を引いたマークがあった。「キスしちゃ駄目よ、の印です」と真面目な顔で信夫氏がいう。

私が面白がって声をあげて笑っていると、「あなた、なに考えてんの」と妻にたしなめられた。「境内では、大声で話したり高笑いしてはいけない、ということでしょ」

この女性は、こういうときには勘がいい。

九時前の朝の空気は、すがすがしい。薄い水色のドームを載せた小さな教会に向かって、草花や棕櫚、ナツメ椰子に囲まれた庭園を通り抜ける。教会を囲むテラスに立つとガリラヤ湖がすぐ下に広がっていた。この岸辺に舟を寄せたイエスは、丘上に集まっていた民衆に向けて有名な垂訓を説いた。新約マタイ伝の第五章「ただ神により頼む人々は、幸いだ——」に始まる八つの幸いなる人々を挙げたものである。その中には、悲しむ人、耐え忍ぶ人、平和を実現する人たちが含まれる。おそらくイエスの語り口は、これまでのユダヤ教の説教者と異なり、直接民衆の心に訴える当時としては極めて斬新なものだったのであろう。新約聖書に出てくるいくつかの有名な文言も、この丘で説かれている。彼の教えや示した奇蹟はたちまちのうちに人々に伝わり、ガリラヤ北部に支持者を広げていった。

現在の教会は、フランシスコ派の修道院で、垂訓の数に合わせて八角形に組まれている。狭い内部では、白衣を着けた修道士が祈りを捧げていた。裏手のベンチの前では、一〇人ほどのグループが、譜面をひろげて賛美歌を唄っている。湖岸に下りていく坂道の横に、縦横に伸びた枝先全体に赤い花をつけた珍しい樹木が立っていた。

イスラエル北西部、レバノンに国境を接するガリラヤ地方は、その東側のゴラン高原（当時の「バニアス」あるいは「テラコニア」地方）と共に、降雨に恵まれ樹木の緑豊かな地方である。波を意味する「ガル」が地名の由来とされるガリラヤは、地形が波うつように緩やかな起伏が続いている。

イエスの時代ガリラヤを治めていたのは、ヘロデ大王の末子ヘロデ・アンティパスだった。バニアスの方は、兄のヘロデ・フィリポスが受け継ぎフィリポ・カイザリアと呼ばれた。父のヘロデ大王の死後宗主国ローマは、領土を分割しエルサレムを含む南の二分の一をアルケラオスに治めさせ、アンティパスとフィリポスには、夫々もとの四分の一しか認めなかった。彼らは四分（の一）王ともいわれるが、実際に王の称号が許されていたわけではない（『らくらく読める聖書』島崎晋）。アンティパスは、ローマ政府に取り入るため、第二代ローマ皇帝ティベリウスにちなんだ自分の町ティベリアを建設した。今私たちが宿泊している都市である。オスカー・ワイルドの有名な戯曲『サロメ』の舞台もティベリアである。

兄フィリポスの妃ヘロディアを自分の妃にしたアンティパスは、義理の娘サロメも引き取った。ヘロデイアに唆されたサロメの希望により預言者ヨハネの首を取ることを承認した父親のヘロデ王とは、このヘロデ・アンティパスのことである。密通を非難したヨハネをヘロディアが恨んでいたとされる。

垂訓の丘を出た私たちは、ガリラヤ湖北方の「ガリラヤの中指」と称される北に伸びたフラーの低地を通って高原地帯に分け入った。ラタニー川を隔ててレバノンと国境を接するイスラエル最北のツファットは、イスラエル独立以前には祖国復興を求めるカバラ信仰の町だった。エルサレム、ヘブロン、ティベリアとともにこの国の四大聖地とされる。このあたりは、桃、杏、さくらんぼなどの果樹栽培が盛んである。他の樹木より四倍もの水分吸収力があることでオーストラリアから輸入されたユーカリの木も多い。アーモンドの白い花が咲いている。

黄色い四角形の上に赤い三角のマークの入った表示板が、道路わきに時々現れる。

「このあたりを、一人で歩き回るのは危険です」、と信夫氏が警告した。中東戦争でシリア軍が埋めた地雷がまだ残っていて、時々人や家畜がやられるらしい。ガリラヤ湖は、レバノン山脈南部の万年雪を冠るヘルモン山（二八一一m）を水源とする三つの流れが集まったものである。そのひとつがこれから訪問するバニアス（ギリシヤ語で「パンの泉」）だ。

バスは、崖が迫る丘陵地帯の行き止まりにきた。すぐ横にも小さな遺跡がある。売店の前を通って岩山の低所に掘られたパンの神殿まで、清冽な小川のほとりを歩いていく。崖の上にも小さな建造物が見えるが、そこに登る道はない。ヘレニズム時代のパンの神殿はもっと上流にあったというが、いま残るのは、ミハラブのような窪みに描かれた淡いレリーフに過ぎない。しかしこの小さな空間に湧き出ている水は、ガリラヤ湖に入り、そこからヨルダン川の流れとなって、最後は大きな水溜り「死海」で終着するのである。

図（4-3）バニアス教会の「パンの神殿」

図（4-4）クネトラ展望台からのゴラン高原

私たちの今度の旅は、緑豊かな山峡のこの小天地が北限になる。

　再び動き出したバスは、しばらく東に向かってから南に転じゴラン高原を走る。後方にヘルモン山の頂が見えている。ここは本来シリア領だが、第二次（一九五六年）から四次（一九七三年）にわたる中東戦争以後、イスラエルが占領を続けている。シリアがイスラエル国家を承認すれば、返還するとイスラエルは主張しているが、事態が進展する見込みはまったく無い。高原はイスラエル北東部を扼する戦略的要衝なのである。イスラエルの占領地域とシリアのあいだの非武装地帯は、現在国連軍の管轄下にある。一一時、その緩衝帯を一望できるクネトラ展望台で小休止した。このあたりは葡萄園が多く、ワインの産地として知られる。

「日本の自衛隊も、この近くに駐屯しています」、と信夫氏。彼らは、半年毎に一部が交代する。新任者の研修のために、彼がこの国内を一通り案内するらしい。

「もっと頻繁に小人数で交代してくれたら私の出番が増え、金儲けになるのに」信夫氏は冗談を言う。「退屈なのか、ジョギングしている隊員の姿をよく見かけます」

　丘を越えてガリラヤ湖東岸に下っていった。クルシ村を通り過ぎる。

「新約聖書によれば、村人に取り憑いていた悪霊をイエスが追い出したところ、その悪霊が豚の群れに入って豚もろとも湖に落ちたという場所です」、と信夫氏の説明が入る。奇妙な逸話と思って聞いていたが、後で小塩節著の『ガリラヤ湖畔の人びと』を読んでいて疑問が解けた。ユダヤ人分断統治のための楔として宗主国ローマは、ギリシャ人を入植させ、このあたりをデカポリス（一〇の町）と呼称していたのである。聖書の挿話は、豚を飼育し食するギリシャ人に対する、ユダヤ人側の反発が込められていた。当時の社会や政情を反映している聖書の解読は、一筋縄にはいかない。

一二時ちょうど、ガリラヤ湖東岸のエン・ゲブにあるキブツ（イスラエル独自の社会主義的共同体、農場や灌漑が主要事業だが、宿泊やレストランの経営を兼ねているところもある）の大きなレストランで、一時間のランチ・タイムになった。ここでガリラヤ湖名物の「聖ペテロの魚」が供される。イエスの一番弟子ペテロ（ギリシャ語の呼び方、地元のヘブライ名ではシモンになる）は、もともとガリラヤ湖の漁師だった。すずきや黒鯛に似た魚で、オリーブ油でから揚げにし、レモンをかけて食べる。出発前に読んだ『聖書の旅』の中で山本七平氏が、本来美味な魚だがこの調理法は淡白過ぎて醤油があればよいと書いていた。忘れないようにポケットの中に、駅弁などに付いてくるプラスティック製の小さな魚型に入った醤油を数個忍ばせていた。はたして、数人の相席者の一人から、「醤油があったらよかったわね」、と声が挙がった。妻を通じて、醤油容れをタイミングよく声の主に回す。

「あら、どうもありがとう。用意周到ね」

「さあ、どうぞ、どうぞ」妻は、調子よく他の人にも勧めた。

席を立つとき同行者の多くは、パンの残りを集めて袋に入れている。湖上のかもめに与えるのだという。あらかじめ畔柳さんから示唆でも受けていたのだろうか。湖上遊覧船の船着場は、レストランのすぐ近くにあった。一同が船縁りの席に落ち着いたところで、突然「君が代」が拡声器から流れ、船首の綱に日の丸が静々と揚がっていく。船が動き出すと、レストランの池や岸辺に群れていた数十羽のかもめが鳴き声を挙げながら、一斉に追ってきた。乗客は、てんでにパン切れをちぎっては、空中に投げ上げる。かもめは、水中に落下する前に食べ物を見事にキャッチした。海中に落ちるのは一〇切れのうちで一切れもない。

パンが切れると、今度は船頭の音頭で、音楽に合わせて手振り踊りが始まった。坊主刈した巨漢船頭の動作を真似て、盆踊りのようにみんなで船の中をぐるぐる回る。妻と違い手振り腰振りをひとに合わせるのが苦手な私の方は、船首の少し高みから踊りの写真を撮ったり、湖岸の景色を眺めていた。ガリラヤ湖は、海面下二〇〇メートルに位置し、周囲を丘陵に囲まれた東西一二キロ、南北二一キロ、水深五〇メートルほどの淡水湖である。琵琶湖の半分ほどの広さか。沖に出ると、結構波立っていた。船は小一時間かけて、南東岸から北岸のカペナウムに向かった。

図（4-5）ガリラヤ湖のカモメ

ガリラヤ湖の周辺、ことにカペナウム一帯こそ、イエスが初めて民衆に教えを広めた舞台であり、彼が行った多くの有名な言説や奇跡が新約聖書の中に記録されている場所である。当時この地域は、アッコからダマスコ（現在のシリアの首都ダマスカス）に抜ける交通の要衝だった。西の山中にあるナザレで少年期を過ごしたイエスは、思想的に近い従兄弟のヨハネがヘロデ・アンティパス四分王に捕らえられたため、自身も身の危険を感じてこの土地に移ったらしい（マタイ伝、第四章）。イエスがカペナウムに着いたのは、今日と同じ安息日（サバト、金曜日の日没から土曜日の日没まで）という。

門や回廊、列柱の一部が残っているに過ぎないシナゴーグ（ユダヤ教会堂）跡は、イエスが説教した当時の教会堂の上に紀元後四世紀ころに建てられたものである。玄武岩で造られた元の列柱の柱頭や鴨居の一部やオリーブの圧搾臼などが、門前の庭にそのまま放置されている。その表面には、トウラ（「モーゼの十戒」を納めたとされる契約の箱）やユダヤの七草（小麦、大麦、ブドウ、ナツメ椰子、オリーブ、ザクロ、イチジク）などのレリーフが彫られていた。「今も土地の主要な作物ですからよく覚えていてください。あとでテストします」、と信夫氏。

シナゴーグ跡に隣接して、当時はペテロの義父の屋敷があった。現在旧屋敷跡に教会が建ち、本堂の一部ガラス張りされた床から、もとの屋敷内に描かれていたモザイク絵をかすかに認めることができた。ペテロは、一介の漁夫ではなく網元の入り婿だったといわれる。白壁にピンクのドームを載せた瀟洒なギリシャ正教の寺院が、湖畔寄りに建っていた。

次にカペナウムから車でダブハまで南下し、今朝訪ねた山上の垂訓の丘近くにある「パンと奇跡の教会」に立ち寄った。小さな主室のタイル張りの床の一部に、皿にのせた五つのパンと二つの魚の紋様をあしらった有名なモザイク絵があった。イエスは、これをたちまち増殖させ、集まった数千の貧しい村人に配ったという。

一六時、ペテロ首位権の教会（Church of the Primacy of St.Peter）に着いた。難しい名称のカトリック教会だが、要するに、イエスの死後ペテロがその最高位の代理人として衣鉢を受け継いだことを権威付ける意味である。エルサレムで処刑された三日後、タブハに戻っていたペトロは、復活したイエスから宣教を委託されたと聖書にある。バチカン市国にある聖ペテロ本山のローマ教皇の権威は、この奇跡に

図（4-6）ペテロの首位権教会

由来している。

糸杉やナツメヤシ、楠のような大木が茂る木陰の緩やかな坂道を降りていく。足元に魚、手に天国への鍵を握ったペトロの像が立っている。湖岸の岩を土台に、黒レンガを重ねた小さな教会があった。預言者ヨハネが初めて村人に洗礼したのも、この辺りであろうか。砂利浜にしゃがんで、澄んだ静かな湖の水を手に掬ってみる。対岸にはゴラン高原の丘陵が延びていた。ギリシャ人やローマ人が去り、アラブ人が住み着き、オスマン・トルコ帝国が支配し、いま再び多くのユダヤ人が戻ってきた。しかし二千年の時を隔てても、ガリラヤの水や空気や湖を囲む風景は、ペトロが漁りし、ヨハネやイエスが生きた時代とほとんど変わっていないのかもしれない。

一八時、ホテルのレストランに集まった。ユダヤ人の宴会で賑やかだ。安息日にはユダヤ教徒は働らくことが一切禁じられているため、ティベリア市の商店もほとんど閉じている。さすがにホテルだけは営業が認められるから、地元の人々も集まってくるのである。再び、広島の田中さんとテーブルをご一緒した。

「足が悪くなったので、いつもこれが最後になるかもと思いながら旅しています」、とおっしゃる。「でも家に戻れば、すぐまた出掛けたくなる」

この婦人は、ケニアのサファリも経験している。

「動物より、人間サファリのほうが面白かった」、彼女は瞬きも笑みもせず、相手を見据えながら話す。

「人間サファリ？」

「それは、私の造語です。草原を車で走っていると、奇怪に化粧し珍妙な衣装を纏った別の人種の群れが、次々目の前にピョンピョン飛び出してくるのですから。アフリカは、人種の宝庫よ。なにしろ小型のピグミー族だけでも、一〇種族以上いるらしい」

「『人間サファリ』とは、うまい表現ですね」、と私は頷いた。「でも相手のほうも田中さん達を、このあたりでは見かけない、けったいな人種がやってきた、とサファリしていたのかも知れません」

「最近、犬そりで北極点に到達できるツアーのパンフレットを見つけました。歩かなくてよいのなら、私でも行けるかもね」

安息日では、夜の街に出掛けてもつまらない。歴史的町ティベリアに二泊しながら、なにも知らないで立ち去るのは心残りだが、仕方がない。

三 ヨルダン川に沿って南下、ナザレ、エリコ、クムラン洞穴と死海文書

翌朝六時に起きて、窓からの景色を眺めた。今日も晴天である。結構ビルや家が建て混んでいる。一人旅の時なら、早朝でも散歩に出掛け、もっと街の様子を探るところだ。熟睡している相棒を目覚めさせては後で祟りが来るから、今回は少しばかり遠慮している。七時に揃って、階下の食堂に降りた。八時に出発。朝の挨拶のあと添乗員の畔柳さんが、

「私の年齢を気になさってる方がおられたので、隠さず申し上げます。一九六九年の生まれです。結婚する気はありります。適当な方をご存知でしたら、ご紹介のほどどうぞよろしく」、ときわめて率直な表明があった。彼女は、一七年の添乗経験を持つ。

ツアーの添乗員は、初めて顔を合わせた人たちと一〇日も二〇日間も一緒に異国を巡る特異な業務であ

図（4-7）ナザレの受胎告知教会

る。顧客相手の他の商売に比べても、気苦労は相当なものだろう。今回の一行には、あまり桁の外れた参加者は見当たらない。しかし、数多いツアー客の中には、我儘なひと、団体行動のできないひとが、しばしば紛れ込んでいる。彼らの要求をうまくコントロールし、全体に気を配らなければならない。結局一〇年も経てば、人間の世話や旅が本当に好きで体力に自信のある人だけが、自然淘汰されて残るのだろう。

出発してすぐにバスは、ガリラヤ湖西の丘陵に登っていった。途中、二〇センチほどの間隔で水平な二本の青い波線が引かれた、海抜〇メートルを示す表示板が立っている。小停車し、希望者はその前で写真を撮った。「二本の横線のどちらが、ゼロ・メートルの高さに当たるのですか」、と訊いたら、

「その中間あたりかな」と信夫氏はとぼけた。

高原の都市ナザレに行く途上にある「カナの婚礼教会」にも、しばし立ち寄る。町なかの小道に門を開いたフランシスコ派のありふれた小さな教会に過ぎない。しかし、披露宴席のぶどう酒が足りなくなったとき、イエスが水をぶどう酒に変えたというヨハネ黙示録の一節により、多くの巡礼者が訪ねる場所になっている。

ナザレは、予想していたより大きな都市である。現在は、アラブ系住民が多いらしい。この地で天使ガブリエルから、大工ヨゼフと婚約中であったマリアがイエス懐妊の告知（anounciation）を受けた、と新約のマタイ伝冒頭に記されている。ダ・ヴィンチを始め西欧の多くの画家に描かれた、あまりにも有名な場面である。イエスの生誕地は、エルサレムの南にあるベツレヘムだが、幼児から三〇歳になるまで彼はナザレに住んでいた。そのためこの町には、イエスとその家族ゆかりの場所が多い。

商店が並ぶ広いカサノバ通りの緩やかな坂道を少し登ったところに、告知教会の入り口があった。現在の教会は、比較的近年にフランシスコ派の修道院として建てられたモダンな建造物だ。薄い紺色の円錐状の屋根が、街中で目立っている。入場を待つあいだ私たちは、中庭を囲む回廊の壁に描かれたモザイク画を見てまわった。みな、世界の国々から贈られた母子像の絵である。

聖書の大画面が、内部の照明で浮き上がる中央祭壇の奥に描かれていた。祭壇左手の壁には、日本の長谷川画伯作の和風母子像が掛かっている。マリアがお告げを受けたとされる場所は、白大理石の祭壇を備えた教会地下の洞窟である。マリアが水を汲んだという井戸も残る。

隣接して簡素なバシリカの聖ヨゼフ教会が建つ。こちらは、イエスの父大工ヨゼフ一家が住んでいた場所の跡と伝えられる。イエスも、大工仕事を手伝いながら、貧しい人々の生活を体験していたのであろう。彼の言説や比ゆの多くは、民衆の日常に密着していた。イエスの教えが、一般民衆に容易に受け入れられた理由である。

来た道を戻って、中庭に椅子を並べた小店に立ち寄り、ザクロ入りのジュースを飲んだ。今日は日差しが強く、汗ばむほどである。一一時過ぎ、ナザレを出た。かつてイエスが説教のため訪れたとき、その姿を一目見ようとザアカイという男が登ったというイチジク桑の大木や、赤やピンクの美しい花弁を付けたブーベンベリアの並木を眺めた。バスは一二時前に国道九〇号線に出た。この国道は、左にヨルダン川と平行し、右手に急峻な山岳地帯を見ながら南下するイスラエル東部の幹線道路である。やがてヨルダン川西岸のいわゆるパレスチナ自治区に入った。特に検問所はない。

以前西岸地帯は、ヨルダン国の領土であった。繰り返される中東戦争やパレスチナ紛争に巻き込まれることを避けるためフセイン国王が、一九八二年放棄したのである。現在、ヨルダンとイスラエルの関係は、良好だ。自治区で騒擾が起こっても、ヨルダン国は関与しない。

当時のPLOアラファト議長とイスラエルのラビン首相のあいだに次の取り決めが調印され、PLOの自治政府が承認された（一九九三年）。すなわち、

A地区　PLOの完全自治

B地区　軍事権はイスラエルに残す

C地区　当分イスラエルが管轄

の三地区に区分し、BC地区もいずれ完全にPLOに返還される予定である。

五、六メートルほどの高さのナツメ椰子の林、ビニール・ハウス、右手に連なる丘陵の草木が少なくなり、土色の山肌がむき出している。一三時、バスは潅木地帯を走った。やがて、右折してエルサレムに通じる国道一号線に移り、すぐにエリコの町に近づく。エリコはA地区なので、一般のユダヤ人は入場が認められない。

「幸い私は日本人ですから、出入り自由です」、と信夫氏。バスの運転手は、アラブ人である。イスラエル政府は、比較的宗教色の薄い若いアラブ人に、運転手など交通運搬関係の仕事を積極的に与えている。ユダヤ人が働かない安息日でも働くから、便宜なのである。遺跡の近くに、インターコンチネンタル・ホテルや日本人が建てたホテルがある。レストランで、一時間のランチタイム。

午後歩いて、エリコ遺跡を訪ねた。平たい山上にある修道院まで、ゴンドラが通じている。この山は、修行中のイエスが悪魔の再三の誘惑を退けた「誘惑の山」といわれる。私たちは、ゴンドラ駅の横から

少し登った、エリコの遺跡跡に立った。丘陵と対照的に、眼下は緑豊かな平地が広がっている。「シュロの町」とも呼ばれていたエリコは、古代から知られたオアシスの町だった。

エジプトを脱出したモーゼに率いられるユダヤ人は、当初南部のメゲブ砂漠を越えて北進しようとしたが、現在のベルシェバあたりの有力な部族に阻まれてユダの領域に入ることができなかった。そこで死海の東岸に向かい、東からカナンの故地を窺うことになる。あたかも、神武に率いられた東征軍が葛城方面から直接大和に進出できずに、熊野路に迂回したように。しかしモーゼは、現在のヨルダン領にあるネボ山から神の「約束の地」を望みながら、亡くなった。ちょうど二年前私も、ネボ山上から死海や一筋のヨルダン川を越えてイスラエル側を遠望して、三〇〇〇年昔のモーゼらの心情に思いを馳せたのである。

モーゼに後事を託されたヨシアは、死海の北側を回りエリコの城壁を囲んだ。そしてその周囲を、ラッパを吹き鳴らしながら七回行進する。すると難攻不落とされた城壁が音を立てて崩れ落ちた、と旧約の「ヨシア記」は記す。おそらく長期の篭城に疲弊し、包囲軍の威容に圧倒された防衛軍が、降伏開城したのだろう。エリコは、ユダヤ軍が回復した最初のカナンの町になった。遺跡自体は、いくつかの壕が穿たれた比較的狭い空間で、聖書の記事が無ければ特に人目を引くほどのものはない。

国道九〇号線に戻り、エリコからさらに南下した私たちは、一五時半、死海西岸にあるクムラン遺跡に着いた。一九四七年、いわゆる「死海写本」と呼ばれる旧約聖書の一部が発見されたことで、この遺跡は世界的に知られるようになった。発見のいきさつからして、きわめてスリリングだ。信夫氏によれば、羊飼いの少年が洞穴にあった土器の中から羊皮紙に書かれた巻物を偶然見つけたのである。古物商の手に入ったこの巻物は、ヘブライ大学のスケプネク教授により聖書の一部と認定された。噂を聞きつけたベド

図（4-8）クムラン洞窟

ウインたちが金蔓を求めて集まってきたので、イスラエル政府はこの遺跡周辺を管理下に置いた。にもかかわらず、この「クムラン文書」が米国に渡り、彼の地で競売に付されることになった。幸運にも当時米国在住の教授の子息が競り落とし、イスラエル政府が文書を買い戻した。現在この「クムラン文書」は、エルサレムのイスラエル博物館に保管され、私たちも数日のちに目にすることになる。

　クムラン遺跡は、丘陵の裾野にある段差のある敷地に広がっている、最高部は、幾重にも横縞の入った水成岩の岩山で、谷合に突き出たその上部に、小窓のような空間が見えた。写本が見つかった一一の洞窟のうちで、もっとも多くが残っていた第四洞穴という。手前からは近づけないが、どこかに通路があるらしい。修道者は、洞窟を主な居住区にしていた。鉄製の手すりがある通路に沿って、低所にある遺跡のあいだを歩いた。このあたりは集会地区で、石組みの壁で仕切られた多くの部屋に別れ、よく整備されている。かまど跡、水道管、写本室、印刷所など。裏山の鉄砲水を集める貯水槽もある。インク壷も発見されている。写本作業を示す絵入りの立て札があった。

「あれが、トイレ跡です。水洗でした」信夫氏の説明を聞いた数名の人が、通路を外れて下手に降りていった。屈んで覗いたり、写真を撮ったりしている。

「皆さん、えらく熱心ですね。ひょっとしたら、トイレ研究家かも」

　上から信夫氏が声をかけた。

　以前には、聖書の写本は、紀元八世紀頃のものがもっとも古いとされていた。ところが死海写本は、それより一〇世紀ほど古いことが判ったのである。この地に紀元前二世紀から紀元後一世紀ころまで住み、「死海写本」を残した「クムラン教団」は、どのような集団であったのか。彼らは、俗世を離れ、もっぱら祈祷と修行に明け暮れ禁欲的な生活を送ったエッセネ派の人達だったといわれる。

当時のユダヤ教は、いくつかの会派に分かれていた（加藤隆著『新約聖書の誕生』）。エルサレムで神殿を守り一〇分の一税を得る祭司階級であるサドカイ派は、ユダヤ人上流階級に属し、ローマによる支配体制を容認する保守派だった。戒律の研鑽を重視した知識人集団ファリサイ派もいた。エッセネ派は、ファリサイ派をさらに徹底し、ユダヤ人の一般社会から分離して厳格な共同生活を営んだ。預言者ヨハネもイエスも、最初エッセネ派に属していたとも伝えられる。

クムラン文書を研究したオーストラリアのバーバラ・スイーリング博士は、イエスと新約聖書の成り立ちについて、きわめて特異な学説を出している（『イエスのミステリー――死海文書で読み解く』、高尾利数訳）。多くのイエスの奇跡に触れている四福音書や『使途言行録』と、キリスト教確立と布教の立役者であり、新約聖書の構成に大きく係わるパウロによる「信者への手紙」などの文書のスタイルがまるで違うことに、スイーリングはまず注目する。パウロの手紙は、イエスおよび当時の教会についての最初の証言である。四福音書は、いずれもパウロの死後に書かれたものだ。

スイーリングは、死海写本に見られる独特な解釈技法「ペシェル」を読み解き、福音書などはペシェルを用いて書かれたという。つまり、表面では「奇跡」や「神話」を望む民衆のために「宗教的」叙述をするのだが、その下には「ペシェル」を知っている者には、当時の歴史的事実が読み取れるような二重の構造になっている。その後のユダヤ戦争の敗北により、ペシェルを解する人々が殆ど消滅してしまった。そのため、ペシェルの隠れた意味が忘れられ、後のキリスト教には表面の解釈のみが伝えられたという。

ペシェルの書き方の例を挙げると、昨日訪ねた「パンと奇跡の教会」で起こったという、数千人の聴衆に与えるためイエスが急遽増殖したパンや魚の奇跡、あるいは今朝訪ねた「カナの婚礼教会」で水をぶどう酒に変えた奇跡などに隠された意味である。この奇跡は、紀元後三二年にイエスがカナペウムで布教を始めて早々の出来事である。祭司階級に属するレビ人の叙任には七つのパンが供せられるため、レビ人自体「パンの塊」と称されることがあった。五つのパンを供せられたのは、異邦人の平信徒である。また独身の異邦人には二匹の魚も供された。パンを食い、魚を食べたものは、数千のパンの塊や魚、つまり数千人の新しい信徒になった。カナの婚礼教会に集まり水の代わりにぶどう酒を供与された異邦人も同様にイエスの新しく信徒になった人々である。元来のユダヤ教は、割礼したユダヤ人にのみ許された信仰である。ヨハネやイエスは、割礼に代わり洗礼を施すことで異邦人への改宗に一歩踏み出した。四書の初めに記された奇跡は、ユダヤ教のエッセネ派からキリスト教が分化していく過程を反映している……そのようにスイーリングは、奇跡を読み解くのである。彼女によれば、マリアの処女懐胎もイエスの復活も単なる奇跡の物語でなく、エッセネ派の歴史的背景や思考形式と深く係わっている。ペシェルでは、エルサレムは複数形で表されている。つまり、「エルサレム」は、固有名詞ではなく、複数の聖地を示す代名詞だった。ゴルゴダの丘や復活の舞台は、首都のエルサレムではなくて、クムランの洞窟だった可能性がある、とスイーリングは推論している。

彼女の説は、決してきわものではなく、詳細な文献考証に基づく学術的研究である。しかし私には、梅原猛氏の『水底の歌』や『隠された十字架』のように、歴史よりも文学的感性がまさった作品のように思われる。いっぽう、敬虔なクリスチャンである文学者遠藤周作氏は、イエス周辺の政治情勢や弟子たちの動向に注目しながらも、特に新約の記述に拘泥することなく、イエスの人生を淡々と辿っている（『イエスの生涯』）。現代では、イエスの奇跡を一種の比喩と捉えている人も多いのではなかろうか。私は、聖書に記述された奇跡とスイーリングの説の間のどこかに歴史の真実が潜んでいる、と考えている。

クムラン観光に十分時間をとった私たちは、一八時ちょうどに死海に面したホテルに到着した。このホテル名も、昨日までと同じレオナルドである。

四．死海での浮遊体験、マサダの要塞

翌二一日朝食前、死海での浮遊体験をするため、ホテル前の坂を下りていく。海岸道路を横切り砂浜に足を入れたところで、彦根から来た母娘と出会った。一足先に浮遊してきたらしい。

死海とその周辺の特徴や効用については、昨日のバスの中で信夫氏から、たっぷり聞かされていた。塩分濃度が通常の海水の一〇倍の三〇％と高いから、塩水が目に入らぬよう注意が必要。臭化物が多く、精神安定作用がある。この地で過ごすと、一〇年若返る。酸素が多くて喘息治療によい。紫外線でも肌を痛めない波長のものが多い、等々。

「水中でうっかり回転すると、頭が水に沈みお尻が水上に突き出て息ができなくなる。つまり、逆えび固め状になるので危険です」、本気とも冗談ともつかない調子で、信夫氏が話した。

二年前東岸のヨルダンで経験済みの私は、妻がその「逆えび固め」に陥らないよう、まず浮遊の手本を見せる。しかし、ジムで長年スイミングをやっている彼女は、こういうことはお手のもの。水中で両足を上に突き上げたり、両手を広げたり曲げたりと、いろいろポーズをとって見せた。おそらく、ガイドの懇

図（4-10）マサダの北宮殿

切な説明も、すぐに忘れるかもしれない。いくつも訪ねた遺跡や教会の印象も、やがて混乱し次第にぼやけていくことだろう。だが、静穏な朝の浜辺で、波ひとつない海に軽やかに浮かんだという解放感や水の感触だけは、妻の記憶にいつまでも残るにちがいない、ふとそんなことを考えた（201頁　図4―9参照）。
いつもの朝より遅い九時半、私たちはホテルを出た。バスは、昨日来た九〇号線を少し北に引き返し、一〇時にマサダ遺跡の麓に着いた。台形状の要塞跡まで、ケーブルに乗る。眼下に、ジグザグの登山道が見える。台地の上は意外に広く、多くの遺構が散在していた。貯水槽、石切場、司令官室、蒸し風呂、穀物貯蔵庫など。建造物の内壁に、黒の漆喰で波型の横線が引かれているのは、それより下が、ヘロデ大王時代の当初の部分であることを示している。壁の一部には、モザイク絵が残っていた。
遺跡の中でもっとも特徴的なのは北の宮殿。ハスモン家のヘロデ大王は、宗主国ローマのユリウス・カエサル、マルカス・アントニウス、アウグスツスら時の権力者にうまく取り入り、王の称号を認められイスラエルでの支配を確立した。そして、ソロモン王の第一神殿跡を大きく拡張したエルサレムの第二神殿を興し、港湾都市カイザリアを建設した。マサダの宮殿を建造させたのも、彼である。宮殿は、台地の北側の急峻な崖に三層に建てられていた。この宮殿のテラスに立てば、東の死海も、谷間をはさんだ西側搦め手の丘陵地帯も展望することができる。水は、斜面に掘られた三筋の水路で、内部の貯水槽に導かれた。マサダは、難攻不落を誇る要塞に見えた。
ところが、紀元六七年に始まった第一次ユダヤ戦争で、ローマ軍の攻撃により陥落したのである。七〇年に首都のエルサレムが陥落するや、徹底抗戦を主張する熱心党（ゼロテ派）の六七人がマサダに逃れた。ローマの陣営は、裏の丘陵の中腹にあった。ローマ軍は、城壁とのあいだの谷間を埋めて山道を造り、城壁に攻城櫓をかけ、城内に火矢や石を打ち込んだ。その際ローマ軍は、水路を発見し飲料水口を閉鎖する。三年間耐えぬいた末、篭城軍は先に九〇〇名を超えた婦女子を殺し、残った軍人が銘々の名を記した陶片を用いた籤の順番に生命を絶った。最後に残った一人だけ、自決したのである。太平洋戦争末期の沖縄戦を思い出させる。遠い異国の古い出来事と思ってはいけない。

紀元七三年戦争は終結し、ユダヤ人は二千年にわたる離散（ディアスポラ）を強いられた。このようなマサダ最後の状況が分かっているのは、要塞の導水管に隠れていて、後でローマ軍に救出された二人の女性の証言による。そして、ユダヤ戦争の詳細を書き残したのは、戦争当初ユダヤ軍の指揮を執り、やがてローマ軍に投降したフラヴィウス・ヨセフスである。

ヨセフスは、サドカイ派である祭祀階級の恵まれた家庭に生まれ、ローマによる安定した支配を容認する環境に育ったのである。戦争前には、使節団に加わりローマを訪ねていた。ネロ皇帝の后ポッペアの知遇さえ受けている（塩野七生著『ローマ人の物語』Ⅷ）。ユダヤ社会しか知らず、偏狭で頑固なゼロテ派の人たちとは、もともと社会的立場も思想も異なっていた。投降後は、ローマ軍の最高司令官ヴェスパシアヌス（後にローマ皇帝になる）に優遇され、その家名フラヴィウスを与えられた。ローマ軍に従い最前線を転戦し、戦争の終始を見届けたのである。ヨセフスの冷徹な視点で書かれた『ユダヤ戦記』こそ、古代ユダヤ人最後の状況を今日に伝える唯一の文書である。「マサダを繰り返すな(no more Masada)」は、以来ユダヤ人が受け継いできたスローガンである。イスラエル軍の入隊宣誓も、この遺跡で行われるという。

北の宮殿を見下ろすテラスに並んで、初めて集合写真を撮った。信夫氏は、マサダ事件がその後のユダヤ社会に与えた影響を、総括した。

「日本人は、過去を水に流して、すぐに忘れます。ユダヤ人は違う。マサダを決して忘れません」

どちらが良いのか、どちらが不幸かは、分からない。

「そしてユダヤ人は、危機意識、被害者意識を持ち続けています。いわばマサダ・コンプレックスを」と彼は続けた。「周辺のアラブ人に対するイスラエルの過剰ともいえる反応は、このコンプレックス抜きにしては理解できないでしょう」

遺跡の麓にあるみやげ物店を兼ねた大きなレストランで昼食休憩、鎌倉の狩野夫妻とご一緒する。白髪のご主人は穏やかで落ち着いた人柄、奥さんは少し華奢で物静かな感じ、だが「最近ブラジルを訪ね、アマゾンでピラニア釣りを楽しみました」という話がでた。まだまだ南米まで遠征されるお二人だ。

イスラエルの南端アカバ湾に面したリゾート地エイラートまでの二〇〇キロ走破のため、一四時バスは動き出した。一四時半、ソドムとゴムラから逃れたロトの妻が神の命令に背いて町を振り返り、塩の柱に変えられたという旧約の逸話ゆかりの場所で、小停止。道路わきに、岩塩を含む白い巨大な岩が転がっている。一〇メートルほど上の崖に、直立した人間のような形のロトの岩が立っていた。

このあたりから南は、国土の半ばを占めるネゲブ砂漠地帯に入る。ただし、近年キブツ・ファナンのように、砂漠を農地に変える試みが進捗している。一六時、依然砂漠地帯を走っていた。車窓左手は低地、その先にヨルダンの山岳が連なる。このあたりに設営されたキブツ・ヨトバタは、酪農で知られるようになった。一七時少し前、前方にティムナ自然公園の黒褐色の岩山が見えた。ソロモン王時代から銅鉱の採掘地だったという。適宜に信夫氏の説明を聞きながら、一八時エイラートのプリマ・ミュージック・ホテルに到着した。

一休み後、夕食のため新市街のアルゼンチン料理店レストラン「エル・ムーチョ」に出掛けた。リゾート地だから、各種の料理店があるのだろう。関空組の原夫妻と初めて相席になった。ふたりとも丈が高い。和歌山の出身と聞いて、さっそく妻は、

「貴志川線のタマ駅長を、ご存知でしょう？　去年の秋に会ってきました」今や有名になったペット猫の話題を持ち出したが、これは空振りに終わった。お二人の住まいは、和歌山市ではなくて、県南の田辺市なのである。それに、誰もが猫に関心があるとは限らない。

今度は私が、田辺出身の武蔵坊弁慶、南部梅林に南高梅、備長炭、竜神温泉など田辺近郊の曾遊の地や名物を矢継ぎ早に繰り出してみると、ようやくご夫妻と波長が合ってきた。最後に我が敬愛する南方熊楠翁にも触れてみたら、「あら、私たちの家は、熊楠記念館のすぐ裏手ですよ」と夫人。

「お二方とも、熱心にビデオを撮られてますね」

「ええ、いつも別個のカメラで撮っています。興味の対象が違うので」とご主人が少し身を乗り出した。

今度は奥さんが、「あえて言えば、主人の方はドキュメンタリー風、私の編集したものは芸術的です」、と笑みを浮かべた。「近年では、ウシュアイアからフェゴ島を縦断し、エル・カラハテ、エル・チャルテンなどアルゼンチン側のパタゴニアを、ビデオに収めてきました」

「ペリト・モレノ氷河と、あの鋭い頂のフィッツ・ロイ山ですね」

パタゴニア地方は、私も数年前バック・パッカーとして出掛けている。

「うちの主人は、いつも旅行記を書いて、地元の文芸総合誌に載せています。あなた、ビデオと紀行文を交換させて頂いたら」、と妻が口を挟む。今回はどのような紀行文になるかわからないと躊躇したが、結局、交換することになった。

後日談になるが、帰国後半月も経たないうちに、原夫人自作のビデオが届いた。まずタイトルと旅程、黄金神殿に嘆きの壁、マサダ要塞、バニアス、ネゲブ砂漠などイスラエル全土をカバーする点景が、荘重な宗教的音楽とともに提示される。それから、一日毎の訪問先の案内。アルバム写真と違い、場面のつながり、移動途中の風景、人々の動きが良く分かる。時々、馴染みの信夫氏の手振り身振りや声も伝わってきた。踊っている妻や歩いている私も、画面に登場させて頂いた。自分の動作を客観的に見る機会は、滅多にない。バック・ミュージックは、チャイコフスキーなどのクラシックから軽いものまで、内容に合わせて工夫されていた。最後に思い出の記念写真や畔柳さんの笑顔。面白いうえ、確かに芸術的に仕上げられたビデオ写真である。ご夫妻は、ビデオを編集することで、旅を何倍にも楽しまれるのだろう。

ホテルに戻る途中、エイラート・ストーンの店に立ち寄った。ソロモン王の銅鉱で副産物として得られる青緑色の石で、エイラートの特産という。飲食物を買いたいという仲間について、ホテル近くのスーパーにも寄る。私は、買い物より物価視察が目的である。二リットル入りのコカコーラが九シェケル（約三〇〇円）、ズボン用バンドが三〇シェケル（約一千円）、日本より少し高めだ。

五．アカバ湾から北に向かう

二月二二日（月）、旅も六日目になる。二人とも六時に目覚めたので、昨日に続いて朝の散歩に出た。

アカバ湾の海水に触れてみたい。バス路を渡って、海の家風の簡易な施設が並んだラベンダ・ビーチに出た。イスラエルもここまで南下すると陽射しが強い。椰子の林。戸外に並べられたレストランのテーブル。アカバ湾の入り江を隔てて向かい側は、ヨルダン領アカバ港である。浜辺の小屋には、サーフィン用板や浮き輪が積まれ、砂地にボートが並んでいた（201頁　図4―11参照）。

リゾート地としてのエイラートは、近年シナイ半島を少し南下した場所にできた、物価が安いエジプト側のリゾートに人気を奪われているらしい。しかし、ヨーロッパ向けの日本車の輸出は、シナイ半島西のスエズ地峡経由より安あがりなので、アカバ湾―エイラート―ハイファ―地中海ルートの方が優勢という。エイラートは、ソロモン王を訪ねたシバの女王が上陸した港として昔から知られていた。シバの女王の国がどこにあったのか特定されていないが、紅海南部のエチオピア説が有力である。つまり、エイラートは、古代から良港として貿易に利用されてきたのである。

八時にホテルをチェック・アウト、バスはアカバ湾に沿って二〇分ほど走り、エジプトとの国境検問所に着いた。検問を待つ車が、柵の手前に数台停まっている。検問所の撮影は、禁じられているらしい。しかし、数人が素早くシャッターを切る。検問所を背に私も、妻のカメラに収まった。気づいた検査官が禁止を命じたが、もう後の祭りだ。

しばらく来た道を引き返したバスは、やがて丘陵地帯に入った。左手エジプトとの国境をなす腰丈ほどの金柵に沿って、バスは北に向った。八時四五分、ヒゼキア山の展望台に着く。周りを低い石組みと鉄条網で囲まれた展望台から、シナイ半島の低地を鳥瞰した。赤褐色の砂岩の丘陵が続いている。

九時四〇分、今度はトイレ休憩。そこにイスラエルの軍人が、台湾製のジープで乗り付けた。三人の男

図（4-13）ハランの荒野

兵士に一人の女性兵が混じっている。勤務明けにドライブしているらしい。男女すべてに兵役義務があるこの国では、軍人といっても一般の人たちなので、格別骨格が逞しいわけではない。女性兵士は、細面で優しい顔立ちの人だった。いったんジープに戻りかけた彼らに頼んで、一緒に写真を撮らせてもらう。私は、女性兵と肩を組んでカメラに収まった（201頁　図4―12参照）。一人で参加している新宿住まいの長谷川氏も、撮影に加わる。今日は暑いので、丸い帽子を被り、半パンに迷彩服のようなシャツを着けていた。彼は、日本人としては丈高く偉丈夫だ。イスラエル兵士と彼が並ぶと、長谷川氏の方が軍人に見えた。

一〇時二〇分、出エジプト記にいう「ハランの荒野」に来た。緑野のない褐色の低所にワジ（雨季以外は水なし川）の褶曲する川筋だけが、走っている。モーゼは、部下のヨシアに偵察を命じ、ヨシアは一房のブドウを持って戻ってきた。イスラエル観光局のシンボル・マークになっているブドウの房は、この逸話に由来する。しかしこの地方の都市は、防備が固く、モーゼは北に進軍することができなかった。

一一時、火山活動でできたクレーターのところに来た。雨水が溜まって、湖になっている。再び、先ほどの四人組の兵士に出会った。上手のミッペラモン市の展望台から見下ろすと、深さ数百メートルもあるクレーターを囲む岩壁が、阿蘇の外輪山のように延々と連なっていた。ただし、樹木の緑が完全に欠失し、月の表面を見るような荒涼とした景観である。

「ミッペラモンは、比較的新しいこの地方の中心都市です。国営の近代的ホテルが、最近建てられました。

図（4-1）カイザリアの港

図（4-9）死海で浮遊する妻

図（4-11）エイラートの浜辺

図（4-12）イスラエルの兵士たちと共に

図（4-15）オリーブ山より見た
エルサレム市街

図（4-16）ゲッセマネの園

図（4-18）嘆きの壁

図（4-19）黄金のドーム
（マホメットの昇天教会）

図（4-21）ナザレの教会地下―イエス誕生の場所

図（4-14）誓いの井戸

三食付、各部屋テレビ付きで無料。ただし、重作業と行動監視人も付いています。みなさん、いかがですか」と信夫氏。

ミッペラモンの少し北に世界遺産アブダットがある。この遺跡は、ユダヤ人や聖書には関係がない。現在ヨルダン領にあるペトラを都としたナバテヤ人が、紀元前二世紀頃に建設した町がベースになっている。ナバテヤ人は、香料などの運搬に携わった商業民族、灌漑技術にも優れていた。アブダットは、ナバテア人隊商の中継拠点だった。遺跡の高所から低所に水を導くナバテアの導管が残っている。ナバテアの遺構の上にローマ、ビザンチンの遺跡が重なる。

一三時二〇分、バスはさらに北に向っている。信夫氏は車窓右手少し離れて見える集落を指差した。「スディ・ボケール。イスラエルの初代首相ベングリオンが、砂漠開発を指導したところです。政界引退後、ここに住みました。彼の墓もあります」

まもなく、人口四〇万この国第四の都会ベエル・シェバ（「誓いの井戸」の意）に着いた。メソポタミアから移住してきたユダヤ人の祖アブラハムが、七匹の羊と交換に井戸を掘る権利を土地の長から得た。すなわち、土地と定住権が認められたのである。町のレストランで遅いランチを済ませてから、私たちはアブラハムの井戸を訪ねた。水面までの深さを理解させるため、信夫氏は小石を投げ込んだ。みんな耳を澄ませる。いち、に、…ゆっくり数えたところで、ようやく反響音が戻ってきた。井戸の近くには、赤や白色の草花が咲き、丈の高いタマリスクが数本立っている。

一八時に、エルサレム旧市街ダマスカス門に近い、またもやレオナルドという名のホテルにチェック・インした。今夜から三連泊である。

六、エルサレムでの三日間

翌二三日(火)、八時にホテルを出た一行は、まず旧市街と谷間を隔てて対峙する東の小丘オリーブ山の展望台に来た(202頁　図4—15参照)。エルサレムは、南北約二五〇キロ東西約五〇キロの国土のほぼ中央にあり、標高八〇〇メートルの高所に位置する。広いエルサレムの市域のうち、これから見物する旧市街の概念を掴むのに、オリーブ山は絶好のポイントである。イエス自身、東の死海側からオリーブ山に到り、ロバにまたがって谷間を下って、エルサレム市街地に入った。

現在の旧市街は、一七世紀オスマン帝国のスレーマン大帝時代に修復された城壁で囲まれている。正面の黄金門は一三世紀のサラディン王時代から閉鎖されたままである。最初にソロモン王が建て、ヘロデ王が拡大した神殿は、いずれも城壁の東側のモリヤの山、つまり黄金門内部の神殿の丘にあった。現在神殿の丘の高所に建つのは、金色のドームでひときわ目立つ岩のドーム(マホメットの昇天教会)と、すぐ南に隣接するイスラム教の本山、銀色の丸屋根を持つエル・アクサ・モスクである。つまり、かつてのユダヤ人の聖域は、現在イスラム教徒が占めている。逆に、城壁外の谷間には、左手の南側からダビデ王の墓所、マリア昇天教会、最後の晩餐の家、鶏鳴教会などがあるシオン山地域、ユダヤ人墓地が広がるケデロンの谷、イエスが最後の数時間を過ごしたゲッセマネ、万国民の教会、マリアの昇天教会へと続く。このような要所の配置を頭に入れて、私たちは、ゲッセマネへと降って行った。

「油絞り」を意味する新約で有名なゲッセマネは、一辺五〇メートルほどの園である。(202頁　図4—16

参照）園内には、丈はそれほどではないが樹齢一二〇〇年を越える老木を含めて八本のオリーブが、基幹から幾重にも複雑な枝を広げていた。差し迫った死を予知したイエスは、この園で夜を徹して苦悶した。師の苦悶を知らぬ弟子たちは、そのあいだ眠り呆けていたとされる（新約マタイ伝第二六章三六節）。ゲッセマネに隣接して一九一九年各国からの献金により建てられた万国民の教会がある。正面屋根の壁面に、鮮やかなモザイク絵が描かれている。

図（4-17）マリアの昇天教会

ゲッセマネをあいだに挟んだ反対側に、マリアの昇天教会があった。路から降りた低所に教会入り口があり、祭壇はさらに傾斜のついた薄暗い石畳を下ったところにあった。

「マリアが亡くなったのは、何処ですか」と信夫氏に訊く。

かつてトルコのエフェソスを訪ねたとき、遺跡裏の山地を少し登ったところにマリヤが晩年を過ごしたとされる場所を訪ねた。ガイドの説明を受けただけで文献上十分確認をしないまま、そのときの紀行文に「聖母として広く崇められるマリアは、郷里を遠く離れた異国の山中の小さな家で、孤独な生涯を終えたのである」と書いてしまった。その後も、この記載が気になっていたのである。

「エルサレム説とエフェソス説の二つがあります」

博識の信夫氏の回答が得られて、少し安心した。

これ等の見学を済ませて南側の糞門から、いよいよ城壁内の旧市街に入った。正面に進むと検問所があり、ここで行き先は二手に分かれる。左の検問で「嘆きの壁」前広場に入場が認められ、右の検問を抜けると壁の上の神殿の丘への道が伸びている。

つまりこの検問所は、ユダヤ教域とイスラム教域を仕分けているのである。私たちは、本日は嘆きの壁を訪ねる。このあたりは旧市街のうちユダヤ人地区に属し、嘆きの壁を一辺とし四周を高い石壁や人家で囲まれた空き地になっている。神殿の丘と嘆きの壁の位置的関係は、これまでテレビで幾度見ても分からなかったが、現場に立てば一目瞭然である。ヘロデ大王の神殿跡はその下に埋もれているはずだが、上部がイスラム教の聖地になっているため、これを発掘調査することはできない。

嘆きの壁は、高さおよそ二〇メートル、二〇段ほどの不揃いの大きな石が積まれている。(202頁 図4―18参照) 所々石の隙間から雑草が伸びていた。そのうち下の一〇段は、ヘロデ大王の第二神殿の西壁といわれる。紀元七〇年第二次ユダヤ戦争で神殿が崩壊した後、ユダヤ人はこの壁の前で祈るようになった。それが現在も続いている。壁に近づくには、男女が左右に分かれなければならない。規則に従い私は、備えてあった白いキッパ(直径一五センチほどの丸い布)を頭につけ、ユダヤ教徒を真似て壁に額を寄せた。黒いマントに庇のついた黒い帽子を冠った人が、聖書を開いて祈っていた。頭を前後にゆすっているひともいる。その中で、黒服に白いショールを纏い化粧をしたひとが、丈の高い男と並んで写真を撮っていた。壁の前で結婚式を挙げているものと思ったが、少し変だ。こちら側には女性は入れないはずである。あとで畔柳さんに訊くと、「多分、女装をする特殊なグループの人たちでしょう」、ということだった。

糞門付近まで戻り、考古学博物館に入る。嘆きの壁の延長上にある壁面だが、神殿の丘を少し外れているので、少し下部まで発掘されている。そのため神殿から町に通じた橋の跡が見つかり、夫々ロビンソン橋、ウイリアムス橋ら発見者の名前が付される。カメラのフィルムを入れ替えているあいだに、一行の最後列を見失う。正面入り口に戻ったが、仲間の姿がない。表通りをうろついていると、探しに来た畔柳さんに出会った。一同は、別の近道から外に出たらしい。

バスで、城壁南のシオン山に移動し、マリアの永眠教会別館のダビデ王の棺や最後の晩餐の舞台といわれる飾り気のない部屋を見た。最後の晩餐で供された食材は、種なしブドウにパン、ぶどう酒、骨付きチキンなどであったという（近年修復されたダ・ヴィンチの「最後の晩餐」にはウナギ料理が並んでいることが判明した、と先日テレビで報じた）。これは、イエスと弟子たちの新しい契約だ。モーゼが神と結んだ契約を根拠とする旧約のユダヤ教から、新約のキリスト教がここで分離していくのである。

つぎに少し東の鶏鳴教会を訪ねた。この教会は、イエスを尋問した大祭司カヤパの屋敷跡といわれ、地下にイエスが捕らえられた牢屋があった。薄暗く陰気な小空間である。教会の名は、「明朝鶏が三回鳴く前に、お前は三度私を裏切るだろう」とイエスがペテロに語ったという聖書の文言に由来する。最後の晩餐を終えたイエスと弟子たちは、この教会前にある急な石段道をゲデロンの谷に下って行った。翌日イエスはゲッセマネの園で捉えられ、ここのカヤパの屋敷に連行された。

信夫氏の説明をメモっている私に、前庇のついた白い帽子を被った女性が近づいてきて、「いつも熱心ですね。なにか物を書かれているのですか」、と尋ねた。

「ええ、旅をしたら必ず文章に纏めることにしています」

「出来上がったら、是非読ませてください」

東京郊外の住所と名前を私のノートに頂いた。実は、妻のほうが、「とても勉強されている方」と、前から彼女に気付いていたのである。「手持ちのノートに、いっぱい書き込みがあるのよ」

橋詰さんは、いつも一行の前のほうを軽快に進み、信夫氏の近くに付けていた。あとで分かったのだが、東京のN区で公立学校の校長をされていた。学校の先生方は、夏休みや冬休みに自由時間があると思っていたが、実情はまったく違うらしい。大勢の生徒を預かる責任者として万一の場合を考えると、遠隔地に出掛けることはできない。特にN区は厳しいという。

「退任した近年になって、ようやく外国旅行ができるようになりました」

一四時過ぎに、遅いランチを摂った。エルサレムは、聖書ゆかりの場所が凝縮されていて、訪ね歩きに忙しい。

午後、西三キロにあるヤド・バシェム（「手と名前」の意）博物館を訪ねた。ナチの犠牲者追悼のため建てられた記念館である。「純粋のユダヤ人とは、三代前まで遡っても両親がユダヤ人である人を指します」、と信夫氏。当時の報道や写真が主体の展示物は、アウシュヴィッツやビルケナウの現地を既に見ている私には、迫力不足で物足りない。そんなことを妻に話していると、近くにいた田中さんが、「私も行ったわよ」と口を挟んだ。しかし、館内で最後に訪ねたドーム状の犠牲者追悼室には、心打たれた。漆黒の床を張った円周の壁一面に犠牲者一人一人の写真が嵌め込まれ、「永遠の灯」が点されていた。

記念館の裏の山道には、危地にあったユダヤ人を救った各国の恩人の名前を記した青色のプレートが木の根方に立てられている。当時リトアニアの領事代理だった杉原千畝氏のプレートも数年前に加わった。彼がシベリア鉄道─日本ルートで救出した数千人のユダヤ人は、カリブ海のオランダ領キュラソーに向う。当時、独ソなどの国際関係を考慮した米国は、亡命ユダヤ人を受け容れなかった。

既に一七時を回っていたが、今日最後の見学地イスラエル博物館に寄った。エルサレム市街を五〇分の一に縮尺した屋外の精密なモデルを見物してから、この博物館の目玉といえる死海写本館に向った。玉葱形の白い屋根は、写本が入れられていた壷をデザイン化したものである。クムラン洞窟で発見された長さ七メートルに及ぶ羊皮紙に記された旧約イザヤ書の写本が、円形の周壁に展示されていた。紀元前二世紀の人々の営みがこのような完全な形で残されたことは、感動的である。

街中のレストランで夕食を終え、ホテルに戻る。動き出そうとしていたエレベーターを、妻が「ちょっと待ってて！」、と停めた。先に乗っていたのは田中さんや橋詰さん。ところが上階に向う途中で、エレベーターが動かなくなった。ボタンを操作していた橋詰さんがあわてて他の階のボタンに触れようとした。彼女は、自分が操作を誤ったのかと責任を感じていたらしい。「触っちゃ、駄目！」、厳しい田中さんの声が飛んだ。しばらく様子を見ていたが変化がないので、今度は私が非常ベルを押した。「今どの階あたりに停まっているのか？」、と応答があった。こちらが訊きたいくらいだ。係員のあいだでのやりとりが、聞こえてくる。そして「もうしばらくお待ちください」、という声がした。およそ一〇分くらい待っただろうか。ようやく動き出したエレベーターは、地階まで降りて停まった。私たちは、急いでエレベーターを脱出し、別のエレベーターに移る。「このホテルに滞在中は、一番右のエレベーターを二度と利用しないことにしよう」

妻は、エン・ボッケのホテルでも、既に同様の経験をしていた。この国のホテルのエレベーターは、整備に問題があるのだろうか。

「そのときも、先に乗っていた田中さんに待っててもらって、後から急いで飛び乗ったの」と彼女は言う。作動停止にあわててボタンを押そうとしたら、やはり怖い声で田中さんに制止されたらしい。

「そりゃ、エレベーターでの相性が悪そうだ。今後内部に田中さんの姿を見かけたら、乗り込まないほうがいい」

「あたしが中にいるエレベーターに、後から田中さんが飛び乗って来たら」

「こっちが、飛び降りるさ」

鎌倉から来られた狩野夫人が疲労気味で、夕食の場に姿を見せない。持参しているインスタントのおかゆを、妻が廊下の向かいのお部屋のご主人に届けた。一〇年ほど以前に出掛けたエジプト旅行での経験から、いつも非常食を携帯しているのである。この旅で初めて予定していた夜の散歩を諦め、このあとは自室でテレビを観て過ごした。

二月二四日（水）。昨日はユダヤ教徒の聖なる場所「嘆きの壁」を訪ねた。今朝は、いよいよイスラム教徒とキリスト教徒の聖所詣だ。再び糞門から検問所に向った。朝一番に来たにも拘らず、今日は既に長い行列ができていた。長谷川氏や数人の女性と相前後して並んだ。長谷川氏をどこかで見覚えのある顔立ちだと考えていたが、「上がった額に、度のきつく丸い黒ぶち眼鏡は、将棋の故一五世大山康晴名人にそっくりだ」、とその時思いついた。

「高校で英語を教えられているそうですね」、同行者から聞いたことを長谷川氏に確認すると、「え！誰がそんなことを言ってました？」と彼はとぼけた表情をした。近くにいた女性が、「たしか、仏教大学の準教授でいらしたわね」、と口を挟む。仏教大学の名が出てきたのは、長谷川氏の坊主頭からの連想かもしれない。彼は、今日も迷彩服風シャツを着ている。彼の身元も、迷彩服のように混沌としてきた。私たちの前に並んでいた一人参加の女性が、「比較的若い方でこの時期旅行ができるとすれば、おのずから職業が限られるわね」、と小声でいう。

以前の団体旅行では、旅の初日に参加者名簿と住所が配られ、自己紹介をしていた。だから容易に同行者の名前と顔を覚えることができた。プライバシーが問題になる現在では、添乗員が参加者の名前を呼んで部屋の鍵を渡すときに留意しておくか、食事中相席した人に直接尋ねるしかない。だから、旅行仲間のあいだで、いろいろ憶測が飛び交うのである。せっかく異国を一緒に旅しているのだから、詮索するわけではないが同行者のことを多少知りたいのが人情である。

三〇分ほど待って検問所を抜け、モリヤの山すなわち「神殿の丘」に登った。モリヤの山は、ユダヤ人の祖アブラハムがエホバ神の命に従い息子のイサクを殺そうとした場所だ。神は、アブラハムの信仰心を試したのである。紀元前二〇世紀ごろのこととされる。その後、紀元前一〇世紀ソロモンの第一神殿が建てられ、紀元前一世紀にヘロデ大王により第二神殿が建てられたことは既述した。本来ユダヤ人の聖地であったところが、なぜ現在はイスラム教徒の聖地となったのか?

ローマ人はユダヤ人の神殿を破壊したが、四世紀キリスト教がローマ帝国で公認されると、神殿の丘はキリスト教の聖地に変わった。七世紀にイスラム教が勃興し、イスラム教のカリフであったアブデュル・マリクが、ここにモスクを建てた(六九一年)。その後一一世紀に聖地回復を目指した十字軍は、一時期エルサレムを占拠しラテン王国の首都にする。神殿の丘は、テンプル(神殿)騎士団の拠点になった。しかしこれも長く続かず、一二世紀末にアユーブ朝のサラディン王により、キリスト教徒は神殿の丘から永久に放逐されたのである。このあたりの事情は、アッコの遺跡でも既に記述したことである。以来この丘はイスラムの聖地になった。今私たちが立っている神殿の丘は、ユダヤ教、ローマ、キリスト教、そしてイスラム教の歴史が狭い空間に凝縮された、世界史の中でも稀有な場所なのである。

旧約聖書に出てくるモーゼ、エリヤ、イザヤ、エレミヤら、人々を指導し救世主の到来を予言した先達同様、イスラム教徒にとってイエスは預言者の一人に過ぎない。そしてムハマド（マホメット）こそ、最後にして最も偉大な預言者なのだ。そのマホメットは、この地から昇天したとされる。アラビア紋様で飾られた青い八角形の基層の上に二四金の丸屋根を載せた「黄金のドーム」は、昇天の洞窟の上に建てられたものである（202頁　図4―19参照）。同じく神殿の丘に建てられたエル・アクサ・モスクとともに、エルサレムを代表するイスラム建築である。ただし騒乱を予防するため、現在異教徒はモスクへの入場が禁じられている。

神殿の丘の北側にあたる旧市街の北東部は、ムスリム地区になっている。イエスが、ポンテオ・ピラト長官から死刑判決を受け（当時、ある程度の自治を認められていたユダヤ人だが、死刑にはローマの執政官の承認が必要だった）、ゴルゴダの丘に引き立てられた道行ヴィア・ドロローサ（悲しみの道）は、この地区に始まり、西側クリスチャン地区の聖墳墓教会で終わる。ミラノ勅令でキリスト教を認めたコンスタンチヌス大帝の妃ヘレナが熱心なカトリック教徒で、エルサレムを訪ねイエスの事跡を掘り起こしたのである。ゴルゴタの場所を特定したのも彼女だった。キリスト教徒にとっては、聖なる巡礼の道だ。イエスの時代には、すべて城外だった。

現在、イスラムのミナレットの聳える場所がピラト長官のエルサレム滞在時の官邸跡で、ヴィア・ドローサの出発点の第一ステーション（留）、以下イエスが十字架を担いだ第二留、十字架の重みに倒れた第三留と続き、最後の第一四留はかつてのゴルゴダの丘に建つ聖墳墓教会内のイエスの墓となっている。石造りの家と高い壁やアーチ、商店が並ぶ石畳の細い路地を、説明を聞きながらひたすら信夫氏の後に付

図（4-20）ヴィア・ドロローサ（嘆きの道）

いていく。今日のような普通の日でも巡礼の人や観光客で結構込んでいるのだから、宗教行事が行われる日のすさまじい雑踏振りが想像できよう。途中、バレイ通りの茶店で短い休憩。屋台のパン売りや土産物店が並ぶ路地である。

聖墳墓教会内には、第一二留から一四留が集中している。悲しみのマリアの祭壇、十字架上のイエスの死の祭壇と血が滴った岩、イエスが十字架から降ろされ塗油された大理石、最後に墳墓。聖墳墓の入り口には長い列ができていたので、私たちは入場を諦めた。この墳墓さえ、ギリシャ正教、コプト教会、アルメニア教会と入り口が別になっている。つまりひとつの教会内に各種のキリスト教会派が並存しているから、異教徒の訪問者はたちまち混乱してしまう。ヴィア・ドロローサの途中、ダマスカス通りのカルド（ローマ式列柱道路）付近にも、カトリック教会の他に、エチオピア正教、シリア正教などの教会があった。一口にキリスト教といってもきわめて複雑で、しばしば対立してきた。先日も、アルメニア正教徒とギリシャ正教徒のあいだで乱闘騒ぎがあったという。聖墳墓教会は、この宗教の重層性を具現しているといえよう。

土臭いアラブ人の商店街からユダヤ人街に入ると雰囲気が一変し、近代的で明るいアーケイド街の商店が並んでいた。信夫氏は、あらかじめ妻が頼んでいた店に案内してくれる。イスラエルのサッカー・チーム（マッカビ・テルアビブFCやベタイル・エルサレムFC）のロゴが入ったユニフォームを二枚手に入れた。

午後は、エルサレムの南方六キロ、パレスチナ自治区にあるイエスの生誕地ベツレヘムに向った。途中キブツのレストランで昼食を摂る。花巻から来た年配男性二人組とはじめて同じテーブルについた。彼らは高校の同級生で、よく二人で海外にも出掛けるという。いつも楽しそうに大声で話していた。その一人安田氏から頂いた名詞の名前の上に、「農人、凡人、暇人」とある。なるほど、うらやましい肩書きだなあ、と思った。自治入り口で、パレスチナ人検査官がバスに乗り込んできた。乗客を一通り見てまわっただけで、パスポートを見せるまでもなく検問は簡単に終わる。

ベツレヘムがイエス生誕の地とされる根拠は、新約のルカ伝第七章に言及があるだけで、意外に薄弱らしい。まずイエスが成長し、布教活動した北のガリラヤ地方から離れている。マリアもナザレの人である。なぜヨゼフ夫妻がわざわざ、ベツレヘムまできたのか。

「ヨゼフの本籍地だったからです」、と信夫氏。「アウグストスが出した戸籍調査の勅令に従って住民登録を済ませるため、ヨゼフは身重のマリヤを伴ってベツレヘムに来ました」

あとで分かったことだが、ベツレヘムはダビデ王の出身地で、イエスもダビデの末裔とする説がある。これと結びつけて、イエスの父ヨゼフの本籍地がベツレヘムとされているのであろう。しかし、ナザレを生誕地とする説もある。生誕教会の現在の建物は、十字軍時代に改修された要塞で、その中にギリシャ正教の祭壇がある。小さな入り口から身を屈めて中に入る。天井から、無数のランプが垂れ下がっていた。

教会の地下の洞窟に降りていくと、石造りの小部屋があり、床の大理石の上に、一四個の角を持つ銀製の星型がはめ込んだ祭壇があった（202頁　図4―21参照）。これがイエス誕生の場所とされる。当時の馬小屋は通常地下にあり、飼い葉桶は石でできていたということである。現在ではイエスの誕生年は、紀元前四年から六年のあいだと考えられている。ヘロデ大王の最晩年である。大王は、救世主誕生の噂を聞いて、二歳以下の赤子の皆殺しを命じた。老年になるにつれヘロデ大王は猜疑心が強くなり、自分の地位を脅かすものを次々に殺害したのである。二〇人を超える王子たちも殆どが犠牲になった。ヘロデ・アンティパスのように野心の少ない凡庸な末の三人が、生き延びた。ヨゼフ一家は危地を脱し、一時期エジプトに逃れた。

隣接した会堂の地下に、ヒエロニムスが旧約聖書をラテン語に訳していたという洞窟がある。会堂の前には、筆を手にしたヒエロニムスの銅像が立っていた。最後に立ち寄ったみやげ物店で、五つのパンと二匹の魚のモザイクを模した壁掛け用陶板などを記念に買ってエルサレムに戻った。

七．旅の終わりに

明朝の出発に備えて荷物を整理しているとき、妻が「ユダヤ教とキリスト教、イスラム教、一体どこが違うの？」、と一発強烈な問を放った。この女性には珍しく、あらかじめ山室静著の『聖書物語』を読んで、真面目に予習していたのだが。どうやら二日間のエルサレム市内巡りで、早くも脳裏の映像に混乱が生じたらしい。

「やれやれ、この期に及んでそんな質問されても。信夫さんが聞いたら、泣き出すかもしれない」

そうは言ってみたものの、大多数が仏教徒である日本人で、この三つの宗教の違いを順序だって説明できるひとは意外に少ないかもしれない。アンケートなどで、「無宗教」とか「無神論」と答える若い人が増えている国なのである。日常、宗教について殆んど考えることがないのだろう。「信条や宗教の自由」の下に戦後の日本で、真剣に宗教を語ることが一種タブー視されてきた。彼らは、家庭でも学校教育でも、考える機会が与えられなかった、ともいえる。

ローマ人大好きの塩野七生さんは、宗教的に寛容だった多神教のローマ人が、一神教のキリスト教に侵食されたことを残念がっている。たしかに一神教は、自分たち以外の神を異端として認めないのだから、本来排他的な教えである。特にユダヤ教の神は、異邦人や異教徒を徹底的に排斥する厳しい戒律を、ユダヤ人に求める。心情的には私も、塩野さんに同調したい気がする。人間の歴史は、常に良い方向に進むとは限らない。

いっぽうアジアでは、一神教はほとんど発展しなかった。ヒンドウ教は、根本経典もなく、外来の神々を排除するより内部に取り込んでいく傾向がある。神道世界では、アミニズム（自然崇拝）的八百万の神々で溢れている。仏教は、絶対神が存在しない。人々が目標にするのは、すべてを受け容れる偉大な解脱者仏陀である。修行の階梯を菩薩、如来など種々な形で具現した仏陀が、衆生を導いていく。ただし、江戸時代以後仏教の多数派は、本来の精神修養や解脱の意味を離れ、社会システムの中に取り込まれ、形式化し儀礼の手段に化した。葬儀のときにだけ人々は寺に頼り、意味の分からぬ経文を聞かされことになった。

現代語の聖書で説かれるユダヤ教、キリスト教、コーランのイスラム教との大きな違いである。

歴史を研究している者がしなければならないのは、かくありたいという夢想を過去に投影することではない。なぜ一神教のキリスト教がローマ帝国の中に浸透し、その後の西欧社会に拡大し、現代世界にいかに大きな影響を与えているのか、またその後に起こった同じく一神教のイスラムが提起している今日的問題はなにか、という問いである。

アウグストスやティベリウスらローマの歴代皇帝は、許容できるかぎり現地住民の自治に任せ、地人種の宗教に不干渉の姿勢をとってきた。有能なヘロデを王としてユダヤ人の執政を認めた。しかし、ヘロデ大王の後に立った三人の凡庸な後継者たちは、頻発するユダヤ社会の混乱を抑制できなかった。結局ローマは、彼らを退け、ユダヤを属領にする。そして紀元六七年の第二次ユダヤ戦役が勃発した。

二千年の離散の後、ユダヤ人は、神の約束の土地に戻ってきた。ヘルチェルらシオニスト運動を粘り強く展開した人々の成果といえる。ただし、ユダヤ国家の建設には、英国の外相による「バルフォア宣言」(一九一七年)が大きく係わっている。第一次大戦でアラブ、ユダヤ双方の協力を得るため、両側に都合のよい領土と国家を保障する、いわゆる二枚舌外交を展開した。イスラエルの地はユダヤ人の故地であるだけでなく、パレスチナ人らアラブ系の人々が既に二千年にわたり住み続けていた。当時の現地住民の意思は、完全に無視されたのである。「マサダを繰り返すな」の標語を、現在のユダヤの人たちはどのように理解しているのだろうか?

ユダヤ人は、長い離散の間にも自分たちの神への信仰を捨てず、言葉も習慣も頑なに守ってきた。異国にあって彼らが自らのアイデンティティ(同一性、ないし帰属性)を失わなかったのは、ユダヤ教とモーゼの一〇戒への信奉である。しかし、彼らの頑な過ぎる信仰が、逆に異邦社会のなかでユダヤ人を孤立させ、歴史的に圧迫され続けた原因でもある。ユダヤ教への強固な信念は、ユダヤ人の強みであると同時に弱点といえる。

古代ユダヤ人と同じく、現在のイスラエルの指導者にも対外鷹派と鳩派がいるはずだ。そして鷹派の意見がしばしば短期的には庶民感情を捉えやすいのは、今も昔も変わらない。ゴラン高原占領の問題がある。せっかくPLOとの協定を結びながら、ガザ地区を圧迫している。またアメリカ政府の警告にもかかわらず、エルサレム市東部のPLO自治区内でユダヤ人のマンションの建設が継続しているのも、その表れであろうか。武力に頼るものは、武力で破綻する。将来アラブ側が、軍事的に優位に立たないという保障はどこにもない。

マサダ要塞の指揮官エレアゾロスは、仲間の勇気を讃え、最後の熱弁を振るって集団自決に誘導した。ヨセフスは、マサダでのゼロテ派の果敢な最後を詳述する。その中に同胞達の死を悼む心情が込められていたのは確かである。しかし彼はゼロテ派に同調していない、と私は考える。秦剛平氏の訳によれば『ユダヤ戦記』の末尾は、ヨセフスの次の言葉で結ばれている。

—わたしは（このものがたりの冒頭で）ローマ人たちを相手にしたこの戦争がどのようにしてユダヤ人たちによって戦われたかを知りたい読者諸賢のために、できるだけ正確にそれをお伝えすると約束した。（諸事件の）解釈の当否の判断は本書を読まれる方がたに委ねるが、その真実性に関しては、わたしは臆することなく次のように言いたい。ただそれだけが本書の全体の目的だった、と。—

広い外部世界を容認しない武闘派のリーダーは、多くの非戦闘員を巻き添えに死地に赴いたのである。売国奴とか裏切り者の非難を浴びながらもヨセフスは、後代が同じ愚を繰り返さないために『ユダヤ戦記』を残した…私はヨセフスの著作をこのように理解している。

先日、学生時代の旧友と会食した折、人類はなぜ宗教を必要とするのかの議論になった。それは、人間の弱さの現れかもしれないし、秩序を求め立命の境地を得たいという願望かもしれない。科学が人間の問題をすべて解決できるわけではない。たとえ三個のDNAの組み合わせでアミノ酸の配列が決まり生命の発生が証明されても、なぜ生命が誕生する必然性があるのかという疑問に答えたことにはならない。宇宙が拡張を続けていると理論付けられるにしても、なぜ拡大しているのかの根本理由はおそらく分からない。そこには人知を超えた何かが存在し、見えない手が働いているのではないか。

モーゼの、イエスの、マホメットの、約束の土地への今回の旅は、ひとまず終わった。しかし、宗教とは、神とは、そして人間とはなにかを考える私の旅は、今後も続くだろう。

（二〇一〇年五月三日　記）

第五章　遙かなる高みへ

一．西寧から青海湖へ

二〇一〇年九月二〇日（月）朝五時一五分、モーニング・コールで起こされた。ホテルのベッドの上である。昨夕遅くチェック・インしたのに、六時三〇分再び広州空港に向わなければならない。食堂の準備ができていないので、弁当が配られた。まだ名前も知らない旅仲間と、早速ロビーで異常に早い朝食になる。手荷物を増やさないため、やれることは早々に済ましておきたいのである。S社主催「青蔵鉄道で行く、チベット八日間の旅」には、関東から八人関西から六人が参加、そのうち男性は六名だった。添乗員の前川さんは、関空から同行した。

広州空港は、規模が大きい。中国南部のハブ的役割を担っているのだろう。昨日と同じ中国南方航空に搭乗し、八時過ぎに離陸した。西安経由西寧行きである。九時に機内食が出た。今日二度目の朝食を摂る。

西安のトランジットでは、奇妙な経験をした。手持ちの航空券と引き換えに、番号付きのカードを手渡されたのである。再び機乗するとき、たしかにもとの航空券は戻ってきた。係員が降りてきた旅客の順に、航空券を整理していたらしい。なんでこんなややこしい操作をしているのか。もし手元が狂って、航空券の順序がばらばらになったらどうなるか。単に乗り継ぎカードを、手渡せば済むように思われる。理由を考えてみたが、結局分からなかった。

一二時半、青海省の省都西寧に着いた。既に二二〇〇メートルの高所である。飛行場で、中国内総ガイドの邱燕雲さんの出迎えを受けた。あらかじめ添乗員の前川さんが予告していたように、はきはきして表現力豊かな「可愛い子ちゃん」だった。すぐに「キュウちゃん」と呼ばれるようになった。バスの中で、一行の首に一メートルほどの白い布（カタ）が掛けられた。ハワイの華やかなレイとは違い、こちらは歓迎だけでなく宗教的意味が込められているらしい。後でラサの寺院を訪ねるとき、仏像に供えるのである。

青海省は、中国本土の西端に位置し、北と東に甘粛省の黄土地帯、南東に四川省、南西にチベット高原が広がっている。面積は、日本の二倍、中国第四位の広大な省である。省内は、さらに八つのチベット自治州に分けられる。州名から明らかなように本来チベット族が優勢であったが、現在は漢族が多数を占めるようになった。回族も住んでいる。牧畜が盛んだが、将来は豊かな鉱物資源の開発が期待される。五四〇万の省人口の約四〇パーセントが、西寧近郊に集中している。

西寧市は、青蔵鉄道の全線開通に伴い、青海省の資源の開発拠点として近年中国人の移住が急増し人口約二〇〇万に近い大都会に膨張している。東西に伸びた市街地を走り抜ける。街の真ん中に、「西鋼集団」

図（5-1）西寧市街

という巨大な鉄鋼会社の工場の建物が連なっていた。一三時三〇分、市内のレストランで昼食休憩する。この席で、参加者相互の自己紹介があった。情報処理関係の会社勤務時代に五年の先輩後輩だったという石井氏（千葉県流山市）と岡部氏（横浜市）の二人連れは、いつも大きな声で楽しそうに話していた。金沢さん（埼玉県上尾市）は、長年保母をしていた。娘さんを預かったことから知り合った阿部さん（東京浅草）と二人で今回参加している。阿部さんは、司法書士事務所を開いているが、今年既に五回も海外に出かけている。それでも訪問したい国が多く、少し焦り気味だそうである。関空から搭乗した四人組の女性は、海外旅行で知り合ったお友達同士という。その一人山下さんは、かつて西アフリカ七ヶ国ツアーの前日に腕を骨折した。それでも添え木をつけたまま二三日間の旅を貫徹したという根性おばさんである。関空近くにお住まいの水嶋氏は、写真が趣味で、重たいカメラを携帯している。同じ趣味の寺田氏（静岡県磐田市）とよく技術的な話をしていた。後日、その成果であるDVDを送って頂くことになった。

ところで、青海省と西蔵（チベット）を結ぶ青蔵鉄道の起点は、甘粛省の蘭州である。西安から西に進む本線は、蘭州、武威を経てトルファンに達し、ここで鉄路は二つに分かれる。北に向えばウルムチから天山山脈の北に回るいわゆる「天山北路」である。近年、トルファンからタリム盆地の北辺を回りカシュガルに到る「天山南路」も、鉄道が通じたのである。

さて、蘭州から分岐した青蔵鉄道は、青海省から南西に走り、崑崙山脈を越えて西蔵自治区に入る。「自治区」は、「州」より上位の行政区画で、省と同格である。ラサまで開通したのは、二〇〇六年だった。さらに南下すれば、ネパールを経てインドに達する。いわば南のシルク・ロードといえる。私たちは、本日の午後と明日一日をかけて、青海省西部のゴルムドまでバスで走り、そこで青蔵鉄道の昼間列車に乗り込む予定である。路線中で一番美味しいところを、たっぷり一二時間車窓から楽しもうというわけだ。バスは高さ約二千から四千メートルの西蔵公路を走るから、青蔵鉄道やラサ滞在（最高所は五千メートルを超える）のための高度順応を兼ねているのである。

午後バスが走り出して間もなく、右手丘陵の中腹に、高地訓練所という大きな看板が見えた。現在は利用されていないという。しかし、度重なるチベット騒擾に対応するための中国軍の訓練施設であることは、間違いない。続いて同じ右手の崖に巨刹が甍を連ねていた。北禅寺という道観（道教寺院）である。民家の庭や屋根上に見えるパラボラ式金属板は、熱利用装置という。少し雨模様になってきた。

一六時一五分、道路わきに見られるテント小屋のひとつに立ち寄った。草原の野生の花から採られた蜂蜜は質がよく、ロイヤル・ゼリーは一斤六〇から六五元する。数人がみやげに買ったが、手荷物としては扱いが面倒なので諦める。

バスは、三千メートルの高原を走っている。一七時、日月山登山口という三五〇〇メートルの峠に着いた。公路の両側に二〇メートルほどの小丘があり、頂に東屋風の建物が見える。日亭と月亭である。私たちは、南側の日亭を目指した。少し婉曲した坂道をゆっくり登る。平地なら走って登れる程度だが、まだ高度に合っていない体は、少し重い。高度三千メートルでは、空気量は平地の三分の二、五千メートルになれば、二分の一に減少する。

日亭は、五メートルほどの朱色の柱を立てた六角堂である。内部の壁には、唐の皇帝の養女文成公主が、吐番のソンツエン・ガンポ王の嫡子グンソン・グンツエンに嫁ぐまでの経緯が、一連の絵画で示めされていた。時は西暦六四一年、大唐を強国に導いた二代太宗の時代である。かたや、ソンツエン・ガンポは、同じチベット族の吐谷渾が衰退し分裂していたチベットを再統一した英傑だった。彼は、この辺りで唐軍を撃破したのである。吐蕃とこれ以上ことを構えたくない太宗は、和解の道を選ぶ。かくて文成は、大勢の従者と共に、日月山峠を超えてチベット領に入ったのである。グンツエンが不慮の事故で若死にしたため、彼女は父王の妃になった。ソンツエン・ガンポ王と文成公主の名前は、数日後ラサ見物の折に、ガイドがたびたび口にした。チベット史上重要な人物である。このように和解したにもかかわらず、高宗の唐は六六九年この地に侵攻し、再度惨敗を喫した。その結果吐蕃は、逆にトルファンやクチャ、カシュガルなどタリム盆地北縁のオアシス都市まで一時期勢力圏を拡大することになる。この地方は、両国勢力の境界だった。

日亭からは向いの月亭の丘や、枯れ枝を束ねて立てたものに、いろいろの色彩の布を巻きつけたオオボ（祠）が望まれた。日亭を背景に白毛のヤクと並んで、五元で記念写真を撮る（235頁　図5—2参照）。ヤクは、標高二千から五千メートルにしか生息しない牛に近い大きな家畜である。全身白か黒の長く厚い毛に覆われている。この辺りでは、白色より黒色ヤクが優勢だ。

峠を下ると丘陵は遠ざかり、草原が広がった。遊牧民のテントが点在している。白いテントは羊、黒テントはヤクの皮で作られる。

一八時半、今日の宿泊地である青海湖賓館に着いた。夕食まで時間があるので、ホテルから五分ほどの湖畔に急ぐ。白い小さなパゴダやオオボが建っている。小さな船着場から、数人の地元の人が歩いてきた。波ひとつない凪である。湖畔に下りて、水を掬う。中国内陸一の大湖で、対岸はまったく見えない。ただ茫洋と湖水が広がっていた。夏のシーズンも終わり、訪問客もほとんどないらしい（235頁　図5—3参照）。黒い雲がゆっくり動いている。杜甫もこのあたりの情景を観たのであろうか。

君見ずや青海のほとり
古来白骨収むる人無し
新鬼は煩怨し旧鬼は哭す
天陰り雨湿し声啾啾

ホテルへの戻りで、大粒の雨が落ちてきた。夜二一時、長い一日を終えて就寝した。

図（5-4）チャカ塩湖畔

二．チャカ塩湖を経て青海省ゴルムドへ

九月二二日（火）、六時に起き、階下の食堂でお粥などの朝食を摂った。ロビーで、前川さんが、参加者の血中酸素濃度と脈拍を測っている。酸素濃度は七九で昨日の八三から減少しているが、七〇以上であれば問題ない。八時にホテルを出る。

今日は一日、青海省の中を六五〇キロ南西のゴルムドまでバスで移動する。座席の位置も前中後の三グループに分け、数時間毎に交代した。外は、雨模様だ。昨日より、気温が下がっている。バスは湖畔から少し離れた道路を、湖岸と平行して西に向った。八時二〇分、青海湖の沖に、仏教寺院があるという湖心島の影を見た。薄茶色の草原が続き、羊や馬が放牧されている。朝食の準備中か、テントの横から煙が上がっていた。

黒馬河という標識のある集落で、バスは湖岸を離れて山中に入る。九時三〇分、ゾウヒ山峠（三八二〇m）で、写真撮影のため小休止した。周囲には、いくつか若草山のように草に覆われた丸い小丘がある。峠を降り始めると、道路拡張のための工事場が右手に延々と続いていた。少し日照が出てきた。

一〇時半、チャカ塩湖の町に入った。中国有数の塩の産地である。チケット売り場から両側に広がる白い塩湖を見ながら、そのあいだを歩いていく。雪が積もった冬の湖面に見えるが、すべて堆積した塩である。死海よりも塩分濃度が高いので、塩は水に溶けずそのまま結晶する。ミネラルも多く含まれ、良質の塩である。トロッコの路線を越えて湖面に近づき、塩の層を剥がそうと試みたが硬過ぎた。切れ口が鋭くて、触れると手のひらを傷つけそうだ。パゴダや仏像など塩の彫刻が、道の脇に並ぶ。塩湖は、七メートルの上層、ニガリ成分の多い中層、原塩の下層に分かれていて、上層を休ませながら採塩すると、新しい塩が再生産される。今の堆積量だけでも、一三億の人口を五〇年支えるそうである。現在休塩期なので、作業員の姿はない。

しばらく前川さんと立ち話をした。最近よくパンフレットで目にする南米ボリビアの世界一の塩湖ウユニ湖に、興味を持っていたからである。彼女は、添乗員としてウユニ湖を訪れていた。「とても幻想的な光景だそうである。「首都ラ・パスから現地一泊のツアーを利用すれば、見学可能でしょう」

交通の便宜があり治安さえ良ければウユニ湖には一人で行きたい、と内心に計画を立てる。入り口横の売店で数人の人が、袋入りの塩を購入した。決して安くはない。

一一時三〇分、一〇〇頭に近いラクダの大集団が公道を横切っていた。小停車のあいだにバスを降りて、崑崙山脈を背景に写真を撮った。一帯は、ラクダ草の草原が広がる。小川も流れている。

一二時半、緑地が多くなり、道の両側にポプラの並木が続いた。一三時、都欄という町に着いた。このあたりでは唯一の市街地である。六世紀に全盛を迎えたチベットの王国吐谷渾は、この近郊に都城があったらしい。近年、彼等の墳墓が発掘されている。「天翼美食餐庁」というレストランで約一時間のランチ・タイム。

午後の移動を再開してまもなく、道端のクコの潅木を見つけたガイドが車を停止させた。グミの実より小粒の赤い実が、細かく分かれた枝に無数に生っている。枝にとげがあるので、やはりグミの同類ではないかと思う。

標高四千メートル前後に生息する西蔵カモシカを見る。体調三〇センチほどの小兵。この辺りは、ツアイダム盆地と呼ばれ、ツアイダム川をはじめ多くの河川や湖沼が散在する広大な湿地帯である。香日徳鎮という集落を過ぎる。ここでは麦の収穫が始まっていた。バスは、一〇〇キロを越す勢いで走る。制限速度は、街中で時速四〇キロ、そのほかは一〇〇キロである。一七時、野外でのトイレ休憩。タマリスクの茂みが分散し、荒蕪地が展開する。一八時、左車窓に突こつとした山並み、右手は潅木地帯という景観が続いている。

一八時、フロント席の前川さんとキューちゃんが、揃って歓声を挙げた。バスが停まり、二人に続いて一行も「何事か」とバスを降りる。道端で女性が、「五体投地」をしていた。五体投地とは、最も敬虔で過酷な巡礼の形式である。まず頭上、口、ついで胸の前で手を合わせてから大地の上に五体を投げ出して祈る。これを繰り返しながら、聖地ラサを目指しているのである。必要な荷物や食料は、リヤカーに積んである。リヤカーを少し先に移動させては、元に戻って五体投地を繰り返すのだから、尺取虫の前進のように遅々として進まない。前川さんらが大きな声を挙げたのは、投地をしていた女性が、前回九月七日のツアーに添乗して当地を過ぎたときに見かけたのと同一人物だったからである。まだ一〇日余りしか経っていないから、行路は捗っていないようだ。ラサ到着まであとどれだけの歳月が必要なのか。彼女を駆り立てている根本の情念は何か。家族や家事や生計は?異様な感動とともに、このような素朴で俗っぽい疑問が湧いてくる。後で、仲間と話し合った。

「ヨーロッパにも、古くから聖地巡礼がありますね」、と誰かが言う。「たとえば、スペインのサンチャゴ詣でとか、フランスのモン・サン・ミッシエル巡礼とか」

「ヨーロッパの巡礼者も苦行したのでしょうが、五体投地の厳しさにはおよばない」

「日本にも、比叡山の千日回行のような荒業がありますよ」

「でも、あれは特別の行者に限られたことですから」

「お伊勢参りは、弥次喜多のように、おおかた物見遊山に過ぎなかった」

「四国八十八か寺も、多くのひとは観光バスでまわっているし」

結局、日本人の信仰は、真剣みや執念の点で軽すぎる、という意見で一致した。私たちは写真を撮らせてもらい、手を振って、同じ動作を繰り返している巡礼者と別れた。

一九時、ようやく本日の宿営地ゴルムド市に着いた。人口二五万、整備された町並みを持つ、落ち着いた地方都市である。直接レストランで夕食を済ませてから、二〇時蘭湖大酒店にチェック・インした。仲間と近くのコンビニに出掛け、明日の汽車旅行のためのおつまみなどを買う。

三．青蔵鉄道の旅

九月二二日（水）、今朝も五時四五分と早いモーニング・コール、七時にホテルを出る。

駅のプラットホームで、しばし列車の到着を待った。列車の始発は、西安なのである。やがて緑色の車体に、窓枠の上下に黄色の横線を引いた長い列車が、ホームに入ってきた。私たちが乗る一〇号車は、食堂車の隣で便利だ。通路を隔てて進行方向右手が三人掛け、左手が五人掛けの配置になっている。これを一ブースとして、一行全員が三ブースを占めた。男性六人は真ん中のブース、添乗員ガイドを含めて女性一〇人が、前後のブースに座る。それぞれゆとりの空席が確保されていた。一二時間の汽車の旅だから、

図（5-5）ゴルムド駅

図（5-6）車窓の連山

適宜座席を交代すればよい。私は、泉南から来た水嶋氏と二人で、三人席に向かい合って座った。
　八時二五分、一一四二キロ先の目的地ラサに向けて汽車は動き出した。市街地を出るとすぐに、景観は草木がない曠野に変わった。左手は忽然とした山が連なっている。崑崙山脈から東に伸びる支脈であろう。既に三千メートルの高所を走っているのだから、窓外に見える山々は優に四千メートルは超えているはずだ。通路の反対側にいた流山市の石井氏が、「ここらの山のひとつに登れば、初登頂者になれるかもしれない」とこちらに声を掛けた。私が山好きなことを知っての、問いである。「多分ね。でもネパールのヒマラヤ山系と違い、シェルパもいない崑崙山脈の山をアタックするのは、いっそう困難でしょう」
「第一、山の名もついていないのでは?」、と男性の中では一番若い仙台市の日上氏が口を挟んだ。後で分かったのだがチベットでは、五千メートルに足りない山はみな名前がないという。すべての峰が登頂し尽くされ、里の小山でも名前が付いている日本とは事情が違う。登る人もいない無数の峰に、いちいち名前を付けて区別する必要もないのである。
　黄色い濁流が両岸を削って流れていた。ゴルムド川である。左手の峰のあいだに氷河が見える。このあたりの最高六千メートル峰の玉樹山は、裾野だけ覗かせて、あとは雲に覆われていた。一〇時三〇分長い鉄橋をわたり、すぐに長いトンネルに入る。東西に走る崑崙山脈を南に横断したのである。一一時チマル駅を過ぎた。駅といっても、プラットホームに白い標識が立つだけで、駅舎も人の姿もない。沿線のほとんどの駅は、まだ開業していない。路線脇に田植えあとのように縦横の縞が刻まれているのは、凍土層の流失を予防するためである。

同じ車両には、民族衣装のチベット人、中国人、白い帽子を被った回族の男性、白人女性などの旅客が乗ってほぼ満席である。母親に付き添われてトイレから戻ってきたチベット人の男の子が、通路を過ぎる。母子とも民族衣装を纏い、丸顔で頬が赤い（235頁　図5―7参照）。格好な被写体が現れたので、みんなでカメラを構えた。子供は、四歳という。お菓子を貰った男の子は、そのあとも時々戻ってきておつまみなどを手に入れた。これを見ていた同じ年頃の別のチベットの子供もやってきたが、こちらはあまり注目されず、カメラを構えるひともいない。石井氏が、「何で自分がもてないのか、この子には分からないでしょうね。民族衣装を着ているかいないか、の違いだけなのだが」、といって笑った。

一二時、水嶋氏の高度計によれば、四九〇〇メートルの高所に来ていた。地表は、蘚苔類に覆われている。「車内が気密になっている、というのはあやしい」、と彼はいう。計器の気圧が変わるのは、外界と通じている証拠だというのである。しかし、車内の私たちは、高所にいるという実感もなく、平気で談笑している。

一二時半、風火山トンネルを出たところで、食堂車の案内があった。座席が限られているので、三〇分毎の入れ替え制である。水嶋氏、阿部さんと同席した。水嶋氏から、持参のボローニア風の缶詰パンの提供があった。彼は、万事几帳面で、準備が行き届いている。パンの缶詰めは、初めて頂いた。阿部さんは、トルティージャなどスペイン料理のことを話す。スペイン人と結婚した娘さんに会うため、時々グラナダに出掛けるという。グラナダは、私の好きな町のひとつである。

一四時半、石井氏、岡部氏と雑談しているところに、キュウちゃんがやってきた。早速、岡部氏が、「女性心理学」という手品をキュウちゃんにしてみせる。トランプで、キュウちゃんが密かに引いたカードを、岡部氏が彼女の心理を読んで当てるという。真剣な表情のキュウちゃんと、笑いをかみ殺している岡部氏の対照がおもしろい。なぜうまく当てられたのかと、キュウちゃんは首を傾げる。私が横から、テーブル・クロスをたくし上げた。そこで、彼女もやっと気がつく。前に座っている石井氏の足が、岡部氏のほうに伸びていた。

次いで、固く結んだタオルを簡単に解く手品や、手のひらに載せた貨幣を一瞬に反転させる実演。これは、手先の多少の器用さと練習が必要だ。添乗員の前川さんも加わって、二人で貨幣転がしの練習を繰り返す。時々手元が狂って、お金が床に転がった。若い女性を相手に、石井/岡部組は楽しそうだ。

女性グループが占める前方のブースから、日上氏がほうほうの体で戻ってきた。離婚独身の彼は、金沢さんや阿部さんら年長の女性達から、アドバイスや冷やかしの一斉射撃を受けたらしい。品よく優しい感じの二人の女性だが、長い職歴があり話題も豊かである。阿部さんは、協議離婚したと堂々宣言されていた。若い日上氏が太刀打ちできる相手ではない。どんなやり取りがあったか分からないが、「結婚は思慮の欠如、離婚は忍耐の欠如、再婚は記憶の欠如」、という声だけは私の耳にも届いた。

一五時近くになると、一同少し落ち着かなくなった。青蔵鉄道の最高点タングラ峠(五〇七二m)に近づいたからである。左の車窓にトト川が流れている。長江の源流である(235頁　図5—8参照)。その先方に鉄橋が見えてきた。汽車がゆるやかに左にカーブする。通過は一瞬だ。みな左の車窓に寄り、カメラ

図（5-9）タングラ峠の標識

図（5-10）ラサの剛堅ホテル

を構えた。鉄橋を渡ったすぐ先に最高点があった。コンクリートの土台の上に最高点を示す高さ一〇メートルほどの白い標識塔が建っていた。と思う間もなく鉄道の世界最高所にあるタングラ駅標識が立つプラットホームを通り過ぎる。シャッター・チャンスは二度あった。幸い、後で現像すると、ふたつともうまく撮れていた。列車による世界最高点にいたことを、私は自分の眼と写真の両方で確認したのである。

一八時五〇分、夕食のため再び食堂車に移動した。水嶋氏、岡部氏、石井氏と一卓を占める。既に毎日なじみの中華料理だが、列車食堂の味は悪くない。岡部氏は、これまで働いていた情報処理の話をした。この仕事は、医薬品の薬効テストの解析から気象予測まで、幅が広いらしい。日本は地形が複雑だから、局地的な風力や気象の分析が難しい。お二人は、風の岬といわれる青森県の竜飛崎を初め、各地で風力マップの作成に尽力されたようだ。気象予測や風力開発のため、風力マップのデーターは重要なのである。気象予報士の資格制定を政府に働きかけ、自ら取得されたという。私も一ヶ月前妻と出掛けた青森旅行で竜飛崎の風の強さを実感したばかりだし、六ヶ所村では林立する風車を見てきたところなので、興味を持って話をうかがう。

五年先輩の石井氏は、今年退任した岡部氏をツアーに誘ったのである。二人とも、アメリカなど海外出張の機会は多かったが、これからは気楽な道中を楽しまれる

図（5-2）日亭下でヤクと

図（5-3）青海湖畔

図（5-7）青蔵鉄道で会った
チベット人母子

図（5-8）長江の源流、トト川

図（5-11）ダライ・ラマ一四世
の離宮、タクテン・ミギュ

図（5-12）ポタラ宮の上から
（著者自筆）

図（5-15）ラサの八角街

図（5-16）セラ・ゴンパ中庭での
僧達の禅問答

図（5-18）ヤムドク湖

のだろう。岡部氏は既に遺言も書き、「臓器を提供することにしてます」、という。「でも、果たして人様のお役に立つまともな臓器が残っているか、自信が有りません。視力は落ちているし、飲酒で肝臓は弱っているわ、まともな歯も少ないわで、おまけに心の性質《たち》がよくないときては」

二二時、ラサ駅に着いた。「一二時間の長い汽車の旅で、居眠りする人がひとりも出ないのは、珍しいことです」、と前川さんがいう。ラサのチベット人ガイド田久氏の出迎えを受けた。市の中心部、北京東路にある剛堅拉薩（ラサ）・ホテルにチェック・インしたときは、二三時を回っていた。今夜から三連泊し、ラサを観光するのだから、旅の後半は少しリラックスできるだろう。

四．ダライ・ラマとポタラ宮

九月二三日（木）、日照がきつい。九時半にホテルを出発して、まず市街地の西部にあるダライ・ラマの夏の離宮、世界遺産のノルブ・リンカを訪ねた。バスを降りて公園の中を抜け、華麗な正門を潜る。高い塀に囲まれた緑豊かな広い敷地に、歴代ラマの離宮が点在する。竹林がある砂利道を歩いて、ケルサン・ボタンという一八世紀初めてこの地を選んだダライ・ラマ七世の離宮にまず立ち寄った。規模は小さいが、赤や黄色の花壇の先に、優雅な屋根ひさしとピンクの垂れ布を飾った瀟洒な建物である。内部に玉座とバター製のろうそく、タンカ（仏像を彩色した布）があった。タンカは、年月が経ても色が褪せないらしい。次いで、上部が赤、下部が黄金色で築地風の屋根付の高い塀の外を回って、ラマ一四世の離宮に向った。途中のお祭り広場の前では、壁が途切れて楼門になっている。ダライ・ラマは、門の二階の小窓を開いて、聴衆の参賀に答えたという。

ダライ・ラマ一四世の離宮（タクテン・ミギュ）は、さすがに大きく壮麗な建築だった（235頁　図5―11参照）。中央の左右に翼を拡げた金色に輝く中国風の屋根を持つ本殿は、少し前に張り出している。その両側にも、優美な二階建ての棟が続くのだった。本殿正面の噴水を囲んだ花壇は、橙、黄、白、ピンク、赤と色とりどりの花が幾重にも丸い輪を作って、建物を引き立てている。一九五五年、一四世はこの離宮に移り住んだ。

この華やかな外観に比べると、建物の内部は意外にシンプルで近代的だった。金に縁取られた玉座は、長椅子に似ている。二階に上がると、チベットの歴史を示す絵が壁に描かれていた。チベット人の祖は、サルと魔女から生まれたとされる。ついで八世紀、吐蕃王国四四代までの王の物語。一三世紀以後は、ダライ・ラマの時代になる。表側の窓はガラスがなく直接外気に接し、前庭の花壇が見下ろせた。茂った木々の間に、険しい岩の連山が見えている。ダライ・ラマの私的空間には、トイレ付きシャワー・ルームや居間があり、ラジオやプレイヤーなどの日常品が残っていた。

あまり大きくないが、会議室があった。一九五六年頃この部屋で、二一歳のダライ・ラマ一四世と中国の周恩来首相が面談したのである。ガイドの田久氏によれば、その威厳に打たれた首相は殆ど口が利けなかったという。これは、チベット人らしい伝聞であろう。百戦錬磨の周首相が、いくら優れているにしても二一歳の若者に圧倒されるわけがない。その三年後、チベット民衆による初めての反中国騒擾が発生し、中国軍が鎮圧に当たった。身の危険を感じた一四世は変装して離宮を脱出し、インドに亡命政権を建てる。彼に従う六万人の信者も、インドに移住した。以後のダライ・ラマ一四世の世界各地での活動は、周知の事実である。現在七四歳といわれる。

チベットが長いあいだ他国に侵されずに独自の文化を維持できたのは、厳しい自然条件が逆に天然の要害になっていたからである。石井氏は、「七世紀の大唐軍は、ソンツエン・ガンポに敗れたのでなく、水面で口をウハウハさせている鯉のように希薄な空気に耐えられず、戦どころではなかったのだろう」と笑いながらいう。彼は、ラサの高度を実感し始めたのである。

さすがに、二〇世紀になると列強が、チベットの戦略的地理に注目始めた。特に、ペルシャやアフガニスタンを自国の勢力圏に取り込もうとして、いわゆる「グレート・ゲーム（諜報合戦）」を展開したのが、大英帝国と帝政ロシアだった。近代的装備を備えた英領インドのヤングハズバンド隊は、一九〇四年ギャンツエやシガツエに侵攻し、チベット政府に不平等条約を強いている。このあたりの事情は、拙著『インドから見た大英帝国』で若干触れたことがある。チベットは、中国だけではなく、ネパール、インドとも古くから交流があった。

一九四九年に建国した中華人民共和国は、当初からチベットを自国の領域と見做していた。そして一九五九年のチベット騒擾や一九六六年に始まる文化大革命など機会あるたびに、チベットへの支配を強化してきた。私たちが楽しんだ青蔵鉄道の建設も、このような中国の一貫したチベット政策により遂行されたものといえよう。

チベット仏教界の最上位ダライ（太陽）・ラマは、観音菩薩の化身とされる。これに次ぐ、パンチェン（月）・ラマは、阿弥陀如来の化身である。世襲の方式は、両者共通している。先代の逝去に伴い、その転生者探しが始まる。高位の僧侶がマニ車（回転する筒に経典を詰め、信者が手に持つ仏具の一種）で占ったり各種の瑞兆を読み取り、広く全土に候補となる童子を求める。一四世のように貧しい家庭の子供が選ばれることもあった。血統家柄は、選考の基準にはならない。現在中国政府が支持しているのは、五一歳のパンチェン・ラマ一一世である。

レストランで中華料理のランチ。午後は、ラサ市街の中心部に聳えるポタラ宮を見学する。麓の広場から見上げると、まるで巨大な城郭のようだ。ポタラとは、「観音菩薩が住む山」を意味する。殆どが白色で、中央の最上部が赤壁を持つ一三層からなる大建築群で、それぞれ白宮（ポタン・カルポ）、赤宮（ポタン・マルポ）と呼ばれる。白宮はダライ・ラマ五世が宮殿として建て、行政の中心になった。その上階の赤宮は、五世の死後摂政サンギュ・ギャンツオが建造したのが始まりである。こちらは、宗教行事の中心で、五世以後の歴代ダライ・ラマのミイラが、それぞれの金色の仏塔の中に収められている。ポタラ宮は全体として、神権政治チベットを象徴しているのである。カメラマンの水嶋氏は、ポタラ宮だけは晴天の下で撮りたいと繰り返していた。今眩しい陽光の中に、その宮殿が眼前に屹立している。

入場にはあらかじめ予約が必要で、指定された時刻から一時間内に、見物を終えなくてはならない。私たちは、東の入り口から幅広い一六〇の石段を登って数度か折り返し、売店が並んでいる広場に立った（236頁　図5―12参照）。ようやく高度にも慣れてきたのか、皆あまり息を切らすこともなく、観劇場跡デヤン・シャルに着く。その西側にダライ・ラマ一四世が暮らした空間で、会議室、居間、寝所などがある。意外に小さく素朴なのが印象に残った。その上の赤宮前の空間は、三七六五メートルの高さにあり、最上階に昇れば、富士山頂をわずかに超える。

内部には、金の仏像三体曼荼羅、経典、弥勒菩薩像、それに六世を除く歴代の仏塔が並んでいた。中でも一七世紀のダライ・ラマ五世は、ダライ・ラマの権威を高め、ポタラ宮を創設した人物として、特に立派な仏塔に祀られている。私たちが目にしている事物は、みなおそらく国宝級のものなのだろう。残念ながら、チベット史やチベット芸術の知識に乏しい私には、田久氏の説明が半分も頭に入らなかった。長い歴史的時間が、あまりに狭い空間に圧縮されて詰まっているからである。

ダライ・ラマの権威は、一体なにに由来するのか。ものの本によれば、やり手のダライ・ラマ五世は、かつての吐蕃の英傑ソンツエン・ガンポの権威を、神権政治に利用したのだという。モンゴルのような大草原地帯と対照的にチベットは、山岳が谷を分かち大部族の集結が難しい。ラサの東方ヤルルン渓谷を長年拠点としていた吐蕃一族は、三三代ソンツエン・ガンポ王一代で全チベットを統一し、ラサを都に定めたのである。一〇世紀も昔の吐蕃王の宮殿跡に、ダライ・ラマ五世は白宮を建てて、権威の拠りどころにしたのだった。

ただ、権力者となったダライ・ラマ五世が、どこかの国の独裁者と違って後継者に血筋のものを選ばなかった事情はよくわからない。摂政サンギュ・ギャンツオの意向が働いていたのか。摂政は、一五歳まで恵まれた環境で自由に生きてきた若者を、ダライ・ラマ六世に選びポタラ宮に閉じ込めてしまう。ロマンチックな詩を書き芸術家肌だった六世は、孤独に耐え切れず、宮殿を逃れて諸国を放浪した。最後は青海湖のあたりで亡くなったといわれる。神権政治の中心である大宮殿は、一九五五年のダライ・ラマ一四世亡命以後、主を失った館なのである（1頁　図5―13参照）。

本日の最後の訪問先は、ラサで一番繁華なパルコル（八角街）の中心を占めるジョカン（大昭寺）である。ジョカンは、遥々ラサを目指してきた巡礼者の終着点になる。門前の庭には、五体投地を繰り返す多くの巡礼者の姿があった。参拝客で込み合う内殿入り口に一行が立っていると、「チャイニーズ」と罵る

図（5-14）ラサ市街

ような大声がした。私は、事情が分からず前に進んだ。あとで同行者から聞いたところによれば、一行が日本人と分かって、大声で喚いていた相手が鎮まったという。思わぬところで、中国人に対するチベット人の反感を経験したのである。

ジョカンは、ソンツエ・ガンポ王を弔うため、ネパール出身の妃ティツンと文成公主が協力して建立したもので、それぞれの持仏である一一面観音と釈迦像が祭られている。群集に揉まれながらご本尊釈迦如来像を拝むことはできたが、命からがらの思いで脱出する。有名な寺院だが街中でスペース限られているため、参拝客が集中すると十分な対応ができないのだ。この寺に詣でた巡礼者たちは、文字どおり八角形をしたパルコルを時計回りに移動する。あるものは、マニ車を回しながら、あるものは人込みをわけて五体投地で。この繁華街でも、ホテル前の北京東路の一角でも、灰色の制服を着た警官や数人固まっているカーキ色の中国兵士姿が目立った。

私たちは、パルコルの中ほどにある「西蔵蔵約博楼」というみやげ物とレストランを兼ねた店まで歩いた。一、二階は、観光客目当ての少し高価な商品売り場になっている。三階のレストランで夕食が予定されていた。一時間の自由時間があったので、パルコルの屋台をひやかし、小さなマニ車やポタラ宮殿を描いた磁性の掛け物などを買った。パルコルには、周りの商店前の道の両側に観光客相手の屋台が並んでいて、年中お祭りのように人が集まるのである（236頁　図5―15参照）。

夕食では、チベット踊りを鑑賞しながら、地元の鍋物料理をポン酢で味わう。金沢さんや水嶋氏が両サイドから鍋奉行をしてくれるので、もっぱら食べることに集中する。油いための多い中華料理の続いた胃袋に、あっさりしたチベット鍋はよかった。二〇時、ホテルに戻る。

五 ラサのゴンパ（寺院）巡り

九月二四日（金）、晴天。七時に起床し、八時に階下の食堂に下りていく。一〇時の出発なので、気分にゆとりがある。昨日に続いて、パンやケーキに果物ばかりを選んだ。前川さんのオキシ・メータでは、血中の酸素七五、脈拍七一と出た。

午前中の見学地デブン・ゴンパ（寺）は、ラサの中心から西北一二キロの少し高所にある。ラマ教最大のゲルク派に属し、一四一六年創立の大寺院である。崖の麓に、大きな建造物が散在していた。私たちは、ほぼ中央部にあるツォクチェン（大集会場）と台所を見学した。どこかで読経の声が聞こえた。前者は、正面に八本の赤い柱が並び、屋根の上にマニ車と二匹の鹿の彫刻を載せた堂々たる建物である。本尊は、弥勒菩薩。日本で弥勒菩薩の名品は、京都広隆寺や奈良中宮寺など数が限られているが、ラサでは二日の間にいくつか目にすることができた。いかなるご利益か分からぬが、タンカの下を二〇メートルほど腰を屈めて歩く。帰途裏手の石段を下っていたときに見たコスモスの群生が、僧坊のくすんだ壁から浮き出るように美しかった。はるか南方の山裾に、ラサ駅を望む。深夜に到着したため駅頭での記念写真が撮れなかったのは、鉄道ファンとして少し心残りである。

キュウちゃんと並んで前を歩いていた若い日上氏が、唐突に現代世界の三悪人としてヒットラー、スターリン、毛沢東の名を挙げたのには、少し驚かされた。北京大学の教授の本に書かれているというのである。果たしてキュウちゃんが、懸命に毛沢東の弁護を始めた。文化大革命で失政をしたとはいえ、毛沢東が現代中国建設の立役者であることには変わりはない。たとえ北京大学の先生の本でも、おそらく中国では出版されていないだろう。後でキュウちゃんに訊いてみると、改革の行き過ぎの咎で最高実力者鄧小平に追われた胡耀邦総書記や、天安門事件で首謀者たちに同情したため失脚した超紫陽首相の名前も知らなかった。事件の頃彼女はまだ幼児に過ぎないし、失脚した元リーダー達の名前を学習していないのは当然かもしれない。若い人の発言をとがめだてしたくはないが、いくら親しくなっても現地の人には細心の注意と十分情況を判断しながら話してもらいたいと思った。

一二時半、「夢裏水郷酒楼」で、ランチ休憩する。山下さんは、首に巻いた白いカタで左腕を支えながら歩いている。また骨折したのかと思ったら、通りで滑って少し痛めた程度という。四人組の仲間から、「カタを粗末に扱っていた罰が当たったのかも」と冷やかされた。「でも、カタが役立っているわ」

いつも陽気な石井氏は、高山病の症状のためか少し元気がなく、ダイアモックスを服用している。この薬剤は、抗てんかん剤として開発されたものである。五千メートルの高所対策として出発前医師に相談したところ、高所での薬効は臨床的には証明されていないという。むしろ副作用がきついらしいのであきらめ、スポーツ店で購入した「舐めながら酸素をとる」錠剤を携帯している。石井氏と、相棒の岡部氏の二人は、共に愛煙家である。喫煙と酒は、高山病を誘発すると注意されて我慢していたのだが、旅も五日目になって気が緩み、昨夜ついに禁を破ったらしい。岡部氏のほうは、「なに、口先で吹かしただけだから」、と涼しい顔をしている。「もともと営業をやっていた、口先男なんで」

午後は、ラサ市の北八キロにあるセラ・ゴンパを見学した。デプン・ゴンパと同じく一五世紀に創建されたゲルク派の大寺院である。日本人河口慧海や多田等観は、この寺でチベット仏教を学んだ。ここでは、ツオクチェン（大集会堂）と本尊の馬頭観音を拝観した。馬頭観音の前では、護符として鼻の上に墨をつける習慣がある。同行の女性のひとりが、墨を付けてもらって喜んでいる。着色砂で描かれた曼荼羅も見た。一五時、禅問答を見るために中庭に集まる。定刻が近づくにつれ観衆が増えた。やがて真紅の僧衣を着けた若い僧侶たちが出てきた。それぞれがペアを組み、中腰で立っている僧が両手を打ちながら問を仕掛ける。地面に座っているほうが、答える側だ。柔道で言えば、乱取り稽古だ（236頁　図5―16参照）。中には、微笑んでいる者がいて、本気でやっているのか疑ってしまう。多少観光化されている気がした。長い参道に並んでいる出店を見ながら、バスに戻った。デプン・ゴンパもセラ・ゴンパも、文化大革命以前には、数千人の修行僧を擁していたが、現在は一〇分の一くらいの規模に縮小しているらしい。

ラサ市に戻り、街中の路地裏にある七世紀創建の古い尼僧院アニ・ツアグンに寄った。町屋や商店のあいだに開かれた入り口は、案内がなければ見つけるのが難しい。狭い中庭だが、マリーゴールドやセルビアの鉢が並んでいて、尼寺らしいやさしい雰囲気が漂っている。本堂では、二、三〇人ほどの尼僧が経文を開いている。別室では、マニ車の製作が行われていた。寺の奥まったところにある小さな洞窟は、ソンツエン・ガンポが瞑想に耽った場所という。この王様はチベットのいたるところに足跡を残している。「尼さんカフェー」で休憩してミルク・ティーを頂いてから、ホテルに帰還した。

夕食までの一時間半、近くの小昭寺界隈を散歩した。今回の旅行中、街中を一人で出歩くのは初めてのような気がする。一八時三〇分、町のチベット・レストランで夕食。チベット風餃子、チベット風ヌードゥルなどがでた。レストランに、黒く毛深いチベット犬がいた。ヤクと同様、三五〇〇から五五〇〇メートルの高度でしか生育できない。田久氏は、一〇〇万元（約一五〇〇万円）はするという。少し高過ぎる気がした。

同じテーブルに着いた岡部氏と広島の渡部さんが、成り行きから各自の配偶者との馴れ初めを自白する破目になった。岡部氏の場合、本命視していた相手の女性とはうまく行かず、その仲立ちしていた女性が現在の奥さんになったという三題話。渡部さんは、なにも知らずに友たちの家に招かれ、現在のご主人と短時間の慌しい初対面だったという。ところで、ご主人のほうは、同じ日の午後、二人の女性とお見合いするという立て混んだスケジュールの中で、急遽渡部さんとの見合いを午前の部にはめ込んだというわけだった。

「ひどいでしょう。私は、ほんのピンチ・ヒッターで、お茶の一杯も出なかったのですから」今頃になって彼女は愚痴った。

現役引退後の生活が話題になった。「どのくらいの蓄えがあれば、気ままに暮らし、旅行が楽しめるか」、と金沢さんが口火を切る。

「問題は、自分の寿命が何時までか、誰もわからないことです」

お友達の阿部さんは、六人のスタッフを抱えて司法書士事務所を開いている現役だから、金銭の心配はない。留守中は、共に弁護士である娘さん夫婦に任せている。遊ぶための時間が少し足りないだけだ。

「財産を残しても、相続人のあいだでトラブルになってはいけないし」

「親の方は十分公平に考えたつもりでも、子供たちはなかなか満足しないでしょう」、と金沢さん。岡部氏は、「子孫のために美田を残さず、です」、と南州翁を気取った。

「スエーデンのように老後を国家が十分補償してくれれば、年寄りもタンス預金をせずに、好きなことにもっとお金をかけることができる。景気もきっとよくなるでしょう」、財務大臣に聞かせたいような意見を金沢さんが開陳した。

「日上さんのようにお若い方は、今後大変ね。私たちは、まだなんとかなるでしょう。いいところだけを味わう、いわば『最後の食い逃げ世代』かもね」、阿部さんが結論めいた話をした。

六、カンパ・ラ（峠）とヤムドク湖

九月二五日（金）、ラサ最後の今日も晴れ。八時に、三日間泊まったホテルをチェック・アウトした。オキシメーターの酸素濃度七五。

フロントから前川さんが、「今日はなんの日か、ご存知の方ありませんか」、と訊ねた。「敬老の日も過ぎたし、秋分の日は二日前に来ているし」、みんな首を捻っている。

「実は、キュウちゃんが、二五の誕生日を迎えました」

立ち上がって笑顔で挨拶するキュウちゃんに、みなで拍手を送る。キュウちゃんは、午後飛行場で一行を見送った後、夜行列車で西寧に戻るという。

今日の午前中は、ラサの南方一七〇キロにあるカンパ・ラ（峠）（四七四九m）のヤムドク湖までの登り。標高差は一千メートルを超える。曲水までは、ラサとネパールの首都カトマンズを結ぶ中国―ネパール公路を走る。ラサを出るとすぐ、右手に急峻な山並み。やがて農村地帯に入る。建物から見ると、寒村ではない。首都の市場に近く気候も温暖で、チベットでは恵まれた地域といえる。明るいレンガ造りの二階建ての農家が多い。人は二階に住み、階下に家畜が収容される。このあたりでは、スイカやジャガイモがよ

図（5-17）ヤルツアンポ河

く穫れる。幅約一〇〇メートルのラサ川に沿いの道になった。雪融けの水が豊かに流れている。道路脇で、五体投地をしている人を見た。ラサからさらに西の聖地カイラス山を目指しているのである。左に空港への道を分けた。九時、曲水という人口二万の町に来た。そのはずれでトイレ休憩。そこに白壁に赤屋根の建物、通称「江沢民トイレ」が、立っているからである。ラサと空港は、六五キロも離れている。かつて江沢民国家主席がこの地を視察したとき、急遽設置されたという。国家主席自身が使用したかどうかは分からない。しかし一種の名所となって、屋台の店も開いていた。

ラサ川は、いつの間にか本流ヤルツアンポ河に合流していた。この河は、ヒマラヤ山系の北麓を東に一千キロも迂回してから南下する。やがてアッサム地方の森林に入り、ブラマプトラ河と改名してバングラディシュを縦断し、ベンガル湾に注ぐ。ヤルツアンポは、チベットの母なる大河なのだ。このあたりでも河幅二〇〇メートル近くあり、滔滔と水が流れている。一〇時、チベット第二の都市シガチエ経由カトマンズに向う公路と分れて、バスは左に折れ、ヤルツアンポ河を渡る。すぐに、「水葬の岩」に着いた。チベットは、鳥葬の国といわれるが、それが全てではない。まず、遺体を細かく刻んで、鳥に処理させる。後に残った遺物を川に流すのである。その場所が、このような川辺である。死者の名前を書いた白いカタがいくつも、岩の上のオオボの上に掛けてあった。岩の先端まで行って河底を覗いた。水葬をするチベット人は、魚を食べないのである。

ここから次第に山道に入る。少し民家が集まった江塘鎮という村で、写真撮影のため小停止。門前に繋がれていたチベット犬が、激しく吠える。いったん門内に消えた子供たちが親を連れて戻ってきた。菜の花畑、裸麦の束、風に揺れるコスモス。

この村を出るといよいよカンパ・ラ（峠）への急勾配の上りになる。幾重にも左右にジグザクを刻んだ山道が、遥かな高みへと続いていていた。道路は対向二車線。片側絶壁のきわには、低いコンクリートの防壁がところどころに打ち込んであるだけだ。運転手に任せて、一蓮托生するしかない。そのバスは、遅々として進まない。かなり高度を上げたところで「ひょっとすると、牧場じゃない」と石井氏が右手の斜面をさした。彼は、風邪と高山病で元気がないが、見るところは見ている。たしかに、柵と小屋らしいものが建っている。車道と別に、山道も延びていた。夏季の放牧地なのであろう。このような急斜面でも人間の営みが続くのである。

一一時、五千メートルに近いカンパ・ラに着いた。峠の駐車場には、先着の観光バスや自家用車が何台も停まり、写真を撮っている多くの観光客の姿があった。峠は広い台地になっていて、石造りの建物や碑が立っている。聖なるヤムドク（トルコ石）湖は、南西の谷間に切れ込むように拡っていた。日の当たる湖面はライト・ブルーに輝き、日陰は濃紺に静まっている（236頁　図5―18参照）。雲に覆われたこのあたりの最高峰ネーチンカンサン（七一九一m）の一部が見えた。青空と積乱雲の下ヤムドク湖の先の山並みは、南方のブータンに向かって果てもなく続くのである。去年の一一月、北ボルネオのキナバル山（四〇九五m）に登ったとき、これが自分が立てる最高地点になるだろうと考えた。それから一年も経たないうちに、今度は自力ではないが、さらに高い地点に立てたのである。今後これ以上の場所に来ることはまずないだろうと、改めて思っている。

台地の端にはさらに小高い場所があったが、無理に移動することは止めた。体が重いし、少し動けば息が弾んだ。あたりにはヤクやチベット犬を連れた地元の人たちが、客待ちしていた。五元で、今回はチベット犬と記念写真を撮った。手足と顔の周りを除けば、全身豊かな黒毛に覆われている。首に赤いレイを巻いていた。後で、水嶋氏が、「チベット犬一匹一五〇〇万円という田久氏の説明は、桁が二桁ほど間違っていたのではないか」、と笑った。「写真代が五元（約七五円）では、どうみても元がとれない」

ヤムドク湖の訪問で、私たちは旅のスケジュールを殆ど消化した。あとは午後の飛行機で広州に戻り、明後二六日、日本に帰国する。

チベットは、日本の四倍の国土を持つ広大な国である。その大部分は高峻な山岳地帯に属する。どれほど長くこの国に住んでも、その全土を知ることなど不可能である。短いチベットの滞在だったが、この国のもっとも核心の部分や歴史の一端に触れることができた。愉快な仲間にも恵まれた、よい旅だったと思っている。

（二〇一〇年一〇月二一日　記）

第六章　コーカサス三国

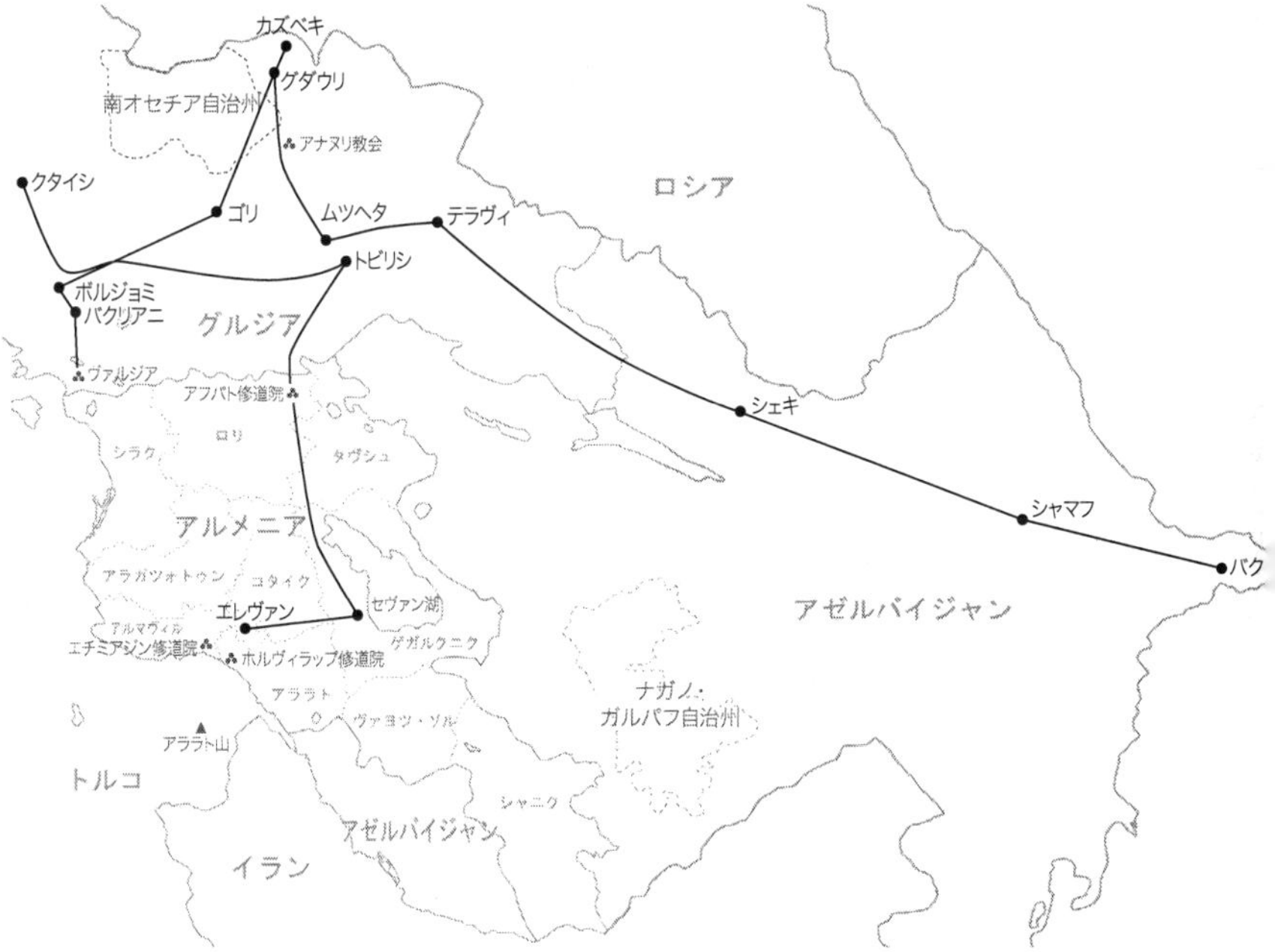
カズベキ
グダウリ
南オセチア自治州
アナヌリ教会
クタイシ
ゴリ
ムツヘタ
テラヴィ
ロシア
トビリシ
ボルジョミ
バクリアニ
グルジア
ヴァルジア
アフパト修道院
ロリ
シラク
タヴシュ
シェキ
アルメニア
シャマフ
アラガツォトゥン
コタイク
バク
エレヴァン
セヴァン湖
アゼルバイジャン
アルマヴィル
エチミアジン修道院
ゲガルクニク
ホルヴィラップ修道院
アララト
ナガノ・
ガルバフ自治州
ヴァヨツ・ゾル
アララト山
トルコ
シュニク
アゼルバイジャン
イラン

図（6-1）天然ガスの火

一．カスピ海の岸辺

アエロフロートで成田―モスクワと乗り継ぎアゼルバイジャンの首都バクーについたときには、現地時間で翌日の午前〇時三〇分をまわっていた。日本とモスクワの時差が五時間、少し東に戻ったアゼルバイジャンとの時差は四時間なので、時計の針を遅らせたり進めたりする。飛行場からホテルに直行するかと思っていたら、

「皆さんに是非お見せしたい場所があるので、少し回り道します」と添乗員の山本さんがいう。この道は二度と通らないから、今夜しか寄る機会はないらしい。暗闇で周囲の様子は分からないが、人里離れた空き地でバスが停まった。大きな窪地に炎が拡がり、一〇人ほどの男たちが囲んでいた。真夜中に焚き火を囲んでいるような異様な感じがしたが、炎の正体は地下から湧いている天然ガスを燃焼している火なのである。三千年の昔から続く常夜灯だ。ゾロアスター教（拝火教）も、このような自然現象から生まれたのではないかと思った。到着早々、アゼルバイジャンの豊かな天然資源を体験する。クラウン・ホテルにチェック・インしたときには、午前二時を過ぎていた。

翌朝二〇一一年七月五日七時一五分起床、四時間ほど熟睡したから気分は爽やかである。ホテル七階で、独りでバイキング朝食を済ませ、九時半ロビーに下りていく。今回は、S社主催の「大コーカサス紀行一五日」の旅、参加者は一〇名で、これに添乗員の山本さん、現地ガイド、ドライバーが付く。山本さんとは、三年前のシリア、

ヨルダンの旅以来の再会だった。彼女は、特に中近東に詳しい添乗員である。

コーカサス(カフカズ)三国とは、コーカサス山脈の南、東にカスピ海、西に黒海に挟まれたアゼルバイジャン、グルジア、アルメニアをいう。通常、ヨーロッパとアジアの境界は、トルコ内のボスポラス海峡/ダーダネルス海峡から黒海を経てコーカサス山脈に連なるラインを指している。コーカサス三国は、ヨーロッパに近接したアジアである。このような地理的位置からこの三国は、古来様々な人種が往来し、王国や文明が盛衰を繰り返した。

近代になると、ロシア、トルコ、イランら近隣大国の政治的経済的圧迫を受け、国内政情が不安定化し、国境線もしばしば変更されている。ソビエト連邦の成立とともに、一九二〇年代三国は自治共和国として連邦の版図に組み込まれた。そして、一九九〇年代初頭のソ連の崩壊とともに、初めて独立した共和国になったのである。しかし独立後、ナガルノ・カラバフの帰属をめぐるアゼルバイジャンとアルメニア間の紛争、グルジア内の南オセチアやアブハジアという二つの自治共和国へのロシアの干渉など係争が続き、日本の新聞紙上でも取り上げられてきた。これらの紛争については、必要に応じて触れていくつもりである。周辺国も含めてコーカサス地方の国々の関係は錯綜していて、三国を簡単に一括りすることはできない。この地域は、まさに東西文明の十字路といえる。東西回廊をめぐる私にとっては、絶対に訪ねなければならない場所だった。

ホテルを出発した一行は、まず小高い丘上のキュロフ公園に向かった。二本のミナレットが立つ金曜モスクの横を通り、展望所まで緩やかな坂道を歩く。オリーブの木立、夾竹桃が花を付けている。白地に黒いプレートを嵌めた長い石壁が、左右に続いた。その前には、献花の列が並ぶ。ナガルノ・カラバフ紛争の死者の墓標である。黒いプレートの上には、故人の写真が刷り込まれ、氏名生年没年が刻まれている。異国からの旅人の目には、異様に生々しく映った。

ナガルノ・カラバフはアゼルバイジャン領内の飛び地で、住民の七〇％をアルメニア系が占める。ソビエト連邦の成立時、現地の実情を無視してアゼルバイジャンに編入された。ソ連崩壊の一九九〇年、この地域の領有権を廻って二国間で戦闘が起ったのである。民間人を含めて、一〇〇万人が犠牲になったといわれる。いずれも人口一千万に満たない両国にとって甚大な損失である。この紛争は、人種と文明の衝突といえる。アゼルバイジャンは、アラブ系やチュルク系が多数を占めイスラム教徒の国である。南のイラン（ペルシャ）や西方のトルコとの関係が深い。一方アルメニア人はインド系で、宗教的にはアルメニア東方カソリックである。現在、両国の国交はない。

図（6-2）バクー港

展望所からは、バクー市街と背後のカスピ海が一望された。バクー市は、現在建築ラッシュという。すぐ近くでも、三本の玉蜀黍を立てたようなシェラトン・ホテルの建設が進んでいた。北海道程の国土に八七〇万の人間が住むこの国は、決して豊かとは言えないが、石油や天然ガスには恵まれている。カスピ海沿岸には、カザフスタン、トルクメニスタン、イランなど産油国も多い。バクーは、沿岸最大の石油貿易港だ。そして、グルジアを経由して黒海に通じるパイプラインの出発点である。当地ガイドのアシャさんに、ガソリン価格を尋ねたら、アゼルバイジャンが、リットルあたり六、七〇円に比べ、グルジアやアルメニアは一二〇円するという。直接アゼルバイジャンから石油を入手できないアルメニアは、グルジア経由で石油を確保しなければならない。

図（6-3）コブスタンの岩絵

少し道を下って、シルバン・シャー王朝の宮殿を訪ねた。当初北西のシャマフを拠点としていた土着のこの王朝は、地震で破壊された旧都を捨て一二世紀に古くからの町バクーに遷都した。一六世紀にサファビー朝ペルシャに滅ぼされるまでこの地で栄えたのである。狭間のある城壁、石畳、八角形の裁判所、メドラッセ（神学校）、ハマム跡、古代の乙女の塔などを見て回った。ソーサーという大きなピンク色の花をつけた木の下で、数人の男たちが「ナル」というゲームを楽しんでいた。サイコロを振っては、白黒の駒をやり取りするのである。のどかな風景だ。

地階のレストランで一時間のランチ・タイムの後、港の周辺を三〇分ほどミニ・クルージングした。先ほど歩いた市街地を海側から眺める。港の入口にギネスブックに載っているという世界一巨大な三色の国旗がはためいていた。カスピ海は、日本の国土がすっぽり収まるほどの巨大な水溜りである。水深平均二〇〇メートル。むろん、対岸などは見えない。

カスピ海を左手に見ながら、バスで南下する。採油のための鉄塔が並んでいる。西側は岩山が連なっていた。平地には、植林されたばかりの若木の林が見える。岩山が近くに迫ったところで、バスが停まった。この岩山群の谷間に散在するコブスタンの岩絵の一部を見物するためである。岩石の間に付けられた遊歩道を一周しながら、岩肌に刻まれた四五〇〇年前の線刻を見て回った。船を漕ぐ人、妊婦、イノシシを追う犬、その犬を追う蛇、踊るひと、彩色されていないので、ガイドの説明がなければ岩肌の縞との判別が難しい。ただ、古くからこの地でも人間の営みがあったことが分かるのである。バクー市街に戻る途中に、ＡＤ一世紀この地に駐在したローマ軍が残した石碑があった。風が強くなり、カスピ海は波立っていた。

二〇時、旧市街にあるキャラバン・サライ（隊商宿）の広い中庭レストランで夕食の卓を囲んだ。欧米からの旅行者の姿も見られた。片隅で、タンバリンと弦楽の演奏や歌が始まり、火を咥えたり顔面に吹き付ける演技、数本の刃の上に裸体で横臥し、上から四人の大男たちが体重をかけるなどの雑技を演じる。どの男も太鼓腹が目立った。

最後に、女性のベリー・ダンス。一通り演技を見せた踊り子は、観客の参加を促す。そして同行者の関口氏を引っ張り出した。彼は、グループの中では大柄で声も大きく目立つ存在である。ステージに立った関口氏は、シャツをたくし上げ、バンドを緩めてオヘソを出した。それでも物足りないと思ったのか、踊り子はズボンをさらに引き下げようとする。ストリップ・ショウになるのではないかと、仲間うちで少し心配する。それでも関口氏は臆することなく腰をうまくゆらせて、演技を終えた。

これで終わりと食事していたら、いつの間にか後ろに回っていた踊り子が、いきなり首にスカーフを巻きつけ、無理やり舞台に連れ出そうとする。生来、所作は苦手である。体操でも盆踊りでも人に合わせるのが難しい。まして貧弱な肉体の一部を人前にさらすなど真っ平だ。座が白けるに決まっている。必死の抵抗に諦めた踊り子は、ほかの獲物を求めて別のテーブルに向かった。「せっかくのチャンスなのに」と誰かが気楽なことを言った。

二二時、昨夜と同じクラウン・ホテルに戻る。

二、古都シェキ、キャラバン・サライに泊まる

翌七月六日九時、グルジアとの国境に近い北西の古都シェキに向けて出発した。ガイドのアシャさんから、現在のアゼルバイジャン社会について簡単な説明を受ける。

イスラム教徒が大多数だが、西のトルコ同様政教分離で、政治に直接宗教が介入することはない。平均月給は約三〇〇$と低いが、健康保険は二〇%国が負担しており、ナガルノ・カラバフ紛争の遺族への生活保障もある。二六ある国立大学の学費も無料。コーカサスの他の二国にはないことで、豊かな石油歳入が財源になっている。ただし、電力の八〇%は水力、二〇%は風力とエコシステムも機能しているようだ。

国民の平均寿命は六、七〇で、六五歳から年金がもらえるし老人ホームもある。外国語学習熱が盛んで、英語、仏語、ドイツ語、日本語、ロシア語の順に人気があるという。外資系企業の給与が高いからである。結婚適齢期は、男性が二八から三〇、女性二二から二四で、若年婚はない。その分、少子化の傾向があるという。

バスの車窓に、起伏のある田舎の風景が広がっている。一戸建ての民家の壁や、破風の下には、色とりどりの美しい文様が描かれていた（269頁　図6―4参照）。コーカサス山脈の前衛の山が近づいてきた。樹木は少ない。一〇時ごろ、土がむき出した小山が続く地帯に来た。一見荒蕪地のような平地には、羊が群れている。塩分濃度が高い土質のため牧草は少ないが、臭みのない羊肉が得られるという。

一一時、シルバン・シャーの最初の都があった、シャマフに着いた。小さな町を見下ろす小丘の上に、一四世紀の七つのドーム状の遺構が並んでいた。かつての王族の墳墓である。アザミが咲く茂みの間を歩いた。少し離れた糸杉の林の中には、朽ちかけた小さな墓石が散在する。こちらは、庶民の墓だった。見

捨てられた古都の風景は、侘しい。

一二時、小さな町の民家の庭で一時間のランチ・タイム。戸外での食事は、いつものどかでリッチな感じがする。ここで同行者間の自己紹介があった。東京の関口氏は、昨夜のベリー・ダンスで、皆に顔と名前が知られている。声も大きく話好きで、既にツアーのムード・メーカー的存在だ。関東からは関口氏を含め男性四人女性二人、関西からは男性三人女性一人、門真市の船本氏が一行の中では最も若い。一人参加の男性が多いツアーは珍しい。

午後、出発してすぐに転寝。目覚めるとバスは起伏の多い丘陵地帯を走っていた。カスピ海沿岸に比べ樹木が豊かだ。灌木で敷地の境界を区分された牧草地も現れる。再び転寝し、一五時トイレ休憩のため停車したガソリン・スタンドで目覚めた。このあたりの標高は五〇〇メートル前後、カミュレ山（四四六六m）が見える。小麦や玉蜀黍の畑、ライ麦はこの地方が原産地という。リンゴ、スモモ、ブドウ、ナシの果樹園がある。

BC一五世紀に遡るといわれる歴史を持つシェキに入る。人口一六万五千、古くからシルクの町として知られた。赤い屋根のドームを付けたアルバニア教（現在のアルバニア共和国とは関係がない）の会堂は、AD五世紀のもの。この地にイスラム教が拡がるのは八世紀で、それ以前はゾロアスター教とアルバニア教が優勢だった。

その後この地を支配していたペルシャのサファビー朝が一八世紀に衰えると、シェキ・ハーン王国が成立する。一三世紀モンゴル帝国が現在のイランを中心に建国したイル・ハーン朝の末裔による王国である。シェキ・ハーンの宮殿を訪ねた。飛鳥の古寺のように釘は使われていない。規模は小さいが、天井、壁、

図（6-6）キャラバン・サライの中庭

床に緻密に描かれた幾何学的文様が美しかった（269頁　図6―5参照）。ペルシャやトルコの影響が強いのであろうか。正面左右に、樹齢五〇〇年のプラタナスの大木が立っていた。

歴史博物館で、セラミック、銅器、シルク、刺繍などを丹念に見学してから今晩の宿泊場所に向かう。添乗員の山本さん自身も、キャラバン・サライでの宿泊は初めてという。

「今も宿泊に使われているサライは稀なので、私も楽しみにしてました。隊商になったつもりで、よい思い出にしてください」

キャラバン・サライは、町はずれの坂道を少し登ったところにある。右手に護岸を施した山川が流れ、左手建物の地階は食品や土産物、衣料などの小店が並ぶ石畳の道である。二軒のキャラバン・サライが並んでいたが、下手の方は廃屋のようだ。サライ隅の入口の高いコンクリートの段に、村人が腰かけて談笑していた。サライの特徴として、二階建ての長方形の建物に囲まれた広い中庭がある。隊商が連れてきた羊やラクダなどの家畜を収容するスペースである。私たちは、手すりのついた二階の回廊にある個室が割り当てられる。内部は控えの間と、バス、トイレット、クローゼットを挟んだ奥にあるベッドルームからなり、絨毯が敷かれて快適な空間である。むろん往時の隊商たちはグループで、絨毯もない壁と床だけのスペースを使っていたのだろう。

外食にでかけ、戻って洗濯を済ませた。まだ明るいので近所を散歩し、三々五々帰宅中の女子生徒やボール蹴りをしている男の子に出会った。女の子たちは、笑みを見せて異国人の私を振り返った。

三、東グルジアに入る

七月七日七時起床。サライの外庭にあるレストランで、オムレツだけの簡単な朝食を済ませる。このレストランは、昨夜遅くまで家族連れの客で賑っていた。町の溜り場なのであろう。

今日は、グルジア東部カヘチア地方の中心テラヴィまでの移動日、途中で市場やワイン工場を訪ねるだけの比較的ゆとりのある一日である。九時前の遅い出発、間もなくシェキの街中にある市場へ。スイカ、巨大なメロン、バナナ、桃、アプリコット、イチゴ、サクランボ、各種ナッツ、ナス、ピーマン、玉蜀黍、キャベツ、羊肉、特に変わったものはないが豊かだ。盆の形に固めた砂糖菓子(バクラワ)。

一〇時二〇分、左手に丘、右手遠方に大コーカサス山脈を見ながら走る。大コーカサスというのは、グルジア領内で南に並行して小コーカサス山脈が連なるからである。この辺りは、草木が豊かなので、牛も放牧されている。貯水池、スイカやタバコの畑、クルミやアカシアの街路樹。一二時頃、国境の町バラキャンに着いた。

ここでアシャさんと別れて、あどけなさが残る若いケティさんがグルジア内のガイドを引き継いだ。年配者が多い参加者にとっては、まるで孫のようだ。少し頼りなく見えても彼女に意地悪な質問をする人はないだろう。グルジアの標準時は、アゼルバイジャンより一時間遅れる。

日本で通用している国名グルジアはロシア語の呼び方で、英語ではジョージア、しかし現地名では「サカトリア」という。北海道ほどの国土に、約四五〇万人の人が住んでいる。ただし、ロシアとの国境をなす北の大コーカサス山脈に接して中部に南オセチア自治州、西の黒海沿岸にアブハジア自治共和国と広くない領土内に二つの自治区を抱え、政情不安定の要因になっている。いずれもロシア系住民が多数を占めるため、ことあるごとにロシアが口を出すからである。宗教的には、東方キリスト教の一派グルジア正教が主流を占める。ローマでキリスト教が公認されたAD三一三年後間もなく、カッパドキア生まれの女性聖ニノがコーカサス地方で布教に努めた。ニノの十字架は、横木が少し下がりブドウの蔓が絡んでいる。

車窓右手に大コーカサス山脈を見ながら、バスは平野部に下って行った。一二時半、道端でスイカやメロン売りの男がたむろするところでバスが停まった。写真を撮るための停車だったが、売り手たちが果実を切り分け、手にしていたビールを一行におごってくれる。結局添乗員の山本さんは、食後のデザート用に大きなスイカを買った。一三時、民家の中庭で、家族総出のサービスを受けながらランチを摂った。

午後、赤ワイン（マラウィー）の中心地バレーン市にある五〇〇年近い伝統あるワイン工場を訪ねた。この地方のブドウは年四回収穫され、ワインとジャジャ（アルコール度四八％のウオッカ）の原料になる。料理に合わせた各種のワインもこの工場で生産される。キングズマラウィーは、スターリンが愛好した最高級品、ただ二〇〇八年以後、南オセチアをめぐる確執からロシアへの輸出が停止され、ワイン生産量は落ちているという。この間隙をぬって、アメリカのクリントン国務長官が二〇一〇年グルジアを訪問し、この工場にも立ち寄った。ニュースには取り上げられない陰で、ロシアとアメリカの駆け引きが続いている。グルジアは、依然として東西の緩衝地帯なのである。見学が終わって、ワインを試飲させてもらう。私はアルコールを殆ど受け付けないが、口に含めば味の良さは分かる。ワイナリーの入口にある販売所で、三人の売り子さんにポーズを取ってもらった。そろって美人である（269頁　図6―7参照）。

人口二二万のテラヴィ市に入った。一七世紀にこの地方を支配したバクラチアーニ王朝の城塞に立ち寄ったあと、今宵の宿になる鉄筋二階建ての立派な民家に着いた。二階はベランダを通路として奥に宿泊棟があり、低所の市街地が望めた。夕食まで近隣を散歩する。どの民家も高いコンクリートの壁をめぐらせ、立派な金属製の入口がある。たまたま一軒の門柱が開き、数人の子供たちが出てきた。中を覗くと、子供たちの母親らしい二人の女性がこちらを見ている。試しに英語で話しかけると、女性の一人が、「どちらからお越しですか」と尋ねた。

この女性は、首都トビリシに住んでいて、たまたま娘を連れて姉の家に遊びに来ていたのだった。日本のことはあまり知らないという。

「ジョージアの旅は、いかがですか」

「今日ジョージアに着いたばかりなので、まだよくわかりません。一人でも多く土地の方に出会い、美しいコーカサスの景色を楽しみたいと思っています」

神奈川県厚木市から来た黒野氏が通りかかり仲間に加わって、なおしばらく会話が続いた。夕食の時間が近づいたので、頃合いを見て一家に別れを告げる。

「良いご旅行を」母親達は子供のために手にしていたキャンディーを分けてくれた。

夜二階のベェランダのテーブルで本を読んでいると、関口氏がやってきて民主党政権を批判始めた。東北大震災への対応がまずいという。適当に応対していると、彼はさらに菅総理の早期退陣を主張した。私は、特定の政党に同調しないし、よく知らない人と政治の話をするのは好きではない。しかし菅さんには同情的だった。久しぶりに誕生した世襲政治家でない総理大臣に頑張ってもらいたい。

「毎月大きく変動する世論調査など、全く信用しないのです」と私は反論した。「大多数の人は、新聞とかテレビを見ただけで判断しているのでしょう」

「首相は、現地を訪ねても地元のひとと殆ど対話もなくて引き上げた」と関口氏。

「それは、たまたまテレビが放映した一コマに過ぎません」

ここで黒野氏が加わって、マスコミを批判した。

「日本のマスコミは、世論受けする記事を誇張する傾向がある。部数を気にせず独自の見識を表明する『ニューヨーク・タイムズ』や『ザ・タイムズ』は、日本に存在しません」

「近年、政治家が世評を過度に気にするポピュリスト的傾向も出てきている」と関口氏。

「日本人は、もっと長期的視野で忍耐強く政治家を育てないと、国民自身も政治的に成長できないと思います。首相の首をこれほど頻繁に挿げ替える国がどこにありますか。政治的成熟度の点で、日本社会は欧米に遥かに遅れている」二人の議論に触発され私も持論を展開した。外国を旅していると、ときおり日本社会のことが日頃より強く意識されるのである。

「二二時を回りましたから、そろそろお休みください」どこかで山本さんの声がしたので一同すごすごと引き上げる。

翌朝、「昨夜遅くまで関口氏の大きな声が聞こえていたが、いったい誰が相手していたのかしら」という会話が仲間内で交わされている。黒野氏と私は、密かに顔を見合わせた。

四　世界遺産の町ムツヘタ

七月八日（金）朝、テラヴィの市場を訪ねた。巻ずしのように丸めたナン、餃子の包みのようなマントウ、ピッツアの様な焼きパン、縦長の溝を入れたチューヘラという菓子など小麦粉でできた各種パン菓子類に、女性客が集まっている。

ついで、ヴェリチシ村で三〇〇年の歴史を持つノダリ家のワイナリー訪問。入口のワイン・レストランを抜けて裏手の庭にまわる。紫陽花が咲き、軒先に玉蜀黍とニンニクが吊るされていた。ワイナリーの床があちこちで盛り上がり、石蓋が被っている。店の人がその蓋の一つを持ち上げて、中からワインを汲み上げた。床底に樽ワインが貯蔵され、熟成を待っているのである。一三時から一時間のランチ・タイム、レストラン「クラヴァ」で、グルジア風餃子「ピンカリ」を食べる。

図（6-8）ムツヘタ市内を流れるクラ川

午後もバスは西に進み、一五時国土のほぼ中央に位置する宗教都市古都ムツヘタに入る。二つの重要な寺院が所在するため、一九九四年この市は世界遺産に指定された。現在のグルジアは、古代には東のイベリア王国と西のコレキス王国に分かれていた。BC四世紀イベリア王国に統一され、その後王朝は交代するが、統一イベリア王国として一九世紀まで存続した。ムツヘタは、BC四世紀からおよそ一千年の間、統一イベリア王国の首都として栄えた。その後政治の中心は南のトビリシに移ったが、グルジア正教の主教座の所在地として現在に至っている。

まず訪ねたのはジュワリ（十字架）教会、四世紀この地方を布教した聖ニノが十字架を建てた場所ということで、大きくはないがこの国で最も古く由緒ある教会である。丸いドームの下の内陣には、中央の床に大きな十字架が立ち、祭壇にキリスト、マリア、ニノのイコン（聖画）が掛っていた。教会が建つ丘から二つの川の合流点に広がるムツヘタの市街地が見える。本流は、南のトルコを水源とし、ボルジョミ、ゴリ、ムツヘタ、トビリシなどグルジアの主要都市を横断して東隣のアゼルバイジャンからカスピ海に注ぐ、全長約一五〇〇キロのこの国第一のクラ川である。

次に訪ねたスヴェテボリ大聖堂は、六世紀創建の教会から発展した大伽藍である。直方体の高い鐘楼、丸いとんがり帽子の屋根を被った本堂、狭間がある出城の様な円柱の建物が、丘陵を背景に聳えていた。内陣に入ろうとする私たちは、管理僧たちに遮られた。彼らは、入口の階段から祭壇まで赤い絨毯を敷いた。間もなく、十字架を手に赤い帽子に黒いマントを羽織った老僧が到着し、両側を若い僧侶に支えられて祭壇に向かって歩いた。カトリコス（グルジア正教最高位の総司教）の来場である。周囲の僧侶たちは、カトリコスが手にしている十字に口づけする。ミサとコーラスが始まった。この国には、ムツヘタと首都トビリシの大聖堂しかカトリコスはいない。私たちは運よくその一人のカトリコスにお目にかかったのだった。

既に時刻は一七時をまわっていた。ムツヘタを過ぎると、一行を乗せたバスは北に方角を変え、首都のトビリシから北のロシア国境までの一七五キロを結ぶ軍用道路を走る。一九世紀の初頭、帝政ロシアが建設したのである。道は、八キロに及ぶジムバリ・ダム湖沿いに曲がりくねっていた。途中ダム湖に突き出た丘上に、美しい教会が見えた。バスは、短い橋を渡り右折してアナヌリ要塞教会の前で停まった。水彩を始めた数年来、風景を画面のように切り取って見る習性がついている。教会内部の見学はそこそこに、私は先ほど車窓から見かけた景色を求めたが、うまいポイントが見つからない。勝手にグループを離れるわけにもいかない。戻ってきた山本さんに相談したら、「二日後に、再びここを走りますから、その時に時間をとりましょう」と約束してくれた。今夕は、ホテルまで急がなければならないのである。一八時半、グダウリのマルコポーロ・ホテルにチェック・インした。

五．カズベキ山（五〇一五m）を展望しながら、セント・ゲオルグ教会の丘までのミニ・トレッキング

早起きして、近隣を散歩した。このホテルで連泊するので荷物出しの手間はない。ロビーの床に寝転がっていた大きな白い犬が、私について戸外に出てきた。羊番をするグルジア犬だ。

グダウリは、冬のリゾート地である。ホテル前の広場から北の山岳地帯を眺めると、緩やかな勾配の高原が広がっていた。幾つか大きなホテルが建っている。今は閑散としているが、シーズンには多くのスキー客が集まるのだろう。

今日は、軍用道路をさらにロシア国境に近くまで分け入り、コーカサス山脈を間近に見ながらミニ・トレッキングをすることになっている。八時に出発。バスは一気に急坂を上り、三〇分で軍用道路の最高地点十字架峠（二三九五m）に着いた。上に十字架を立てた三メートルほどの白亜の記念碑があるため、この名で呼ばれる。ロシアのエカテリーナ女帝時代のものという。

さらに北に進むと、巨大な半円状の煉瓦壁の上に派手なセラミックの壁画を張った「友情の丘」があった。（269頁　図6—9参照）画面の左手（南側）はグルジア教会にダンスをしているグルジア人、右手（北側）はネギ坊主様の屋根を付けたロシア教会とロシアの風俗が描かれ、そして中央は母なるロシア（マリア）が幼子グルジア（キリスト）を抱いている図柄になっていた――グルジアは、ロシアの助けなしに生きることが出来ない――ソ連崩壊前の一九八三年に建てられた友情の丘のモミュメントは、ロシア側のメ

ッセージを明確に伝えている。しかし、南オセチア自治州やアブハジア自治共和国の主権を廻って、現在両国の関係は最悪である。私たちの本日の行程は、すぐ東に迫るこの南オセチア自治州との境界を巻いて移動しているのだった。

やがてこの地方の最高峰カズベキ山（五〇三三m）の懐、標高一七五〇メートルの高所カズベキ村に着いた。村の中心部にある広場を囲むヒマラヤ杉の木立の上に、ひときわ高いカズベキの頂があった。手前のおよそ三〇〇メートルほどの丘上に見えているゲオルグ修道院までの七キロを、ここから往復するのである。幾つかあるコースを自由に選択し、マイ・ペースで歩いて、一六時までに戻ってくればよい。各自ランチ・ボックスと飲み物を受け取り、一一時前に出発した。

図（6-10）カズベキ村から大コーカサスの山々を望む

村はずれの清流を渡り、ゲオルグ教会を目標に田舎道にはいった。山頂まで自動車が走れる小石交じりの凸凹道が続いている。途中幾筋か間道が分かれていたが、時間が十分あるので、門真市から参加している船本氏の後について幾度も折り返している自動車道を歩く。船本氏は、一行の中では最も若く、丈もある。山道には慣れている私も、ともすれば引き離されそうになった。小一時間ほどで、再びゲオルグ教会の丘が見える平地に出た。さらに一キロ歩いて、一二時五分に最後の小丘の麓に着いた。ここは開けた場所でトイレもあり、多くのハイカーが休憩している。仲間の数人が、先着していた。タクシーを使ったらしい。ここでランチ・ボックスを開いて、後続の人たちを待つことにした。

午後は、小丘を巻いた道を一登りしてゲオルグ教会のイコンを拝み、一四時下山を始める。運動不足なので少しジョギングを交えて、五〇分ほどでクズベキ村に戻った。

図（6-11）ゲオルグ教会

図（6-12）軍用道路の奥で出会ったグルジア人

一同が揃ったところで、一六時ダリアリ渓谷を流れるチレニー川に沿って、ロシアとの国境一キロ地点まで入った。チレニー川は、ロシア領に抜けて東に向きを変え、カスピ海に注ぐ。両側に崖が迫り、先に数軒の人家が見える寒村である。国境地帯で写真を撮ることは禁じられているが、ここまで来てこの風景をカメラに収めない手はない。あたりを伺って、素早くシャッターを切る。数人いた地元の男の一人が、握手の手を伸ばした。丸顔に坊主頭で、恰幅の良い年配のグルジア人である。しきりに話かけてくるが、むろん何もわからない。ただ満面の笑みから、友好を表していることは分かる。バスに戻るため手を振って別れてからも、彼はしばらく私の後を付けてきた。太鼓腹を緑のセーターで包んだ愛想のいい老人の姿が、記憶に残った。一八時、マルコポーロ・ホテルに戻る。

一九時、地上階のレストランに下りていく。大阪の説明会で初対面した大和郡山市の安井さんと同じテーブルに座った。彼女は、口数が少なく控えめの人に見える。今日の午前、友情の丘で、建設の一九八三年時ソ連共産党の書記長をしていたのは誰だったかが話題になった。私は、ブレジネフ死去のあとゴルバチョフが登場する前の数年書記長をしていた人物を思い出そうとしたが名前が出てこなかった。そのとき近くにいた安井さんが、「アンドロポフでした」と口を挟んだのである。

図（6-4）民家の破風

図（6-5）シェキ・ハーン宮殿の内部

図（6-7）ワイナリーの売り子さん

図（6-9）「友情の丘」のセラミック壁画

図（6-16）ヴァルジア洞窟内のダヴィッド四世とタマル女王の壁画

図（6-17）イメルティ山地の陶器店

図（6-18）トビリシ市街

図（6-20）エレヴァン市共和国広場の噴水

図（6-22）エレヴァン郊外から見たアララト山（著者自筆）

「あの場所で、アンドロポフの名がとっさに浮かぶのは只者でない、と思いましたよ」私は率直な感想を述べた。「ロシアに興味を持っておられるのですね」

「ソ連時代の歴代のリーダー達は、交互に長髪とハゲ頭が続くのです。レーニン（ハゲ）、スターリン（髪）、フルチショフ（ハゲ）、ブレジネフ（髪）、アンドロポフ（ハゲ）、ゴルバチョフ（髪）という具合に」と彼女は面白いことを言った。「ロシア共和国になってからでも、初代の大統領エルチン（髪）、プーチン（ハゲ）、現職のメドベージェフ（髪）と続き、もし来年プーチンが大統領に返り咲けば、ソ連時代からの伝統が継承されるわけです。でも私が特に興味を持っているのは、ロシア文学の方で」

「今回の旅は、ロシア文学に関係があるのですか」

「プーシキンの作品に、このあたりを舞台にしたものがあります。でも一番好きなロシアの作家は、チェーホフです」

詩人プーシキンの『オネーギン』や『大尉の娘』は昔読んでいるが、内容は少しあいまいになっている。

「レフ・トルストイやツルゲーネフと並んでチェーホフも、私の大好きなロシアの作家です。短い語句の中に、人生のほろ苦さを描き人間心理の深淵に鋭く切り込む彼の短編は忘れ難い」特に記憶に残っている二、三の作品に触れた。「かねてからロシアを旅したいと思っていますが、ロシア内の個人旅行には制限が多いので実現しませんでした。今回最後の日に立ち寄るモスクワが、私の初めてのロシアの町です」

「一ヶ月あと、サハリン（旧樺太）旅行を予定しています」と彼女は答えた。

「ああ、チェーホフはサハリンまできて、紀行文を残してますね。健康の悪化のためでしょうか、旅を中断しましたが。当初の計画どおり彼が日本を訪ねていたら、明治期の日本をすぐれた観察眼で書き留めてくれたでしょうに」

ロシア以外の外国はまだあまり訪ねていない、と安井さんは言う。多くの国々を回るのもよいが、自分の興味に従い特定の国に深く傾倒するのも旅の興趣といえる。いずれにせよ、長くもない人生の中で旅に費やせる時間は限られている。それぞれ自分のやり方で、旅を楽しむしかない。

六、スターリンの生地ゴリから西グルジアへ

本日から、グルジア西部を周る。途中まで往路の軍用道路を逆に南下する。山本さんは二日前の約束を守って、アナヌリ要塞教会前で小休止を取ってくれた。少し上手にある橋までみんな揃って歩き、ダム湖を背後にした美しい教会の写真を撮る。帰国後、この写真をもとに描いた水彩画は、今私の背後の壁に掛っている（2頁　図6—13参照）。

一一時三〇分、バスは西に軍用道路をはずれて人口七万の地方都市ゴリに入った。一人のグルジア人の記憶さえなければ、静穏な田舎町に過ぎない。二〇世紀の世界史を大きく変えた鉄の人スターリンは、一八七九年この地で生まれたのである。

町の中心部にある立派な博物館を見学する。スターリンの父親は、貧しい靴職人だった。一〇才でゴリの教会学校に通っている。当時はグルジア語の教育を受けたが、帝政ロシアのアレクサンドル三世は、この地方にロシア語による教育を強制することになる。スターリンは、讃美歌をうまく唄い、詩を書いたという。彼は多読し、次第に無神論に傾いていく。首都トビリシの気象庁に勤めながらロシア社会民主労働党（ボルシェビーキ）の活動に係るようになった。エカテリーナと結婚、子息ミオコフを得るが、後にド

図（6-14）スターリンの生家

イツ人に殺されている。やがてエカテリーナが亡くなる。エカテリーナの死により自分は愛という感情を失った―とスターリンは後に述懐した。鉄の人の誕生である。

以後、数度シベリアに送られているがいずれも逃亡し、やがてレーニンに認められ党幹部に抜擢された。彼は二度目の結婚で、一男一女をもうけたが息子は夭折し、娘スベトラーナさんはアメリカ人と結婚し、父親の死後祖国を去っている。この事実は日本の新聞でも報じられて私の記憶に残っているが、当時の米ソ関係を考えれば不思議なことに思われる。スターリンは、一九五三年脳卒中で倒れたが、付き人がその死を発見するのに時間がかかった。暗殺を恐れた彼は、複数の寝室を用意し、誰も当日の寝所を知らなかったからである。博物館には、このような経歴とソ連邦の発展に寄与した偉大な業績や独ソ戦争の状況が多くのパネルで展示されている。ただし、無数の人を粛清したスターリンの暗部や負の遺産には全く触れていない。

博物館に隣接して、スターリンの生家が移築されている。二室しかない平屋の左の八畳ほどの部屋に、スターリン一家は住んでいた。現在、ベッドと小さなテーブルの他は、なにもない。居室の真下、戸外に入口のある地階で、彼の父親は靴修理の店を開いていたという。博物館の敷地の端に、薄緑色の長い客車が展示されている。スターリンが、視察旅行の際に乗用したものである。銃弾を防護するため、分厚い鉄鋼からできている。墜落も警戒した彼は、生涯飛行機による移動を極力避けた。第二次大戦後の処理を巡る米英ソの首脳会談が現在のウクライナ共和国の南端ヤルタで開かれたのも、スターリンの強い要請による。人々の自由を奪い権力を独占した独裁者の生涯は、逆に極度に自由度が限られ孤立孤独なものであった気がする。

スターリン博物館を出て、大きな池と噴水があるテラスのレストランでランチ休憩をした。グルジアとロシアの現況を考えるとき、かつてのソヴィエト連邦の最高指導者を出したこの国の人たちは、スターリンを現在どのように評価しているのかという疑問が話題にでた。ソ連共産党の首脳になったグルジア人政治家は、私の知る限りでもスターリンのほかに二人いる。まず、スターリンの死後フルシチョフが台頭するまでの短期間、マレンコフ首相、モロトフ外相と並んで三頭政治の一角を担った内相ベリアである。ベリアの失脚と処刑は日本の新聞で衝撃的に報道され、高校時代の私に暗いロシアという印象を与えた事件だった。

二人目は、ソ連時代の最後の書記長ゴルバチョフと組んでペレストロイカを指導し、国際的に知られた外相シュワルナーゼ。ソヴィエト連邦体制は、グルジア人により固められグルジア人により幕が下ろされたということもできる。シュワルナーゼは、ソ連崩壊後混乱していたグルジア政界に招かれて国家評議会議長に就任し、一九九六年独立グルジア共和国の初代大統領に選出された。彼は、西欧世界に接近し援助を引き出すと同時に、昔から親交あるロシアのエルチン大統領と折衝してグルジアからのロシア軍の撤退に成功した。得意のバランス感覚で、グルジア政治を安定化したのだった。しかし大統領二期目の二一世紀に入ると彼の権勢が陰りを見せる。経済政策がうまくいかない。エルチンの退場によりロシアとの絆も失われたのである。一世代若いロシアのプーチンは、南オセチアやアブハジア問題で強硬な立場を取り始めた。二〇〇四年の大統領選挙を前に、シュワルナーゼは、歴史の表舞台から降りたのである。現在、シュワルナーゼ政権下の若手であったサアカシュヴィリが大統領二期目を迎えている。

図（6-15）ウプリスツイエの洞窟都市

午後、バスはグルジア中部を西に走った。途中、二〇〇八年ロシア軍との紛争で南オセチアから脱出してきた難民のキャンプ地が数ヶ所車窓に過ぎた。古いシルク・ロードの一部で、写真を撮る。シルク・ロードは、現在のアゼルバイジャンとグルジアの地域を横断していたのである。現在は、殆どこの道と平行的に石油のパイプ・ラインが、カスピ海と黒海を結ぶ。

一四時半、本日最後の訪問地であるウプリスツイエ洞窟都市に着いた。川沿いの北側の崖に、埼玉県吉見の百穴のような多くの横穴が見える。しかし近づいてみると、立体的に複雑な大小の建造物で仕切られた城郭都市だった。この地方は、古くから集落があったところで、キャラバンの往来も盛んだった。全盛期は、一二世紀のタマル女王の時代で、宮殿ホールや牢獄、薬局、ワイン・セラー、井戸跡が残る。急斜面に付けられた石段を頼りに、昇降を繰り返した。

ミネラル・ウオターの産地として知られる美しい川辺の町ボルジョミを通過して、一八時半今宵の宿泊地バクリアニのヴィラ・パレス・ホテルに着いた。町の中央通りから少し外れた畑地にある小さなホテルである。門前の田舎道を隔てた草原の傾斜地にスキーのゲレンデが並んでいた。バクリアニも、冬のリゾート地なのである。

七．トルコ国境近くのヴァルジアへの日帰り旅行

七月一一日、六時起床して　田舎道を散歩した。バクリアニは、山に囲まれた標高二千メートルにある

小盆地にある。山裾に霧が降りている。木造三階建の風変わりな農家があったので、手帳に描いた。

九時ホテルを出て、今回の旅で最も西に位置する洞窟都市ヴァルジアに向かった。トルコ国境に近づき、緑濃い渓谷の道を下っていく。左手は渓流が流れる。昨日に続き洞窟都市見学と聞いて、今日はホテルでゆっくりするといっていた関口氏だが、やはり同行していた。城塞都市見学は、ちょっとした肉体労働である。

「誰か私を、上まで担いで呉れないかしら」埼玉県の蕨市から来た小太りの大友さんがいった。みな門真市の船本氏の顔を見る。一行の中で人間を担げそうなのは、彼しかない。

「チップ次第です。ただし体重制限があります。山本さんは、お引き受けできません」と船本氏は笑った。添乗員の山本さんは、女性の中でひときわ丈が高く頑強な骨格なのだ。

一一時、ヘーチッシュ要塞跡を過ぎる。このあたりの城塞や洞窟都市が多いのは、西のトルコ族に備えるためである。

一二時ヴァルジアに着いた。小川沿いの土道を少し歩いて、城郭に入った。昨日のウプリスツイエに比べ、こちらはさらに規模が大きい。時代は同じく一二世紀のタマル女王時代のものだが、水道設備を備え五万人も居住していた大きな町だった。全部で三千ほどの洞窟が迷路のように繋っていたということである。一三世紀の大地震で損害を受けた。私たちは、保存状態のよい食堂や祈祷室、本堂を見て回った。本堂の壁には、イベリア王国バグラティオーネ朝全盛時代のダヴィッド四世や曾孫タマル女王を描いたとされるフレスコ画が掛っている（270頁　図6―16参照）。金色、真紅、青色の鮮やかな色彩に見惚れた。一足先に入口に戻った私と関口氏は、道をはずれて岩石が堆積している清流の岸に下りてみる。そこには小さなキャンプ地があり、半身裸になった数人の若者がバーベキューを楽しんでいた。

昨日通り過ぎたボルジョミの町で写真撮影のため小休止、市街地を流れる豊かなクラ川の両岸に、色とりどりの屋根を重ねた市街地が広がっている。その両岸を結ぶ長い吊り橋に焦点を当て、シャッターを切った。

一八時、ヴィラ・パレス・ホテルに戻る。夕食まで時間があるので、バクリアニの本通りを散歩した。せいぜい二階建までの低い人家が一キロほど続く田舎の町である。幼稚園、郵便局、空き地に青いテントを張った青果売り場。テントの周りだけは人が群がっていた。時折、車が通り過ぎる。そこに三人の若い男女が歩いてきた。女性はピンクのブラウスに黒いズボン、彫りの深い美人である。三人とも丈が高い。しばらく後について歩く。彼らは悠然と歩いているように見えたが、けっこう早い。やがて手前にガソリン・スタンド、向かい側にシネマのある左への曲り道にきた。三人組は、曲りに沿ってそのまま進んでいく。ホテルからかなり離れたところまで歩いたことに気づいた私は、ここで引き返すことにした。お互いに見知らぬ人間が、つかのま町の通りですれ違う。私は男女を瞥見したが、彼らは私が後を付けたことさえ知らない。

ときおり夢の中で、懐かしいような、しかし場面が特定できない情景に出会うことがある。それは明確な輪郭を持たず、目覚めても漠とした印象でしかない。しかしその映像は、時をおいて繰り返し現れる。それはおそらく過去に経験した事象が核になっているに違いない。旅で長く記憶に残るのは、有名な世界遺産とは限らない。豪華なホテルはすぐに忘れてしまっても、質素なホステルや僻地の素朴な宿は、そこで交わされた会話と共に思い出されることがある。バザールで声を掛けてきたおばさん、学校カバンを揺らしながら家路を辿る女の子供たちの顔とか。あるいはこの田舎町を歩いていた三人の後ろ姿も、なにかの折に夢の中の形象として蘇ってくるかもしれない。たとえ彼らを見た土地の名も国さえも忘れてしまっていても。

八．グルジア第二の都市クタイシ

七月一二日九時、二泊したホテルをチェック・アウトして、グルジア北西部のクタイシに向かう。一昨日ボルジョミから来た道をしばらく引き返し、やがて北のイレメティ山地に入った。リコ峠を越えれば、西グルジアである。このあたり一ヶ月前に大雨があり、崖崩れで通行が止められた。死者も出たという。西グルジア最大のリオニ川沿いにバスは走った。両岸の緑が深い。この川は、南オセチアに源を発し西流して黒海にそそぐ。川岸の保養地サラミに入って間もなく、添乗員の山本さんはバスを停車させた。道路脇にあるパンの小屋を見せたいらしい。焼き立ての香ばしいグルジア・パンを試食する。

パン小屋の後ろの広い敷地の奥に見える瀟洒な三階建てに、私たちは興味を持った。三角屋根にピンク色の壁、一、二階に木製の手すりをめぐらせたベランダがある。入場を乞うと、この家の主婦が内部を案内してくれるという。二人ずつあわせて四人の男女の子供たち。少し英語が話せる年かさの女の子が突然の闖入者たちに付いて回った。しっかりしたよい子だが、蜂に刺されたという左目蓋がお岩さんのように腫れている。二階までは、大小の個室が並びベッドが置いてある。廊下の隅に季節の花が活けられ、壁に風景画が掛っていた。

このパン屋のご主人は、パン焼きで稼いだ収入を元手にゲスト・ハウスを経営しているのだった。この正面の建物の左手にある木造の平屋は、最初に建てたペンションなのである。中庭にブランコとメーリーゴーランド、滑り台が設置され、小遊園地のようだ。片隅に鶏頭の茂みがある。裏手に回ると農場があり、小舎から二頭の牛が顔を出した。パン屋にゲスト・ハウス、農作業、家作など、この家の主人はなかなか働き者だ。主人が薦めるので、冷たい井戸水を柄杓で回し飲みした。「同じ杓子を使って関口さんの後に飲む人は、おしゃべりが止まらなくなるかも」と山本さんが饒舌な関口氏をからかう。

一二時リオニ川畔のレストランで一時間のランチ・タイム。前菜がたっぷり出て、メインは鱒のフライだった。

一四時、BC一五世紀西グルジアを支配したコルキス王国の古都クタイシ市街地に入った。最初の訪問先は、世界遺産ゲラティ修道院である。一一世紀末、ダヴィッド四世の名により建造された。ここ数日この王の名を何度も耳にする。デヴィッド四世は、中世のグルジア地方を統一した英主である。建設王と呼ばれるように彼は、多くの修道院を立てたが、修道院は当時の学校だったのである。現在もアカデミーがある。王もこの修道院の敷地に眠っている。二〇〇四年大統領に選ばれた直後サアカシヴィリは、この修道院を訪ねて国家再建を内外にアピールした。ちょうど本堂内部で新郎新婦の結婚式が挙行されていた。新郎はドイツ人、新婦はグルジア人という。

ダヴィッド四世の騎馬像がある広場、噴水や樹木が豊かな中央公園、商店街などクタイシの中心部を少し散策して、最後にバグラティ大聖堂を訪ねた。一七世紀にオスマン・トルコにより破壊され、往時の栄耀は見る影もない。現在も修復用の櫓が全面に組まれているが、作業が進んでいるようには見えない。訪ねる人も少ない構内は、整理が行き届かず、夏草が気ままに茂っていた。ただ丘上にあるため、市街地を見晴らす絶好のポイントである。

一七時半、高台の住宅地にある今宵のゲスト・ハウスに到着する。二階中央通路の両側に客室がある。通路端のテラスから平地の市街地の一部が見える。市街地と反対の小さな谷間の向こうの高所には、観覧車が緩やかに動いていた。遊園地があるのだろう。

一九時、夕食のため地階に降りていく。山本さんが、特別にソバを用意してくれた。

九．首都トビリシ

七月一三日朝。緩やかな坂道を下り、リオニー河畔を散歩した。川幅二〇メートルほど、澄んだ水が速やかに動いている。早起きの男たちが、岸辺のベンチにたむろして煙草の煙を燻らせていた。地上階を煉瓦で高く上げ、上階を居住空間にした大きな建物が、崖下の川岸に点在する。市街の中心部は川の対岸にあるのだった。

八時半、本日の移動が始まった。九時三〇分、再びイメルティ山地に入る。川沿いの道に沿って陶器の店が並んでいる。（270頁　図6—17参照）この地方は、焼き物で知られているという。短い休憩のあいだに、ツボを抱えたグルジア人をかたどった素焼きの置物を手に入れる。一一時、南西部バクリアニと東の首都トビリシへの昨日の分岐点まで戻った。バスは東の路線に折れ、約一時間でAD五世紀からの古都、一一〇万の大都会トビリシに着いた。

トビリシとは、「湯が沸くところ」あるいは「暖かな場所」を意味する。コーカサス地方では珍しく、ユダヤ人が五千人も居住している。文学者ではロシアのプーシキンやレールモントフのほかフランスのアレクサンドル・デューマも来訪したという。昔から人気のある町だったのであろう。それはこの街に残る多くの歴史的建造物だけでなく、クラ川を中心に丘に囲まれ高低のある立体的な美しい街のたたずまいによるのかもしれない。

ランチ休憩後私たちは、マリーゴールドが咲き誇る花壇を抜け、メテヒ教会前の広場から展望の良い要塞まで歩いた。ここで市街地のパノラマを写真に撮る（270頁 図6—18参照）。すぐ向かい側に迫る丘の上には、城郭のような巨大な建造物が建っていた。川岸まで石段を降りて、二〇〇八年に架橋された「自由の橋」を対岸に渡る。橋の命名には、この年南オセチア紛争を口実にグルジアに侵攻したロシアへの非難が込められている。

対岸には、聖バブー教会、シナゴーグ（ユダヤ教会堂）、シオン教会、バシリカ風のアンチスファティ教会、キャラバン・サライなどが立て込んでいる。その間に、ブチック、レストラン、土産物店などの瀟洒なウィンドウが並ぶフランス的に垢抜けしたシャンシャルデ路地があった。金色に輝く大きな時計が立っている。「シャンゼリゼーの間違いではないか」と誰かが冗談を言った。みな、日本への土産物のことを考え始めている。手頃な値段で日本人好みの土産物を探すのは、案外難しい。聖ニノの小さなイコンや葡萄の蔓を絡めたグルジア十字架を手に入れたひとがいた。

久しぶりで街中にある大型ホテル、シェラトンにチェック・インする。夜は、新市街の自由広場近くにあるレストランに出かけ、グルジアのダンスや歌謡を楽しみながら、ディナーを摂った。

一〇．アルメニアに入る

七月一四日（木）、七時に一〇階のレストランでバイキング朝食。近年大きなホテルでの朝食は、殆どバイキングになった。その日の食欲により質量を調整できるのがよい。

七時半、南のアルメニア国境に向けてバスが走り出す。コーカサス山脈から離れたこのマナウリ地方は、平地が多く野菜や茶を栽培する農業地帯である。九時、国境に到着。出入国手続きに、四〇分ほどかかった。一週間付き合ってくれたガイドのケティ嬢ともお別れだ。一部テキストを棒読みする場面があったが、可憐な顔にひたむきさが表れていた。情報の足りない部分は熟達添乗員の山本さんが新参ガイドに適宜教育的指導をしながら補ってくれるから、問題はない。夫々、彼女とお別れの抱擁をする。真っ先に大げさなｈｕｇをして見せるかと期待していた関口氏は、そっぽを向いていた。あとで尋ねたら、「男の美学です」とわけの分からないことを言った。代わってアルメニアのガイド、ベテランのマリアさんが顔を見せる。

紀元前からアルメニア人は、商業民族として知られていた。世界で最も早いＡＤ四世紀初頭にキリスト教が浸透したのも、この地域である。しかし、九世紀にこれから訪ねるアフパト修道院を創建したババグラト朝の衰退後、多くのアルメニア人は世界各地に離散した。一六三六年には、オスマントルコとサファビー朝ペルシャにより分割されている。そして一九二八年のロシア・トルコ戦争の結果、アルメニア領は、ロシアに編入され、一九三六年ソ連に所属する社会主義自治共和国のメンバーになった。ソヴィエト連邦の崩壊で一九九一年に独立し、現在の共和国が誕生したのである。

現在のアルメニアは、関東地方ぐらいの広さの小国である。小国の故かアルメニア人は、伝統的に世界各地で商業活動に従事してきた。その意味では、ユダヤ人同様ディアスポラ（離散）民族といえる。

かつては、西の隣国トルコの東部にも多数のアルメニア人が居住していた。第一次世界大戦のさなかの一九一五年、オスマン帝国は多くのアルメニア人を追放したり虐殺した。その全容は、今でも解明されていない。EUは、この「アルメニア問題」を口実に、トルコのEU加盟を再三拒否している。本音は、イスラム教徒の国の加盟に否定的なのだが。かくてアルメニアは、仲の悪いアゼルバイジャンとトルコという二つのイスラム国家に東西から挟まれているのである。逆に北隣のグルジアやロシアとは友好関係がある。大国ロシアとの交易にも、グルジア・ルートが重要である。近年のグルジアとロシア関係の悪化は、アルメニアにとって対岸の火事ではない。

本日最初の見学場所は、アフパト修道院である。訪問に先立ちマリアさんは、ローマ・カトリックとグルジアを含む東方キリスト教の違いの一つとして「単性論」と「両性論」を挙げた。単性論とは、キリストすなわち神とする立場である。いっぽう、両性論は、キリストは、神性と人間性の両面性を持つとされる。AD四五一年カルケドンで開かれたローマ・カトリック公会議で激論の末、カトリックでは両性論が勝利し単性論は異端とされた。東方正教では、単性論が主流になる。異教徒にとって、この差異の意味を理解するのは容易ではない。しかしキリスト教徒にとっては、教義の根幹に係る解釈の違いといえる。

一一時三〇分、そのアフパト修道院に着いた。高低差のある草地に建つアフパト修道院とこれに敷設する建造物は、異形の巨大な物体である。この修道院が増改築された各時代を投影しているのだ。九世紀の創建当時この地方は、バクダードのアッバス朝とビザンチン（現イスタンブール）の東ローマ帝国により分割統治されていた。つまりイスラム建築やビザンチン様式が、複数の建築に混在しているのである。中心となる修道院は、長方形の前室であるローマ伝統のバシリカ（会堂）とその奥のドーム型本堂から構成されている。ドームの天井は、イスタンブールのアヤ・ソフィアのように大きな明かり窓がついていた。ほかに、グレゴリウス聖堂、マリア聖堂、聖十字架教会、図書館、鐘楼を上に抱く別棟などが立つ。グルジアの教会と雰囲気が違い重厚な感じがしたが、門外漢の私にはその差異が上手く説明できない。この修道院は、創建時五〇〇人もの修道士がいて、文化や学問の発信基地だった。

ランチを済ませた後、さらに高所にあるサナヒン修道院を目指してバスは急坂を上った。修道院は小さな集落の中にあった。修道院よりも私が興味を惹かれたのは、都会を離れたこの寒村でソ連時代の副首相で商工大臣を兼ねていたミコヤンが育ったという知見である。通商問題で来日し日本各地で愛想を振りまいた彼の笑顔を、当時の新聞で見た記憶がある。商売が上手いアルメニア人という世評だったが、モロトフ外相と共にスターリン時代の粛清を免れ、したたかに生きた政治家だった。

一六時前、バスが動き出してすぐ転寝する。目覚めると車は谷合の険しい道を走っていた。しばしば、薄暗いトンネルに入る。吊り橋の対岸に朽ちたような民家、しかし下着が干されているから無住ではない。一七時、カムバック川が流れるロリ地方に来た。小学校や、マンションが建っている地方都市バナツオを過ぎる。一八時二〇分、本日最後の訪問地セヴァン湖に着いた。まだ日は高い。バス停付近は、テント張の店が並び賑っている。

コーカサス地方最大のセヴァン湖は、人気の行楽地である。湖に突き出た岬の丘上に二つの小さな教会が建っている。みんなで、教会までの緩やかな舗装道を登った。湖の細くくびれた場所を見るため私は、岬の先端に通じる雑草のなかの小道をさらに数分一人で歩く。そこには小さな石碑が立つだけである。ほかに観光客の姿はない。対岸は鬱蒼と樹木が茂り、人家は無かった。セヴァン湖の水面は、標高二千メー

図（6-19）セヴァン湖

トルにあり平均水深一〇〇メートル。多くの河川が湖に注いでいるが、湖水の捌け口はフラズダン川だけである。フラズダン川は、やがてグルジア一のクラ川にたどり着く。

二〇時、アルメニアの首都エレヴァン中心部にあるメトロポール・ホテルにチェック・インした。現在の日没時間は二一時近くなので、戸外はまだ明るい。今夜からこのホテルで三連泊する。山本さんのお奨めに従い、夕食後共和国広場で毎晩催される噴水のショウ見物に出かけた。ホテルから徒歩で一五分ほどの距離である。正面歴史博物館前にある大きなプールの周りには、既に多くの観客が詰めかけている。やがて軽快なファンファーレと共に、プールの一部が盛り上がる。続いてあちこちの噴水が、噴き出してきた。（270頁　図6―20参照）噴水の頂は、プール全面を絶えず移動する。そして形や高さを自在に変え、七色の照明を反射して夜空に煌めいた。噴水の動きが改まるごとに、観衆がどよめき、拍手がおこる。ショウは、三〇分以上続いた。

ホテルへの帰りは、遊園地のある公園の中を抜ける。二三時前というのに、園内を周る小型電車から子供の歓声が聞こえていた。エレヴァンの町は、夜の時間が長いのだろう。

一一．エレヴァンの史跡とアララト山

連泊するホテルでは荷物出しの必要がないから、気分的にゆとりがある。今日七月一五日と明日の二日間は、エレヴァンを拠点にした近郊の史跡巡りになる。移動距離も少ない。朝早々に訪ねたのは市街の中心部の北端にあるカスケードである。その名が示すようにカスケードは、斜面と平坦部が交互に連なり、

図（6-21）エレヴァン市全景

幾重にもなって流れ落ちる滝の形状を模している。その基底には、フランス広場があった。エレヴァン市中心部は、カスケードとこの広場を要にして、北東と北西に延びるそれぞれ数本の主要道路が交錯する計画都市なのである。

カスケードの岡上までは、階ごとに分かれたエスカレーターを利用した。各階にある美術館やカスケードの中段にも適宜立ち寄れるのである。最後のエスカレーターを出て丘の上に立った私たちは、美しい市街の全貌を見ながらカスケードに沿った石段を歩いて降りる。踊り場の平坦部の花壇には、ダリア、ペチュニア、サフィニア、ヒマワリなどが、とりどりに咲き誇っていた。

次いで、近くの古文書館（マテナ・ダラン）を見学した。アルメニア語で書かれた古文書一万八千を所蔵しているという。アルメニア文字は、ＡＤ四〇五年に考案され、考案者の名前も伝わっている。最も早い時期のキリスト教の導入や固有の文字の創生など、当時のアルメニアはこの地方で文化的に進んでいたといえる。いかなる縁かこの古文書館には、葛飾北斎の版画も収納されていた。暗く凄惨なアルメニア虐殺博物館に立ち寄ったあと、一転してレストランの明るい中庭でのランチ・タイム。樹蔭に散在するテーブルには、欧米や別の日本人グループで賑っていた。三匹の猫が、交互に足元に近寄ってくる。旅の残りもわずか、のんびりと戸外で食事を摂れるのはこれが最後かもしれない。

午後、まず訪ねたのはガルニ神殿。一見してヘレニズムの影響が分かるギリシャ風の大建造物である。二四本のイオニア式列柱が回りを囲んでいた。内陣の柱の文様も雰囲気も、これまで見学したグルジアやアルメニアの修道院と全く違う。AD一世紀この地域を支配していたのは、アレキサンダー大王の征服地の一部を継承したセレウコス朝ギリシャ人だった。

最後に、渓谷の奥にある岩窟寺ゲガルト修道院を訪問した。ゲガルトは、「槍」を意味する。磔になったキリストを刺した槍がこの地で発見されたという伝説に由来する。暗い内陣の柱には牛を保護する鷲の紋様を彫った柱頭があった。小さな修道院に過ぎないが、アルメニアでキリスト教が認められた四世紀初頭の創建になる由緒により、世界文化遺産に登録されている。

夜は、レストラン「タバーン・エレヴァン（エレヴァン酒場）」で、タクマというアルメニア風ナンで、肉や野菜を包んでいただく伝統料理を食した。相席の関口氏が登山の話を始める。山のことならこちらも十分経験があると初めは調子よく応じていた。しかし彼が大学時代登山部でトレーニングを積んだ本格派と分かったので、日本百名山完登の話などはさし控えて、以後はもっぱら御高説を拝聴する。

翌七月一六日午前中に訪ねたのは、アララト山（五一四四m）を背後に配したホルヴィラップ修道院。私に限って言えば、アルメニアで最も見たかったのがこの景観だった。旧約聖書に出てくる聖なる山である。アダムとイヴの堕落した子孫を一掃するためエホヴァの神が起こした大洪水、その時ノア一家と家畜は箱船で難を逃れた。彼らの船がたどり着いたのがこの山の頂であった、と旧約聖書は伝える。現在ノアの洪水は、BC二〇世紀から一七世紀前後に二度繰り返されたチグリス（古代の「ウル」）河の大氾濫が伝承化されたものと地質学的に推定されている。今日は好天だが、少し靄が出ている。はたして、憧れの白い秀峰は望めるだろうか。

バスはエレヴァンの市街地を抜け、郊外の農作地のあいだを一路南西に向かって走る。およそ一時間たったころ、車は畑作地帯のただ中で停車した。

「今、アララト山がよく見えています。よいカメラ・ポイントですから、撮れるときにまず一枚撮っておきましょう」

山本さんに促されて、みんなバスを降りる。道路脇は緑の玉蜀黍畑、続く麦畑の中に褐色の丘が右手から伸び、その先端部分にホルヴィラップ修道院の三角屋根が突き出ている。その屋根が指し示す中天に、真白な万年雪を被ったアララト山が、左右に長い裾野を悠然と広げていた（270頁　図6—22参照）。東（左手）からの日照を受けて、中央の雪渓の切れ込みや右手の斜面は影を作り、白い頂の輪郭を浮き彫りにしていた。裾野の左辺に相似形のように盛り上がっているのは、小アララト山である。しかし水平線近くは、ガスで少しぼやけていた。

私たちはバスで一キロほど前進し、ホルヴィラップ修道院の境内から今一度アララト山を眺めたが、山の大きさは先ほどとあまり変わらない。アララト山は、依然遠くに聳えていた。この遠望こそ、アルメニアの人たちが現在見ることが出来るアララト山なのである。一九一五年の「アルメニア人虐殺事件」以後、彼らの故地はトルコ領に編入されてしまった。かつてアルメニア人が自分たちの聖山として崇め護ってきたアララト山は、今や渇望の峰になっている。例えれば、日本人が静岡県や山梨県に入ることも叶わず、遠方から富士山を憧れるようなものである。アルメニアの人たちは、この霊峰に登ることが出来ないし、これ以上麓に近づくことも許されていない。

修道院内部をあわただしく見学したが、内容は殆ど覚えていない。ただ、このあたりがハンニバル終焉の地であるという話だけは、心に残った。粘り強いローマ人を再三苦しめたカルタゴの不屈の男は、あくまで再起を目指してこの地まで流浪してきたのである。しかし『英雄伝』の中でプルタークが古今の名将と讃えるハンニバルも、父子二代にわたるローマ打倒の宿願を果たすことが出来なかった。

暗い内陣から出て、明るい陽光のもとで改めてアララト山の方角を見た。しかし麓に発生していたガスが、既に山容全体を覆っている。先刻眺めた景色が幻影であったかのように、わが久恋の山は既に姿を消していた。

エレヴァンに戻ってランチを済ませた後、観光を再開した。エレヴァンも歴史ある町なので世界遺産も多く、なかなかのんびり過ごさせては貰えない。午後最初の訪問先は、昨夜噴水を見物した共和国広場の正面に建つ立派な歴史博物館である。私たちに応対してくれたのは博識で経験豊かな女性館員。彼女が英語で話すBC四〇世紀からのアルメニア物語を、これまた歴史好きな山本さんが補足しつつ通訳するのだから、何時になったら博物館から脱出できるか分からない。この地方が先史時代かメソポタミア文化の影響を受けたことが一応理解できたところで、関口氏や黒野氏らと秘かに抜け出し、入口の売店で絵ハガキや案内書、土産物を物色した。

エチミアジン大聖堂は、アルメニア地方の王がAD三〇一年キリスト教に改宗するきっかけとなる夢のお告げを受けた場所に建立されたという。もとはゾロアスター教神殿が建っていた。広大な敷地に多くの建造物が並び、エレヴァンで最も格式の高いアルメニア教会の大伽藍である。内陣の聖遺物展示室に、キリストの衣類の糸や、昨日訪ねたゲガルド修道院の場所で発見されたというキリストの脇腹を刺した槍が展示されていた。私たちの顔に疑いの表情を認めた山本さんは、

「信仰とは、ただ信じることです」と先手を打った。

戸外に出ると日差しがますます強く、少し歩くだけで汗ばんでくる。木陰を選びながら、キリスト教の信仰を守って殉教した聖女を祀るリプシマ教会や円形の外壁の中に列柱の内陣を持つスパルツノッツ教会跡を見学した。いずれも近年ユネスコの世界文化遺産に指定されたということである。最後に市の中心にある賑やかな青空マーケット、立ち並ぶ色とりどりの天幕の下、玩具、書物、楽器、壁掛け、彫り物、貴金属、真鍮の置物、衣類、飲み物など、思いつくありとあらゆるものが並び、内外の客、トレーニング・ウェアーの女子高生グループ、親子連れなど雑多な見物客を集めていた。

夜、アルメニア人の器楽演奏を楽しみながら、民族風レストランで最後の晩餐をとる。食事を始めて間もなく、窓外で稲妻が光り雷鳴が轟いた。次いですさまじい雨音が聞こえてきた。この旅行中初めての夕立である。夕立は、一〇分ほどで止んだ。ホテルへの帰途、噴水のショウを観るため数人の人は共和国広場でバスを離れた。私はホテルに直行し、売店で絵ハガキや土産物を物色したり、地元のテレビを見て、アルメニア最後の夜を過ごした。

翌七月一七日朝、午前二時半モーニング・コール、四時前ホテルをチェック・アウトという早立ち。エレヴァン空港での事務手続きが効率的でないので、他の旅行客に先駆けて出国手続を済ませるのが安全というわけである。七時離陸、約三時間で時差二時間遅れのモスクワに現地時間九時前に到着した。夜の成田行きまで一一時間も待ち時間がある。この時間を利用して、半日モスクワ中心部を観光した。クレムリンや聖ワシリー寺院に囲まれた赤の広場、ノヴォデヴィッチ修道院の輝く丸屋根、市街地を一望できるヴアラビヨーヴィ丘（通称「雀が丘」）など、ランチ・タイムを間に挟んで駆け足の見物である。赤の広場は、大国ロシアを代表する堂々たる空間だが、想像していたほど大きいとは感じなかった。おそらく無意識のうちに超巨大な北京の天安門前広場と比べていたからであろう。しかしモスクワ訪問は、今回の旅ではおまけのようなものだから、これ以上触れない。

コーカサスの三国は、国土の広さや人口では合わせても日本に及ばない限られた地域に過ぎない。しかし、人種構成、宗教、文化の点では、日本人には理解が難しい複雑な要素を秘めている。東西文明の十字路といわれる地理的条件のため、古代から多くの民族が通過し衝突し融合を重ねた重層的な歴史に由来する。外国を訪ねるときは、まずその国の歴史を知らなければいけない、というのが私の信条である。人々の表情に、建物や街区のたたずまいに、そして自然の景観にさえ、歴史の刻印が深く刻まれている。今度の旅では、その思いがいっそう強まった。

日本から遥かなコーカサスの小国の歴史など、私たちの日常生活に何の関係があろうかと考える人が多いかもしれない。しかし、どこの国にせよ何時の時代にせよ人間の生き様や社会の態様は、自分たちの生活や国のあり方を思考し反省する豊かな材料を提供するはずである。まして、グローバリゼーションといわれ、情報や物流が短時間に全世界に伝達される現代においては。ロシア、イラン、トルコに囲まれたコーカサス三国は、現代世界の政治、経済、文化の利害衝突に巻き込まれやすい。この地域の騒擾がいつ他所に飛び火しないとも限らない。カスピ海から黒海への石油や天然ガスのパイプラインが遮断されたらどうなるだろうか。碁盤の右上隅に打たれた一石は、中央や左辺の大模様の石を牽制する。バルカン半島のコソボの民族自立を支持した欧米諸国に対し、ロシアのプーチンは同じ論法でグルジア領内の南オセチアやアブハジアの自治を主張したのである。ロシアにとっては、このグルジアの領土紛争やコーカサス山脈の北、ロシア領内で多数のグルジア人が住むチェチェンの帰属問題とエトロフ／クナシリら日本との北方領土交渉は、根底で相関しているかもしれない。

このような厳しい歴史的地政学的環境にも関わらずコーカサス三国には、自然と人工が融合した美しく豊かな景観があり、自分たちの郷土を愛する人々が住んでいる。彼らは、時折人懐こい表情を旅人に見せてくれた。クズベキ山麓の谷合の村で、田舎町の道傍で、あるいは家族経営のホテルで。いつも私を旅に誘うのは、そのような異国の人々、ささやかな情景、懐かしい記憶である。

（二〇一二年一月一七日　記）

第七章　スロヴェニアとクロアチア

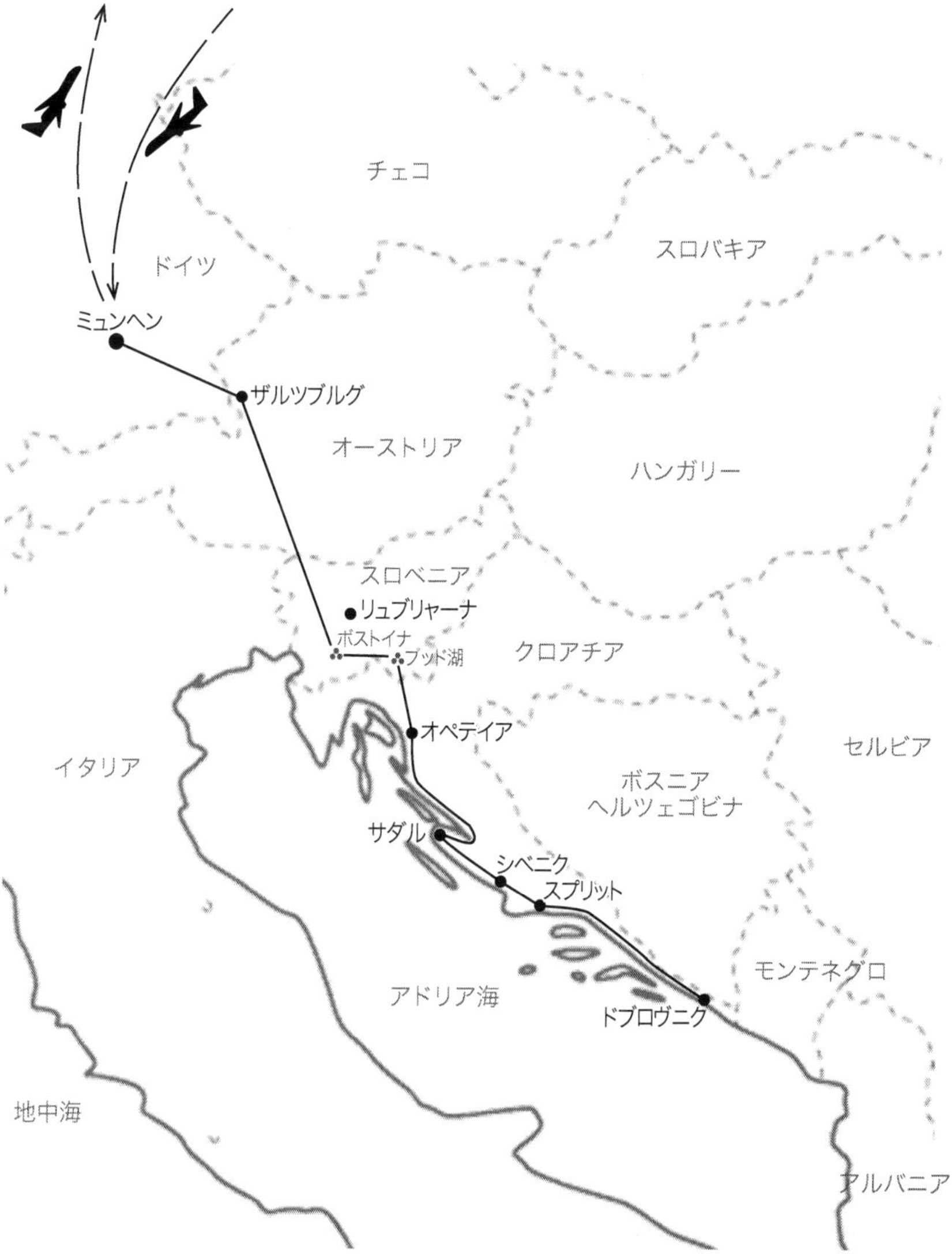

一・ドーハ、ミュンヘンを経てスロヴェニアへ

久しぶりに妻と二人で、ヨーロッパに来た。ドーハでの乗継便のトラブルのため、予定より二時間以上も遅れて二〇一二年四月六日一六時二〇分ミュンヘンに着く。この旅の主な目的地は、バルカン半島北部のスロヴェニアとクロアチアの二ヶ国だが、利用するカタール航空の関係で往復ミュンヘンを経由する。カタール航空に限らず、日本からバルカンへの直行便はない。

入国手続きを済ませると、一息つく間もなくスロヴェニアのブレットに向けてバス移動が始まった。空港を出ると、車窓にバイエルン地方の豊かな牧草地が広がる。ベンガラ色の屋根に白壁の家屋が散在する。一八時、車は片側三車線のアウト・バーンをおよそ一〇〇キロの速度で走っている。通常高速道路の制限速度は、一〇〇キロなのである。道路はそこかしこで、村に通じる小道に分かれていた。出入り口に関門はない。高速道路はすべて無料だ。一八時三〇分、左車窓にキム湖が過ぎる。やがて右手前方に、雪を冠った山並みが見えてきた。スイス・アルプスから東に延びる山脈である。

一九時、ほとんど気づかないうちにオーストリア領に入ったが、風景はバイエルン州とあまり変わらない。やがて右手に、ザルツブルグの市街が現れたが、たちまち後方に消えていった。この街は、帰路に立ち寄ることになっている。一九時三〇分スロヴェニア領に入った。いまや用済となった入国審査のため建物を通り過ぎる。バルカン諸国の中でスロヴェニアは、現在唯一のEU加盟国である。クロアチアが、加盟を準備中という。スロヴェニアに入ってすぐに三〇分のトイレ休憩。移動再開後、長いトンネルに入った。この国の脊梁山脈ユリアン・アルプスを南東に抜けたのである。二二時、ブレットのクリム・ホテル

に到着した。二時間の遅れにも関わらず、ホテルの夕食にありついた。

二、ブレット湖とボストイナ鍾乳洞

翌四月七日六時三〇分起床、雨模様の天候である。地上階に降りて、バイキング朝食を摂る。八時半、ホテルを出たと思ったらすぐに船着き場に着いた。ここで一〇人ほどが乗れる屋形船数艘に、一行二七人が分乗した。屋形船は、ブレット湖中にある小高い島とのあいだを行き交っている。湖水を汚さないため、発動機を使わず船頭が手で漕ぐ。彼の指示に従い、左右の船縁にバランスが崩れないように座った。

島の高所にある聖母被昇天教会まで長い石段がある。ある人は九七段あったといい、別の人は一〇〇段を数えたといったが、正解は、九九段らしい。赤屋根の本堂と尖塔を載せた鐘楼からなる瀟洒な教会である。内陣正面の壁面いっぱいに、黄金色の大きなマリア像が立ち、その前の天井から太い綱が垂れ下がっていた。妻を含め数人が交互にその綱を引いている。初めは意味が分からなかったが、綱は屋外の鐘楼に連結しているのだった。耳を澄ませば鐘の音が内陣でも聞き取れた。綱にぶら下がっているような妻の写真ができた。

図（7-1）ブレット湖と聖母昇天教会

屋外に出て、教会の周りを歩いた。ブレット湖は周囲六キロほど、屹立する山に囲まれた丸く小さな湖である。水深のありそうな濃い紺青の水をたたえる。湖畔の木立の間に、ホテルや別荘風の建物が点在し、頑強な絶壁の上にブレット城の本丸や出城の様な櫓が見える。この場所はドイツやオーストリアに近く、外国からの客が多いリゾート地である。

図（7-2）チェス大会の風景

湖畔のショッピング・モールで三〇分を超えるトイレ休憩があった。このあとのスケジュールの時間調整をしていたらしい。まだ開いていない店もあったが立体的なモールの階段を昇り降りしながら、土産物店をひやかしてまわる。ここからバスで少し走って、正午前昼食予定の大きなレストランに着いた。このレストランは、土地の集会所を兼ねているらしく、人々の出入りが多い。別室でピンポン玉の音が聞こえる。チェス大会が開かれているとトイレから戻ったひとがいうので、私も覗きにいった。ボーリング場もあった。H社の添乗員小竹さんが、「対局している人たちは、あまり楽しそうに見えない」と言ったので少し可笑しくなった。麻雀のようなゲームと異なり、笑顔で次の一手を深く読んでいる将棋や囲碁の対局者は、私もあまり見たことがない。昼食のマス料理はよかった。

昼食後一時間南下して、この日二番目の訪問地ポストイナに着いた。一四時から一時間ほどかけて、ポストイナ洞窟を見物する（303頁　図7—3参照）。スロヴェニアのこの地域は語源の由来であるカルスト地方で、ほかにも世界遺産に指定されたシュコツイヤン洞窟など洞窟が多いのである。洞窟の見学はあらかじめ時間が規定され、だれでも自由に歩き回れるわけではない。観光客は二キロほどトロッコで内部に入り、全長二一キロもあるケイブの一部を垣間見るに過ぎない。トロッコは二人掛けの座席が何十列も並ぶ長大なものである。それが時速一〇キロほどのトロッコにしてはハイ・スピードで、洞窟内を疾駆した。天井からの岩が近づくと、つい首を縮めたくなる。「ダルビッシュなら、頭をぶっつけないかしら」と誰かがいった。むろん世界中で最長身の人でも大丈夫なように設計されているはずだが、少しばかりスリルのあるトロッコである。一五分ほどでトロッコの終点についた。

そこにはコンサートホールと呼ばれる広いスペースがあり、観光客はスロベニア語、イタリア語、ドイツ語、フランス語、英語など自分が選択するガイドが表示されている場所に集まるのだった。ここから急な岩棚の足元を気にしながらガイドについて遊歩する。石柱、石筍、天井から下がる氷柱、ラーメンのように細い切れ目の入った岩、ワニ、ラクダの様な形状の岩、高低差のある洞窟を、神曲の主人公が天上界から煉獄や地獄の谷底まで廻るような移動が続いた。全体は大別して三層に分けられ、最下層は早い流れの川になっている。この地下の川にホライモリという体長一〇センチほどの両生類で盲目の生き物がいて、コンサートホール近くにある水槽の中に展示されていた。誰が調べたのか分からないが、一〇〇年生きるのもいるということである。

洞窟の入り口近くの壁一面に写真が貼られていて、洞窟から出てきた訪問者が覗き込んでいた。知らぬ間に内部で撮影された自分たちの写真がその中にある。洞窟内での写真撮影が禁じられているのは、地元の商売のためでもあった。一枚六ユーロで、妻もいくつか手に入れた。入場前は、「鍾乳洞など日本でいくらでも見られるから興味ない」と主張していた彼女も、ポストイナのスケールには感銘を受けたらしい。一八一八年に発見されたこの洞窟は、五〇〇億年という途方もない歳月をかけて形成されたものである。

バス停と鍾乳洞との間には、土産物やレストラン、ホテルなどが並んでいて、観光地らしい楽しい空気に包まれている。石段を降り小川に架かる木橋を歩いてバス停に戻る。小川には水車が回り、黄緑色の葉をつけた数本のしだれ柳が水面に延びていた（303頁　図7―4参照）。その先に趣のある石の橋が架かる。しゃれた画題になるかもしれないと思い、角度を変えて数枚の写真を撮った。

図（7-6）オパティアの海岸通り

二時間ほどかけて、今宵の宿泊地オパティアまで南下する。途中の村の教会には、喪服を付けた多くの人が集まっていた。「土地の名士の葬儀かもしれませんね」と小竹さんがいう。また別の村では、小籠を手にした人々の姿が目立った。今日はイースターである。あの小籠には、バニーを描いた卵がはいっているのだろう。緩やかな起伏が続き、白壁に赤い甍を載せた家並みや山村が車窓に現れては消えた。簡単な審査だけで国境を越えてクロアチア領に入る。一八時アドリア海に面したオパティアの市街地へとバスは降っていった。私たちの宿オパティア・ホテルは、海岸通りから少し上がったところにあった。夕食まで時間があったので、妻と海岸を散歩する（303頁図7―5参照）。海辺のリゾート地らしい明るい開放的な街並みが続いている。ただ日本のリゾートによくあるけたたましい音楽や騒音がなく、静穏な町である。土産物店や洋服店など十数軒が立て込んだ一角で妻は、「クロアチアのサッカーチームのユニホームがないか探してみる」と亭主を残して消えた。息子からの依頼である。

周辺の写真を撮りながら三〇分ほど待つが、戻ってこない。痺れを切らせて商店街の店を探して回ったが、彼女の姿はなかった。写真を撮っている間に、行き違ったのかと思って急ぎホテルに戻るが、妻は外出したままという。添乗員の小竹さんとホテル正面を出たところで、途中で出会った同行の仲間とおしゃべりしながら坂道を登ってくる妻の姿が見えた。服飾品を積み重ねた店の中にいたため、私が発見できなかったらしい。待ちぼうけにあった方、置いてけ堀を食った方、旅早々双方ともいささか不服顔である。

一九時からの夕食では、和歌山県新宮市にお住いの中谷夫妻とご一緒した。参加者のなかでは若い方である。奥さんは捕鯨基地太地町の生まれ、そろって丈の高いカップルだ。去年の大雨の被害状況を訊く。新宮市は東の熊野川と西の那智川の双方でＪＲが寸断され、孤立した。「東のＪＲ東海路線は速やかに回復しましたが、ＪＲ西日本が管轄する新宮／勝浦間は修復に時間がかかりました。両社間で、作業効率に差があるようです」と中谷さん。夕食後、今度は一人で海岸通りを歩いた。

三、アドリア海沿いの町、サダル、シベニク、トロギール

四月八日（日）、五時三〇分に目覚めた。戸外は雨模様である。地上階別館の食堂で、奈良市から参加の吉川母娘と朝食を摂る。ツアーでは、母親と結婚適齢期の娘さんとの二人連れによく出会う。娘が嫁げばこのような機会が無くなるから、二人にとって旅は思い出作りとして貴重な時間であろう。費用はむろん常に母親持ちである。

七時三〇分、チェック・アウト、小雨降るなかバスはアドリア海沿いに南下する。沖に長い島影が続いている。九時、高速道路に向かって山道を少し登ったところで、強風のため道路が閉鎖されているとの情報が入ったため、バスは海岸沿いの一般道に戻った。

クロアチア共和国について、添乗員小竹さんの説明がはいる。現在八つの国に分かれているバルカン諸国は、第一次大戦後の一九一八年、ユーゴスラヴィアとして独立した。「南スラブ人の国」という意味である。六世紀にスラブ系の一派が南下して、この地域に住みついた。そのためバルカン半島の居住者は、現在でも人種的にはスラブ人が大多数である。合わせても日本の三分の二程度の国土しかない。しかし古代から中世にかけてローマ帝国、イタリアのヴェネチア共和国、南のオスマン・トルコ帝国の影響を受け、宗教（カ

トリック、東方正教、イスラム教)、言語(スロヴェニア語、セルヴィア語、マケドニア語)、慣習、風俗などの点で地域ごとに独自の展開を遂げ、地政学的にも複雑な様相を示している。

第二次大戦中混乱していたユーゴスラヴィアは、バルチザンを指揮したチトーの下、ユーゴスラヴィア社会主義人民共和国として一九六四年再統一された。東西冷戦のさなかチトーは、その権威によりどちらにも属さない第三極の立場を貫いた。しかしチトーというカリスマ的指導者がいなくなると、たちまち地域エゴから内戦が勃発し一九九一年分裂してしまった。現在のクロアチア共和国は、九州の約一倍半の国土に人口四五〇万人を擁し、九〇%がカトリック教徒である。

「なぜこのツアーを選ばれたのですか」と小竹さんが一同に訊ねた。

「比較的安いから」と誰かが答える。最近よく報道されるようになって人気がでているから、という人もいた。別のひとは、ブータンを予定していたがツアーが成立せず、急きょ変更したという。

「それでは、海外旅行が初めての方?」誰も手を挙げない。

「バルカン諸国を最初の訪問地に選ばれる方は、さすがにないですね。西ヨーロッパをほとんど周って、他に面白いところがないかと選ばれる方が多いのでしょう。関心、費用、季節、タイミングなどの諸条件があって、行き先が決まるのですね」

彼女は、この国のホテルの設備について話した。クロアチアは、バルカン地方では観光客も多く宿泊施設が整っている方だが、西ヨーロッパの水準に比べると劣っている。バスタブがついている部屋も少ない。日本人のように日常的に湯に浸かるという習慣がないのである。だから、バスタブがあっても栓が付いていない場合も多い。あるとき念のため確認の電話を入れたら、「栓を用意しておきました」という返事があった。だが実際は、排水孔に合わないものばかりだったという。

「私の意図を、相手は全く理解していなかったのです。そういうときには、洗面所にあるグラスを逆さにして嵌めるとぴったりすることがあります」と添乗員は笑った。

バスタブの話から小竹さんは、日本とヨーロッパの比較論を始める。

「日本人は温泉にも恵まれ、入浴が大好きです。私も長い旅から帰れば、風呂が一番の癒しになります。古代ローマ人もお風呂が好きでした。彼らは本拠のカラカラ浴場をはじめ、征服した帝国内の各地にも公衆浴場をつくりました。オリエントや北アフリカにも、イングランドでも」

ローマ人は、浴場で食事を摂り談話を楽しんだのである。今やヨーロッパ全体としても、またローマ人の末裔である火山国イタリアの人たちも入浴の楽しみを殆ど忘れてしまった。

「古代ローマ人がタイム・スリップして現代の日本の銭湯を見たり天然の露天風呂知ったら、どんなに喜ぶことでしょう。そんな夢想を女性の漫画家が描き、『テルマエ・ロマエ（ローマ浴場）』という映画になって評判になっています」と小竹さんは続けた。

現代ヨーロッパにある湯治場の大部分は、もっぱら温泉水を薬用に飲む療養の場所に過ぎない。小竹さんは、キリスト教がローマの国教になったためではないかという。キリスト教の来世的禁欲主義がローマ人の現世的享楽主義を駆逐した。裸体を人目に晒すことも忌避された。彼女独自の見方かどうか分からないが、なかなかうまい説明だと思った。今度の旅行中シャワーしかないホテルでも我慢してくださいね、というメッセージも込められている。入浴は時間と手間がかかって面倒だし、消費するガス水道代ももったいないと理屈を捏ねて日常はシャワーで済ませている私などは、さしずめヨーロッパ的生活者かもしれ

図（7-7）サダルの聖ドナ教会

ない。もちろん、温泉旅行も嫌いではないが。

九時、沖合いにクルクという大きな島が見える入り江の町センジで、短時間トイレ休憩。移動を再開しても沖合には切れ目なく大きな島影が連なっている。地図で見ると、いずれも本土と平行に走る長細い島々である。もとは本土とつながっていた陸地の一部が陥没し、間に海水が浸入したように思われる。アドリア海の沿岸を走っているといっても、ずっと内海を見ている感じだ。一一時、本土から突き出た半島と島の間に掛っている高い鉄橋が見えた。

一一時三〇分、本日最初の訪問地サダルに着く。その旧市街は、中央広場（フォーラム）や石畳などローマの遺跡が残っている。この街はキリスト教徒が支配していたにも関わらず、一一〇四年の第四次十字軍により急襲され破壊された。十字軍の費用の一部を負担したベネチア共和国の要求のためである。ベネチアは、トルコへの通商ルートの中間にあるサダルを狙っていた。やがてアドリア海沿いにベネチアは、支配圏を伸長していくのである。十字軍も回を重ねるにつれて、聖地エルサレムの回復やキリスト教徒の保護などの大義が忘れられ、暴走を繰り返すようになる。

地元のマグダレーナ嬢の案内で、小雨降りしきる中、九世紀に建てられた円形の形をした聖ドナ（アナスタシア）教会や一二世紀創建になるダルマチア地方最大の聖ストシャス大聖堂を観てまわる。その建材には、ローマ遺跡の石材が利用されたという。後の戦争による再三の破壊にも関わらず、その都度修復されてこれらの寺院は今日まで残った。最後に、岸壁沿いに歩いて、シーオルガンの音色を聴いた。海岸に風が吹

図（7-3）ボストイナ鍾乳洞入り口に立つ妻

図（7-4）ボストイナの水車小屋

図（7-5）オパティア・ホテルへの石段
（著者自筆）

図（7-8）シベニク全景

図（7-10）スプリットの
ディオクレチアヌス宮殿

図（7-11）バッチイ湖

図（7-15）ドブロヴニク全景

図（7-17）リュブリャーナ市の通り
（著者自筆）

図（7-19）ザルツブルグの
モーツアルト生家前で

き波立つと、地下に埋められた装置が反応してメロディを出す仕組みになっている。今日は風が強いから、シーオルガンにはよい日和である。

サダルのレストランで、チキンと馬鈴薯のランチを済ませ、一四時過ぎに再び南下を開始した。このあたりから海岸を離れ高原上の高速道路に入った。灌木しか生えない荒蕪地が続く。一五時、少し牧草地が広がり、農家が点在している。クルカ川を渡る。上流はクルカ国立公園、川口に次の観光地シベニクがある。一五時半、そのシベニクの市街地に入った。

旧市街は、すべて石畳が敷かれている。降りみ降らずみのなか、水溜りを避けながら傘をさして歩いた。市街地の奥に入るにつれ道は狭くなり複雑に折れ曲がる。両側の家屋が迫る複雑な線を、数枚写真に撮った。そのような構図を描いてみたいと日頃思っているからである。しかし、うまくいくことは少ない。写真では現場感が薄れ、描く意欲が無くなってしまうのである。

小さな石段を幾つか登り、旧市街の北西にある丘の上の平地に出た。さらに城壁に架かる鉄製の梯子段を上って、聖ミカエル要塞の展望所に着いた。ここから入り江の北岸に広がるシベニクの市街が一望できるのだった（303頁　図7—8参照）。後背には新市街のビルも見えているが、手前の旧市街はビルがなく、すべてベンガラ色の屋根に白壁の二色に統一された家屋が複雑に入り組んでいた。その家屋の間から、教会のドーム、鐘楼、尖塔が幾つも伸びている。そして要塞下から直線的に延びる黒い糸杉の梢が、全景に陰影を与えるのである。クロアチアを色で表現するならば、ベンガラと白といえよう。そのように色が条例で規制されているのかもしれない。ヨーロッパの市街の美観は、色調の統一と家屋の形のまとまりによることが多い。

帰途は海岸よりの石段を降りて、レパブリカ広場の聖ヤコブ大聖堂を訪ねた。一五世紀から一六世紀のあいだ、一〇〇年をかけて建てられたといわれる。そのため様式も、ゴシックからルネッサンスに変わっている。この聖堂で人目を引くのは、長い壁の中段に並んだ写実的な人間の頭部の彫刻である。当時の町の有力者を模したものと言われる。聖ヤコブ大聖堂は、鉄筋も使わず石材だけで建造された最古のものとして世界文化遺産に登録された。

バス停の小店で、絵ハガキ数葉（三クーナ、一クーナは、およそ一五円）とダルマチア犬を描いた磁気飾り（二〇クーナ）を手に入れた。白地に黒い斑点入りの皮膚をもつ足長な狩猟用のダルマチア犬は、名前通りこのあたりダルマチア地方が郷里である。シベニクからは、入り組む湾内とヨット・ハーバー、農家に葡萄畑などが点在する風光明媚な海岸線を走って一八時、トロギールのメデナ・ホテルにチェック・インした。

四．スプリット――ディオクレチアヌスの宮殿

四月九日（月）、六時起床し散歩する。ホテル裏手の緩やかな坂道を下り、夏の保養所の様な建物が点在する林を抜けて海岸に出た。対岸の島の間の静かな浜である。人影もない。昨日までの雨が止んで、陽射しがある。朝の空気がおいしい。

七時に階下のレストランで、広島市からの才機夫妻や奈良の古園さんと福岡からの日野さん姉妹と同じテーブルに着いた。このツアーには丈だかの人が揃っている。才機夫妻も、揃って長身である。才機氏は、ビデオとりに熱心だ。毎朝早くからホテル周辺を歩きまわっている。今年は大河ドラマ「清盛」のせいで、

図（7-9）トロギールの入り江

宮島が例年に増して宣伝されているらしい。私は、近年訪ねた広島の山や三段峡の話をした。「むかしは国鉄の汽車が、渓谷の入口まで走っていたのですが」と才機氏。

「初めて訪ねたおりは、私も国鉄を利用しました」と私は五〇年前の思い出を語った。「でも殆ど記憶にありませんでした。数年前，渓谷に沿った起伏の多い道を歩き通して、そのスケールの大きさが改めてわかりました」

妻は、姉妹と韓国の話をしている。双方韓流ドラマをよく見ていて、かの国を幾度も旅しているのである。姉妹のうちでは特に妹の日野さんの方が話好きでにぎやかだ。本日は出発が遅いから、皆朝からのんびり雑談している。

九時からトロギールの旧市街を歩く。自称「イボころり」のクロアチア人イボさんが地元のガイドである。この国は短時間の案内でも、その地区ごとに現地ガイドがつく。入り江の小橋を渡った小島が旧市街である。入り江は堀に相当し、かつて市街地の防御の役を果たしていた。市街の入口の北門を抜け少し直進して、町の中心イヴァン・パヴォア・ドゥロギ広場に出た。ここに世界遺産聖ロヴロ大聖堂が建っている。入口にこの彫られているアダムとイヴ像は中世美術の傑作と言われるが、私には三層の上に三角の橙色屋根を載せた鐘楼の方が印象的だった。入場料を払って内部を見学するひともいた。礼拝堂など内部にも見所が多いらしいが、私は入らなかった。キリスト教美術の門外漢には、教会内の細部はどれも一様に見えて殆ど記憶に残らないからである。

さらに先の南門の外には、再び入り江があった。高い船縁りに三本マストを立てた一見海賊船の様な風変わりな船が、岸壁に係留されている。昔、ドブロヴニクなどアドリア海沿岸の交易に使われた商船という。南のリヴォ島との間に架かる橋の上から市街地と黒船を写真に収めた。来た道を引き返し、青空市場やスーパーに立ち寄ったのち、バスの駐車場所に戻る。

一〇時四五分、トロギールの南三五キロにあるこの国第二の都市スプリットに着いた。この都市の旧市街は、ローマ皇帝ディオクレチアヌスが建てた宮殿内部にすっぽり包み込まれていて、全体が世界遺産に登録されている（303頁　図7―10参照）。宮殿は東西南北各二〇〇メートルの正方形を成しており、皇帝の居所、公式の場、兵舎、貯蔵スペースなどに分かれていた。外周は、高さ二〇メートルもある厚い城壁で囲われている。その宮殿跡にローマ帝国滅亡後異民族の人々が徐々に移り住んで、市街地に発展したのだった。城壁の東南西北面の中央部にはそれぞれ銀門、青銅門、鉄門、金門が穿たれ、東西と南北の通路が宮殿を四分する。

宮殿の南面はアドリア海に面した長いプロムナードになっていて、レストランや土産物店が連なっている。丈の高い棕櫚の並木が、数日振りの陽光の下、南国の雰囲気を醸していた。オープン・カフェーで、寛ぐ観光客。青銅門からすぐ左手の地下に降りた。宮殿の地下室は、宮殿の上部を支えるように地上階と同じ構造になっている。そのため後世の建造物で埋め尽くされた宮殿本来の状況が、地階を見るとよく分かるという。近くのブラチ島でとれる太い大理石柱からなるアーチが並んでいた。化石化したごみの山まであった。

地上階に戻り、南北道を北に進むと円形の形をした広間に出る。皇帝の居室の前庭に当たり、天井ドームはモザイクで飾られていたというが、現在はぽっかり丸い空間があいている。ここで暫時四人組のコーラスを聴いた。音響がよい。彼らは、自分たちの歌唱をカセットで販売しているのである。通りをさらに北に歩くと、南北通りと東西通りが交差するペレステルという広場があった。その東に建つ大聖堂は、ディオクレチアヌス帝の霊廟として建てられたが、後にキリスト教の会堂に転用された。本来あった石棺もキリスト教徒により破壊され、残っていない。

三世紀後半に活動したディオクレチアヌス皇帝は、正副皇帝制度を創設して危機に瀕していたローマ帝国に半世紀近くの安寧を齎した。元老院よりも官僚制度を充実させ政治の構造改革に事績を挙げた。大帝とも称され、ローマ史上重要な人物である。そのディオクレチアヌス帝が、なぜこの地に大規模な宮殿を建てたのか。遺憾ながら当地を訪問するまでは、私はスプリットの名さえ知らなかった。込み入っているためか、史実についてはガイドもほとんど言及しなかった。帰宅後塩野さんの『ローマ人の物語』XIII巻を再読して、その理由が分かった。

ディオクレチアヌスは、同じバルカン地方でドナウ河に近い北のシルミウム（現ミトロヴィカ）生まれである。この前後のローマ皇帝のほとんどはバルカン生まれの下層階級の出身だった。彼らがローマの市民権を得るには、兵士として実績を積むのが近道だったといえる。そしてバルカンの東部は、ローマ軍団の最前線だった。緊急時の軍隊は、門閥に頼らない実力の世界である。膨張し制度疲労を起こしかけていたローマは、出自を問わずとにかく人材を必要としていた。

ディオクレチアヌス帝は、ローマ皇帝にしては珍しく晩年帝位を自ら退いて、この地に建てた宮殿に移り棲んだ（三〇三–八年）。郷里に近く風光明媚で温暖な土地を好んだのであろう。引退の直前の三〇三年彼は、キリスト教を禁じ信者を弾圧した。帝国の禍根を根絶しておこうと考えたのかもしれない。そのため今日でもキリスト教徒によるディオクレチアヌス評は芳しくない。その禁教令も後継者コンスタンチヌス皇帝のキリスト教を公認する有名なミラノ勅令（三一三年）によりわずか一〇年で覆されてしまう。キリスト教の勢いはもはや一人の権力者の勢威では止められないところまで来ていたのである。歴史に特に関心が深い私にとっては、スプリット訪問は予期せぬ収穫だった。

宮殿地下の店でクロアチアの地図を描いたタイルの壁掛けを九〇クーナで買った。あまり荷物にもならない小物を手に入れて部屋を飾るのが私のささやかな旅の記念である。一三時から一時間、市内のレストランでランチを摂る。古園／日野姉妹や京都市八幡の石川夫妻と同じテーブルを囲んだ。私が時折訪ねる八幡近くのスーパー銭湯「極楽湯」に触れると、「スーパー銭湯なら高槻の方にもあるでしょうに、わざわざこちらまで来られるのですか」と石川氏。極楽湯は知っているが、まだはいったことはないという。途中で見かけた猫のことから日野さんは、亡くなった愛猫「茶々丸」のことを話し始めた。猫好きの妻はさっそく大乗り気でお喋りしている。私が好む歴史や文学の話題より、気軽で能天気な話のほうが好きなのである。亭主より日野さんのほうに相性がよさそうだ。私は、淀殿お茶々を連想しながら、彼らの話を聞き流した。

一六時、とある湖のほとりで写真撮影のため暫時休憩する。「バッチイ湖」という名称が気の毒なほど澄みきった美しい湖である（304頁 図7―11参照）。一六時二〇分、ボスニアから流れてくるネレトバ川を渡った。このあたり肥沃な畑作地帯になっている。この先で国道は、九キロほどボスニア・ヘルゼゴビナ領を通過する。陸路を採る限り、南のクロアチア領ドブロヴニクに行くには、他国を通り抜けなければならない。地図を見れば一目瞭然のように南部クロアチアは、ボスニア・ヘルゼゴヴィナの海への接近

図（7-12）ニュームの崖

を断つようにアドリア海に沿って細長く伸びている。唯一陸路が切れているのが、ニュームという集落を含む九キロの区間である。南のドブロヴニクは、いわばクロアチアの飛び地になっている。これにも歴史的背景がある。かつてドブロヴニクは、独立したラグーサ共和国だった。北から勢力を伸ばしてきたベネチア共和国の脅威を感じたラグーサは、緩衝地帯としてこの区間をオスマン帝国に自ら割譲したのである。地理的には他国領内を通過するといっても現在関門があるわけでもなく、出入りは自由だ。一六時四五分、そのニュームでトイレ休憩、小店で地元のチョコレートを買った（一六〇クーナ）。

一八時、ドブロヴニク市街地に入り、夕食のためレストランに立ち寄った。昼食と同じく石川夫妻とご一緒する。石川氏は、かつて商社マン時代いろいろな国を訪問したらしい。インドネシアのボルネオでは、なにをやるにもワイロが必要だったと苦労話をされた。一〇人の同行者がいれば、一〇人の人生体験がある。その話を聴くのも、グループ・ツアーならではといえる。一九時三〇分、小竹さんが何度か強調していたスペーリアル・クラスのヴィラマール・ホテルにチェック・インした。

五．アドリア海の真珠ドブロヴニク

四月一〇日(火)、六時半起床、七時に階下のレストランに降りていくと、台湾からの観光客で賑っていた。和歌山県岩出市から参加した奥村夫妻とご一緒する。岩出市の名前は知らなかったが、根来寺近くと聞い

図（7-13）ドブロヴニクのプラッター通り

て見当がついた。和歌山市から紀ノ川を少し遡ったところである。夫人が描いたスケッチ・ノートを拝見する。旅先の風景が、小さな画紙の上にうまく纏められていた。私も簡易水彩具を携帯しているが、手早く構図を纏める技術がないので、あわただしい移動の合間にスケッチするのは難しい。近年水彩画を始めた妻と出発前、旅行中によい画題を見つけようと話し合い、彼女もその気になっていた。しかし旅の間に絵のことなど、全く忘れてしまったようだ。和歌山出身の人とわかると、妻が必ず持ち出す話題はＪＲ和歌山駅から延びる私鉄貴志川駅の猫の駅長タマのこと。この話題は空振りに終わることもあるが、奥村夫妻はよくご存じで相槌を入れてくれた。

「タマ電車に、特産イチゴを描いた電車。最近、猫を模した新しい駅舎も完成しましたね」

「今一度訪ねたいと思っています。タマも、もう一三歳ですから」と妻が答えた。「最近、ニタマというタマによく似た三毛の後継者も飼われているそうです」

「貴志川線沿線には、大池公園という見所もあります。この季節は、草花が美しいでしょう」

大池公園には、スケッチのため私たちも立ち寄っている。

八時三〇分、ホテルを出てバスで市街地を展望できる場所まで移動した。しかし少し離れた場所で、市域の全貌は見えない。全体を見渡すには、北の後背に迫っているスルジー山の展望台まで登らなければならない。分厚い市壁に穿たれた西側ピレ門から、旧市街に入った。ここから目抜きプラッター通りが東西に延びている。入口すぐに大きな噴水があった。ここからプラッター通りからこれと直角に交差する小道が幾筋も分かれている。その先にもファンシーな小店が軒を連ねる別の路地が続くのである。市壁の上には歩道があり、七〇クーナ出せば三〇分ほどで一周することが出来る。

一行は地元ガイドの案内で、銀行、旅行社、土産物店、カフェーなどが並ぶプラッター通りを東端のルジャ広場迄歩いて、右手に折れた。広場の周辺には、宮殿、大聖堂、修道院、総督邸などの主要な建物がある。町の守護人、聖ブロフの像。そのあいだにオープン・カフェーや青空市場が開かれていた。現在のドブロヴニクは、世界中からの訪問客が絶えない陽気で平和な観光地である。しかし一九九一年のユーゴー内戦時には壊滅的に破壊され、世界危機遺産に指定されたのだった。その後国を挙げての修復事業により、四年後原状が回復された。このドブロヴニクは、個々の建造物ではなく、旧市街地全体が世界文化遺産である。

東のポンテ門から観光船が発着する港の岸壁に出た。小型ボートが幾つも係留されている。ここにあるレストラン前を再集合地点として、一〇時から二時間の自由時間が与えられた。スルジー山展望台までロープウエイで登るのもいいし、市壁を一周したり小店を周ることもできる。殆どの人が、まずロープウエイ乗り場に急いだ。プラッター通りに戻り、両側から重なるように軒が迫った路地の中の急な石段坂を北に抜ける。洒落た店が、色とりどりの街灯を入口に掲げている。この坂道も一幅の絵になると思った（2頁　図7—14参照）。

切符売り場の機械が故障のため、現金がないと往復八〇クーナのチケットが買えない。やむを得ず教えられた近所の現金引き出し装置を利用する。慣れぬためもたついていると、通りがかった婦人が親切に手順を教えてくれた。ロープウエイに乗って五分ほどで山頂駅に着く。真下にドブロヴニクの全市街地が広がっていた(304頁　図7—15参照)。手前に山の斜面に沿った新市街、その向こうに市壁に囲まれた旧市街、旧市街に入り込んだ港、そして港の沖に浮かぶ緑の小島。上から見下ろすと、市街地はベンガラ色の屋根一色に見える。この市街地を包み込むように、濃紺のアドリア海が広がっていた。ここまで沿岸を南下すると、アドリア海は完全に外海になっている。ドブロヴニクは、その美称「アドリア海の真珠」に相応しく、明るい陽光の下で輝いていた。展望台の反対側は、一転して荒蕪地の先にジナル・アルプスの峰々が続いている。

土産物店で、ドブロヴニクのガイド・ブック日本語版やキーホルダーを買って、船着き場近くの集合場所に戻った。昼食はムール貝のスープにリゾット、神戸市の樫井夫妻とご一緒する。退職後二年、最近、よく海外に出かけるようになったそうである。「来月は、オランダやベルギーに行きます」

ドブロヴニクは今度の旅の最南部、今日の午後は一気に五〇〇キロも北行する。一四時二〇分、往路にも寄ったボスニア領ニュームで再び休憩。一五時ネレトバ川を渡り、バッチイ湖のあたりから往路を離れて内陸部の山道へ入った。バスは、片側一車線の国道七一号を上下しながら走り、一五時四五分ようやく高速道に入った。尾根筋の切通しやトンネルが多い。このあたり高速道路では制限表示六〇キロとなっている。前列に陣取っているので、道路標識や地名がよくわかる。私たちは、アドリア海を離れクロアチアの脊梁ジナル・アルプスの東を走っていた。左手に、この国第二の高峰ビオゴブ山の雪を被せた頂を見た。右手にはボスニア国境の白い山巓が連なっている。一六時三〇分、スプリットへの道を左に分けた。ジナル・アルプスとボスニア国境の間の盆地は、畑作地帯で農家が散在していた。

「ツアーごとに、自ずと参加者のお国振りが出てきます。当地の運転手さんによれば、日本人客の特性は、

①時間を順守する、②車内を汚さない、③もの静かである、ということだそうです」と小竹さんが解説した。①、②の特性は、一応ほめ言葉と考えてよいが、③はどのように理解したらよいのか。グループで旅すればすぐに浮かれて歌いだしたり踊ったりするアメリカ人やイタリア人の方がむしろ自然で、日本人はやや異質の人種に見えているのかもしれない。

一七時二〇分、コレニカという集落のレストハウスで三〇分という長い休憩をとる。内部に、クマや巨大なイノシシの剥製が展示されていた。二〇時一〇分、今宵の宿泊地があるボスニアに入国する。このあたり宿泊施設が限られているので、スケジュールの都合により、一晩のホテルのために入出国しなければならない。入国審査後、とっぷり日暮れたボスニア領をなお二〇分ほど走って、ビハッチ市のパーク・ホテルに着いた。

六．プリトヴィッツエ湖と滝の世界遺産

四月一一日（水）曇り、六時に目覚める。六時三〇分地上階のレストランで朝食を済ませた後、ホテル周辺を暫時散歩した。街角で、通勤に急ぐ人の姿をちらほら見かける。八時、同じホテルの他のグループより先駆けようと運転手が出立を急いでいた。国境の出国審査に結構手間取るのである。これまでほとんどフリーパスで通過したのと違い、各自のパスポートのチェックがあった。しかし一番乗りしたおかげで、あまり待たされることなくクロアチアに戻った。

九時一五分、世界自然遺産に登録されているプリトヴィッツエ湖群国立公園の第一ゲートに着いた。その名のように、大小一六の湖とその間を繋ぐ川や無数の滝が形成する独特の景観で知られる。公園に入

図（7-16）プリトヴィッツエの滝

場してすぐ私たちは、対岸の岩を大きく三筋に分かれて落ちる落差八〇メートルの大滝ヴェリキ・スラップに目を奪われた。この滝は、最高所六三九メートルの湖から標高一五〇メートルにある湖までを流れ落ちる多くの滝のうちの下流に位置する最大の滝だった。此岸の急な崖にジグザグに付けられた道を下り、木橋を越えて対岸に渡り、木道を大滝の下まで歩く。

水の底には、硫黄泉に見られる石灰花が沈んでいた。この国立公園の成り立ちには、カルスト地形の石灰石が重要な役割をしている。カルストを流れる水が、炭酸カルシウムを沈殿させ、多孔質の石灰岩を形成する。これをトラバーチェーンと呼ぶ。トラバーチェーンは、移動しながら絶えず変化する。この国立公園の湖と滝は、このトラバーチェーンにより形成され、現在も変化を続けているという。

私たちは、エメラルド・グリーンに輝くいくつかの湖畔を上手に向かって小一時間歩いた。高低のあるところでは、水は岩走る急流となってしぶきを上げた。小屋のある開けた場所に来たと思ったら、湖上遊覧船の乗り場だった。やがて着いた中型のボートで深い木立に囲まれた広い湖を横切り、第二ゲートに向かう。船がスピードをあげると、急に寒くなった。公園内のレストランで、ランチにマス料理が出た。

一五時、クロアチア側で最後のトイレ休憩。ここにある土産物店がクロアチア紙幣を使うラスト・チャンスだ。クーナは他国では使えないし、両替も難しい。そこは旅慣れた人たちの集団、みんな見事に一クーナ残さず使い切った。

ところが、有料トイレ計器に小銭を入れるとこの店だけで有効な二クーナの金券が出てきたのである。「いまさら、こんなもの貰っても」と皆が苦笑いする中で福岡の日野さんは、

「それでは、私に下さい」

と一行の金券を集めて回った。「全部合わせたら、何か買えるかもしれません」

頭の働く人だ。バスが動き出してまもなく、皆の金券で手に入れたマメチョコの袋が、各自の座席に回ってきた。

一六時、スロヴェニアの入国審査を受ける。EUへの再入国だから、通常の入国手続きが必要である。一七時、今宵の宿泊地であるスロヴェニアの首都リュブリャーナに着いた。

「予定より早く着きましたから、この街をミニ散歩しましょうか」

と小竹さんが市の中心部を一時間ほど案内してくれる。私たちは、市の中心にあるプレシューレーノフ広場から歩き始めた。この国を代表する一九世紀の詩人プレシューレンの像が広場の一角に立つ。彼は、

—日が昇るところ、争いはこの世から消え、みなが自由な仲間になる—

と理想を詠いあげた。現実は、他国による支配と近隣諸国との紛争が彼の死後ほぼ一〇〇年近くも続いたのである。一九九一年、共和国として独立した時、この詩は国歌になった。EUのメンバーとなった現在、詩人の理想が永続することを望みたい。

澄んだリュブリアニッツアー川が、新旧の市街地を分けて流れる。広場の横で東からきたこの川は、直角に南に向きを変えており、その湾曲部に名前通り「三本橋」が架かる。三本のうち両端は、歩行者専用になっている。お江戸日本橋のように、この橋がスロヴェニアの基準点だ。川の両岸に、三、四階建ての

美しい洋館が並んでいた。枝垂れ柳が水面まで、薄い黄緑の枝葉を伸ばしている。橋の上で記念写真を撮っていると、小雨が降り始めた。

三本橋を渡って旧市街側に移った。すぐ左手にリュブリャーナ大聖堂、正面小高い丘の上にリュブリャーナ城が聳える。大聖堂を一周し、市庁舎に通じる緩やかに左に曲がる石畳の道を歩いた。雨のためオープン・カフェーの客もなく、人通りも少ない。道の中央に小さなオベリスクがあり、教会の鐘楼が建物の上に伸びる。その影が、雨に濡れた石畳に落ちていた（304頁　図7―17参照）。

再び別の橋を渡って、新市街に戻った。此方には、国立大学図書館や、国会議事堂などの立派な建物や広い公園があった。公園の一角に立つ洒落た建物は、スロヴェニア・フィルの拠点という。バルカン諸国、そしてスロヴェニアの文化的伝統に疎い私は、残念ながらこの国が生んだ音楽家や画家の名前を全く知らない。市内のレストランで夕食を済ませ、二〇時三〇分パーク・ホテルに入った。

七．モーツアルトの郷里

四月一二日(木)、曇りのち晴れ。六時三〇分起床し、階下のレストランに降りていく。朝食後、コーヒー・カップを片手に、ホテル入口の外にある庭のベンチに腰かけた。近年喫煙場所が限られ、喫煙者は味気のない窮屈なカプセルのようなスペースで立ったままの喫煙を強いられている。ニコチン中毒者でもない私は、そのような状況で喫煙する気になれない。落ち着いた場所とコーヒーが必要なのである。そのようなわけで旅に出て初めて、朝の寛いだ気分で喫煙した。

八時三〇分ホテルを出発し、一〇時にスロヴェニア側最後のトイレ休憩。その後しばらく走ってオーストリア領に入った。牧草地が多くなる。緩やかな傾斜地に赤屋根と白壁の農家が点在していた。白雪を冠るユリアン・アルプスの峰々。とあるトンネルを抜けた谷間の集落では、地面に一〇センチほど雪が積もっていた。昨夜の新雪らしい。

「旅も終盤になると、『今回の添乗員、いったい幾つかしら』、などのささやき声が聞こえてくることがあります」

と小竹さんが笑った。「まず『どのくらい添乗員を務めているのですか?』、のような探り入れから始まって」

個人的なことには一切お答えできません、とあらかじめ予防線を張る添乗員もいるらしい。

旅先についても、むろん添乗員毎に好みが違う。景観の美しさ、旅の快適さや施設の充実性の点ではスイスがお奨めだが、旅費が割高になるのが難点です、と小竹さん。ツアーのプランを立てるのは営業部門の人で、添乗員は会社指令に従うだけで選択の余地はない。

「旅程については添乗員独自の意見もありますが、これをいちいち勘案していては割高になりお客も集まらず営業的に成り立たないでしょう」

通常彼女は、間に五日ほどの休暇を挟んで平均毎月二回海外に出かけている。

「旅から旅の生活を繰り返していると、歳月がいとも速やかに過ぎていくように感じます」と小竹さんは言う。

私は、気取らない率直な小竹さんの話し方が気に入っている。妻も同じことを考えていたらしい。

「以前どこかのツアーで、小竹さんに出会った気がしていたが、今やっと思い出したわ」

図（7-18）ザルツブルグ市展望

六、七年前妻が、友達とハンガリーやチェッコを旅していたときのこと、トランクの鍵の暗証番号を忘れて弱っていたところ、添乗員が根気よく番号を操作して開けてくれたのである。「あの時の添乗員、小竹さんに間違いない」

一一時五〇分、ザルツブルグ市内に入った。ワインケラーの様な地階のレストランで、前菜、チキン・ボールのスープ、ライスのランチを食した。小柄なボーイが、愛想を振りまきながら客の間を周った。

午後、ザルツブルグ市内を観光する。まず、ザルツブルグ城が背後に聳えるミュリアン庭園を訪ねた。園内の菩提樹の並木は、まだ落葉したままである。映画「サウンド・オブ・ミュージック」のロケ地として、この庭園を訪ねる人も多いという。あまり表情を変えない当地の日本人女性ガイドが、「向こうの石段の上から三番目に立つと、この庭園を最も美しく撮ることができます」という。御指摘に従い、一同ここで写真を撮った。

モーツアルト一家が一〇年ほど住んでいたという家があった。リフトで小丘シェーンベルグに登り、ザルツブルグ市街地を展望する。大聖堂にザルツブルグ城、市内を流れるザルツアッハ川。その名の通りこの町は、岩塩の産地として富を蓄積し栄えたのだった。

市街地に戻って、散策を続けた。川のたもとに、指揮者カラヤンが住んでいたという大きな建物があった。写真を撮っている間に一行を見失ってしまう。橋の中ほどに人影が見えたので、あわてて走って追いかけたが別のグループだった。そこに小竹さんが息せき切って追いかけてきた。私たちのグループは、橋の手前で左折し、ガイドの説明を聴いていたのである。

「ガイドさんが一瞬説明を中断して橋の上を見上げたのでみんなで振り向いたら、あなたの走ってる姿がありました。若い小竹さんが追い付けないほどの猛スピードでしたね」と誰かが笑った。つい一月半前銀座のど真ん中や浅草界隈をマラソンで駆け抜けたばかりである。観衆の激励を受けながら走るのは楽しい。しかし一行仲間注視の中、この橋掛かりの上で追跡劇を演じることは想定外だった。

店毎に凝った鉄細工の屋号を張り出したザルツブルグ銀座ゲトレイド小路、その中ほどにクリーム色の五階建てビルがあった。その三階部分をモーツアルト一家が占めていたという（304頁　図7—19参照）。モーツアルトは、一七五六年この家で生まれたのである。現在記念館になっている。この後の自由時間に、妻と二人で記念館に入った。家系図、両親や妹など一家を描いた絵、モーツアルトが生まれた部屋、クラビ・コードが置いてある部屋など五、六の部屋を見てまわる。母親は、鼻が高く先が突き出ている。つまりモーツアルトは、母親そっくりなのである。モーツアルトといえば、教育パパ、レオポルドとの旅がよく知られているが、この母親も息子が仕事探しにパリに出かけたとき同行している。そしてかの地で亡くなった。モーツアルトは、交響曲第三一番「パリ」を残したが、生涯二度とパリに戻ることがなかった。室内には、モーツアルトの曲が流れていた。

市の中心部にあるレジデンツ広場で休憩、ここには一七〇三年開業の洒落た二階建てカフェー・トマセリ・セルがあった。多くの客が、二階のテラスや一階のオープン・スペースで寛いでいる。近くに住んでいた若いモーツアルトも、この店にしばしば通ったであろう。一休みしたかったが、モーツアルトの生家を回ってきた私達には、時間が残っていなかった。

一六時一五分、ザルツブルグを離れ、一路ミュンヘンへ向かった。一八時三〇分、ミュンヘンに着く。

一時間ほど市内のレストランで夕食休憩をしてから、二〇時過ぎこの旅行最後の宿アジュミュート・ホテルにチェック・インした。

八、ミュンヘン再訪

四月一三日（金）六時起床。七時に階下のレストランで朝食を済ませてから、ホテル周辺をしばらく一人で散歩した。ホテルやオフィスが入ったビルなどが並んでいるが、閑静な環境である。地図も持たず土地勘もないので、ミュンヘンのどの地区か分からない。街路樹がまだ新芽を付けない枯れ木のなかで、ホテルの向かい側の敷地に一本の樹だけ美しくピンク色の花を咲かせていた。九時半ホテルを出て、市の中心マリエン広場のあたりを、ガイドの案内で回った。当地のガイドは、質問しやすい感じの年配の日本人女性である。旧市庁舎、聖マリア教会、州首相官邸、マクシミリアン・ヨゼフ一世像が立つ王宮レジデンスなど。この大公は、ナポレオンによしみを通じていたといわれる。近くの見所を歩いたのちマリエンヌ広場に戻り、一一時まで四〇分の自由時間になった。

土産物を買うためスーパー・マーケットに向かう人が多かったが、私は妻を有名なビヤガーデン「ホーフブロイ・ハウス」に連れていった。ミュンヘンは、昔初めてヨーロッパに来たとき立ち寄った都会のひとつである。マリエンヌ広場、アルテ・ピナコティーク（古典画館）とホーフブロイ・ハウスを一人で訪ねたのだった。巨大な夜の酒場は煌煌とした照明に輝き、大勢の客で賑っていた。楽隊が、陽気な気分を盛り上げる。外国人と見て客の男がバイエルン訛りの強いドイツ語で話しかけてきた。四〇年以上前のことである。アルコールを殆ど口にしない私がホーフブロイ・ハウスには入ったのは、ヒトラーが決起集会を開催したナ

図（7-20）ホーフブロイ・ハウス

チス党発祥の場所だからである。記憶は定かではないが、マリエンヌ広場からは遠くないはずだ。小竹さんに地図で所在を教えてもらい、路上で通行人に確認しながらホーフブロイの前に立つ。一〇人ほどのグループが、ガイドから説明を受けているところだった。内部は閉店しているように静かである。それでも私は扉を開いて、ハウス内に入った。こういう場面では日常と違い急に臆病になる妻は、しぶしぶ後に付いてきた。柱で仕切られた座席のあいだに、まばらではあるが客がいて新聞を読んだりグラスを手にしていた。二階にも上がったが、雰囲気は同じである。四〇年前の活気は全くない。夜になれば、思い出の中にある華やかな情景が再現するのであろうか。午後にこの地を離れる私には、それを確認する暇がない。

一一時前、マリエンヌ広場に戻った。すでにかなりの人が集まって、旧市庁舎の中央にある張り出した建物の上階を見上げている。一一時ちょうど、そこの回り舞台に仕掛け人形が次々に表れたのである。およそ五、六分ほど。農民の踊りだろうか、説明を聴いたが忘れてしまった。このからくり人形も、昔見上げた記憶がある。これで私たちの今回の旅は殆ど終わった。あとは、最後のランチタイムとドーハ経由の長い空路を残すのみである。

（二〇一二年五月一五日　記）

図（7-21）ミュンヘン旧市庁舎

第八章　バルカン六カ国の旅

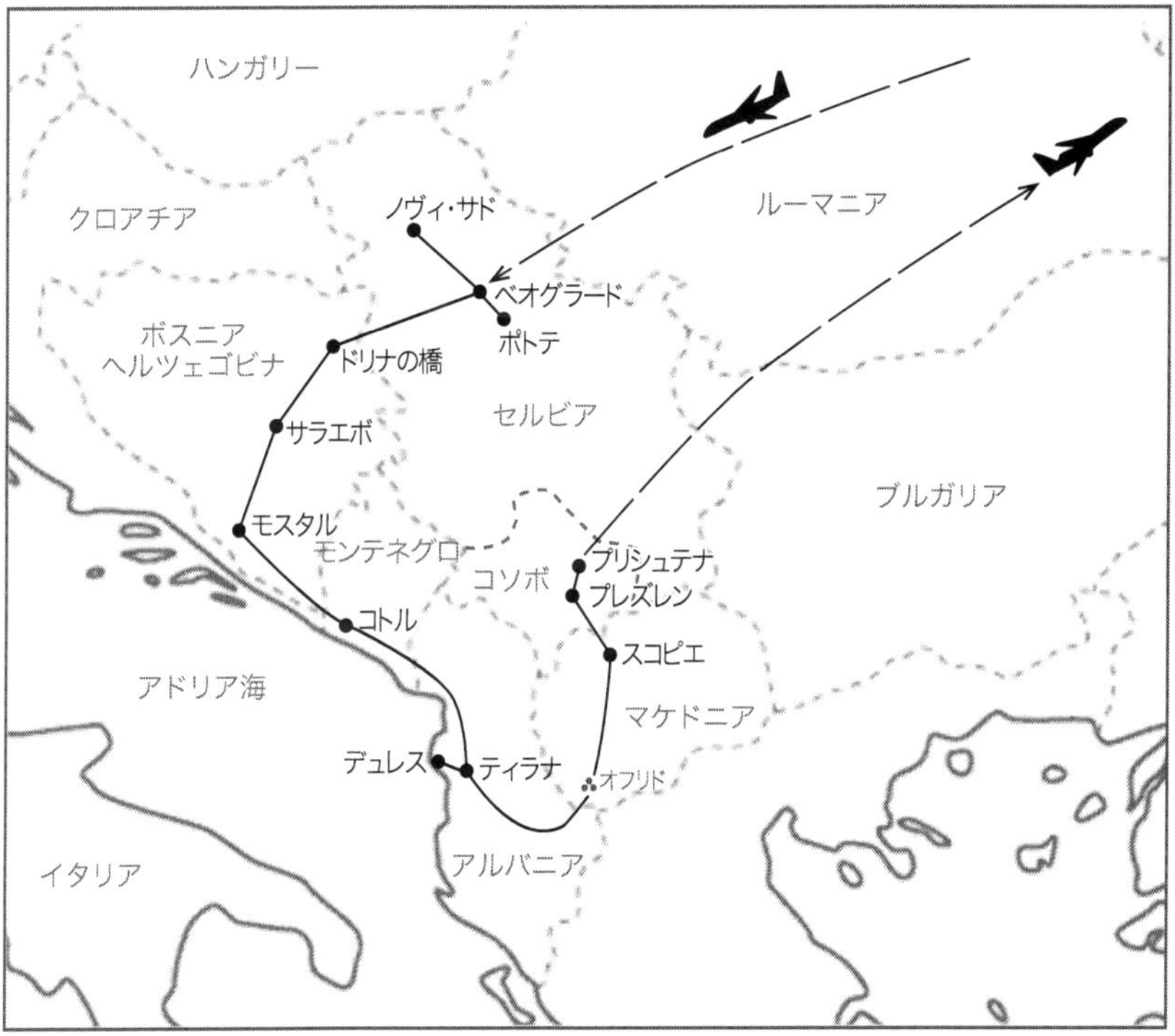

一．セルビアへ

イスタンブール経由のトルコ航空で、二〇一二年九月一四日八時半セルビア共和国の首都ベオグラードに着いた。日本との時差は七時間、添乗員井上さんの指摘で腕時計の針を現地時間に合わせる。N社主催の「バルカン半島六カ国周遊一五日間の旅」には、関東組み関西組み合わせて一五人が参加している。空港で今回のツアーの総ガイドであるアルバニア人スターヴォリ・チフリグ氏とセルビアの現地ガイドのイレーナさんの出迎えを受けた。今朝のベオグラードは少し雨模様だ。イレーナさんによれば、三ヶ月ぶりの雨ということである。その意味が、車で移動始めて次第にわかってきた。

妻と来た四月のスロヴェニア、クロアチア旅行に続けて二回目のバルカン地域の訪問になる。先の二国はローマ・カトリック教徒が多く、バルカン諸国の中では西欧に近い。観光的に見所が多かった。しかし旧ユーゴースラビア（「南スラブ人の国」の意味）に包含されたその他の国々は、東方正教徒やイスラム教徒も多く住み、人種的にも錯綜している。残りの国々を訪ねなければ、ヨーロッパの火薬庫といわれたバルカン半島の一端に触れたとはいえないだろう。今回のN社のツアーは、私の希望に幸便に適うものだった。

一行を乗せたバスは一五分ほど東に走ってサバ川を渡り、ツインタワーからなる西門からベオグラードの都心に入った。美しい吊り橋が見えた。しかしバスはそのまま市街地を通り抜ける、まずベオグラード南東郊外にあるトポラを訪ね、午後首都を見物することになっている。なだらかな起伏のある平野部に一〇階ほどのマンションが並ぶ。白壁に赤屋根を載せた戸別の家もある。葡萄畑が広がっていた。このあたりは、シュマティア（森が多いところ）と呼ばれる。石油や天然ガスに恵まれないセルビアは、本来農業国である。ところどころで、畑地の一面が黄褐色に変わっていた。近づくと立ち枯れたモロコシ畑だった。この国の主要農産物であるモロコシが、旱魃のため壊滅的打撃を受けていた。モロコシは、特に乾燥に弱いのである。イレーナさんが、久しぶりの雨天を強調した理由が分かった。観光客にはいやな曇天も地元の人にとっては恵みの雨である。しかし、今年のモロコシには最早や手遅れで、収穫は望めないだろう。

バスの中で、イレーナさんからセルビアの概略につき説明があった。面積北海道ほどの国土に現在七〇〇万超の人口を抱え、そのうち首都に約二〇〇万が住む。一三から一四世紀にかけて第一次セルビア王国は全盛期を迎えたが、その後オスマン帝国の侵攻を受けて衰退した。オスマン帝国からの自立のため立ち上がったのが、西欧世界にも知られた英雄ジョルジュ・ペトラヴィッチ（一七六〇－一八一七、通称「カラ（黒い）・ジョルジュ」として知られる）だった。カラ・ジョルジュが建てた第二次セルビア王国は、第一次大戦の末年一九一八年まで存在した。以後は、セルビア、スロヴェニア、クロアチアと共に第一次ユーゴー共和国、第二次大戦後にはチトー率いる社会主義の第二次ユーゴー共和国へと続くのである。これから向かうトポラには、カラ・ジョルジュの棺を納めた聖ジョルジュ教会がある。

一〇時半、アランジョロ村の石切り場を通り過ぎた。始めからガスが含まれて入る天然水の産地という。やがて田舎の小さな町トポラに着いた。明るい広葉樹の林の中の長い石段を登って、聖ジョルジュ教会の正面に立った。淡いブルーの丸屋根を戴いた三つのドームが並ぶ瀟洒な建物だ。内部には壁面全体にベネチアン・グラスと焼き物のモザイク画が描かれ、天井のドームから巨大な金属製の燭台が垂れていた。モザイクの総数六万枚という。ジョルジュの孫ペーター王創建になるこの寺院が最終的に完成したの

図（8-1）ベオグラードのチトー像

図（8-2）チトーの墓石

は一九三〇年である。カラフルなジョルジュ王の画像、地階の墳墓などを見て回った。付属の博物館では、かつてナチスにより奪われていた「最後の晩餐」のレリーフを目にした。

ベオグラードに戻り、市内の旧ユダヤ人街にあるレストラン「ドゥヴァ・イエレナ」で遅いランチタイム、ラムのオーブン焼をメインに野菜スープやデザートが付いた。

午後最初の訪問先は、中心部から南に逸れたチトー博物館である。一六時半には閉鎖されるという博物館になんとか入場できた。周囲は公園になっていて、博物館前に長いマントをつけたチトー（一八九二－一九九〇）の立像があった。何か物思いに耽る表情をしている。博物館内の中庭に大理石でできたチトーの棺が横たえられている。第二次大戦後の冷戦下、独自の路線でユーゴスラヴィアを死去の一九九〇年まで率いたパルチザンの英雄にして優れた政治家チトーはここに眠っている。

本日は、たまたまセルビア人が偉人と讃える二人の墓所を訪ねたわけである。もっともチトーの方は、現在のクロアチア共和国の首都ザグレブ郊外の寒村コムロバッチの出身だった。総ガイドのスターヴォリ氏によれば、チトーのクロアチア語は何故かあまり巧くなかった。

「意味不明瞭な演説が、かえって彼のカリスマ性を高めたのかもしれません」

アルバニア人の彼は、旧ユーゴを醒めた目で見ている。当時のアルバニアは、ホジャー第一書記の下で現在の北朝鮮以上に完全に外部世界から孤立した国だったのである。ホジャーについては、アルバニアに入国してから改めて触れたい。

チトー博物館からあまり離れていないサヴァ教会に向かった。一九三五年に建設が始まって以来、いまだに未完成という。奥行き九〇メートル、幅八〇メートル、中央ドームの高さ六五メートルに達する、トルコのアヤ・ソフィアに次ぐ世界第二の巨大寺院である。アヤ・ソフィアの方は現在博物館になっているから、現役の寺院としてはこちらが最大といえる。セルビア正教の創始者聖サヴァの遺灰が納められ、正面ファサードに一二の聖サヴァの壁画が刻まれている。

ベオグラードの都心部を南北に走るグネス・ミロシュ大通りを、カレメグダン公園を目指して北に向かう。都心部を走るのは、本日三度目である。共和国広場がある中心部近くに、一九九〇年代に起こった内戦時NATO軍の空爆で損傷を受けた大きなビルが当時のまま放置されていた。車を降りて歩行者天国の街中をしばらく歩いた。並木が茂る石畳の道である。カフェーテラスが並んでいる(337頁　図8—3参照)。

カレメグダン公園は、紀元前から要塞があった場所だけに旧市街と新市街両方を扼するベオグラード高台の要衝部分を占めている。現在域内には、記念碑や教会が点在し、動物園がある。空掘りの外部は屋外の軍事博物館で、ソ連製の戦車や大砲が並んでいた。私たちは、古代からの櫓が残る要塞の東北端に急いだ。

土塁に上がると、左手から流れるサヴァ川がドナウ河に合流する右手数キロ地点までの広大な景観が一望のうちだ。遠景は茫漠とした森林の中に霞んでいる。幅およそ一〇〇メートルのサヴァ川に架かる数本の橋と対岸の新市街は、眼下にある。ヨーロッパでは、ライン河と共に古来文学や音楽で親しまれてきた「懐かしく青きドナウ」。ドイツのチューリンゲン地方を水源に、オーストリア、ハンガリー、セルビア、最後にルーマニアとブルガリアの国境を流れて黒海に注ぐ全長およそ三千キロもあるヨーロッパ第二のこの大河は、ベオグラードでは行程のちょうど半ばである。

この後の夕食時、岸辺に停泊する大型船を見た。ドナウ沿いの数ヶ国を一週間から一〇日ほどかけて周遊する遊覧船だった。ある日本の作家が書いた『ドナウの旅人』というやや甘美な小説を思い出す。景色に名残を惜しみながら、私たちはサヴァ川に沿った坂道を下り要塞の外に出た。セルビア正教主教座教会の前を歩いて、一八時三〇分この旅で最初の宿「ホテル・イン」にチェック・インした。

二、古都ノヴィ・サドへの遠出、コヴァチッツア村のナイーヴ・アート

九月一五日（日）九時、ゆっくりの出発。バルカン（トルコ語で「樹木が多い土地」の意味）地方一〇ヶ国を、一三世紀に初めて統一した第一次セルビア王国の古都ノヴィ・サドに向かう。再びゲネス・ミロシュ通りを抜け、右手（東南）マケドニア方面、左手（北西）ハンガリア方面の国道分岐点で、バスは左方に曲がった。ここからノヴィ・サドまでおよそ五〇キロある。昨日に続き起伏ある農村部を走っている。無残な立ち枯れのモロコシ畑が、今日はさらに目だっている。時々表れる梢を密集させた樹林帯は、畑地の中の浮島のようだ。

九時四〇分、ベオグラードの少し上流に当たるドナウ河を渡る。このあたりの河幅二〇〇メートルほど。ノヴィ・サドまで、私たちは蛇行するドナウ河沿いにバスで遡行しているのである。一〇時四〇分、ノヴィ・サドのペトロヴァラディン要塞についた。この町に住むセルビアガイドのミレーナさんは、今朝はその入り口で待っていた。

この要塞は、ドナウ河を挟んでノヴィ・サド市街地対岸の高台に建ち、昔は航行する船を監視していた。五世紀フン族により一度破壊されたが、ハンガリーのマジャール族により再建され、以後オスマン帝国、オーストリア・ハンガリー帝国と支配者が変遷している。ヨーロッパではフランスのベルダン要塞に次ぐ大規模要塞である。地下には迷路のような地下道が走り、有事にはドナウの水を引き込んで防御を固めるシステムがあったと、敷地内の博物館で解説がある。第二次大戦中は、トンネルを通じて鉄道も要塞内と連携していた。

要塞先端の最高所には、水先案内人が見誤らないよう時間を示す長針と分を示す短針が、別個の文字盤の上で回る大きな時計台があった。首都のカレメグダンの要塞よりも間近に悠然と流れるドナウ河を見た（337頁　図8―4参照）。

図（8-5）ノヴィ・サドのハチミツ売り

大戦中九〇メートルほど橋げたが破壊されたままの橋が一本放置されている。森に包まれた対岸の市街地が美しい。その森を囲むように、河は左右に湾曲して茫洋と拡がっていた。

ドナウにかかる橋を渡って、ノヴィ・サド市街地に移動する。人口二五万この国第二の都市ノヴィ・サドは、ハンガリー、ルーマニア、クロアチアと接するセルビア領ヴォイヴォデナ自治州の州都である。この州には、四割を占める正教徒セルビア人のほかにカトリックやイスラム教を信じる人たちも居住する。

大きなカトリック教会や市庁舎が建つ共和国広場から、蜂蜜屋台が並ぶ歩行者天国を歩いた。本日はハチミツ祭りが開かれているので、日ごろより賑っているようだ。それでも首都ベオグラードに比べると、ゆったりした気分と時間が流れている。ガイドの仕事をしているにもかかわらずミレーナさんが、便利な首都よりもこの町に居住している気持ちが分かる。セルビア正教の大聖堂の前の路地の先にあるレストラン・フォンターナで一三時から一時間半のランチ休憩。

ベオグラードへの帰途少し迂回して、ナイーヴ・アートが見られるというコヴァチッツア村に寄った。チトー時代に重要な工業都市であったというズランニアンニーナを通り抜けた。バルカン内戦後多くの工場が閉鎖され、現在はそこここに廃墟のように残っている。丈の高い雑草の中、コンクリートなどの移動橋が錆びたまま放置されていた。

コヴァチッツアは、平屋の住宅が数十戸集まったスロヴァキア系の人々の村。その中にあるナイーヴ・アートのギャラリーを訪ねた。写実性や遠近法に拘らずに村人の生活などを描いた「素朴派」といわれる画家の作品が展示即売されている。彼らは職業画家ではない。アフリカや南米を主に描いた原始派（プリミチヴ）とも異なる。一見単純な絵のように見えるが、なかなか面白い作品があった。数名が手ごろな値段の商品を購入した。ただし、名の知れた作家の大作は、国外持ち出しが制限され旅行者が手に入れるのは難しい。

一九時過ぎホテルに帰還した。晩餐時ドナウの岸辺に張り出した水上レストランに出かけ、河魚のソティを食べた。レストランの明かりを反射した河面が煌めく。多くのモーターボートが係留され、アヒルが行列を作り遊泳していた。スーパー・マーケットで、ペット・ボトル入りの水やヨーグルトを手に入れ、二二時ホテル・インに戻る。

三．国境を越えてボスニア・ヘルツエゴヴィナ領へ、ドリナの橋

九月一六日（日）、六時に目覚めた。今朝はホテルをチェック・アウトするから、荷物出しがあり少し慌しい。八時前に出立、一〇時少し前にトイレ休憩があった。総ガイドのスターヴォリ氏が、皆にトルコ・コーヒーを奢ってくれたので、旅に出て初めて一服した。屋外でコーヒーがないと、タバコを吸う気になれないのである。このあたりは起伏が多い森林帯で、樹木の間に切妻二階建ての民家が点在していた。墓地も見えるし、古い要塞もある。

一一時二〇分、ウジッツアーという一千メートル前後の山地に囲まれた道路分岐点に出た。人口五千人ほどの小邑、一九四九年、六七日という短い期間独立を宣言したことがあるという変り種。一一時四〇分、国立公園ズラディィボア山地に入る。針葉樹が優勢な急峻な山々が迫ってきた。この山地は、セルビア、ボスニア、モンテネグロ三国の国境に跨っている。

一二時、国立公園の基地であるモルコゴアに着いた。瀟洒な赤屋根のレストランがあり、前庭に並んだ大きな日照パラソルの下にもテーブルが並んでいた（337頁　図8―6参照）。

赤紫の花が咲き誇る。レストランの前は駅のプラット・ホームで、緑の車体の長い列車が停車していた。国立公園を巡る家族ずれの観光客でいっぱいだ。

前菜、スープ、メインのシシカバブ、葡萄入りヨーグルトをかけたパフェーのランチは、なかなか良かった。昼食を終えてレストランを出たときも、まだ列車は停車していた。駅舎のみやげ物店で物色していると、車掌の笛が鳴り列車は山地に向けて動き出した。

一四時、ボスニア・ヘルツエゴヴィナとの国境に到着した。一行のパスポートに纏めてスタンプを押す

だけで入国の手続きは終わった。ボスニア・ヘルツエゴヴィナ共和国は、北部のボスニアと南部のヘルツエゴヴィナからなる。北部のこのあたりは、ボスニア地方である。ボスニア側に移ってすぐに、添乗員の井上さんが、

「予定より早く移動できましたので、世界遺産ヴィシュグラードに立ち寄りましょうか」と提案し、車中歓声と拍手が起こった。私も大歓迎した一人である。ルート近くにある世界遺産がなぜ旅程に含まれていないか不思議に思っていたのだった。一四時三〇分、そのヴィシュグラード村に着いた。

この小村を世界的に有名にしたのは、当地出身のノーベル賞作家イヴォ・アンドリッチの代表作『ドリナの橋』だ。全長一七九メートル、橋げたの高さ八メートル、幅四メートル、一一個のアーチ状の橋脚を持つ美しいこの石橋の本来の名称は、「メフメド・パシャ・ソコロヴィッチ橋」である。一六世紀オスマン帝国のスレイマン大帝ら三人の皇帝に仕え、最後は大宰相になった人物の名に由来する。オスマン帝国は、将来親衛隊イエニチェリ軍団の人材となる健康で頭のよい一〇歳から一五歳の少年を、主にキリスト教徒の居住区から人攫いのようにして集めた。ヴィシュグラードに近いソコロヴィッチ村のソコル・メフメドもその一人だった。後年宰相に出世した彼は、ドリナ川の渡しで難渋していた郷里の人々を思い出し、石橋の建設を命じた。一五七一年のことである。この橋によりセルビアとボスニアの行き来が容易になった。ドリナ川は、山峡から小盆地のヴィシュグラードに出て川幅を広げ、やがてサバ川に合流しベオグラードでドナウに注ぐおよそ三六〇キロ（日本最長の信濃川に近い）の川である（2頁　図8―7参照）。

一六世紀後半から一九一四年までの数世紀にわたるヴィシュグラードの栄枯推移を描いた『ドリナの橋』で無数に現れる群像の中でソコル・メフェドは、第一幕第一場だけの登場人物に過ぎない。ヴィシュグラ

ードの人々の生活は、この橋に明け暮れる。旅人も巡礼者も婚礼の行列も、ギリシャ正教徒もイスラム教徒もユダヤ人もこの橋を渡る。陰険な作業監督に睨まれて罪を着せられこの橋の欄干に生首を晒される修道僧。酔って欄干の上を歩く調子者。有力者の子息との婚約を強いられ、婚礼の当日花嫁衣裳をつけたまま欄干から投身自殺した娘。橋の中ほどにある白い平らな石カピアは、村人が朝な夕なに集い談笑する憩いの場所になっている。

この作品でもっとも印象的なヒロインは、橋の袂にある小ホテルとサロンを切り盛りしているポーランド系ユダヤの未亡人美しいロッテであろう。彼女は優美で如才なく、美味しい料理や機知に富む会話で人々に気持ちよくお金を消費させる才能に恵まれていた。いっぽう、ロッテは貧しい人には救いの手を差し伸べ、乞食や病人に恵んでやった。一日の仕事を終えて屋根裏の自室に戻ると、株式市況を読み銀行に手紙を書き決済し、世界情勢を学んでいた。歴史に通じ外部世界を知っている人達は、運命が彼女をこういう狭くつまらない職場においたことを惜しんだ。「この利口で人情家の女は、別の場所と仕事を得たならばどんな偉ぶつに成ったか分かりやしない」と。

しかし、ヴィシュヌグラードの人々は、歴史に翻弄される。一八七七年露土戦争に敗れたオスマン帝国は地域から撤退し、一八七八年からオーストリア・ハンガリー帝国のハプスブルグ家がこの地方の支配者になった。この作品は、そのハプスブルグ家崩壊の直接の動因となった第一次世界大戦が勃発する一九一四年で終わる。この地域で暴動が頻発し、ロッテたちはホテルを捨ててイスラム教徒の家に避難した。数々の生活上の難関を気丈に乗り越えてきたロッテも、今は無気力に床に蹲る老女に過ぎない。先祖代々橋の管理人を勤めた家系の末裔、イスラム教徒アリホッジャーは、最後の気力を振り絞って一部破壊されたドリナの橋までたどり着き、カピアの上で息絶える。

年代記的にそして叙事詩的にヴィシュグラードを描いたこの作品は、一地方を拠点にバルカン全体の歴史をも俯瞰したものといえる。多くの魅力ある登場人物にも拘らず、その真の主役は数世紀にわたる人間の営みを支え見守ってきたドリナの橋である。小山を後ろに負い両岸に民家や教会が甍を並べた中に、この橋が建っている。豊かな水を湛えた川面には、一一個のアーチが静かに影を落とす。ドリナの橋は、重厚でありながら優美である。しかし、その背後にある長い歴史、人種間の葛藤、名もない庶民の営みに心を馳せるとき、一介の旅人の目にもこの橋は、特異な想念、なにか哲学的な思索を喚起させるものだった。

ヴィシュグラードからボスニア・ヘルツエゴヴィナの首都サラエボへ抜ける山地は、きわめて急峻だ。鋭い岩峰が次々に現れた。急流に変じたドリナ川沿いに、バスは上流に向けて走る。ドリナ川が見えなくなったと思ったら分水嶺で、一転してバスは急勾配を降った。

一七時半、サラエボのホリデイ・インに着いた。まだ明るいので夕食まで繁華な商店街バシェチェルシア通りのあたりを散策した（337頁　図8―8参照）。

四　サラエボとモスタル

九月一七日（月）、曇り。今日はボスニア・ヘルツエゴヴィナ共和国の二都市を見物する。この国は、北海道の五分の三ほどの国土に約四〇〇万の人口を持ち、四四％のイスラム教徒、三一％のセルビア正教徒、一七％のクロアチア系カトリック教徒が住んでいる。チトー死後まもなく勃発した一九九二から一九九五年のバルカン内戦では、約二〇万の死傷者を出し、その一〇倍ほどの難民が生まれた。旧ユーゴ

図（8-3）ベオグラード市中心部

図（8-4）ノヴィ・サドの要塞から見たドナウ河

図（8-6）ズラディィボア国立公園の
レストラン

図（8-8）サラエボ市のバシェチェルシア通り

図（8-10）モスタルのスターリ・モスト橋

図（8-12）ブドヴァの旧市街

図（8-13）クルヤ城への坂道

図（8-17）アルバニア側からマケドニアのオフリド湖を望む

図（8-19）スコピエ市内

図（8-20）プレズレンの街中

図（8-21）ベーヤの総主教座教会の修道女

ー連邦を維持しようとするセルビア人ミロシェヴィッチの連邦軍と、独立を求める各共和国との間の悲惨な戦いだった。現在でも治安のよくない地域が残っているという。サラエボ旧市街を東西に貫流する小さなミリャッカ川の北岸に沿うメインストリートがスナッパー（狙撃兵）通りと呼ばれているのは、南岸の丘上から連邦軍がこの通りの歩行者を無差別に狙撃した名残である。宿泊したホリデイ・インは、旧市街地の西端にあり、内戦時世界からのジャーナリストが集まった場所だった。スナッパー通りのすぐ北側に在る黄色い方形の目立つ建物である。

九時ホテルを出て、バスで一九八四年の冬季オリンピック会場になったサマランチ競技場や内戦の死者のための墓地を回り、国立図書館横の空き地で降りた。白い墓石はイスラム、黒はキリスト教徒やユダヤ教徒の墓という。図書館の建物自体が六階建ての見事なイスラム風建築であるが、改装のため大部分がカンバスで覆われていた。

ミリャッカ川沿いに五分ほど西に歩いてラテン橋に到る。四つのアーチを連ねた小さな美しい橋だ。この橋に北側から通じている道路脇の北西端、ありきたりのビルの前が有名なサラエボ事件の現場である。私がサラエボの名を知ったのは高校時代の歴史の時間だった。ウイルヘルム二世のドイツと組んだオーストリア・ハンガリー帝国のハプスブルグ家は、バルカン半島への圧力を強め、フランスやイギリスと対立していた。先に触れたように『ドリナの橋』の末尾と時代的に対応している。緊迫の最中、ハプスブルグ家最後の皇帝フランツ・ヨゼフの皇太子フェルディナンドがサラエボを訪問したのである。そして一九一四年六月二八日、セルビア正教徒の青年の銃弾に倒れた。当事国は事件の影響が広がらないよう努力したようだが、覆水は盆に戻らなかった。結局、一発の銃声が第一次世界大戦の直接的引き金になった。

事件から一〇〇年経った現在、現場にこの事件を明確に表示する標識は何もない。

この後一行は、ホテル・ヨーロッパの前を通って、セルビア主教座教会、カトリック主教座教会、ユダヤ教会堂（シナゴーグ）を回った。ヨーロッパのエルサレムと呼ばれるほどサラエボには、イスラム地区、ユダヤ地区などキリスト教徒以外の住民も多く、多種の宗教寺院が混在する町なのである。当地のユダヤ人は、スペイン人によるイベリヤ半島の回復（レコンキスタ）で郷里を追われた人々の子孫といわれる。

市内散策の最後に、昨夕歩いたバシチェルシア通りに出た。水飲み場のある中心部の空き地以外は五メートルほどの狭い道の両側に、赤レンガ屋根のみやげ物店が密集している。観光客が必ず立ち寄る異国情緒が漂うスポットだ。水差し、コーヒーセット、

図（8-9）オーストリア皇太子が暗殺されたサラエボ事件の現場

指輪や各種アクセサリーなど金銀細工の店が目立った。コーヒー店やレストランもある。地元の人が屯する茶店でトルコ風コーヒーの一杯でも飲みたいところだが、団体旅行ではままならない。
一〇時四〇分、私たちは次の訪問地モスタルに向けて移動を開始した。昨日に続き険しい山越えの道である。しかし、かなりの高所にも民家が点在している。このような景色を見るたびに私は、その住民がどのように生計を立てているのだろうと訝りつつ、いつも感嘆する。一二時、右手に大きなダム湖を見た。
モスタルに着き、旧市街の一角イスラム地区の屋外レストランで一三時半から一時間の昼食休憩を取った。レストランの端は小さな崖に張り出し、木の橋が崖の間を繋いでいた。心地よいそよ風がある。京都からの隅野夫妻とご一緒した。がっしりしたご主人に比べ奥さんは小柄で華奢なひと。夫が肉以外をあまり食べないので、旅行の際は補助食料の持参が大変らしい。それでも「昨年は、どれだけ行けるか試しに

九回外国ツアーに参加しました」などと言っている。

ヴィシュグラードと並びこの国の世界遺産に指定されているモスタルの旧市街は、ネトレヴァ川の支流が注ぐ渓谷の両岸にある。レストランを出てすぐに、渓流に架かるスターリ・モスト（「古い橋」を意味する）に来た（337頁　図8—10参照）。太鼓橋のようにアーチ状に反った石の橋である。この国の二つの世界遺産は、どちらも橋が焦点になっている。一五六六年に架けられた古橋で、内戦の一九九二年に一度破壊されている。スターリ・モストの写真スポットは、橋を渡った先にあるという。コスキ・メフェット・パシャ・ジャミーヤ（モスク）の裏庭の井上さんお奨めの場所から、渓谷の上に高いアーチを描く名橋の写真を撮った。

近くに「トルコ人の家」と呼ばれる古いトルコ風の民家があった。長い間オスマン・トルコの支配下にあったこの国でも、残っている典型的なトルコ民家は珍しいようだ。高い白壁の内部に入ると、前庭に噴水があり大きな柿の木が茂っていた。木製の手すりが付いた正面二階は女性の間、裏手の崖に張り出した部屋は男性用である。私には格別なものに見えなかったが、訪問者は引きも切らない。クロアチアのドブロヴニクに近いため、モスタルはイスラム教徒のほかカトリックのクロアチア人も多い。

一七時、エロ・ホテルにチェック・インした。日本人には少し響きの悪い名称だが、ヘルツエ・ゴヴィナの古い発音「エロツエゴヴィナ」に近く、この国の古い都があった「エロ」に由来するそうだ。一八時半からロビー奥の広間でディナーになった。同じムサカ料理といってもギリシャ風と違って、当地では中に詰まっているのはナスでなく挽き肉である。

左隣に若い女性中野さんと年配の佐藤さんのペアが座った。母娘と思ったら、スペイン領カナリア諸島の旅行で初対面し、その後長野県の高遠を団体で訪ねたとき相部屋になるという奇遇から親しくなったという。二人とも口数の少ない静かなひと。中野さんがいつも書きとめているメモは、ペン・パルに送るためである。右横には、遠藤氏夫妻が相席した。「妻の料理以外は、あまり口に合いませんわ」と半ば本気でおっしゃる。海外旅行に慣れている人たちのはずだが、このツアーには偏食の男性が多い。別のテーブルで、「ハッピーバースデイ」の声が挙がった。宝塚から来ていた矢野母娘の、娘さんの方が誕生日を迎えたのである。旅に出て四、五日目になって、少しずつ顔と名前が一致するようになった。

五、モンテネグロに入国、アドリア海の岸辺

八時一〇分ホテルを出発、九時山道に入る。樹木の丈が低くなり、石灰質の鋭い岩肌が次々に現れた。ディナール・アルプス越えの厳しい上りである。九時半ブドウ畑やオリーブ園のある小盆地を過ぎ、一〇時一〇分タラビニアという町でトイレ休憩。近くに清流タラビンスカ川が流れている。一〇時四〇分、シチニカというところでパスポートの提示だけでボスニア・ヘルツエゴヴィナを出国、しばらく山道を進みモンテネグロに入国した。希望者のみパスポートにスタンプを押してもらう。モンテネグロは、二〇〇六年住民投票でセルビアから独立した、人口六二万、福島県くらいの小国である。人種や文化的にセルビアに近いモンテネグロが、なぜセルビアから分離したのかよく分からない。住民投票もきわどいものだったという。モンテネグロの独立によりセルビアは、海岸線をすべて失い内陸国になってしまった。

下り道になって最初の町は、クロアチア国境に近いアドリア海側のヘルセグ・ヌヴィである。ここから風光明媚で複雑な入り江の岸を三〇分ほど回って、湾の最奥にある世界遺産の町人口一万五千のコトルに

着いた。背後は草木が少ない花崗岩の山がせまり。海岸側の三方を高い城壁で囲まれた六世紀からの城砦都市である。城壁内スターリ・グランドというレストランでランチタイム、名古屋からの野口夫妻や宝塚の矢野さん母娘とご一緒した。

「関西人は、いつもタレントの首長を選びますね」と野口氏はいう。

「確かに、過去には不祥事を起こしたお笑いタレントが知事に選ばれたことがありました」と認めた。「ただ、B級グルメを好む気分で、関西人が首長を選んでいるわけではありません。東京に比べると、これまでまともな複数候補が立つことが少なく、選挙権者の選択肢が限られていただけです。好き嫌いはともかく現在の橋下氏は、まともなほうです」と一応大阪人を庇った。「ところで名古屋の方も面白い人物を選んでいますね」

「河村市長は、一般請けするためにわざと名古屋弁を使っているだけです」と野口氏は名古屋市長を弁護した。「とにかく日本は、もっと地方を活性化しなくちゃいけない。建前は地方分権を唱えながら中央政界は、本気で実行する気がない」

「沖縄の基地を少なくとも県外に」と気軽に口約束し、「私を信じてね」と外国の首脳にまで公言した能天気なボンボン首相もいました。素人目にも難題と判っているのに」

「沖縄の人は、もっと本気で怒らなきゃいけない」政治談議が好きらしい野口氏は続けた。「例えば、もう日本政府の世話にはなりません。私たちは独立しますから、とか」

「そうそう、六二万のモンテネグロでも独立できるのですから」と私も相槌を打つ。

この地方は、カトリック文化圏と東方正教会文化圏の境界にあるため、両方の教会が混在していて人口

図（8-11）コトルの聖ルカ教会の司祭と共に

に比べ数が多い。そのうちで、入り口の両側に二つの鐘楼をもつ聖トリプトン大聖堂は、ローマ・カトリックの主教座教会である。西の城壁近くにある聖ルカ教会の司教は、来訪者の求めに応じて気軽に写真を撮らせてもらえるという。添乗員に奨められて、長身を濃い紫のマントを纏い白いあご鬚を伸ばした老僧と並んで記念写真に納まった。すぐ南には、船人や子供の守護人に捧げられている聖ニコラ教会がある。入り口の夾竹桃が美しい。私たちは、さらに裏山の中腹にある救世聖女教会まで、山腹につけられたジグザグな石道を二〇分ほどかけて登った。教会とは名ばかりで祠に過ぎなかったが、ここから見下ろした世界遺産の町コトルの展望はすばらしかった。赤レンガの屋根と白壁に統一された家屋が城壁で囲われた内部に密集し、外部の紺青の入り江とよいコントラストを成す。入り江の対岸にも集落があり、背後に岩山が連なっている。城壁に沿うドックに大型船が横付けしていた。アドリア海周遊中の旅客が乗っているのだろうか。

コトルから三〇分ほどで、一六時半今日の宿泊地ブドヴァに着いた。こちらはアドリアの外海に面したビーチ・リゾートである。高い棕櫚の並木がある表通りにはホテル、スーパー、レストランが並ぶ。海に突き出た部分は、城壁に囲まれた旧市街で先端が古い城砦となっている。ひとつの城門のアーチを潜って内部にいると、石畳の小道がいくつも交差し、みやげ物店、レストランが軒を連ねていた。三位一体教会の横から城壁の上に出、港を眺めながら歩く（337頁　図8―12参照）。

一七時半、五星のアヴァラ・リゾート・ホテルにチェック・イン。長い通路の横に机を並べ係員が座っているだけのフロント。ホテル全体が薄暗いうえに、各階の通路は、歩くときだけ明かりが灯りすぐに消灯するというエコシステム。というと聞こえがいいが、磁性カードのキーがうまく作動せず部屋の開扉にもたついているうちに、宿泊客は廊下の闇の中に取り残される。上階の食堂に上がるエスカレーターは双方向性なので、反対側から来る歩行者が先にボタンを押すと、対向者は相手を待たなければならない。など、結構使い勝手の悪いホテルだった。私の経験では、五つ星ホテルは必ずしも快適ではない。好みからいえば、家庭的なプチ・ホテルのほうが人間味があってよっぽど楽しいのである。

その不便なエスカレーターを三つも乗り継いで、最上階の夕食会場に行く。ちょうどアドリア海に夕日が沈むところだった。ただ、窓際のよい席は既にロシア人の団体客に占領され、私たちは空席を探しまわった。

夜、一人で再び旧市街を散歩し、絵はがきを買う。少し道に迷った。

六、アルバニアの英雄スカンデルベク

八時、ブドヴァのホテルを出発し、アドリア海沿岸に沿って南下する。一〇数分走ると、江ノ島のように土手道で此岸と繋がるセント・ステファンという小島が現れた。島全体に白壁赤屋根の建物が広がり、針葉樹の木立ちがこれを点綴している。一泊八万円もする最高級のセント・ステファン・ホテルで、チトーやソフィア・ローレンが泊まったという。写真撮影のため短い停車。自分が泊まる見込みもないホテルを写しても仕方がないとも思ったが、名所らしいのでカメラにおさめた。

九時、モンテ・ネグロ第二の都市バールのスーパーでトイレ休憩、ユーロが通用するのでチョコレート

などを買う。一〇時五〇分、アルバニアとの国境に着いた。混んでいたが、アルバニア人の総ガイド、スターヴォリ氏の誘導により短時間で入国手続きが終わった。アルバニア共和国は、四国の一倍半ほどの国土に約三〇〇万の人が住む。宗教的にはイスラム教徒が七割と優勢で、東方正教、カトリックと続く。アルバニア側の最初の町シュードラでは予定になかったシュードラ湖の岸辺のロザファー城に立ち寄った。遺跡に、赤地に黒の双頭の鷲をあしらったアルバニア国旗が翻っている。高台から、キリ川とブナ川の合流点が望めた。

一二時から一時間半ほどのランチタイム。一九六四年創立のレストランで、鱒とヨーグルトからなる伝統的アルバニア料理を食べた。名古屋の野口氏、姫路の折田氏と男性一人参加者三人が同じテーブルに着いた。折田氏は、現在修復中の姫路城でボランティア・ガイドをされている。数日前の夕食時には、手品を見せてくれた。毎日を満喫している人のようだ。

一五時過ぎ、クルヤの町に着いた。ここにある城跡は、オスマン・トルコ軍に勝利後の一四四三年から二五年間独立を維持したスカンデルベクが、居城した場所である。両脇に土産物屋が並ぶ石畳の緩やかな坂道を歩いて、城砦に向かった（338頁　図8—13参照）。スカンデルベク博物館が開かれる一六時に先立って、クルヤの要塞内にある民族博物館を見学した。元は、オスマン・トルコの将校が住んでいた家という。階下には、石臼、葡萄搾り器、製粉機、オリーブ・オイルの圧搾機、山手と平野部住民の、それぞれ先の尖ったものと平板な二種のフェルト帽などが展示され、階上には家族の四つの居室やハマムがあった。

スカンデルベク博物館の入り口には、スカンデルベクと部下たちの大きな立像が並んでいる。「スカンデルベク」とは、古代マケドニアが生んだ「アレキサンダー」大王にちなむ名前である。この地域には紀元前

図（8-14）博物館入り口のスカンデルベク像

一〇世紀に先住のイリリア人がいたが、前六世紀南下した南スラブ人により山岳地方に追われて独立国家が樹立できなかった。この地方に初めて独立国を築いたのが、スカンデルベクだった。オスマン・トルコの西への進出を阻止したという意味で、彼は西欧でも知られる英雄なのである。イスラム教徒でありながら宗主国から自立したスカンデルベクの姿勢は、現代のアルバニアにも引き継がれているようだ。長い間鎖国状態にあったアルバニアは、今回旅する他のバルカン諸国とは異質の国である。

一八時、首都ティラナのシェラトンにチェック・インした。添乗員によれば、新都市にまず進出する大手のホテルは、シェラトン、ついでヒルトン、少し遅れてフォー・シーズンズだそうである。確かにツアーでは、シェラトンに宿泊することが最も多い。夕食は、イタリア風レストランでの海鮮料理だった。

七．首都ティラナとローマ遺跡デュレス

七時目覚ましで起きた。二連泊で荷出しがないから十分な時間がある。地上階でゆっくりビュッフェ朝食を摂る。あとから下りてきた江東区からの朝倉さんや駒ヶ根市の中村さんが同じテーブルに座った。

九時、ホテルを出た。本日の午前中はティラナ市内を散策する。市の中心スカンデルベクの騎馬像が立つ広場から歩き出した。ところがホテルを出たとき晴れていた空に雲が広がり、雨粒が落ちてきた。急いで　広場近くの一八二一年完成されたエザムベイ・モスクに入る。入り口部分や内部の壁や天井一面に昔の町並みが西欧の画家により描かれている。明るいフレスコ画で、他のイスラム寺院と異なる雰囲気が漂

っていた。アルバニアのイスラム教はバクタシーという神秘派に属し、通常のモスクに付随するミナレットもない。

　モスクを出ても雨が上がらない。街角で折りたたみ傘を手に入れる。こういう場所に傘売りがいるのは、にわか雨が日常的だからであろう。大きなプラタナスが並ぶ官庁街を抜けて、国会議事堂の前まで歩いた。道の脇にモスタルのスターリ・モストを小型にしたような石のタバカヴェ橋があるが、橋下にはほとんど流水がない。

　国際文化センター近くの緑地の一角を占める低い円錐状の建造物は、エンヴェル・ホジャー（一九一八－一九八五）記念館である。ホジャーとはなにものか。鎖国政策を採っていたアルバニアの独裁者の名前は、昔から知っていた。しかし、当時のアルバニア国と同様に、その人物像は謎だった。この国の現状を理解するには、現在分かっている彼の経歴に簡単に触れる必要がある。

　若いころのホジャーはフランスに留学し、帰国後高等中学の教師をしていた。第二次大戦中、イタリアやナチスの侵攻に対しパルチザンを指揮して交戦し、ユーゴーの援助で一九四六年共産党政権を樹立した。スターリン主義に傾倒したが、後継者フルシチョフと意見が合わずソ連と国交を断ち、一九六五年から中国に近づいた。一九七二年ころ国内の反対派を徹底的に粛清している。一九七五年、中国がニクソンの米国と国交を回復すると、中国とも国交を断ち、完全に鎖国した。国境に八万個ものトーチカを張り巡らせたのである。

　どのような思想に基づいて何を目的に極端な路線を推し進めたのか、その理解に苦しむ人物が歴史に時々登場する。近過去では、たとえばカンボヂアのポル・ポトがいる。ホジャー死去後の一九九〇年代か

図（8-15）ホジャー記念宮

ら、徐々にアルバニアは国境を開き、近年になって私たちのような旅行者も受け入れるようになった。しかし、鎖国時代の後遺症はまだ完全に払拭されたとはいえないだろう。他のバルカン諸国に比べ、経済発展が進まずインフラの整備も遅れているという。この記念館は、ホジャーの令嬢が父の偉業を後世に伝えるために建てたものだが、ホジャーの不人気を反映してか建物自体も醜悪だと市民の間では評判がよくないらしい。撤去に費用がかかるので放置されているといった感じだ。

一一時から一時間ほど、スカンデルベク広場の北側に建つ国立歴史博物館を見学した。古代中世から第二次世界大戦や共産主義時代を経て現在へと、年代を追いながら地図と展示品でこの国の歴史を分かりやすく解説したよい博物館だった。優美な民族衣装や深みのあるイコン、ピカソのシュール画のように横顔にも両眼を描いた「黒絵」に、これと対照的なリアルな「赤絵」などが印象に残った。

アドリア海を挟んでイタリア半島の先端付近と対峙する港町デュレスに移動し、昼食休憩後当地のローマ遺跡を見物した。この町は、ローマ時代ドゥラキュウムと呼ばれ、カエサルとポンペイウス間の古代ローマ最高権力をめぐる天下分け目の戦いが行われた場所である。しかし、度重なる地震で紀元前のものは破壊され現在目にするのは、この地生まれのビザンチン帝国（東ローマ）皇帝アナスタシス一世により修復されたものという。最も目立つ遺構は、二世紀のハドリアヌス帝時代に建設されたという円形劇場である。一万八千人を収容できたといわれるが、劇場の大部分は人家の下に埋もれ、発掘することができない。四世紀、ビザンティン時代初期に建てられたという礼拝堂の壁に、彩色モザイク画が残っていた。一六時、シェラトン・ホテルに戻る。

夕食まで三時間ほど自由時間ができたので、ホジャー記念館近くのスーパーを訪ねたが、イタリア産のものばかりでアルバニアの土産物にはならない。ホテルへの帰り途、たまたま本日から始まったばかりのアグロビジネス・ツーリズム（農産物即売）会場のテント村に立ち寄った。まだ開店準備中の店もあったが産品別に細かく分かれたブースに、ビールやワイン、ハチミツ、果実漬け、燻製肉、油脂、香辛料、乳製品、パンに菓子、野菜類や果実など多種な農産品が並んでいる。麦わらを敷いた空間では、ヤギや黒鳥、駝鳥が子供たちの人気を集めていた。

一九時から中華料理店での夕食、東京の遠藤夫妻と隣り合う。

「兄弟の多い家庭に育ったので、盛られた食べ物を前にすると、まず自分の取り分はどれだけか素早く計算する…そんな癖が今でも抜けませんわ」回転卓の皿を眺めながら遠藤氏は笑った。「そして、美味そうなものをまず確保する」

確かに中華料理の場合参加人数から、シュウマイや万頭、最後に出てくるスイカの切り身の数まで考えて箸を伸ばさなければならない。好き嫌いはともかく、皿に盛られた食べ物を選り分けるより、丼ものや割り当てされたコース料理やビュッフェ・スタイルのほうが私も気楽だ。

「それにしてもティラナで中華料理を食べることなんて、数年前には思いもしないことでした」

「それどころか、私はアルバニアの国名さえ知らなかった」と遠藤氏は正直だ。

「いつも奥さん、ご同伴ですか」

「まあね。お互いに写真はよく撮ります。ただ写真を焼くのを忘れて、五年も経って現像してみて吃驚り。おや、妻はこんなに若かったかなと」彼は黙って微笑んでいる夫人の顔を窺った。

自室に戻り、旅に出て初めてBBCのテレビ放送を見た。これまでチャンネルが分からなかったのだ。グルジアでの暴力問題、アメリカの一部マスコミのムハマド（マホメット）を冒涜する発言に対するリビアやエジプト民衆の抗議デモ、いつも世界のどこかで何らかの紛争が絶えることはない。

八、マケドニアに入国。世界遺産の町オフリドから首都スコピエへ

九月二一日（金）快晴、五時に目覚めてしまった。しばらくBBCのニュースをみてから六時半、地上階のレストランの窓側の席でビュッフェ朝食を摂る。そこに六〇代と思しきアジア系の夫妻がきて、相席してもいいかと日本語で尋ねた。台湾の高雄市のひとで、一六日間のバルカン旅行中である。「日本も何度か訪ねました」と面長で品のいい夫がいう。「去年の春は、シンシュウに行きました。ジュレイ一千年のサクラがすばらしかった」

「樹齢一千年の桜？」長野県の銘木を考えてみたが思い浮かばない。高遠の桜が有名だが、一本の名木で知られているのではない。別のテーブルにいた長野県駒ヶ根市からきた中村さんも知らないという。「ギフケンでご覧になったのでは？」かつて訪ねたことがある根尾の薄墨桜の名前を挙げたが、お二人はシンシュウにあるサクラだったと繰り返した。

八時半、二泊したティラナ・シェラトンを出た。直接南に向かえばマケドニア国境までの距離はしれているが、大型バスの運行が困難な山道である。というわけで、バスはまず西に向かい南下して、エバサンという町で東に向きを変えるという迂回路を走った。ローマ時代の軍道（ストラタ）は、エバサンからマケドニアのオフリド、テッサロニキを経てコンスタンチノープルに通じていた。錆付いた製鋼所の高炉は、

図（8-16）マケドニアを射程にしたアルバニアのトーチカ

一九六〇年代中国の援助で建設された友好時代の名残だ。

マケドニア側のオフリド湖が望める小丘でバスが停まった。ホジャー時代のトーチカを見るためである。草地の斜面を少し登ったところに二つのトーチカがあった。鉄兜を伏せたような、あるいは硬式野球のボールを二分轄して地上に置いた形の分厚く頑強なコンクリート。高さと底部の直径は、それぞれ三メートルと五メートルほど、内部はぽっかり空所が開いている。外部に突き出した銃口が国境の彼方オフリドを標的にしていた（338頁　図8―17参照）。つい三〇年ほど前までは。軍歌などで子供のころから知っていたトーチカだが、実物を見るのは初めてだった。ほとんどの同行者もおそらく初見だろう。

一二時五〇分マケドニアに入国、まもなくオフリド湖の西岸に出た。この湖は面積三四八平方キロで琵琶湖の半分ほど、ただ最大水深四〇〇メートルあり透明度の高い濃紺の水を湛えている。南端の一部はアルバニア領である。湖畔のレストランで鱒料理を食べた。入り口に、林檎の木が赤い実をつけていた。

一九六二年に独立したマケドニア共和国は、旧ユーゴスラビアの南端に位置し、九州の三分の二ほどの国土に約二〇〇万の人が住む小国である。南にギリシャ、東にブルガリアと国境を接する。そもそも「マケドニア」は、古代からギリシャ、ブルガリアにも跨る地域を指す名称だから、これを国名にすること自体が近隣諸国の憎悪を招く要因になる。少しでも世界史を学んだ人なら、マケドニアの名称からまず連想するのは、この地域のギリシャ領テッサロニキを出自とするアレキサンダー大王であろう。それだけに、ギリシャ側の反発が特に強いのである。宗教的には、マケドニア人が信仰するマケドニア正教徒七割、残りがアルバニア人やトルコ人らのイスラム教徒から成っている。ランチに出てきたフルーツ・サラダは、当地で「マケドニア」と呼ばれる。その心は、「混ぜもの」である。つまりこの国は、多人種多宗教のミックスというわけだ。

昼食休憩後、世界複合遺産オフリドを観光した。湖の東北畔にあるこの町は、国の最高峰コラブ山（二七六四m）を背景にしたオフリド湖の景観とともに中世以来の宗教的聖地として多くの教会が旧市街に残るマケドニア屈指の観光地だ。八八六年、この地に入りキリスト教の布教を始めたクレメントにちなむ聖クレメント教会の前から歩き始める。一一世紀から一九世紀の長期にわたって製作されたイコンが展示される近くのイコン博物館に立ち寄った。イコンは、木版上に天然の顔料や磨砕した玉石で描かれた聖人や聖職者の画像で、東方正教独自のものである。

西に向かう坂を下る。ここにもローマ時代の円形劇場が残っている。旧市街と湖の入り江を左手に見ながらさらに下って行くと、岬の先端に赤レンガの瀟洒な聖ヨハネ・カネヨ教会があった。ここからモーター・ボートで、聖ソフィア大聖堂が建つ旧市街の湖畔まで引き返す。大聖堂はオスマン・トルコ時代にはモスクとして使われたが、第二次大戦後元の聖堂に戻った。塗り込められていた壁のフレスコ画も今は復元され、私たちも目にすることができた。

一七時、マケドニアの首都スコピエのアルカ・ホテルに着いた。地元の子供たちによるフォークロア・ダンスのショウを観ながら夕食を摂った。

図（8-18）キリル文字の創始者
キリルとメトデウス像

九・スコピエの市内散策、マザー・テレサ記念館、コソヴォに入国

九月二二日（土）八時半、ホテルをチェック・アウトし、まず市内の観光。スコピエは、市街地を東西に流れるヴァルダル川を境に、北に旧市街、南に新市街が拡がる。町歩きは、モスクやキャラバン・サライなどがある旧市街のイスラム地区にあるスパス（救世主）教会から始まった。あまり広くない境内に、赤屋根平屋の建物が数棟並んでいた。別料金を払えば、内陣にあるイコノスタシス（イコンがはめ込まれている壁）を見学できるが、イコンに見飽きた私は内部には入らず、静謐な中庭でピンクの草花が咲く花壇を眺めていた。

フィリップ二世像やハマム跡の横を通り過ぎ、東ヨーロッパで広く使われているキリル文字の創始者キリルとメトデイウス二聖人の銅像を見た。ヴァルダル川に架かる石橋を南に渡る。こちら側が、二〇一四年の完成を目指して至る所が工事中の新市街である。橋の傍にビザンチン文化全盛期の皇帝ユスチニアス六世の白大理石坐像があるのには、少し意表を衝かれた。井上さんに訊ねたら、スコピエはこの有名な東ローマ皇帝の生地という。

さらに新市街を進むと、アレキサンダー大王の騎馬像が立つ。アレキサンダーにせよ、その父のフィリップ二世にせよ、やはりこの国は古代ギリシャの英雄たちを自国と関連付けたいらしい。一九九二年独立時の国旗にも古代マケドニア王国の国旗を採用し、ギリシャ政府の猛抗議で取りやめた経緯がある。現代のマケドニアには、マザー・テレサ（一九一〇－一九九七）という文句なしに世界に誇れる女性が生まれているのだが。

アレキサンダー像から新市街のマケドニア大通り（旧チトー通り）を少し南に下った街角が、そのマザー・テレサの生家跡である。地面に埋め込まれた石の上の金属プレートに彼女の事跡が簡単に記されていた。マザー・テレサ、本名は、コンザ・ボザヂューという。すぐ近くに、彼女が洗礼を受けた教会跡に建つ小さな二階建てのマザー・テレサ記念館があり、インドでの救済活動をしていたころの写真や自筆の原稿、遺品などが展示されていた。マザー・テレサは裕福な商家の出身、アイルランドのダブリンで修道女になり、生涯をカルカッタ（現コルカタ）の貧民救済にかかわり、彼の地で亡くなった。一刻でも活動が中断されるとノーベル賞受賞を躊躇ったが、多額の賞金が今後の仕事に役立つと思い直してスエーデンに出向いたという。名聞を求めることなく世界の各地で地味な活動をしている人々は、他にも多いことだろう。

新市街の中でも記念館から南は、みやげ物店や瀟洒なレストランが並ぶ人通りが多い区画である（338頁　図8—19参照）。プラタナスの並木、店先に彩りを添える鉢植えの草花、畳んだまま立て掛けられた大きな赤い商売用のパラソル、歩道脇のベンチで憩う人たち。町の雰囲気を楽しみながら、私たちはマケドニア通りのどん詰りにある旧スコピエ駅まで歩いた。今は博物館になっているが正面の大時計は、一九六四年の大地震時のままで止まっている。

バスで三〇分ほど、郊外の山腹に建つ聖パンテレモン修道院を訪ねる。一二世紀に創建された古刹。フレスコ画「死せるキリストにキスする悲しみのマリア」は、よくある画題だが異教徒の目にも一見の価値はあると思った。

スコピエ市内に戻り、一二時からサライ風レストランの中庭でランチタイム。テーブル近くの大木が、枝垂れ柳のように枝葉を地面に伸ばしていた。京都からの隅野夫妻、中野・佐藤女性二人組と同じ席についた。隅野氏は、三条木屋町にある焼肉店の話をした。この人は、相変わらず野菜料理には手を出さない。

午後、半ときバスで走って国境に来た。これまでと違い少し厳しい入管手続きを経て、一四時一〇分コソヴォに入った。今度の旅では、最後の訪問国になる。コソヴォは二〇〇八年共和国としてセルビアからの独立を宣言したばかりである。西欧諸国は、これを容認する姿勢を示す。しかしセルビア側は、あくまで自国のコソヴォ・メトヒア自治州と主張し独立を認めていない。なぜコソヴォの独立か。一三世紀以後、コソヴォ地方を支配していたのは、セルビア王国だった。一六世紀、コソヴォの戦いでオスマン軍がセルビアを破ってからこの地にイスラム教徒のアルバニア人が大量移住した。このためコソヴォは、アルバニア系住民が多数を占める。一九九〇年代のバルカン紛争のさなかに、コソヴォ解放運動が活発化した。コソヴォ独立には、隣国アルバニアが支援しているのである。コソヴォの人口二〇〇万、二〇%の男性が、一〇年ほど外国に出稼ぎに出掛けるという貧しい国だ。

一五時五〇分、厳しい山岳地帯の谷間を走っている。シャール山脈越えである。下りにかかってから間もなく、この国第二の都市プレズレンに入った（338頁　図8―20参照）。ビザンチン時代から通商路の宿場として栄えた古都である。左手丘の上に要塞が見える。両側に二階建ての家屋が並ぶ歩行者専用の町中を歩く。上階はガラス窓に木製の手すりが付いた張り出しが多く、地上階は通りに開かれた商店や、路上まではみ出したレストランなど、日本でいえば地方の小観光地の駅前通りといった雰囲気である。立ち寄った小さな博物館は、一八七八年露土戦争の戦後処理のために開かれた列強によるベルリン会議提出に向けて、アルバニア各地から集まった代表がコソヴォ独立の嘆願書を作成した場所と伝える。コソヴォの独立は、一三〇年にわたる住民の願いだった。博物館前の小広場で記念写真を撮っていると、近くにいた数人の地元の女性が一緒に写りたいという。旅仲間とともに写った現代コソヴォの若い女性たちの笑顔が、今手元にある私のアルバムに残った。

近くの川沿いに散策を続け、ハマム跡、リビシュカ修道院、コソヴォ戦争で破壊され修復中のモスクなどを回った。一定の間隔で川に架かる石の橋（スターリ・モスト、当地では、「ウラ・エ・ゴリット」）は、ボスニアのサラエヴォの町を思い出させた。一七時半プレズレンを離れた。一八時過ぎ、崖の切通しを抜ける。石灰の発掘場、坂を下って少し開けた平地に出た。一八時一五分、急に人家が多くなった。目的地プリシュテナに近づいたのかと思ったが再び人家が減り、山村か町か分からない地帯をバスが走る。西の山並みの背後が夕焼けに染まっていた。一八時四〇分、道路が片側三車線に広がったと思ったら、バスは主要道から外れて本日宿泊するエメラルド・ホテルに到着した。首都の郊外に立つ新ピカのホテルだ。

一九時一五分地上階に下りて、この旅最後の晩餐になった。ランチに続いて再び京都在住の隅野夫妻と同席。全参加者一五人のうち、今回は四人で一テーブルを独占するグループが二組も固定されたため、残る人たちの自由度が少なくなったのである。気儘にいろいろな人と会話したい人間にとっては、少し残念な成り行きだった。添乗員の井上さんが、空いていた私の横に加わる。なにがきっかけだったか隅野氏が「先生と名のつくものは皆、けしからん」と話し出した。「代議士でも、弁護士でも、教師でも」

この人は相手構わず断定的な物言いをするから、一行のうちには反発している人もいるようだ。どのような経歴の人が参加しているか分からないから、下手に口を滑らせると剣呑でもある。しかし旅先での放言と聞き流している分には、気楽な相手だ。矛先を変えるつもりで

「京のお寺にはよくお参りされますか」と訊ねると、

「京の神社仏閣は高い入場料をとりながら、税金を免れているのはおかしい」とお寺のほうにお鉢がまわった。「祇園あたりで遊びまわっているのは、丸儲けの坊主ばかりです」

この発言には、私も同調する。近頃は、たいした見ものもない寺で入場料を取られて、後で失望することが多いのだ。

「一力に入ったことがありますか」と今度は隅野氏が私に訊く。

「とても、とても。せいぜい舞妓さんたちが乗り入れる宵の口に、門の前で待ち構えて写真を撮ったくらいです」

「実は先日、その一力から礼状と招きの手紙が来たのです。たまたま檀家グループで一力の座敷に上がったことがあって」と彼はいう。「一力から礼状が来ればわしも一人前かな」

隅野氏は、大谷派のある寺院の檀家総代だった。彼によれば、食物の連鎖のようにお寺関係では、檀家→寺→墓石屋の順に発言力がある。

「最近の外国旅行で気に入ったブロンズ像を手に入れました。私が死んだら、墓石にこれを入れるよう妻に頼んでいます」と奥さんの顔を見た。大方の夫は、最後は自分が妻に看取ってもらえると勝手に決め込んでいる。

「ブロンズ像は結構ですね。ただあまり高価なものを副葬しないほうがよいでしょう。盗掘されるといけないから」最後に少し茶々を入れる。どんなブロンズ像かは、聞き漏らしたが。そのときになって隅野氏が別注していたステーキの皿が、やっとテーブルに届いた。

晩餐の終わりに今回の総添乗員であったスターヴォリ氏から別れの挨拶があった。明日は、添乗できないらしい。地元のガイドが付かない祖国アルバニアに入ってからは、特に張り切って案内してくれた。

一〇．首都プリシュテナ近郊の修道院巡り、帰国の途へ

九月二三日（日）、六時起床、荷物を廊下に出してから階下の食堂に下りていく。九時半出発、人口五〇万のプリシュテナの街中を通り抜けた。古い教会や白い金属性のキュウポラがいくつも並んでいる屋根は、国立図書館である。二、三階建ての戸建も多く、上階に複数の家族が住み階下が店になっているのはブレスレンと同様だ。

まず市の東北にあるグラチャニッツア女子修道院を訪ねた。三つの八角形の塔が立ち、ファサードは複数の丸い屋根を並べた複雑な赤レンガ造りである。マロニエの林の中、広い芝生の庭に囲まれて重厚な修道院が建つ。一三世紀の創建になるビザンチン建築の最高建築のひとつといわれ、この後に訪ねたベーヤやテジャニと共にコソヴォの中世建造物群として世界遺産に登録されている。日曜なので、ミサが行われていた。

一一時、次に訪ねたのはベーヤの総主教座教会、これも一三世紀創建になる寺院で、一四世紀に大司教サヴァにより、セルビア正教の主教座となった。サヴァ大司教は、テッサロニキの有名な聖山アトスを開いたことでも知られる。横一列に並ぶ三つのカマボコ型をした赤レンガのチャペルが印象的だ。チャペルの鍵を管理している修道女ドブリラさんは、小柄で気難しそうな老女だった。後で八三歳と分かった。白い丸帽子を被り、木製の杖を手にしていた。私たちの後について無断で入場しようとした地元の兵士たちは、厳しく追い出された。しかし、彼女の説明とこれを通訳する井上さんに静かに耳を傾けていた一行に

対し、ドブリラさんの表情が次第に穏やかになった。お礼を言って皆が立ち去ろうとしたとき、一緒に記念写真を撮って欲しいという。一行に囲まれて笑顔でポーズをとるドブリラさんは、童女のようだった。ポラロイド・カメラを持っていた人が、即席の写真を彼女にあげた（338頁　図8—21参照）。

一三時から一時間半、とあるホテルでゆったりとランチを摂る。午後の最後の訪問先は、テジャニ男子修道院である。あまり大きくはないが、中央の丸い塔と落ち着いたベージュ色のレンガ壁が印象に残った。芝生を挟んだ裏手に半円形の長い木造二階建ての別棟があった。こちらは修道士たちの居住区らしい。修道院の売店で、修道士が造った山羊乳のチーズを買った。さらに、プリシュテナ空港に向かう途中のスーパーでみやげ物を補う。

今回訪ねたバルカン諸国は、一九九〇年代の内戦で甚大な被害を受けた。観光地をグループで移動する限り十分安寧を取り戻したかのように見えるが、あの悲惨な戦争の傷跡が短期間に癒されるとは思えない。インフラの整備が遅れ、地域によっては治安が不安定という。外務省からも一人歩きに警告が出ている。戦時中に埋められた地雷が一部にまだ残っているのだ。

そのような現実が一方にあるにせよ、六ヶ国の旅は多彩で印象深いものだった。人種的宗教的に複雑な背景を持つ地域の人々が刻んできた長い歴史、その歴史を反映した景観、願望、夢想、憧憬や祈念。環境も風土も異なる異境からの旅人の心を打つのは、常に土地の人々の営みの根底にある強固な意志や自然な情感である。訪問した国々の中でも特にアルバニアとコソヴォは、つい数年前までは旅行など思いも及ばぬ場所だった。たとえその一部にせよ、そして表層的な事象しか理解できなかったとしても、現地の人々と接触し景観を見、同じ空気を吸った体験は、貴重な思い出として脳裏に残っている。実際に何を感得できたかは、おそらくもっと時間が経たなければ判からないけれども。

（二〇一二年一二月一日　記）

第九章　早春のトルコ紀行

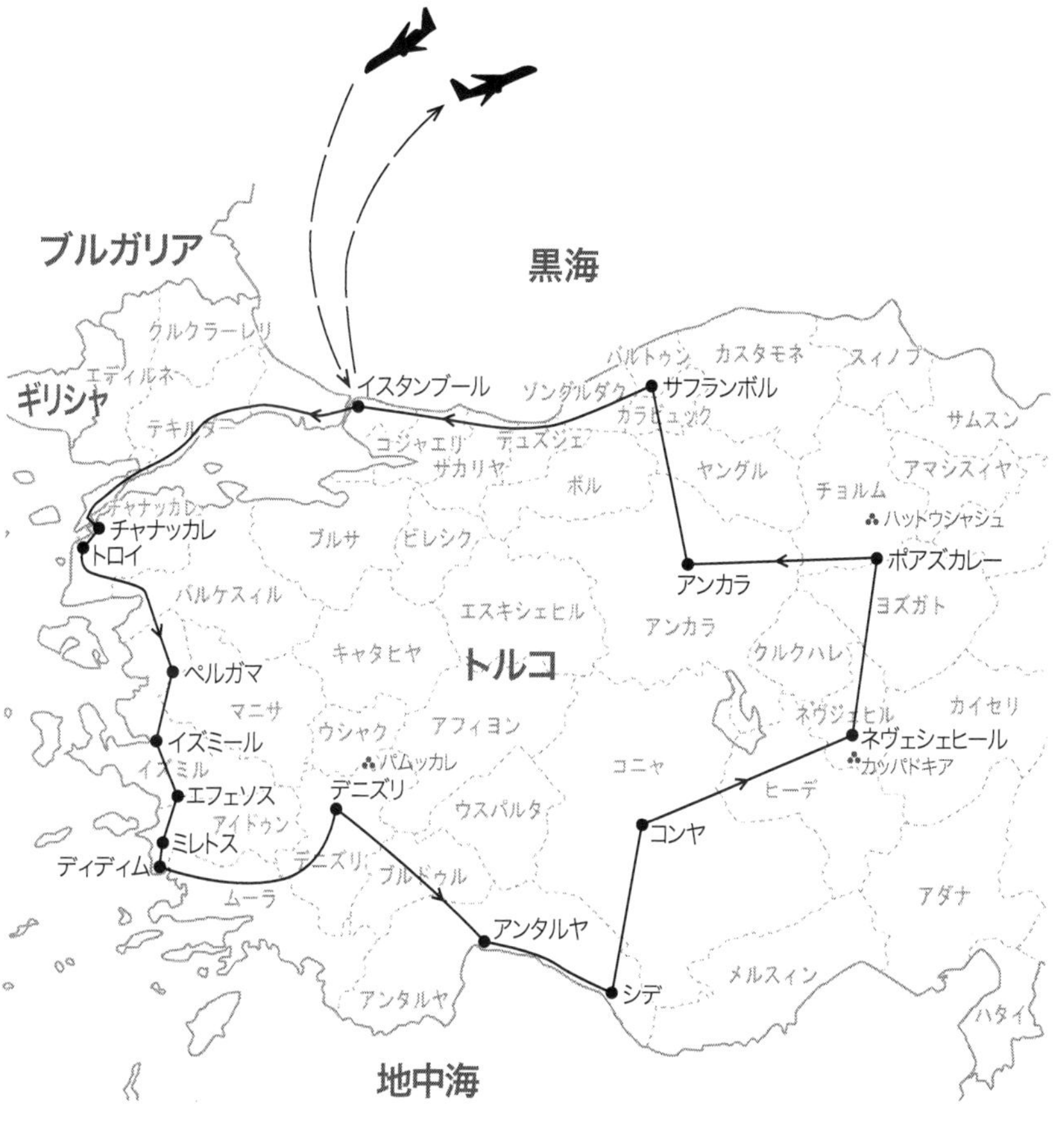

一．渇望の地トロイへ

二〇〇三年二月二七日（木）、晴れ。六時三〇分、けたたましいモーニング・コールで起こされた。昨夜遅くイスタンブールに着き、就寝したのが二時半だから、ほんの一眠りしただけである。あわただしく階下でビュッフェ式朝食を済ませて、八時にバスで出発した。個人旅行と違い団体のツアーだから、決められたスケジュールに自分を合わせるしかない。ホテルのポーチ脇には、雪がかき寄せられている。二、三日前までかなりの降雪があったのだという。

妻と一諸に外国に行くのは、二年に一度くらいである。たいていは、一人でホテルの予約もしないで気ままに出掛ける。ときには誘うのだが、妻はそんな旅には、きつくてよう付いていけんという。彼女の楽しみは、よいホテルに泊り、おいしいものを食べ、夫以外の仲間とおしゃべりすることである。その点今度のツアーは、参加者二六人、H社の添乗員の女性と現地ガイドあわせて総勢二八人、二〇代から七〇代までと年齢層も広い。妻もおしゃべり相手にこと欠かないだろう。

ガイドのシナン氏は、二〇代後半の独身男性、丸顔に頭髪を短く刈りあげている。丸くおおきな目が特徴的だ。アンカラ大の日本語科を出たという。この国には三つの大学に、日本語学科が設けられている。

そのシナン氏から通貨の説明を受けた。トルコ・リラ（以下リラと略）は、桁外れに安い。昨夜空港で六千円を両替したら、七七五〇万リラが戻ってきた。一円が、約一万三千リラに相当するわけだ。ミネラル・ウオーター一ボトル買うにも、頭の中で四桁以上の数値を操らねばならない。旅行中誰もが、戸惑いと金持ち気分を味わうことになった。

我々のバスは、昨夜遅く通り過ぎたイスタンブールの町中を西に向かう。この巨大都市は、長崎を大きくしたような坂の多い港街である。斜面に人家が密集している。その間を曲がりくねった道が錯綜し、バスは登ったり、降ったりを繰り返す。イスラム寺院の尖塔（ミナレット）があちこちに見られる。その数が多いほど格式が高い。メッカの本山だけは、七本持っているという。ミナレットの頂にも雪が残っていた。

マルマラ海でトルコは、アジアとヨーロッパに分かれる。ヨーロッパ側はトラキアと呼ばれ、国土のわずか約三％に過ぎない。トラキアは、西でギリシャと国境を接している。今日の行程は約四〇〇キロ、トラキアの西端近くまでマルマラ海沿いに走り、ダーダネルス海峡を南に渡る。

図（9-1）ダーダネルス海峡

約二時間でテキルダという人口一〇万ほどの街に入った。このあたり海岸側は、いくつかの別荘風の家屋を柵と門で仕切った囲地が次々に現れる。多くは白壁と橙色の屋根。囲い地の切れたところは、海岸まで緩やかに傾斜し、牧草地やもろこしや小麦畑になっている。松林、砂浜、ポプラ林、囲い地が交互に現れる。トイレのための小休止。こちらでは食事をするレストランを除き、多くのトイレが有料である。ここでは二〇万リラだった。このあと休憩する度に、トイレの安い高いが話題になった。高いところでは五〇万リラも取られることになる。

二時間さきのフェリー乗り場ガルガリで昼食。ここから海峡を渡る予定だったが、数日来の天候不順で船が出ない。そこでさらに四〇分クロンボル半島を走って、エセアバートから一五時発のフェリーで南岸のチャナッカレへ渡った。このあたりは、一九一八年から一九二二年にかけて英仏の同盟軍に対し、ムスタフ・ケマル率いるトルコ軍が、独立戦争を戦った激戦地である。第一次大戦でドイツ帝国側についたオスマン帝国は、敗戦により崩壊し、多くの国が分離独立した。現在のイラク、シリア、レバノン、ヨルダン、北アフリカのマグレブ諸国など帝国属領の殆どは、西欧列強により信託統治という名目で分割され、本拠の小アジアも併呑される寸前だった。この危機に立ちあがったのが、救国の英雄ケマルだ。町中の広場の片隅に、西日を背にした長顔細目のケマル・アタチュルクの像が立っている。アタチュルクは、トルコ人が国父としてケマルに与えた尊称である。

歴史的にも尤も有名な海峡のひとつダーダネルスは、このあたりで幅一四、五キロほどであろうか。黒海のロシア艦隊は、ここを通過しなければ地中海に出られなかった。この要衝をオスマン帝国時代から、宿敵トルコ人が扼していたのである。甲板に立って、ヨーロッパと小アジアの両方を眺める。いずれも後背地は丘陵が迫っている。時々タンカーが通り過ぎた。しかし風が強く肌寒いので、船内レストランに入って七五万リラのチャイ（トルコ茶）を飲む。約三〇分でチャナッカレの街が近づいてきた。

今日はチャナッカレ泊りだが、その前にトロイを訪問することになっている。バスは街の背後にある丘の麓を迂回し三〇キロほど南下した。丘の上にはチャナッカレ三月一八日（独立記念日）大学の校舎が並んで見える。右手丘陵との間を、スカマンドロス川が進行方向と逆に流れる。

トロイ遺跡の入り口の外に、三〇メートルほどの高さの木馬が立っていた。一五年前に建て替えられたものという。まず三〇段ほどはしごを登れば胴体部の左右五つ明かり窓のある空間に達する。さらに二番目の短いはしごで、肩の上に乗った小屋まで行ける。子供だましのような代物だが、トロイには観光客のための木馬が欠かせないのだろう。

図（9-2）トロイの木馬

切符売り場を入って少し右手に行くと、通路の両側に五メートルほどの石垣が組まれている。これが遺跡の東門である。しかし左右の石組みは疎密さが違う。シナン氏によれば、左手はBC五千年頃の第一市のもので粗く、右手はアレキサンダー大王がこの地に立ち寄ったBC四世紀の緻密な石組みである。二メートルの通路の左右で五千年の歳月が流れたわけだ。少し進んだ右手に見晴らしの利く場所がある。アテネ神殿跡という。このヒッサリックの丘の麓は、今は平野になっている。かねて憧れていたトロイ遺跡への訪問が、旅の初日にあっけないほど簡単に実現してしまう。

しかし発見者シュリーマンがヒッサリックに辿り着くには、長年月が必要だった。少年期からの夢を実現させて一八七一年この丘に立った時、シュリーマンは既に四三になっていた。トロイ発掘のためには、まず膨大な資金を稼せがなければならなかったからである。運と商才にも恵まれた彼は、クリミア戦争時の闇商売や、アメリカのゴールド・ラッシュを利用して荒稼ぎしたらしい。その才覚は、発掘許可を巡るトルコやギリシャ政府との交渉にも発揮された。写真でみるシュリーマンの風貌も、したたかな商人を思わせるものがある。三人の子供を産んだロシア女性を離婚したあと、パリで愛人と豪勢な生活も送った。最後にギリシャ神話的理想のギリシャ女性と結婚し、トロイやギリシャ本土のミケーネの発掘に成功するのである。彼は、夢想家にして実業家という本来相容れにくい資質を兼ね備えていた。一筋縄にはいかない、しぶとい人物であったように思われる。

シュリーマンが最初に発掘した場所は、遺跡の北斜面にある第一市の住居群である。考古学に素人で

図（9-3）トロイ　ヒッサリックの丘

あった彼の発掘は、今日からみれば稚拙といわれる。その後遺跡は調査が進み、第一市から九市までの断層が区別できるよう表示されている。トロイ戦争のあったBC一二〇〇年頃は、第六市に相当する。第九市になると音楽堂や議事堂、ローマ式浴場も造られた。

ホメロスの叙事詩のうち『イリアス』は、一〇年間のトロイ攻防の物語である。ギリシャ神話の三女神の嫉妬に端を発して、ギリシャ軍がトロイを包囲するところから詩がはじまる。包囲軍の各部将のいでたちや陣構え、旗指し物の描写は、大阪城を取り囲む関東勢の様を思わせる。ギリシャ各地の諸侯は、それぞれ軍船を率いて参戦している。仮に一軍船を持てる大名を一万石とするなら、総大将アガメムノンは百万石、妃をトロイに奪われたスパルタ王メネラオス六〇万石、勇将アキレウス五〇万石、イタケーのオデュッセウス一二万石になる。このギリシャをこぞる大軍も、一〇年かかってまだトロイ城を落とせないでいた。手を焼いた家康が、和睦を口実に大阪城の外堀を埋め立てたように、ギリシャ軍も一度引き上げたように見せかけた。そして知将オデュッセウスの木馬の奇計で、トロイは陥落するのである。ホメロスの詩に私が惹かれるのは、このような華やかな大場面ではない。運命に弄ばれる人間の哀れさを、詩人が非情なまでに描き出しているからである。それは後編『オデュッセイア』に著しい。勝利したギリシャ軍の総大将アガメムノンは、ミケーネに帰国した夜、王妃クリュタムネストラに毒殺される。妃ヘレネを伴なった黄金の長髪のメネラオスも、八年かかってやっとスパルタに帰還した。ただ彼等が昔日の愛情を取り戻せたかについて、詩人は黙して語らない。オデュッセウスは、西ギリシアの沖にある郷里イタケーの島に辿り着くまでに、地中海をなお数年間もさ迷わなければならなかった。その間に訪ねた暗いオケアノス川を溯った冥府でオデュッセウスは、命さえあれば戦場の栄光などなにほどのものかといって鬱々と楽しまぬ勇士アキレウスや、空しい勝利の栄誉と惨めな最後を嘆きつつ通り過ぎるアガメムノン等の亡霊を目撃する。イタケーでも暗殺の謀略が廻らされていたが知将オデュッセウスは、これを見破って裏切りものを倒した。彼の妻ペネロペイアが、貞節を守ってオデュッセウスの帰郷を待っていたのが、ホメロス後編の末尾の救いとなっている。

人間と同様古代ギリシャでは、神々も嫉妬深く、愚かである。アフロディテ、ヘーレー、アテナイの三女神は、応援する側の戦況に一憂一喜した。その人間臭い神々の方が、絶対的神より私には親しみがもてる。神も人間が創り出したのだから、弱みも愚かさも持っているほうが自然であろう。信仰は自由だが、自分達の神を絶対視し、その加護を受けるのも自分達だけと考えることから、文明の衝突が起こる。

ホメロスの詩から想像していた地形と、実際の感じとはかなり違う。後編の『オデュッセイア』の冒頭で帰還するギリシャ軍は、戦死者をイダ山の麓に埋葬する。しかしイダ山は、トロイの遺跡からかなり離れた連山の目立たない一峰に過ぎない。次に、遺跡と海との距離である。ギリシャ軍は、海岸に軍船を並べ、上陸後ただちに城攻めを始めた。トロイの豪勇ヘクトールとギリシアの勇将アキレウスは、南門の前の浜辺で一騎打ちをしたのである。しかし今は海岸線が遠くに後退してしまった。

当時のトロイは、東西交易上の要衝である。小アジアに商圏を拡張するための拠点として、ギリシア人にはトロイが必要だった。トロイ陥落後、ギリシャは小アジアの西岸に沿ってイオニアの植民地を発展させていく。

売店でトロイの絵入り案内書（一六五〇万リラ）、絵葉書三枚（七五万リラ）を買った。チャナッカレのブルク、ペルヴァ・ホテルに泊まる。

二、エーゲ海沿いに南下、ペルガマ、アスクレピオス、ミレトス

二月二八日（金）、六時三〇分モーニング・コール、急いで朝食を済ませて七時一五分出発。なかなか忙しい旅だ。ガイドのシナン氏から、簡単なトルコの単語を習う。おはよう（ギュナイドン）、こんにちは（メルハバ）、さよなら（ギュルギュル）、いらない（ヨク・ヨク）、よい（イー）、それに数字など。

今日も好天で日照が強い。ジャンパーも殆どいらない。昨日のマルモラ海地方からエーゲ海地方に移動するにしたがい、オリーブの林が増える。刈り取られず残っている綿もある。少し海から離れた丘陵の谷間を走った。高い山には、雪が残っている。再び海岸に出て、バスは岸に沿って左にカーブした。沖にギリシャのレスボス島が見える。レスビアン発祥の地です、とシナン氏がいう。トルコ本土に近いのに、このあたりの島の多くはギリシャに属する。海洋民族であるギリシャ人は、古代からこの地域に進出したのである。山道を登り、再び下ってエドレミットという人口四万ほどの町に入ったところで、左後輪がパンクする。町の外れにあるサーヴィス・ステーションでタイヤ交換待ちをしていると、昨夜同じホテルにいた日本人団体客のバスが追いついた。一同次の休憩予定地まで便乗させてもらう。二〇分ほどして車輪を交換したバスが休憩所にやってきた。

約一時間半で、次のペルガマの町に着く。人口は四万。アレキサンダー大王の部下リシマコスが開き、彼の戦死後武将フィレタイロスが受け継いだ古代ペルガマ王国の都だった。左手の丘上に目立つ建造物が

図（9-4）ローマ劇場跡
とペルガマの町

図（9-6）イズミールの港

図（9-10）クレオパトラが歩いた港大通り

図（9-11）アルテミスの神殿跡

図（9-12）リッチモンド・ホテル
のベリー・ダンサー

図（9-16）アインシュタイン博士に
似た陶工と妻

図（9-19）アンカラ—イチカレ・ホテル前

図（9-20）サフランボルの町並み

図（9-21）ブルー・モスク

見える。これが目指すペルガマのアクロポリスである。バスは、時計周りで岡上にのぼっていく。中腹からローマ時代の水道橋やダム湖が見えた。

まず入り口を入って丘を左手に巻いた空き地にある、ゼウス神殿跡に行く。神殿跡には、枝を八方に張り、丸く茂った大木が一本立っている。神殿自体は基壇ごと、ベルリンのペルガモン博物館に移築されている。実は二〇〇〇年の夏英国からドイツを経由しての帰途、この博物館を訪問したことがある。その時は他国の遺跡をそっくり博物館で展示するなど思いもよらず、うかつにもよくできたモデルと見ていたのだった。

今回の帰国後改めて調べてみると、同じ博物館にあったミレトス（次の日訪ねた）の市門も、古代バビロニアのイシュタール門も、みな現物を見ていたことを改めて知った。一九世紀から二〇世紀初頭にかけての帝国主義時代の西欧列強は、後進地域でやりたい放題をした。さすがにガイドのシナン氏は、一方的な批判はせず、トルコ側にも責任があったという。当時のオスマン帝国は、遺跡の保護など思いもしなかったのである。

少し上手のアクロ・ポリスには、アテネ神殿の基礎と、繊細なコリント式の列柱の残るトラヤヌス神殿がある。その西側には、当時世界最大であったエジプトのアレキサンドリア図書館に拮抗した図書館があった。エジプトが書物にパピルスを用いたのに対しペルガマでは、地元産の羊皮紙（パーチメント）を使った。

西側の谷に、傾斜を利用した半円形の劇場あとがある。谷間に広がるペルガマの町が美しい。（371頁図9―4参照）白壁に橙色の瓦屋根が連なっている。麓のモスクから僧侶がコーランを唱える高い声が

図（9-5）アスクレピオンの地下道

聞こえてきた。今日は金曜礼拝の日なのだ。丘を下って昼食のレストランに行く。町中どこにでもあるチャイハネ（喫茶店）では、男の老人ばかりがたむろしていた。一日中彼等は、チャイハネでなんとなく過ごすらしい。

午後は、あまり離れていない平地にあるアスクレピオンの見物である。医学の父アスクレピオスの名にちなんだ、古代の精神病治療院跡である。昔から人間は、神経病に悩まされたらしい。途中広大な軍事施設の横を通る。

アスクレピオンの入り口から三〇〇メートルほどは、両側に列柱の並ぶ石畳の聖なる道。治療を受けに来た者は、ここを全力で駆け抜けなければならなかった。それで倒れるようなひ弱な患者は、その奥の治療院の聖域への立ち入りが禁じられた。聖域で不浄な死者が出ないためという。この聖域は、大きな広場で図書館や劇場もあった。精神病の治療には、気晴らしや読書も必要と考えられたのであろう。広場の北側には、イオニア式柱頭をつけた一〇本ほどの列柱が立つ。中央の聖なる泉は、今も湧いている。

患者達は、泉の水を飲みぶどう酒を与えられ、ほろ酔い加減になったところで、一〇〇メートルほどの地下道に導かれる。ここには歩いている患者からは見えない空所が穿たれていて、隠れている神官が患者を励ますような様々の暗示をかけた。行き止まりは円形の壁を持つ部屋になっている。ここで患者は、仮眠をとる。仮眠のあいだも、神官の暗示が続いた。夢うつつのうちに患者は、この暗示を受け取るのである。暗示によるテラピーといえる。フロイドの『夢判断』や『精神分析入門』の治療法と似たところもあり、案外科学的なのかもしれない。

このあとアート・センターと称する宝石店に立ち寄った。名産のトルコ石や方解石が、展示されている。お洒落に着こなした女性が、巧みな日本語でトルコ石の見分け方を説明する。最後に二つの石を並べて、どちらが模造品かを客に問うた。真剣に考えている一行の内で、つばのある丸い帽子を被った中年の男性が、質問した女性を指差して、これは本物だと茶化した。

一時間半ほど走って人口三〇〇万のイズミールの街中に来た。トルコ第一の港で、米海軍の基地もある。ちょうど西空に、大きな赤い夕日が沈むところである。一九時三〇分イズミール市の隣の避暑地チェシメにある、シェラトン・ホテルに着いた。ツアーの目玉の一つである五つ星ホテルで、今日から二連泊する。

夕食は妻が喜ぶ豪華なレストランでのバイキング。ただ週末で少し混んでいた。同じテーブルには、紀州橋本から来た華岡さん夫妻、主人の方は恰幅のよい七〇前後の、もと繊維関係の会社勤めの人である。華岡青洲は、六代前の縁者になるという。青洲のことから有吉佐和子の『紀ノ川』の発端に出てくる橋本近くの慈恩寺や、真田父子が隠れ住んだ九度山が話題になった。

二〇時三〇分風呂に入り、下着や靴下を洗濯する。

三月一日（土）、晴れ。七時モーニング・コール。海岸沿いに連なるイズミールの町並みが、部屋の窓から見える（371頁　図9―6参照）。地上階で各自朝食を済ませて、八時三〇分ホテルを出た。今日は、日帰りで二ヶ所の遺跡をまわる。いずれもエーゲ海沿いに南に下ったところの、古代ギリシャの遺跡である。ギリシャの遺跡の六割は、トルコ側にあるという。

トルコの軍事体制について、シナン氏が説明する。トルコは、ＮＡＴＯに加盟する西側防衛体制の重要なメンバーである。東欧のワルシャワ条約機構が崩壊した現在でも、西欧側の中近東への最前線としての、その重要性は変わらない。トルコ人男性は、皆軍事訓練を受けることが義務付けられている。高卒者は無給で一八ヶ月、大学卒の場合医師、教師関係は一六ヶ月でうち三ヶ月は無給、その他の大学卒は無給で三ヶ月の教練が課される。本人も親も、危険地帯であるトルコ東南部以外への赴任を望んでいるが、訓練先を決めるのは軍部である。毎年東南部では、紛争で相当数の兵士が死亡しているらしい。日本の外務省も数年来、イラン、イラクに近いハッカリ、マルディン、ディヤクバル、トンセリの四県への旅行自粛を警告している。常備軍一五〇万、軍事費は国家予算の六一％を占める。これでは福祉、年金、保険など社会経費の支出が抑えられるのは当然だろう。

トルコは時計周りに数えると、ギリシア、ブルガリア、グルジア、アルメニア、イラン、イラク、シリアの七ヶ国と陸地で接している。とくに今度の旅は、出発前からイラク情勢が影を落としていた。二月二〇日前後が、最初のポイントだった。国連の査察の期限を、米英が一〇日間延ばした。緊急の場合は旅行途中の帰国もありうるとの旅行社の予告のもとで、我々はツアーに参加している。次のポイントは、三月三日である。

一六〇億ドルの経済援助と引き換えに米国は、対イラク戦にあたりトルコ領内の軍事移動を要求している。報道されてはいないが米政府は、戦後イラク石油の二％をトルコに提供する案も示しているという。大義名分の裏に隠された、イラクの権益に対する米国の露骨な意図に、トルコ政府は脅威と警戒感を抱いたらしい。しかしトルコ議会は、米軍の領土内通過を拒否したのである。

エフェソスを過ぎ、ミレトスを通り、メアンドロス川（蛇行を意味するメアンダーの語源という）を渡

図（9-7）ディディムのメデューサ

って、一二時頃最初の訪問地ディディムに着いた。広い遺跡ではないが、かつてはアポロン神に捧げられた神託所として、ギリシャ本土のデルフィーと並び有名だったという。中央にアポロン神殿の基壇と、内陣を支えた左右三本ずつの巨大な柱が残っている。前庭には、巫女が信者に神託を告げたという小部屋の跡がある。有名なメデューサの首は、入り口石段近くに無造作に放置されていた。鼻の下に、横一文字の亀裂がある。遺跡近くのレストランで昼食。

午後は来た道を引き返して、ミレトスを訪ねる。ミレトスは、古代ギリシャのイオニア植民地の中心として栄えた町である。高校の西洋史の教科書にも、「万物の根源は水である」といった自然哲学の祖ターレスの出身地と紹介されていたことを思い出す。ここの見ものは、二万五千人を収容したという大野外劇場である。かつては海が迫り、船からその威容が眺められたという。私にとって興味があったのは、劇場の裏手の坂を下ったところにある、大きな池のほとりの銘文である。まず紀元前六七年海賊退治のため、ローマのポンペイウスがここに来ている。アントニウスとクレオパトラの連合軍とアウグストスが覇権を争った、紀元前三一年の有名なアクティウム海戦の場所も、この地だというのである。かつては勝者アウグストスの記念碑が、この池中に建てられていたらしい。（帰国後研究室でローマ史を専攻している院生と古代地図で検討したところ、アクティウムはエーゲ海ではなく、ギリシャ本土の西、アドリア海側ということが判った。しかし海戦の途上かもしれないが、クレオパトラがこのあたりに来たことは確かである）。

このあと古代のハマム（浴場）、冷泉、温泉跡や一五世紀のモスクを訪ねた。シナイ氏は熱心なガイドで、少しでも多くを客に見せようと、精力的に一行を連れまわす。連日早朝のモーニング・コールにもかかわらず、参加者も落伍しない。片足不自由な単独参加の男性も、杖をつきながら頑張ってついてきた。あとでこの人は、七五ということが判った。皆好奇心が旺盛なのであろう。

シェラトン・ホテルに戻り、昨夜と同じく華岡夫妻と同じテーブルで夕食をした。華奢な夫人にくらべ華岡氏は体格がよく、山歩きも好きらしい。私も行ったことのあるネパールのヒマラヤ山麓トレッキングが、話題になった。

三．エフェソスのローマ遺跡、綿の城パムッカレ

三月二日（日）、小雨後、次第に天気が回復した。行程が長いためか、七時一五分という早い出発になった。古代ギリシャで最大の遺跡が残るエフェソスが、今日の主な観光地である。セルチュクの市街地を抜けたバスは、東の山地に入った。二車線の車道は絶壁のきわでも、ガード・レールがつけられていない。四〇〇メートルほど登って、山腹の駐車場で降りる。五、六軒の茶店や土産もの屋、簡易郵便局がある。円形の泉の先に、小さな教会があった。

イエスの処刑後危険を逃れて母マリアは、弟子のヨハネと共に小アジアの西岸で余生を送った。この伝説は古くから知られていたが、長い間マリアの隠棲地は特定されなかった。一九世紀の終わり、麓のエフェソスを発掘していたオーストリアの調査隊により、偶然発見されたのである。村人がマリア様の家と呼んでいるのに興味を抱いた隊員が、この建物を調査した。最初彼等は、これがマリアの時代よりずっと後代の五世紀に建てられたものと考えた。しかし側面の縦三メートル横一メートルのレンガは一世紀のもの

図（9-8）エフェソスの「マリアの家」

と判り、マリアの住居地と認定されたのである。

聖母マリアの家は、褐色レンガを積んだだけの高さ五メートル奥行き一〇メートルほどの四角い素朴な建物である。右手に出口が少し張り出している。側壁の上部に二つ明かり取りの縦長の窓が穿たれる。ちょうど礼拝の時間のため、狭い内部は混みあっていた。内部は前後部にわかれ、狭い内陣はイスラム寺院のミハラブのような半円形の窪みがあるだけで、キリスト像もなにもない。聖母として広く崇められるマリアは、郷里を遠く離れた異国の山中の小さな家で、孤独な生涯を終えたのである。

家のすぐ横手を下ったところに湧き水があった。二千年の昔からかわらず、飲料に使われたという。先ほど通った円形の泉の周りで、人々が手と手を繋いで輪になっていた。即日世界に郵送してくれるというので、妻はここの簡易郵便局に立ち寄り、絵葉書で母親にたよりを書く。

山を少し下り、中腹にある陸門からエフェソス遺跡に入場する。遺跡内のメイン・ストリートは、大理石が敷き詰められ、滑り止めまでついている。右手の三本の列柱が目立つが、イオニア式、ドーリア式、コリント式の柱頭を比較するため、ここに意図的に集められたもの。運道具アシックスのマークの原形である勝利の女神ニケのレリーフがここにある。商店であった左道脇の床には、ローマのモザイクが原色を残していた。このあたり古代競技の優勝者の肖像を載せた柱が道の一方に並んでいたという。台座も衣装も全く同じで、顔面だけ後で彫れるようになっていたのである。

更に進んだ右手トラヤヌス神殿の正面台座の上には、トラヤヌス皇帝像が、地球を表す球を踏まえて立っていた。地球が丸いことも知られていたらしい。現在像自体は、エフェソスの博物館で展示されている。続くハドリアヌス神殿は、ポーチ正面のアーチに施されたレリーフが繊細で美しい。ローマ五賢帝のうち二世紀前半に生きた二番目のトラヤヌスと三番目のハドリアヌスは、古代ローマ帝国の辺境のいたるところに足跡を残している。二人とも軍人出身である。帝国防衛線の視察のため彼等は、首都に落ち着くまもなく、生涯を旅に明け暮れた。初代アウグストス、二代チベリウス帝時代にローマの版図は、既に最大限に達していた。二世紀のローマは、攻めから守りに入っていたのである。

ハドリアヌス神殿の横に、古代の公衆トイレ跡がある。一見、大理石の床石に丸い穴が並んでいるだけである。しかし穴の下に水路のついた、水洗トイレだった。この

図（9-9）エフェソスのケルルス図書館

道の突き当たりには、ケルルス図書館の堂々としたファサードが見えている。上下二段の八本柱に支えられ、壁面や屋根の空所は、レリーフや彫刻で埋まっていた。図書館の前で本通りは、直角に右に折れる。ここからさらに緻密に大理石で舗装されたマーブル通りになる。

図書館とマーブル通りを隔てて、女性の顔と心臓と足型を看板にした娼婦の家がある。この足型より小さい足の者は、入場が断られた。心臓は心楽しく過ごせる場所を表している。娼婦の家は図書館と地下で通じていて、勉強に飽きた学徒は、ここのサロンでくつろぐことができた。勉強している振りをして、娼婦の館に通った学生も多かったであろう。右手に劇場跡、左手は幅広い港大通りが古代の港まで直線に伸びていた。クレオパトラが歩いた道といわれる（371頁　図9―10参照）。マーブル通りの終わりに、大スタディアムがある。

セルチュクの市街地に戻り、バベルの塔やデロス島の灯台と共に古代七不思議の一つと称えられたアルテミス神殿跡を訪ねた。今は湿地の中に基礎が散在するだけだ。アルテミスは、小アジアで広く崇拝されていた地母神である。紀元前八世紀には、一二七本の柱で支えられた大神殿があったという。ここで面白いのは、遺跡の後方に六世紀の聖ヨハネ教会、一三世紀のイスラム寺院、丘上のセルジュク朝トルコ（一一世紀から一二世紀）の要塞が、一望のもとに眺められることである。重層的なトルコの歴史が、ここに凝集されている（371頁　図9―11参照）。

宿泊地デニズリに移動の途中、皮製品の店に立ち寄った。まずはチャイを飲みながら、革製品に限らず様々な衣装を着けた店の男女が登場する、ファッション・ショウを見物する。さすがに皆スタイルがいい。そのうち参加者の中で、奈良から来ていた杉本夫妻がショウに引っ張りだされた。ハンサムな夫に可愛い奥さんのカップルである。新婚のように初々しいが、結婚一〇年ですよ、ということだった。世界のあちこちを旅行したいから、子供はいらないという。こういう人が増えているから、日本はますます少子化社会になる。

次に一同は店の奥に導かれる。小柄な頭の薄い男が、巧みな日本語で商品の説明を始めた。最良質の皮革は、シルクと呼ばれる〇・四ミリと薄い子羊の製品である。コートを着けてみたが、軽い。日本円にして七万円くらいからである。トルコで革製品が有名だとは知らなかった。何人か買う気をおこして、試着をしている。長引きそうなので、私達買う意図のない数人は、入り口の椅子に腰掛けて待つ。そこへ先刻の小柄な男が出てきて、値引きの話をする。皆があまり反応しないので、「せっかく、まけてあげたのに」といいながら、彼は店内に引き返した。結局この店に小一時間いた。数名が子羊のコートを手に入れたようだ。

バスの窓から、湯煙が見えた。温泉が湧くのである。とある小部落では、屋根上に瓶を載せた家があった。未婚の娘がいることを示すという。

一八時四〇分デニズリのリッチモンド・ホテルに着いた。早速に夕食。川西から来た黒田夫妻と一緒になる。主人は、元トーレ勤務。背が高く、体を動かすのが好きな人で、旅行中も早起きして散歩している。奥さんは丸顔で小柄なひと、大学では社会学を専攻した。第二語学でギリシャ語をとり、『イリアス』の購読会にも加わったことがあるという。

食後妻は、滋賀県の湖北からきた気のおけない宮本夫人と、地階の温泉プールに出掛けた。ツアーにでるとすぐにハイになり、なんでもやってみるのである。九時から一時間ほどホテルの三階ホールで、ベリー・ダンスのショウがあった。以前姥桜のベリー・ダンスを見せられたツアー客から苦情が出た経験のあるシナン氏は、質は保証できないと予防線を張っていた。しかし今夜のダンサーは、若くて美人だった（371頁図9―12参照）。ひとわたり踊ったあと、観客の数人が手ほどきを受けて踊った。勘よく踊れる人もいれば、そうでない人もいる。最後にダンサーが、客席の間を踊る。まず最前列の端にいた私の前で、しばらく腰をくゆらせてから踊り子は、次に移動した。観客の中から手が伸びて、パンティの中に札が入れられる。ティップを求めていたのだと、初めて気付いた。観客の視線がこちらに集まるのが気になって、踊り子が早く離れてくれないかとばかり念じていたのである。プールから上がった妻も、どこかで見ていたらしい。「気が利かないわねー」、と亭主の気持ちも知らず後で批判した。チップの額をダンサーは瞬時に見分けて、はずんでくれた客の前では気前よく腰をくねらせていた、と解説してみせる同行者がいた。

図(9-13)パムッカレの「綿の城」

三月三日(月) 曇、五時三〇分モーニング・コール、六時朝食。昨夜のベリー・ダンスの話で、朝から盛り上がっているテーブルがある。七時に出発し、すぐ近くのパムッカレ(綿の城)に行く。ここはペルガモン王国や古代ローマの遺跡があるが、むしろ温泉保養地として知られている。

途中ネクロ・ポリス(古代の墓)に寄った。二重のひさしのついた大型の石棺や、内部の左右が二段ベッドになった家族の棺などが、道路脇に無造作に転がっている。内臓を取り除いた遺体が土葬されるのである。近くのヒエロ・ポリス遺跡を歩いていると、絨毯や絵葉書を手にした土産売りの四、五人の女が現れた。遺跡の何処かで暮らしているのだろうか。

石灰棚である有名な「綿の城」は、温泉の湯に含まれる石灰が長年蓄積して形成されたのである。大きな丘陵と谷一面を、白い石灰が被う。しかし近くにホテルが増え、綿の城を流れる水量が減ったため、一部が少し黒ずんでいる。現在水の利用が規制されているという。はだしになり、ズボンのすそを巻き上げて石灰棚を歩く。取り出し口付近は暖かい水も、蓄積された石灰の表面を流れるあいだに外気に冷却され、足がしびれるようだ。水量が多く暖かな横手の溝伝いに、少し先まで行ってみる。石灰棚の一方の端は絶壁である。

ここから今日の目的地アンタルヤまで、内陸部の山岳地帯を抜けた。積雪が、深い。一二時三〇分アンタルヤの町を過ぎ、グルシェンの滝公園のレストランで昼食。池袋とさいたま市に住んでいるという高村姉妹、兵庫県三田市から一人で参加した具志堅氏、福山氏らと同じテーブルについた。

レストランから滝見物の周遊小道を歩く。落差は五メートルほどだが、幅がある。

滝壷には二羽のあひるが住み、無数の鱒の稚魚が、投げ餌に寄ってくる。出口には、二頭のラクダが客待ちしていた。

アレキサンダー大王の征服地として記録される、近くのベルゲ遺跡に行く。パウロも布教のため滞在したとある。ここの見ものは、巨大な馬蹄形の闘技場である。裏手を北のアルテミス神殿に向かって進む。南門をくぐると、レンガ積の二つの円塔が立っている。どちらも大部分が欠けて、ブリューゲルが描く「バベルの塔」のように内部が開いて見えた。ここから神殿までの石畳は、中央の幅二メートルほどの流路で二つに分かれる。冷気を与えるための水路である。道の両端には、かつて商店がならんでいた。

アンタルヤ市街に戻り、繁華なカレイチ地区にある、イヴリ・ミナーレを訪ねる。市の表象になっているこの寺院のミナレットは、太い円筒で柱に刻みが入っている。近くに小公園があり、アタチュルクの独立記念像がある。すぐ下に海が広がっていた。地中海地方に来たのである。

ホテルまでの途中、三つのアーチを持つBC一三〇年のハドリアヌス帝の門を見た。珍しく早めにゲンダー・ホテルにチェック・インする。夕食まで時間があるので、街中を五〇分ほどジョギングした。帰国直後にクロス・カントリー大会に出るので、少しでも走っておきたい。アンタルヤは、活気のある明るい町と思った。

四　神秘主義メブラーナ

三月四日（火）、曇。六時モーニング・コール、七時三〇分出発。昨夜のBBCテレビで、米英がさらに一〇日間の国連査察期限の延期を認めことを知った。念のため英字新聞で確かめる。イラク攻撃を容認

図（9-14）メブラーナの踊り

する再度の国連決議は、フランス、ドイツの反対で難しそうだ。少なくとも今度のツアーは中断しないで済みそうだ、と都合いいことを旅行仲間と話し合う。

最初に訪問したのは、アスペンドス遺跡、ここはオデオン（音楽堂）がほぼ完全に残っている。チケット・オフイスには、直径七センチほどの顔を彫った陶製のチケットが展示されていた。

次いで海岸の保養地シデへ。シデ遺跡は、交通量の多い道路で二分されている。海側にはムセオ（古代ギリシャの学校、今は博物館）、陸側は柱や基壇などが散在し、クレーンが放置されていた。シーズン・オフで閑散とした茶店の並ぶ海辺まで歩く。右手から伸びたアンタルヤ市街で、大きく湾曲した海岸である。

一〇時に出たバスは、すぐに山道に入る。積雪が多くなる。トルコの内陸部は、殆どが高原地帯である。途中一度休憩があり、一四時コンヤに着いた。車中、綾小路きみ麿の録音を三〇分以上聴いた。結構面白い。私には初耳だったが、殆どの人は知っているらしい。

遅い昼食後、メブラーナ博物館に入る。一三世紀アフガニスタン出身のメブラーナが広めた、イスラム神秘主義教団の根拠地である。現在この教団の布教は、禁じられている。閉鎖的集団が持つ、危険な雰囲気のためであろうか。いわば観光用の文化財としてのみ、その存続が許されているらしい。内部には、教祖の棺、イスラム教の創始者ムハメドの髭を収めた小箱、コーランの写本、豪勢な絨毯やタペストリー、アラビア文字で書かれた額などがある。かつて一度盗まれたため小箱に入れられたムハメドの髭は、今は一般には見ることができない。本当は何も入っていないのではないか、と私は疑っている。ジタという三味線のような楽器や、ケマンという胴体がヴァイオリンに類似した七弦の楽器を見た。こちらの方がヴァイオリンの原型ではないかと思う。

一四時三〇分デュンダール・ホテルに入る。すぐに地図をもらい、トラムで四駅先のアラアッディンの円形広場まで乗る。片道四〇万リラ。道幅四〇メートルほどの町の目抜き、アラーディン通りを散歩した。銀行、警察署、ホテル、家具店、カメラ店など一通り並んでいるが、ネオンもなくわりに静かである。帰りのトラムでは、黒田姉妹や杉本夫婦に出会った。旅行好きの習性として、すこしでも時間があれば、気ままに歩きたいのだ。ホテル近くのスーパーで、妻は一リットル半のミネラル・ウオターを三七万五千リラで買った。高いところでは、二倍もする。

夕食では、福山さん、鳥取大二回生の岩佐君、一人参加のハイカラな具志堅おばさん（後で既にお孫さんも何人かいると判った）、黒田夫妻と七人でテーブルを囲む。次第にいろいろな人と馴染みになり、妻もうれしそうだ。岩佐君は、乾燥地農業に関心がある。来学期には、メキシコのバハ・カルフォルニアでの演習に参加するという。「そんなに出歩いて、ぼくちん、卒業は大丈夫？」、と具志堅さんが冷やかした。具志堅さんにあっては、大学生の岩佐君も形無しだ。餞別をくれた姉さんへの土産のために彼は、出された料理を漏らさず写真に撮っている。心やさしい青年である。

夜はホテル地階で、メブラーナの旋舞が披露された。先日のベリー・ダンスのこともあって、チップはどのくらいか、と聞く者がいた。しかしメブラーナの旋舞は宗教的儀式で、拍手や騒音もいけないのである。最初に土色のトルコ風帽子に黒衣をつけた僧侶が、旋舞者を先導して静かに登場する。中央に二人の楽士と一人の朗読者が座った。まず朗読者がコーランか何かを、甲高い声で唱えはじめる。ついで二つの楽器演奏が続いた。これが終わると、黒衣を脱いで白衣に換えた踊り手が、中央で踊り始めた。皆男である。中には子供も混じっている。右手を下にむけ、左手を上向けにかざし、首を右にかしげる独特の仕草で回る。しかしきわめて緩やかな動作である。唐代の詩から予想していた西域の素早い胡旋舞とは、全く別のものと判った。最後にみな黒衣に戻り、朗読者の甲高い読教のあと、一同静静と退場した。

風呂に入り、日記をつけて、二三時四〇分就寝した。

図（9-15）ユルギップのきのこ岩

五．カッパドキア

三月五日（水）、曇。六時三〇分コール、八時三〇分にホテルを出る。シルク・ロードの西端に近い、雪が積もった直線道路を走った。途中本道を外れ、オデア・キャラバン・サライ（隊商宿）跡に寄る。ゲートを潜ったところに広い中庭があり、これを宿泊棟が囲んでいるのが、キャラバン・サライの特徴である。裏手の雪を踏み分け、隕石跡の窪地の池を見た。

現在博物館となっているスルタン・サライ前で小休止してから、さらにシルク・ロードを東に今日の目的地カッパドキアに向かう。右手にハサン山（三二六八m）が見えてきた。これは休火山である。ハサン山とホジス山（三九六二m）の火山活動で、カッパドキア独特の景観が造られた。

足元は、雪道である。まずギョレメにある野外博物館に入った。岩窟のなかの教会である。最初のは、聖バーバラ教会、十字架のキリスト像と、尾のある悪魔の壁画を見た。次に訪ねた教会は、これより少し大きく、蛇をやりで突く人の図柄がある。その隣は二階建ての住居で、一階にはパンを焼くための丸いかまど跡の窪みが残り、二階には、家族用の長い石の食卓台と座席になっている。その奥の壁を穿った空所は、葡萄を足踏みする場所と搾汁を受けるプールがある。室内は、ほぼ一七℃と年間安定していて、ぶどう酒造りに最適らしい。昔からこの地方は、ブドウ酒の産地として知られていた。

岩窟壁画で思い出すのは、去年の夏大学の美術史学科で特に聴講させてもらった集中講義である。講師は、東京から出張された作家の故辻邦夫氏の夫人佐保子さんだった。彼女は、中世宗教絵画の専門家で、その時カッパドキアのスライドも見せてもらったのである。小柄でやさしい声のひとである。高齢なので関西に来るのは最後になるかもしれないといわれた。最近『辻邦夫の思い出のために』という本を出されている。

次にユルギップの三本のきのこ岩をみる。長い柄のような柱の上に、大きな褐色の帽子が乗っていて、松茸そっくりである。場所によっては、しめじのようにきのこ岩が密集している。近くの火山灰の断層と比較すると、その成因が判るような気がする。断層の一番上部が、きのこ岩の帽子の色と同じで、その下の柄の各部分も、断層の色の変化に対応している。長年月の間に、断層の弱い場所は侵食され、強い部分だけがきのこ形に残ったのであろう。

このあと二つの店を訪問する。まずワイン・ケラーに行き試飲してから、きのこ状ボトルのワインを買った。次に訪ねた陶器製造所では、アインシュタイン博士そっくりのマスターに迎えられた（372頁　図9―16参照）。鼻髭もそっくりに整えられているから、彼が博士を意識しているのは間違いない。湯差しを作るろくろをまわすマスターの、手さばき、足の動きを見た。別々につくられた湯差しの胴と蓋がぴったりあったとき、おもわず観客から拍手がわく。店内で、陶器の皿、茶器、時計などを見物する。生命の樹を描いた図柄などのトルコ・ブルーが特に美しい。今日の客は、我々が最後らしい。表でバスに乗るとき、マスターは、自家用車を運転しながら、麓の集落の方に立ち去った。

カッパドキアの一部ネヴェシェヒールの、町中をはずれた丘の上に立つペリ・タワー・ホテルに、一八時過ぎチェック・インした。野外博物館を真似た形の四つ星ホテルである。

三月六日、曇。八時三〇分ホテルを出発、前日に続きカッパドキアの景観を見てまわる。まずラクダの谷へ。ここではきのこの帽子の代わりに、ラクダの頭とこぶが褐色の層でできている。きのこ岩も、沢山ある。

トルコ人一家ハチジュウさん宅を訪ねた。尖がった岩窟を利用した住居である。最近は危険防止のため政府は、岩窟から立ち去るように勧告しているらしい。しかし依然多くの人が、馴染んだ岩窟に残っている。一同は、絨毯をしいた居間に導かれる。テレビがあり、壁に扇やタペストリーが掛かっていた。壁際の長椅子に腰をおろし、チャイの接待を受ける。男性は戸外の作業に出ているため、家にいるのは母親と娘、その赤子、日本から嫁いだ義理の娘である。そこへ頭巾を深く被り、腰の曲った老女が出てきて、握手をしてまわった。一〇〇歳を超えているという。みな感動して、握手を返した。ところがこれは、ツアー仲間の杉本氏が仮装したものだった。シナン氏が、いたずらしたのである。道理で手がすべすべとして若かった、と後になっていう人がいた。次の間は、ストーブのある寝室、赤子がベッドで寝ていた。最奥が、台所とシャワー、トイレである。

午後は、二ヶ所で写真休憩。カーペット工場にも立ち寄った。日本語科でシナン氏の先輩という男が、商品の説明をする。次第に高価で見事な商品を見せられて、みなため息をついている。大きなルーム全体が、色とりどりのカーペットで覆われた。もっとも品質がよいといわれる、羊の小さなカーペットを買うことにする。

最後にカイマクルにある地下都市を訪ねた。一三世紀アラブ人の攻撃を避けるため、キリスト教徒が造った非常時の隠れ場所である。地上の都市から、地下道が通じていたらしい。通気用の風穴がある。侵入を防ぐための、天の岩戸のような頑強な石の戸が残る。現在地下四階まで発掘されている。まだ見つかっていないトイレは、その下に埋もれている可能性があるという。表の屋台の店で物色していた宮本夫人等が、「カイマクルで、買い捲ったわ」と意気揚々バスに戻ってきた。がらくた細工みたいな金属やガラスの小物を両手に掛けている。

一七時三〇分ホテルに戻る。夕食まで時間があるので、ネヴェシェヒールの市街地までの往復五キロを走った。少し息切れがする。標高が意外に高いのかもしれない。

夕食は、華岡夫妻と黒田夫妻の間に座る。一週間も旅していると、参加者の人柄がわかるようになる。ある二組の夫婦は、気が合ったのかいつも四人でテーブルを占め、バスの席でも他者を寄せ付けなくなった。京都から来た母娘は、彼等が後ろの座席を広々と占領していると批判している。私達は、その時により華岡夫妻、黒田夫妻、宮本夫妻、あるいは、若い杉本夫妻や、高村姉妹、岩佐君、ＯＧの福山さん、ハイカラな具志堅氏との話を楽しむ。ただ参加者の中に、やっかいな老夫婦がいた。奥さんはあまり問題ないのだが、もと高級船員と称する旦那が困りものである。まず来るとき航空機の中で、乗務員と喧嘩を始めた。幾度もワインを要求して、断られたのである。エコノミー・クラスだから当たり前だが、添乗員が仲立ちしても納得しなかった。毎朝最後に遅れてバスにのる。おまけにいつもやたらに手荷物を持ち込み、探しものばかりしている。そして奥さんを、ボケなどとののしるのである。旦那のほうが、ずっとぼけている。よく我慢している、と奥さんに皆の同情が集った。一番困るのは、食事中おおきな咳をして、つばをあたりに撒き散らすことである。そのため、食事のとき二つ以上の空席を造らないよう一同が示し合わせ始めた。ついに添乗員が、気を利かせて二人のため離れた席を準備するようになった。ここ数日来この夫婦は、団体から離れて二人だけで食事をしている。

図（9-17）ハトウシャシュ遺跡の「王のレリーフ」

六、ヒッタイトの遺跡、首都アンカラ、世界遺産サフランボルの町並み

三月七日(金)、晴れ。五時三〇分起床、七時出発。ジャンパーをホテルのロッカーに忘れたことに気付き、シナン氏に連絡してもらう。同じホテルに泊っていたグループと、昼食時合流するという。ジャンパーは、そのレストランで無事戻ってきた。

一一時ボアズカレーのヤルズカヤ神殿跡に着く。大きな岩石の谷間に一二神像のレリーフやテシュ（ゼウス）、ヘパトラ（ヘラ）が描かれた岩がある。BC三五〇〇年頃からヒッタイト帝国の首都があったハトウシャシュ遺跡は、すぐ近くにある。聖なる泉、王の身体を清める泉、大広間、褐色の遺跡の中で目立つ聖なる緑石、流水溝や瓶、神殿跡など公的場所、ついで住居あとが広がる。メソポタミア文明の影響が見られるライオンの門、しかし当時はライオンもこのあたりに生息していたという。長い三角形のトンネルを潜った。最初に土を三角に盛り、その上に岩石を積んでから土を除いて造られたのである。地表の雪を踏み分け、トンネルの反対側にある斜面に沿った劇

図（9-18）アタチュルク廟—アンカラ

場跡を見た。約四〇段の石段を登り、入り口に戻る。ヒッタイトの全盛期は、古代エジプトでもファラオ中のファラオと呼ばれた一九王朝のラムセス二世時代と重なっている。ラムセスは、ヒッタイト遠征を試みたが、これを制圧できず、現在のシリアあたりを境界として和睦した。三年前に訪ねたエジプトのラムセス王の碑文には、ヒッタイトと戦い大勝利した、と書かれていた。戦争の自国向けの発表は、古今東西いつもこんなものである。

昼食休憩後一三時に出発した。「二〇〇一」というシガレット一箱、一四五万リラ。酒とタバコは政府専売である。黒褐色の平地、小丘、遠景に雪山を見る。

一六時アンカラ市内に入った。ケマル・アタチュルクの廟は、残念ながら外から見るだけである。どこに行ってもケマル・アタチュルクの像が立っているように、トルコの現代史はアタチュルクなしでは、有り得なかった。一国の存立に占める比重の点では、中国の毛沢東やインドのネルーも及ばないだろう。彼は、英仏連合軍相手に卓越した軍事的才能を示した。しかし彼の偉大さは、的確な先見性にあった。イスラム教の最高位カリフを廃し、政教分離の方針を明確にした。イスラム裁判所の廃止、イスラム歴から太陽暦への切り替え、女性のベールと男性のトルコ帽の禁止、宗教と分離した義務教育制度の導入、と矢継ぎ早の改革が進む。中近東の殆どの国が、いまだに政教が分離できず、近代化や民主制化が遅れていることを見ても、ケマルが類稀なリーダーであったことが判る。しかも彼は、私欲のない清廉な人柄だつた。だから現在でも国父と慕われている。この時首都もイスタンブールから、小アジア半島のほぼ中央部にあるアンカラに遷都された。遅れた東部の開発が、念頭にあったのであろう。しかし五七才の若さでの急逝によりケマルの夢は、実現できなかった。東南部のグルドや東部のアルメニア問題は、今日も未解決なのである。イチカレ・ホテルにチェック・インした（372頁　図9—19参照）。

夕食前妻とホテル近くの繁華街クズライを散歩した。夜BBCテレビで英国の妥協案により、イラク査察期限が一七日まで延長されたことを知る。

三月八日（土）、晴れ。チェック・アウト後アンカラ市内の中心部を少し遊覧してから、アナトリア文明博物館を訪ねた。ケマルの指令により、この博物館には主にヒッタイト文明の遺物が展示されている。動物と人間を組み合わせた図柄が多い。古いものほど動物の方が相対的に大きく描かれている。それだけ生活に占める動物の比重が高かったのであろう。鹿が多く、ついで羊、牛の図柄がある。昨日ハッドウシャーの遺跡で見たレリーフのうちでここに保管されている現物や、この文明の象徴である太陽のマークなどを見る。またヒッタイトではないが、この地方にかつて栄えたフィリギアの、有名なミトラダス王の頭蓋もあった。

有名な人物の遺体は、保存のため慎重に埋葬される。そのため逆に後世人目に晒されることにもなる。前記したエジプトのラムセス二世やその美人といわれた愛妃ネフェルタリも、永遠の眠りについたはずの墳墓から発掘され、いまではエジプトの考古学博物館の特別展示室で、ガラス・ケースに収められている。

約三時間かけて、北のサフランボルに移動する。途中車窓からトルコ最大のカデブキュウ製鉄所を見た。一四時セルヴィリ・キオスク・ホテルにチェック・イン、すぐ向かいにあるレストランで遅いランチをすませた。一五時、この町の中央にあるブドウルルックの丘に上がり、世界文化遺産であるサフランボルの市街地を展望する。二階から三階建ての寄せ棟が多い。壁はくすんだ白、褐色系の瓦屋根で統一されている。一つの壁面に縦長の窓が、三つほどあく。丘の麓に町の中心であるチャルシュ広場があり、その周辺にモスク、丸い二つ屋根のハマム、キャラバン・サライなどが並ぶ。ちょうどモスクから祈りの声が聞こえてきた。この旧市街は、断層の谷間にある。丘に近い向かい側の断層の上は人家のない草地で、一本だけ気になる樹が立っていた。また左方遠景の崖上には人家が密集する。上の町に通じる坂道が、一筋左から右手に上っていて、その登りきったあたりに宮殿が見えた。つまりこの方向は、一〇〇メートルほどの断層の上下に二つの町並みが分かれている（372頁　図9—20参照）。

町並みの文化遺産として思い出すのは、岐阜県の白川村である。ひとつひとつの建築を見れば、白川の合掌造りのほうが立派で、歴史もある。しかしサフランボルは、町の家並みが立体的で広く、色調が統一されて美しいのが特徴といえる。

チャルシー広場近くの小さなバザールを三〇分ほど冷やかして、歩いて五分ほどのホテルに戻った。このホテルは木造で、歩くときしむ。田舎町で観光地にもかかわらず、たいしたホテルもないらしい。再び向かいのレストランで、夕食をとる。華岡夫妻、黒田夫妻と同じテーブルを囲んだ。

七、イスタンブールの町歩き

三月九日（日）、曇。六時三〇分起床、八時出発。昨日来た道を途中まで戻り、西に向かう。ところがエンジンが故障し、バスが動けなくなった。ちょうど休憩所の前である。同じ観光会社の代わりの車が来るまで、一時間ほど待った。トルコでは、バスの管理は運転手の責任で、修理費の大部分も運転手が負担するという。エンジンの修理費は、何箇月分の給料に相当するだろう。当分運転もできない。ハンサムで恰幅がいい運転手アリさんは、女性のあいだで人気があった。一〇日ほど付き合ってくれた気の毒なアリさんを残して、一行はイスタンブールに向かう。

一三時イスタンブール着、ランチ休憩。旧市街のブルー・モスク前の古代競馬場跡で、エジプトから送られたオベリスクを見た。ルクソールのカルナック神殿にあった二本のうちの一つである。もう一本の方も妻と二人で、数年前見ている。

ブルー・モスクの内部は、直径四、五メートルの巨大な柱が中央のドームを支えている（372頁　図9—21参照）。その名のとおり、ステンド・グラスのブルーが美しい。シナン氏に祈りの仕方を習った。まず正座して親指を広げて耳にあて、次に腹（女性は胸）に両手を重ねる。さらになぜか意味は判らぬが右に、次に左に流し目をし、前かがみして手と額を床につける。この基本操作を三度繰り返す。隅で一人練習していると、参拝に来ていた男性が指導してくれた。

古代競馬場を間に反対側に、アヤ・ソフィア寺院がある。光線の関係からこの寺院を背景に、記念写真を撮った。

すぐ近くの地下宮殿は、六世紀のユスチニアヌス皇帝時代の貯水池である。その後土に埋まり、人家が建ち、忘れられていた。人家の床にしいた絨毯の湿気がひどいことから、地下に通じる小孔が見つかり、地下宮殿が発見されたという。貯水池の柱は、各地のギリシア遺跡からの出土品が利用された。そのため柱の紋様は、様々である。メデューサのレリーフが逆さになった柱もあった。ハイアット・リージェンシー・ホテルに入る。

図（9-22）ボスボラス海峡

図（9-23）トプカプ宮殿の正門

夜はガラタ橋近くで、ディナー・ショウを見る。民族ダンス、ベリー・ダンス、コサック風ダンスなど、ヴァライエティがあり面白かった。二三時三〇ホテルに戻る。

三月一〇日（月）、晴れ。八時から華岡夫妻の提案で宮本夫妻、黒田夫人等と、ホテルの坂を下ったボスボラス海峡の岸にある、ドルマヴァチェ宮殿まで散歩する。ケマルは、ここで終生執務し、執務中に心臓麻痺で亡くなった。入り口が判らず、手間取る。時計搭の針は、ケマルの亡くなった九時六分で停止したままである。

一旦ホテルに戻り、七千円を八五〇〇万リラに換える。換算率は、あまりよくない。一〇時ガラタ橋の旧市街側から、専用ボートに乗り込み、ボスボラス海峡のクルージングを楽しむ。ボスボラス大橋の下を通り、左手オスマン・トルコ時代の要塞ルメリ・ヒサールを見て、やがて石川島播磨が建設したメフェット大橋が近づいてくる。北の黒海方向に向けて航行している。ボスボラス海峡は、南のダーダネルス海峡に比べ短く、幅も狭い。幅は狭いところでは、八〇〇メートルほどである。両岸には、立派な建造物、個人の別荘などが並んでいる。黒海の一部が見えるザイエルで上陸し、昼食をとった。一四時ホテルに戻る。この後は、夕食までフリー・タイムである。

妻は、宮本夫人と共に華岡夫妻について、タクシーで旧市街に行くという。そこで一人で散歩することにした。近くのタクシン広場から、ガラタ橋の南岸エミノーニュまでバスに乗る。七五万リラ。三〇分ほどエジプト・バザールなど雑踏する小道を抜けて、トプカプ宮殿を訪ねた。福山さん、岩佐君に出会う。宮殿内庭から、ボスボラス海峡や旧市街との間にある金角湾が見える。アジア側のウシュクダラとヨーロッパを一望できる雄大な景色である。内庭には、図書館や、プリンス・プロセッション・ルーム（王子誕生を祝う儀式の間）、ハーレムの一部がある。

外庭に戻ると、宝物館から出てきた妻達に出会った。その薦めで宝物館に入る。八三カラットの大理石、エメラルドやルビーをちりばめた玉座、宝剣、「トプカピ」（映画か？）で一般に有名になったというダッガーズ・エメラルドなどが展示されていた。スルタンが権勢に任せて集めた、宝物である。

宮殿を出てアヤ・ソフィアの前を通り、グランド・バザールに行く。今行ってきたという高村姉妹に出会い、道を教えてもらう。グランド・バザールでは、土産ものを物色中の妻に再び出会った。

ガラタ橋畔に戻る。このあたりは屋台で賑わっている。橋は二階建で、上段の歩道から、釣り糸を垂れている人が多い。下段には、簡易レストランが並んでいる。近くのモスクのシルエットが、夕日に浮かびあがっていた。

今夜でトルコ旅行は、終わる。明朝イスタンブールを立ち、パリ経由で一路日本に飛ぶだけである。夕食は、華岡夫妻と同席。これまでと変わらないように見えたが後で聞くと、昼間グランド・バザールでの買い物で粘っている妻や宮本夫人に、華岡氏が苛立ったらしい。彼は元会社役員らしい、と妻がいう。確かに、リーダーシップをとるのが好きな人のようだ。

たとえ二週間でも朝昼晩と食事を共にしながら旅していると、ツアー仲間の小社会が生まれ、人の関係ができる。装っていてもそのうち本音が出るし、気の合う人同士の小サークルが自然と形成される。「写真できたら、送りますから」とか、「またどこかのツアーで、お会いするかもしれないわね」といいながら何組かが、住所を交換し合っていた。旅先での出来事も、ガイドのシナン氏の話も、旅仲間の個性も、今は記憶に鮮やかである。しかし次第に霞みの中の景色のように、旅の印象もおぼろになるかもしれない。親しく会話を交わした人々の表情も所作も、やがて想起できなくなる。彼等も私達も、所詮はつかの間に行き交った過客である。ただ、ある時ある場所を色々な人々と共に巡ったという旅の持つ懐かしい感覚だけは、低いトレモロのように後々まで残るだろう。

計画時からトルコを周わっている間も、今度の旅にはイラク戦争の影が付きまとった。同じ旅行会社が組んだこれより前のツアーは、キャンセルが多くて、いずれも成立しなかったらしい。ガイドのシナン氏も、当分予定が入っていないという。偶々その合間をぬって、なんとか予定どおり一五日の旅を終えた。帰国後一〇日も経たない内に、イラク戦争が始った。

ガイドのシナン氏による控えめの説明を通して、トルコの立場が多少理解できた気がする。覇権を握った米国の経済力と軍事力に抗弁するのは、中進国トルコはもちろん、大国のロシア、中国、フランスやドイツでも難しいのである。古代トロイ戦争のきっかけは、スパルタ王メネラオスの王妃ヘレネをトロイの王子パリスが誘拐したためとされる。おそらくメネラオスの叔父である時の権力者ミケーネ王アガメムノンは、これを奇貨としてギリシャ各地の諸侯をトロイ制圧に糾合したのである。現代の戦争でも隠された真の原因は、おおかた経済的権益と指導者層の権勢の確保にある。名もない庶民が戦の犠牲になるのも、古今東西変わらない。

よく言われるようにトルコは、東西文明の十字路にある。これほど人種的にも文化的にも多様で、複雑な過去を持った国は珍しい。トルコ人の骨格や容貌に、それが反映されている。ブロンドも黒髪も、黒目も青目も、褐色や白い皮膚も、みな揃っている。日本人に比べ、体格は平均的に一回り大きい。英国の大学にいた頃、世界各国からの留学生に出会ったが、最も国籍が見分け難いのはトルコの学生だった。

今度のツアーで移動したのは、国土の西半分、ポピュラーな観光コースに過ぎない。経済的には後進地帯の黒海沿岸や、グルジア、アルメニア、イラン等と国境を接する東トルコは、西半分とは異質のトルコが見られるのかもしれない。機会があれば、足を伸ばしたい。

冷戦時代トルコは、NATO軍の中核として共産圏に対する西側防衛の最前線であった。ドイツには、トルコ系の二世が多く住んでいる。アタチュルクの改革以来トルコは、欧米列強に顔を向けてきた。しかしヨーロッパ人のトルコに対する対応は、積極的とはいえない。ときおり極右の政治家が、トルコ人排斥を口にする。なによりもトルコのEU加盟が進展しない。かつて敵対していたポーランドやハンガリー等東欧諸国の加盟の方が、先行しそうである。これらの国の経済水準は、トルコと大差ない。シナン氏は、グルドら少数民族に対する抑圧政策などトルコ政府にも責任がある、と釈明していた。これはおそらく本音ではない。キリスト教ヨーロッパのイスラム世界に対する抜き難い猜疑心が、トルコの加盟遅延の根底にあるのではないか。

一九二〇年代のトルコ改革にあたりアタチュルクの手本になったのは、半世紀前に維新の近代化をなし遂げていた日本であったといわれる。彼は、机上に明治天皇の写真を飾っていた。オスマン帝国時代からの宿敵ロシアを日露戦争で日本が破ったことも、英仏相手に独立戦争を戦うケマルを力づけたかもしれない。このような背景もあって一般的にトルコ人は、日本に友好的感情を懐いている人が多いといわれる。事実かどうかわからない。両国は、遠く離れて接触も少なく、情報も偏っているからである。これまでトルコについての一般書をあれこれ読んでいたが、やはり短期間でも現地で見聞きするにしくはない。むしろ予備知識など、なくてもよい。「なんにも知らないで来たけど、面白い国だったわ」と黒田夫人が言っていたのを思い出す。そう、トルコはとても興味ある、魅力に溢れた国である。

（二〇〇三年五月一〇日　記）

第十章　東トルコの旅

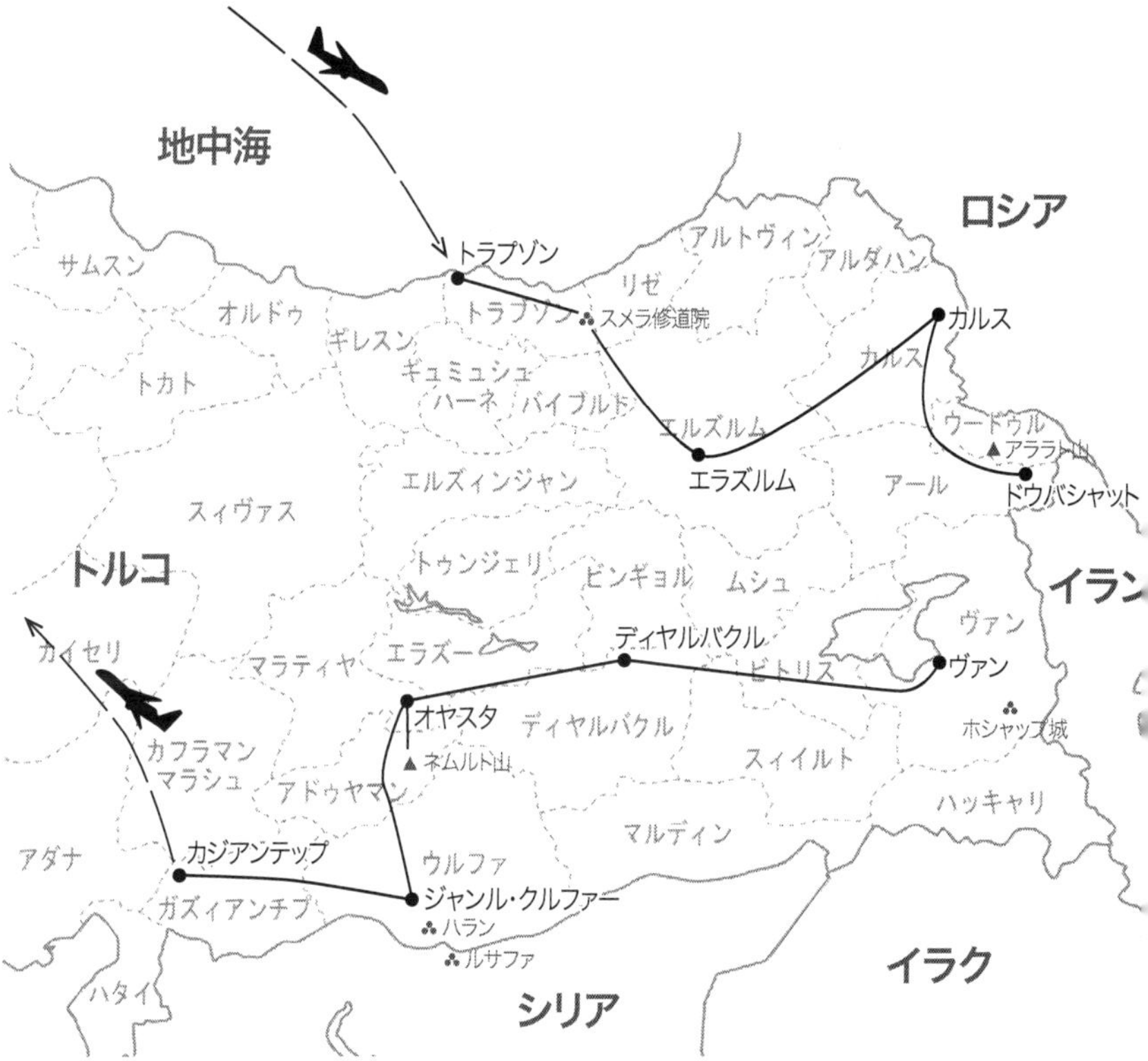
地中海
ロシア
トラブゾン
アルトヴィン
アルダハン
サムスン
リゼ
オルドゥ
トラブゾン
スメラ修道院
カルス
ギレスン
ギュミュシュハーネ
バイブルト
トカト
カルス
ウードゥル
エルズルム
アララト山
エラズルム
アール
ドウバシャット
エルズィンジャン
スィヴァス
トルコ
トゥンジェリ
ビンギョル
ムシュ
イラン
ヴァン
ディヤルバクル
カイセリ
マラティヤ
エラズー
ビトリス
ヴァン
オヤスタ
ディヤルバクル
ホシャップ城
カフラマンマラシュ
ネムルト山
アドゥヤマン
スィイルト
ハッキャリ
マルディン
アダナ
カジアンテップ
ウルファ
ジャンル・クルファー
ガズィアンチプ
ハラン
ルサファ
イラク
ハタイ
シリア

一．トラブゾンとスメラ修道院

旅の直前、首都イスタンブールのタクシン広場で大掛かりな抗議でもがあり、日本でも大々的に報道された。イスラム的政策を進めるエルドアン政権に対する反発が表面化したのである。妻は少し心配していたが、「革命ではないのだから、問題ない」と予定通り日本を発ったのだった。

昨夕一九時、イスタンブールのアタチュルク国際空港近くのエアポート・ホテルにチェック・インし、二一時就寝。したと思ったら、今朝二〇一三年六月二五日（火）午前三時、モーニング・コールで起こされる。四時半荷物だし、フロントで各自食べ物が入った袋を渡された。早立ちのためホテルのレストランでの朝食を摂ることができないのだ。手荷物にするのが面倒なので、皆ロビー横のテーブルで早速袋を開き、大型サンド、菓子パン二つ、ジュースを平らげた。五時ホテルを出発、五分ほどバスに乗って空港に着いた。

今回は妻同伴の旅、一〇年前初めてトルコを訪ねた時も一緒だった。その時は、トルコの西半分の人気スポット、世界遺産などを訪ねた。今回の旅は、一般的にはあまり知られていない東アナトリア地方を周遊する予定である。私の「東西回廊の旅」のうちシルクロードの西端を見たかったのである。

イスタンブールの東九三〇キロにあるトラブゾン行きのトルコ航空は、七時ちょうどに離陸した。八時に軽い機内食が出た。八時半、幾重にも連なる丘陵の谷間に人家が見える。やがて海岸沿いにビルが立て込んできた。黒海南岸にあるトラブゾンに着いたのである。空港の建物を出たところで、現地総ガイドのエムラ氏と今回のツアーを通して一人でバスを運転するドルスン氏の出迎えを受けた。エムラ氏は、日本でも数年仕事の経験があり、正確な日本語を話す。名前も日本的で覚えやすい。訪問各地の現地ガイドはさておき、このたびのツアーを通して、この二人と成田から同行のN社添乗員の池野氏のお世話になる。

トラブゾンは、モンゴルの襲撃を免れたために、ビザンティン美術が残っている数少ないトルコ東部の町である。私達は、まず市街地の西三キロにあるアヤ・ソフィア寺院を訪ねた。途中市内の高台で下車し、ビザンティン時代の古い城壁オルタヒサールや市街地の写真を撮った。城門の上に赤いトルコ国旗が靡いている。坂や崖など高低差の多い街並みである。

図（10-1）オルタヒサール

アヤ・ソフィアは、一三世紀に建てられた後期ビザンティン時代の建物、赤い屋根とベージュの煉瓦壁からなり中央にドームを配した瀟洒な建物で、イスタンブールのアヤ・ソフィアに対して、小アヤ・ソフィアと呼ばれる。一五世紀にオスマン・トルコのモスクに改修された。内部には、聖書にまつわる「最後の審判」や「カナの婚礼」のモザイクがある。一部は破損していたが、この僻地にビザンティンの絵画が残されたことが重要である。

一一時から一時間、レストラン「マチュカ」の二階のベランダで広い中庭を見下ろしながらのランチ・タイム、サラダ、コーン・スープ、マス料理、ライス・プディングが出た。飲み物は各自の支払い、チャイ（トルコ茶）一リラ、ヨーグルトは二リラである。成田空港で両替したときは一リラ／六八円の換算率だったが、当地では一リラが約四〇円相当のようだ。少し損した気がする。同じテーブルには、静岡県磐田市の高橋さんが座った。ご主人を一〇年前になくした高橋さんは、夫と起こした企業を息子さんに任せている。名刺の肩書は会長になっているが、孫四人に恵まれ自適の生活をされているようだ。

午後、五〇キロほど南にあるスメラ修道院に向った。スメラ修道院は、トラブゾンの観光地とものの本に書いてあるが、実際は僻地の山中に孤立した僧院なのである。バスで麓まで行き、あとはマイクロバス二台に分乗し、険しい山道を分け入った。途中谷合の開けたところで、写真撮りのためバスが停まった。下の谷川から三〇〇メートルも岩壁が競り上がっている。ガラータ山の崖にへばりつく様に建つ修道院の外貌が見られるのは、この場所だけらしい（405頁　図10—2参照）。さらに登った終点の駐車場付近は、乗り合いタクシーなどで混んでいた。

崖の中腹に続く木の根や石の山道をさらに一五分ほど歩くと、ようやく僧院の入り口が見えた。さらに狭い急な石段を十数段登った所に、テラスと守衛室の様な小室があった。ここで初めて訪問者は、洞窟チャペルの外壁の大小の窓やフレスコ画を目にするのである。石段を降りて、チャペルやこれに付属して建てられたかまぼこ型の食堂、修道者の居住棟があった。一四世紀に建てられたこの修道院は、オスマン帝国の隠れキリシタンの住まいだったのである。全盛期には、数万人が居住していたというが、現在残っている建造物からは想像できない。おそらく狭い谷の間に、居住区が散在していたのであろう。チャペル前の広場で、トルコ人のグループが一緒に写真に入って欲しいというので、交互に写真を撮りあった（405頁　図10—3参照）。

一四時麓に戻り、今日の宿泊地エルズムに向けて移動を再開した。目的地まで二〇〇キロほどだが、予想以上の山道だった。黒海沿岸から、二千メートルの高所に移るのである。最初の山岳地帯は、瓦礫の様

図（10-2）岩盤に建つ
スメラ修道院

図（10-3）トルコの女性たちとスメラ修道院
前庭で

図（10-6）陥没したシルクロードの橋
（著者自筆）

図（10-8）カルス川の岸辺
（著者自筆）

図（10-10）ノアの方舟跡

図（10-12）夜明けの
アララト山

図（10-14）城跡よりヴァン湖を望む

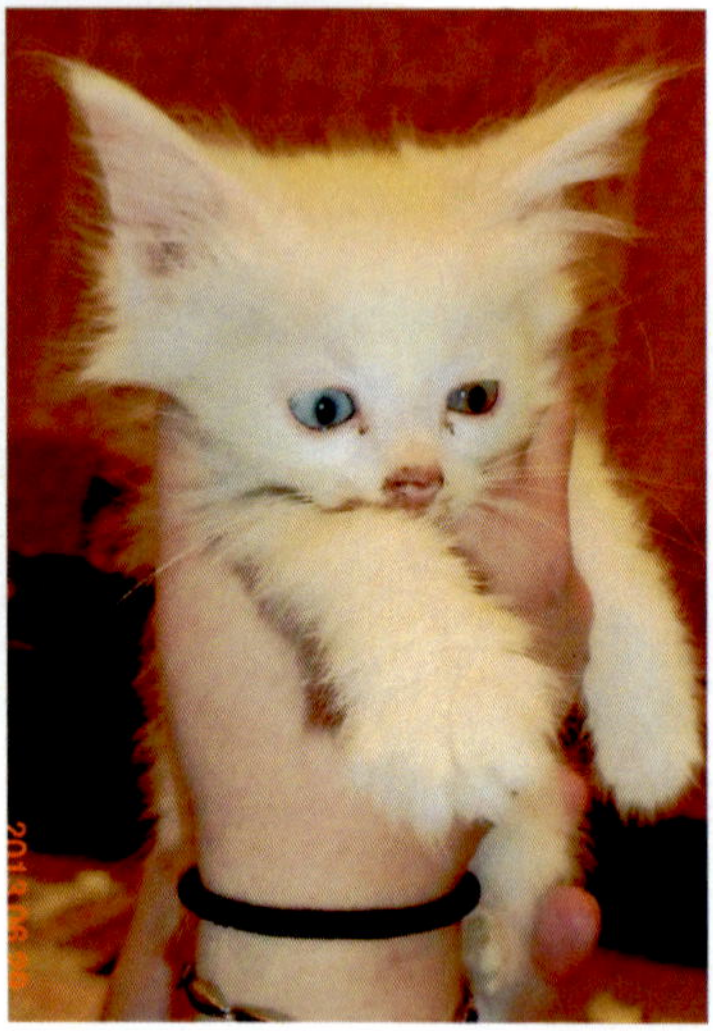

図（10-15）ヴァン猫
（左目金色　右目ブルー）

図（10-23）アブラハム生誕の洞窟

図（10-24）イスタンブールのタキシム広場

な岩山だった。岩肌には短い草が生えていたが、その斜面上に大きな岩石がごろごろ転がっている。あの岩の一つが落ちてきたら一たまりもないだろう。日本アルプスにしばしば行った経験から、まず危険性を予測する癖がついている。昼寝をしている人が多い中で、独りそのような心配をしていた。あとでガイドのエムラ氏に訊いてみたが、このあたりで落石事故は起こっていないという。一旦下りになり、一五時四五分キルショハルネというところでトイレ休憩である。

一行が目を覚ましたところでエムラ氏は、トルコ人の収入の話を始めた。医師で二〇－二五万円、教師一二万円くらいという。次に彼は、イスラム教徒を定義した。①神を敬い、ムハマドを信じる、②一日五回の礼拝をする、③ラマダン（断食節）を守る、④貧者に寄付する、⑤メッカを訪問する、⑥二つの祭りをする、すなわち生贄の祭りとユベシの菓子の祀りを祝う。こちらはあまり聞いたことのない祭事である。ただし、エムラ氏達若い人は、一般にあまり熱心なイスラム教徒でないという。エルドワン首相のイスラム色の強い政策に反対なのだ。先週イスタンブールのタクシン広場での抗議デモに参加したばかりという。

一六時四〇分、依然草地の丘陵を走っている。かなり標高が上ったようだ。一八時過ぎ、とある町のはずれで、トイレ休憩。このあたりは盆地で、人家が散在している。一九時四〇分、大きな市街地に入った。エルズルムである。しかしバスは、街中を通り抜けて山手に向かった。夜、町中を散歩したいので、少し失望した。ポラット・ルネッサンス・ホテルという五つ星のリゾート・ホテルは、町を見下ろす高台にあった。赤い三角屋根の大型ホテルである。スキー客用のリフトが、ゲレンデ上に伸びていた。

二、エルズルム、アニ遺跡からカルスへ

六月二六日（水）、六時半起床、ゲレンデ下の林道を妻と散歩した。エルズルムの市街地が眼下に広がっている。七時に階下の食堂に降りていく。トルコのホテルは、日本同様地上階が一階である。青森市から来た年配の柴田氏と比較的若い大矢氏とご一緒した。この二人は同室を取っているが関係は判らない。大矢氏は、いつもタブレット端末を立ち上げ、現在地の情報を探している。スマート・ホーンなど次々に検索用の新機種が現れるので、なかなか付いていけない。

九時ホテルをチェック・アウトし、市街地に降りて行った。ガイドのエムラ氏は、グナイドン（お早う）、メルハバ（今日は）、サオレ（有難う）のトルコ語を教え、以後の旅行中繰り返した。エルズルムは、アンカラからイランに抜けるアジアハイウエイの途中にある人口一六万の地方都市である。昔のシルクロードはトルコ国内で二手に分かれているが、北のルートが現在のこのハイウエイと重なる。

この地方は、一一世紀にエルサレムを占領したセルジュク・トルコが勢力を張った地域で、この市街にもその遺跡が残っている。この日最初に訪ねたのは、町の中央通りの東端にあるウル・ジャーミー(モスク)、私がこれまで見てきたモスク同様、ミハラブと説教台以外は何もない簡素な内部である。右手奥で子供たちがコーランを勉強していた。隣接するチフテ・ミナール・メドレセ（神学校）は修復中で、全体が遮蔽されていた。その間を通って、ウチ・クンベット（三人の王の墓）に立ち寄った。エムラ氏によれば「ここまで来たら、必見の場所」である。

八角形に煉瓦を積み重ねた壁の上に丸屋根を載せた高さ一〇メートルほどの建造物が、草地小公園に三基立っている。しばらく待っていると係りの人が来て、柵の鍵を開けてくれた。名前のとおりこの地で亡

図（10-4）エルズルムの通り

くなったセルジュク朝の三人の王が、埋葬されているのである。最も大きな墳墓は、マリクサンという有名な王のものという。墳墓の形は、遊牧民のテントを模したものである。セルジュク・トルコもオスマン・トルコも、大唐時代中国北方で栄えた遊牧民族突厥（チュルク）が西進して作った国家といわれる。私達が利用しているバスの両側にはDORAKという文字が書かれているが、チュルクの英語表記らしい。

中央通りを西に二ブロック、ヤクティエ神学校まで一〇分ほど歩いていく。小さな町なので、見所はいずれも至近にある。メドレセは、現在トルコ・イスラム民族誌博物館として公開されている。私は、内部より館外に建つ円筒の美しい紋様に惹かれた。

エルズルム・エブレリという地元の人に人気のレストランで、一一時からランチタイム。民芸品や食器、家具調度などが並べられ、小室に分けられたあいだの曲がりくねった通路を抜けて、ようやく絨毯の敷かれた部屋に辿りついた。徳島から来た大前さん母娘と同じ卓を囲む。大阪弁丸出しの母親は、ガイドの説明にも大きな声で相槌を打ち、何時もなにか駄弁っていたが、話術はなかなかのものだった。「吉本から声が掛りませんでしたか」と誰かが言った。もともとの出身は、大阪のミナミなのである。今回のツアーには、珍しく三組の母娘が参加している。いずれも娘さんの方は独身で、費用はすべて母親持ちだった。

一二時二〇分、午後の移動が始まった。まだ二五〇キロの行程が残っている。山肌に残雪が残る山地が少し遠ざかり、高原状の台地を走った。青と黄色の花の群生。一八世紀に造られた対ロシア要塞ハシンを、左車窓に見る。右には鉄道路線が伸びている。トマトや向日葵の畑、牛の群れ、農夫の姿。一三時四五分、岩石むき出しの丘陵地帯、右手に川が流れる谷合を走った。

一四時過ぎ、短いトイレ休憩があった。動き出したバスの中でエムラ氏が、トルコを含めた小アジアの歴史を簡単に纏めた。

―史上最初にアナトリア高原を支配したのは、ヒッタイト帝国である。カッパドキアの北にあるハトッシャーの集落遺跡（BC六五〇〇）から、ヒッタイト文明の高さが解明された。楔形文字を持ち、世界で初めて鉄器を利用した。

ヒッタイトの没落後西アナトリアには、伝承のミダス王で知られるフィリギア王国、初めて貨幣を鋳造したリディア王国などが興った。これから訪ねるヴァンを首都とするウラルトウ王国も生まれた。やがて、現在のイラン高原から起こったペルシャの勢力下に入り、これを滅ぼしたアレキサンダー大王の出現で小アジア全体もギリシャ文化の影響が強いヘレニズム時代になる。次いでローマ帝国の時代、イスタンブールを首都とする東ローマのビザンティン時代と歴史が変転した。トルコ人がこの地域に進出するのは、既に述べたように一一世紀のセルジュク朝やオスマン朝の時代である。第一次大戦で、ドイツやオーストリアと組んで敗れたオスマン帝国は、戦後のセイブール条約で解体された。以後英仏らの列強に対し独立戦争で勝利したケマル・アタチュルクは、ローザンヌ条約により一九二三年トルコ共和国の独立を勝ち取った。以後が現代トルコの歴史である―

以上は、今日のトルコを理解するうえで最小限の知識であろう。そしてこの国を旅する者にとって、必須の情報といえる。

一六時ちょうど、東のアルメニア国境に近い本日最後の観光地アニ遺跡に着いた。遺跡の入口に立って

図（10-5）アニ遺跡全貌

東方を眺めると、かなり目立つ独立峰がある。遺跡の標高が既に二千メートルであるから、さらに一千メートルの高度に見える山塊は、三千メートル級に違いない。果たしてこの山は、アルメニア領にある三二〇〇メートルのアラフキエバル山と分かった。

さて、アニ遺跡は、八世紀から一二世紀にかけて栄えた古代アルメニア王国の首都の跡である。一二三〇年代の大地震で、一朝にして都市が失われてしまった。今は、広大な草地の其処彼処に、かつての栄耀の痕跡を留めるのみである。私達は、キャラバン・サライ、大聖堂、アルメニア教会などの跡を、足元に気を付けながら歩いた。アルメニア教会の壁にあるキリストの磔刑図やマリア臨終の図のフレスコ画は、判別できる程度に残っている。

遺跡の東は、アラス川が、深い渓谷を穿っている。あまり広い川ではないが、アルメニアとトルコを分かつ国境線になっている。谷間に途中が切れ落ちた橋があった（405頁　図10―6参照）。エムラ氏によれば、トルコ内のかつてのシルクロードの一つは、この橋を経由していたのである。

一〇人ほどの男性集団が遺跡の中を歩き回っている。私達より遅れて入場したが、大聖堂には近道を抜けて先着していた。エムラ氏に訊くと、アゼルバイジャン首相一行が見学しているのだという。そういえば門外のトイレで数人のトルコの兵士と出会った。警護のためだろう。そのうち、背広姿の数人が私達に向かって歩いてきた。真ん中にいる背広姿の恰幅の良い男性が、首相に違いない。私は急いで、シャッターを切った。妻は既に入場門の近くで首相の写真をとっていたらしい。カメラを構えていたら、首相はしばらく立ち止まってくれたという。サービス精神のある人かもしれない。間に国交のないキリスト教のアルメニア共和国を挟んで、イスラム教国であるトルコとアゼルバイジャンは友好国なのである。はからずもアニ遺跡で、両国の関係を目撃したのだった。

一八時二〇分、カルスの今宵の宿、シメール・ホテルにチェック・インした。二〇時半の夕食まで、時間がある。「まだ明るいので夕食前に、カルス城まで散歩することができますよ。徒歩二〇分ほどです」と添乗員の池野氏が薦めてくれた。

図（10-7）アゼルバイジャン首相一行

ホテルを出て右手を見ると、丘上に角ばった建造物がありトルコ国旗が翻っている。道行く人に確認すると「城まで距離があるから、タクシーを拾ったほうが良い」と忠告されたが、妻と相談して歩くことにした。バス移動の旅では運動不足気味である。「ご一緒してよろしいですか」と島根県益田市から来た和崎さんも加わった。カルス城に連なる丘の麓の田舎道を三〇分ほど歩いて、城の下に出た。ここからは城に登る石畳の坂道である。長野からの宮下さんや三人組みの同行の女性も先に来ていた。皆軽快な足取りである。石畳の坂を数度折り返して、市街地を見晴らせる空き地に出た。さらに三〇メートルほど狭い石段を上ると城門があった。ただ施錠されているため、国旗が建っている城の最高所に立つことはできなかった。往復一時間かかった。

三．アララト山、イサク・パシャ宮殿、ノアの方舟

九月二七日（木）、五時三〇分起床し、六時半地階のレストランに降りて行く。朝

食を早めに切り上げ、散歩に出た。ホテル裏手の橋を渡ると入口にコリント式列柱が並ぶ公園の前に来た。カルス川の岸辺に色とりどりの草花が咲いている（405頁　図10—8参照）。振り返ると、黄壁のシメール・ホテルの背後に丘が連なり、その右手奥に昨夕訪ねたカルス城が見えた。さらに道沿いに先に進むと郵便局や商店、銀行などのビルが連なる区域に出た。おそらくカルスの中心で、今歩いてきたのが町のメインストリートのようだ。昨夕と今朝の短い散歩に過ぎなかったが、旅の途中でたまたま一泊したカルスという小さな都会を後日思い出すよすがになるかもしれない。

八時半ホテルをチェック・アウト。アララト山の麓のドウバシャットに向けて出発する。窓外の牧場には、珍しく馬が群れていた。突然バスが停まった。見ると道路の真ん中に巨大な牛が立ち尽くしている。「自分を自動車と勘違いしているのです」とエムラ氏が笑った。右手遠方に奇怪な岩山が見える。左手の川岸は緑地帯で人家が点在する。対岸は絶壁になっていた。バスは、川岸近くまで下って行った。一〇時半、サービス・ステーションで、トイレ休憩のため停まった。隣接して樹木に囲まれた大きな民家があった。リンゴの実が下がり、夾竹桃の花が盛りである。

動き出したバスのビデオで、明治初期日本を訪問した使節団が帰途紀伊半島南端の樫の岬で難破した悲劇を見た。この時の地元の人たちの献身的な救助活動が、その後の日本・トルコの友好関係の基礎となっているといわれる。イラク戦争の初期、現地に取り残された日本人の救済にトルコ政府だけが危険を冒して輸送機を派遣してくれたのである。しかし日本人がどれだけトルコの歴史や文化を理解しているかは疑問である。

一一時一五分、ドウバシャットに近づいた。左手にアララト山（五一六三m）が広大な裾野を広げてい

図（10-9）イサク・パシャ宮殿

るが、中腹以上は雲が垂れ込めていて見えない。今回の旅で妻に最も見せたかったもののの一つがこの山である。数年前私自身は、反対のアルメニア側から山頂を展望している。明日、快晴のもとアララト山の英姿を仰ぐことができるだろうか。

ドウバシャットの街中で昼食を済ませてから、私たちのバスは、町の東側連山の山腹を巻きながら、高所に聳えるイサク・パシャ宮殿まで登っていった。一七世紀この地域を支配していたグルドの族長イサクにより着工されたイスラム様式の堂々たる石造りの建造物である。「なんで、わざわざこんな不便な場所に宮殿を建てたの」と誰かが言ったので、笑い声がおきた。城壁に囲まれた宮殿のアーチ状の頑強な正門を潜ったところが、第一コートと呼ばれる広場である。殆ど草木が育たない岩山の中にありながら、入口のすぐ右手に泉が湧いていた。次の門を入った所は、第二コートという。ここには兵舎があった。また最奥の絶壁近くは個室が連なるハーレムである。格子を嵌めた窓から麓の町が望めた。しかしアララト山は、宮殿を取り囲む岩山に遮られて見ることが出来ない。孤立した別世界を演出するために意図的にこの地形が利用されたのかもしれない。その岩山だが、これが奇怪な形の山巓を連ね人目を引いた。

麓に戻った私たちは、一四時に今宵の宿シメール・ドウバシャットに、一旦チェック・インした。この後、今度はミニバスに分乗して左にアララト山、右に奇怪な山並みを見ながら東のイラン国境方面に向かった。アララト山は依然雲に隠れていたがこれに続く小アララト山（三八〇〇m）の方は、アスピーテ状のきれいな山容を中天にくっきり浮かび上がらせていた。アララト山と小アララトの関係は、富士山とその肩にある宝永山に比較できるだろう。

図（10-11）隕石穴

約三〇キロ先のイランとの国境付近でバスは、本道を離れて右手ジュディ山に通じる山道を登り始めた。九十九折れの急坂を一〇分ほど進んだところにある小さな建物の前で、ミニバスは停まった。「ノアの方舟」発見地のミニ博物館である。その前の木立ちの間から谷間を覗くと、緩やかな草地の斜面の上に舟形状に土が少し盛り上がっている。ゲミと呼ばれているこの場所こそ、一九八五年に「発見」された「ノアの方舟」の遺構と言われるものである（405頁　図10―10参照）。地元のガイドは、この場所からノアの方舟が出発したと説明したが、それなら遺構がなぜこの地に残っているのか。また、アララト山頂でノアの方舟が座礁したという聖書の記述とこの地の遺構をどのように整合させているのか。誰でも思いつく矛盾だが、そんなことを詮索するより、来訪者はここの地形を眺めて楽しめばよいのかもしれない。来訪者は喜んで見物に来ているのだし、地元の業者にもお金が落ちるから、損するものはいない。傍らの大前さんが大きな声で、「信ずる者は、救われる」というとおりだ。結局、遺構は見つかっていない。「アルメニアのゲガルド修道院で、磔刑にあったキリストの脇腹を刺したという槍の現物を見ましたよ」と言ったら、今度はエムラ氏が呆れた顔をした。

本道に戻ったミニバスはさらにイラン国境に近づき、今度は左手の畑作地の中の小道に逸れる。途中で検問のトルコ兵が運転手の免許証と身分証を預かってから、一行は直径三五メートル、深さ六〇メートルという巨大な穴の周りに立った。一九二〇年に落下した最大級の隕石により掘られたものという。削り取られた穴上部の岩石の壁を見たが、近づいて底を覗く気にはなれない。イラン側の集落が、すぐ近くに見えていた。一六時半、旅行中最も早く、ホテルの部屋に入る。敷地内にある別棟のレストランで、夕食を摂った。

四 ヴァン湖、ウラルトウ王国

六月二八日（金）五時起床、急いでカーテンを開き窓外を見る。

「やった、アララト山のシルエットが見える！」

急いで妻を起こし、五分ほど歩いて国道に出た。ここなら、前面の木立ちに遮られることもなく、アララト山の全容を捉えることが出来る。今日は逆に、小アララト山が雲に隠れている。その背後の東の地平が赤味を帯びている。まさに朝日が顔を出すところだった。やがてアララト山頂の東壁に赤味が射した（406頁 図10―12参照）。その紅色が全面に拡がっていく。そして頂付近に残る雪が複雑な模様を見せ始めた。山頂付近は幾筋もの稜線や凹凸があり単純な山相ではないのだ。雪渓を反射する日の光がまぶしい。

山を背景に妻がポーズをとっていたら、顔面だけ黒く全身が薄い茶色の犬が彼女に近づいてきた。「尾を振っているから心配しなくていい」と声を掛けても、これまで見たこともない巨大な犬の出現に怖気づいてポーズをとるどころではなく、しばらくシャッターが切れなかった。おそらくこの犬はホテルで飼われ、夜は自由行動をしているらしい。このような中断があったものの、妻がアララト山を眺めることができ記念写真もとれて、爽やかな朝の気分になった。

六時四五分、今朝は寝室と同じ二階の食堂で朝食を摂る。ＪＴＢのツアー・グループと一緒になった。出発直前に起こったタクシン広場でのデモを案じて五人の人が参加をとりさげたため、総勢一五人に減ったという。私どものグループの方は一九人、辞退者がなかった。

九時半、東アナトリアの草におおわれた丘陵地帯を南下している。ところどころに岩石が小山のように堆積していた。ポピーで赤に染まった畑地を過ぎる。トタン屋根のついたグルド人の貧しい家屋、石灰の採掘場。九時四五分、トルパという小さな町中を通り抜けた。小さな商店街、スイカを売る屋台、バス停。トルコ国内にある無数の小邑を連絡する公共の移動手段は、ミニバス網である。

一〇時一〇分、ムラディの滝見物のため停車した。三〇メートルほどの吊り橋を渡った対岸に茶店やトイレがあり、ここから滝がよく見える。一〇メートルほどの段差ができた川筋を流れ落ちる滝なのである。私には格別の滝と思えないが、トルコでは滝が珍しいのか。

一一時、ヴァン湖の北岸に近づいた。このあたりは湖の幅が狭まっているが、全体としては琵琶湖の六倍もあるトルコ一の大湖なのである。滋賀県とほぼ同じ面積がある。湖の東岸沿いに南下し、一一時二五分人口三五万のヴァン市に着いた。この町は、紀元前一三世紀にトシヴァと呼ばれウラルトウ王国の首都だったという。古くからこの地方の中心都市であった。ウラルトウ王国の住民は、旧約聖書ではアララット人と記述されているという。ヒッタイト帝国から鉄器の技術を学び、アッシリア帝国とも争った。現在のヴァン市は、二年前の大地震で一万人の死者を出し、その傷跡はまだ完全には癒えていない。夕方、町を散歩したとき、骨格だけ残して放置されている都心の体育館を見た。

一一時半から、地元の人気レストランCamlikで、スープ、サラダ、ナン、チッキン、デザートからなるランチを摂った。人気の理由は、広いガーデンのなかのオープンスペースの中にテーブルがセットされていることであろう。花で縁取られた芝生の間の小道、赤い橋が架かる中央の池。池の水面には、アヒルや鯉が泳いでいた。噴水が飛散する。庭の端に、人工の滝まで落ちていた。私達のテーブルにアヒルの

図（10-13）ホシャップ城

親子が、残飯を求めてやってきた。彼等は雑食性で、残り物をなんでも飲み込む。そのうち猫も現れた。このレストランに住みつく限り、彼らに食物の苦労はまったくない。

午後、二つの遺跡を見物する。まず訪ねたのはヴァンの東二〇キロにある一九七一年に発見された古代ウラルトウ王国のチュウシュテバ遺跡である。右手の丘にトルコ国旗が翻っている。バスは国道を離れて、丘に通じる小道を登った。バスを降りて、さらに山道を歩く。遺跡で土産物を売っている髭をのばした老人が遺跡の案内人だった。ウラルトウ語を解読できる数少ない人という。旗が立っている遺跡の最高所には、生贄の血を受ける穴や神殿跡があり、竈や壺のかけらが残る。老人は、瓶から小麦の化石を取り出した。それから、地上に楔形文字で碑文の一節を描いて見せた。

国道に戻って、さらに次の目的地ホシャップ城に向かう。やがて国道は、ホシャップ川を堰き止めたダム湖に沿って山道を上がっていった。小一時間で、ヴァンから六〇キロも離れたホシャップ城があるギュゼルスウ村に着いた。村の中の目立つ岩山を利用した頑強な山城である。一六四九年グルド人の領主が、古代遺跡に城郭を築いたという。地形を利用した複数の櫓の中に、城門、本殿、ハレム、ハマムなどが分散していた。一行は城内の狭い斜面を上下しながら、それらの遺構を見て回る。

一七時、五つ星のエリート・ワールド・ホテルにチェック・インした。このホテルで二連泊する。市街の中心部にあるから、買い物に便利だ。早速、夕食までの時間を利用して、それぞれ勝手に近くのスーパーに出かけた。

一九時からホテルのレストランで夕食、盛岡市から来た吉田さん、東京都町田市の田中さん、横浜市の石原さんの三人組と初めて会話した。

「一〇年以上前、八幡平を下って盛岡に着いたところ、偶々「さんさ祭り」の初日に当たって宿を探すのに苦労しました。結局、宿泊紹介所で教えてもらい、バスで三〇分ほど北にある昼夜営業の大型サウナで一夜を過ごすことになりましたが」と吉田さんに話す。「あ、そのサウナなら知っています」と吉田さん。

「今でもやってますよ」

「腰に付けた太鼓をバチで打ち鳴らす人々の列が延々と続く、勇壮で楽しい祭りでした。東北地方の夏祭りは、青森のねぶたにせよ、秋田の竿燈にせよ、山形の花笠踊りにせよ、活発な動きがありテーマが明快で様式が統一されています。ただ、商店街の宣伝の様な動きのない仙台の七夕を四大祭りに入れながら、さんさ祭りが外されているのがわからない」と盛岡の祭りに肩入れする。

「最近は東北六県合同で、六魂祭を開催するようになりました。そのときには仙台市は、（雀踊り）をやります」

道に迷った佐分利母娘が、二〇分遅れて帰ってきた。旅に出て五日目、少しずつ顔と名前が一致するようになった。

夜、地階のサウナから妻が、上気した顔で戻ってきた。横浜から来た諏訪さん母娘と一緒だったという。比較的無口な母娘だった。裸の付き合いの故か妻は、以後の旅行中この二人と話したり写真を撮りあうようになった。

五．トルコ絨毯の店、アクダマル島

六月二九日（土）六時半起床し、七時に朝食。連泊で荷物出しがないから、気分にゆとりがある。小一時間散歩し、ヴァン市街地の雰囲気を掴んだ。治安が良い活気ある町という感じだ。ホテルは、カズムカラベキル東西通りと南北に走るジュムホリエット通りという二つのメイン・ストリートが交差するところにある。東に行けばヴァン城、西に進めば湖岸にでる。今日一日は、ヴァン湖周辺を観光することになっている。

九時にホテルを出て、早速ヴァン城に向かう。一〇世紀にウラルトウの王が建造したかなり大きな城である。麓でバスをおりて、長い石畳の道を登った。途中で一度下界を展望し、再び最上部まで歩いた。そこはかなり広い平坦なスペースになっていて、先端に円錐形の屋根を付けた円塔が立っているだけだ。市街地、ヴァン湖、対岸にかすむ山が一望のもとにある（406頁　図10—14参照）。城下の南数キロほどのところに飛行場が見えた。ちょうど一機が、ヴァン湖方向に向けて飛び立ったので皆が気付いたのである。次の機も既に滑走路に待機していた。今滑走路に入ろうとしているものもある。エムラ氏によれば、このあたりにヴァン湖の南を抜けるトルコ国内二つ目のシルクロードが通じていた。

麓の城入口に並んでいる店のひとつで、ヴァン猫の磁気や、午後訪ねることになっているアルメニア教会が彫られている石の置物を買った。ヴァン猫は、左眼が金、右目が青色の白毛の当地の特産種である（406頁　図10—15参照）。

この後の一一時、南郊外の国道沿いにあるウラルトウーCarpets & Kilmという工場兼即売所に立ち寄った。むろん、目当ては、シルクやウールのトルコ絨毯である。一行は、ット制作の工程の説明を聴いた後、織子たちの作業現場を見学した。それから色とりどりの繊細な抽象模様がついた絨毯を壁三面に掛け、床にも広げた大きな別室に誘導される。ここで、あの手この手の売り込みが始まるのである。この情景は、以前この国を訪ねたときに経験済みだ。トルコ産に限らず、既にいくつかの手頃な絨毯を所有しているから、妻も落ち着いて構えている。本日は高見の見物といこう。

まず最初に商談が纏まったのは、一〇数万円のトルコ絨毯を買った名古屋の佐分利さんである。初めから、購入を予定していたのだろう。室内に拍手が起こる。次いで、徳島の大前さんの買い物に拍手。こういう時の拍手にはどのような気持ちが込められているのか

——座が白けなくてよかった。

——やれやれ、私は金を出さないで楽しんだ

——けちなグループと侮られなくてよかった。一行を代表して、高価なものを買ってくれた人に謝謝

——嵩張る荷物、持ち帰りが大変ね

一番最後に決まったのは、高橋さんの一辺三〇センチほどの小型絨毯。も少し値を下げようと粘ったが、結局五万円で手を打った。初めから買う気が見え見えなので、しかたがない。

商談がすべて終わったところで、「最後に、店から来客の皆さんへのサービスがあるそうです」とエムラ氏がいう。店員が一行の前に持参したのは、数匹のヴァン猫の乳飲み子だった。絨毯を背景に、自由に写真を撮ってください、ということである。皆大喜びで、床に屈んで写真を撮った。小さな猫でも既に左右の目の色にはっきり違いが出ている。一匹が絨毯で爪を研ぐ仕草をしたので気になったが、店員は「大丈夫」という表情をした。織り目が密なので傷がつかないということだろう。

図（10-16）アクダマル島の教会

一三時、湖岸のレストランで魚料理の昼食。すぐ近くの船着き場から遊覧船で、アクダマル島に渡る。途中でヨーロッパ人の集団を載せたやや小型の船を追い抜いた。双方で歓声を上げ、手を振りあった。小一時間かかって、島の船着き場に接岸。岩山の頂にある教会までの緩やかな坂を上る。

「島のアルメニア教会の名は、アクダマルと呼びます」とガイドのエムラ氏がいう。これまで「悪玉」などと冗談を飛ばしていた大前さんは、「それでアクダマル島か」と早速相槌を打ったが、「まだまだ、そこまで話が飛びません」とガイドが制して、タマルという女性と恋人との悲恋の物語を話した。名称にこじつけた伝承は省くが、このアルメニア教会の廃墟はなかなかのものだった。円筒状の本堂や鐘楼などの形状と淡い橙色の煉瓦積みが複雑で優美だ。壁に彫られた繊細なレリーフもよく保存されている。北壁には、アダムとイブの物語、東の壁にはダヴィデとゴリアテの戦いなど旧約聖書を題材に採ったものだった。中腹の木陰にある屋台の床机でチャイを注文し一服した。汗ばんだ体に涼風が心地よかった。

一五時半一旦ホテルに戻り、ガイドについてバザールに出掛けたが、カバンや衣類が主体で、食料品もない小さなバザールだった。ホテルに戻る道が分かっていたので、一行と別れてひとりで街中を歩いた。両側に商店が並び、中央に花壇がある歩行者天国の通りに出る。土地の香りや生活臭が漂う場所だ。このようなところを探していたのだと思いながら進んでいると、向こうから集団がやってきた。プラカードを掲げる者がいる。日本で報道されていた政府への抗議デモだと、直観した。傍らに避けて、一般市民に混ざって見物する。特に険悪な雰囲気でもないので、記録のためにデモ隊の写真を撮った。さらに細い横町

図（10-17）ヴァン市内のデモ隊

では、多くの人が路上に並んだ床机に対面して座り、サイコロを振っては盤上の駒を進めたり取ったりするゲームを楽しんでいた。

六、セルジュク族の墓、ヴァン湖への別れ

六月三〇日（日）、本日はディヤルバクルへの長い移動日なので八時にホテルを出発した。バスは、ヴァン湖の南岸に沿って西に向かう。昨日の渡船場所を過ぎ、すぐ沖合に浮かぶアクダマル島を車窓右手に見る。ヴァン湖は消えたと思ったら再三現れた。二時間を超えてもヴァン湖が依然視界にあった。

エムラ氏が、歯科医をしている長兄の結婚式の話をした。トルコでは、特に長男の結婚式は盛大で、何日も飲み食いの宴会が続く。そのため参加者は、できるだけ腹を空かせてやって来る。ラマダンの予行練習のようなものである。その点、二男の彼自身は気楽だ。彼は、伝統的生活にいつも批判的だった。

食べ物のことから、日本の「食い放題」の食堂に触れた。日本にいたころ経験したらしい。トルコでは「食い放題」は採算がとれないという。皆、腹ペコにして出掛け、詰め込めるだけ胃袋に入れるからだ。

タトワという町でトイレ休憩、このあたりはトマトや砂糖大根の栽培が盛んな農村地帯である。一〇時、一二、三世紀のセルジュク朝王族の墓地を、下車観光した。広大な草地の中に、縦長い直方体の黒い墓石が林立している。人の背丈を超えるものもあった。踏み外さないよう木道を二〇〇メートルほど往復した。一〇世紀に興ったセ

ルジュク朝の最初の都は既に訪ねたエルズルム、後期の都はアンカラの南のコンヤで、現在のトルコ共和国のなかでは東半分に偏っている。

一一時から二時間もかけて、ヴァン湖畔に建つセルジュク・ホテルの裏庭で、チキン・グリルの昼食。庭の隅にセットされた竈の炭火で、煙をたてながらチキンを焼く。六、七人の男が竈を取り囲んでいた。「だが、実際に焼いているのは、一人か二人で、残りの男たちは駄弁っているだけだ」待ちくたびれた仲間から愚痴が出た。だが明るい陽光の下、のんびり料理を待つのも悪くないと思った。数人の女性が湖岸から戻って、「少し塩の味がする」という。私も、初めての海や湖ではいつも味見するのにヴァン湖ではやっていなかったことに気づき、急いで湖畔に降りた。海水の一〇分の一くらいかもしれないが、塩を含んでいる。この湖には多くの河川が流れ込むが出口がない。そのため塩分が蓄積し、塩水湖になったのだ。ようやくありついたチキン・グリルは結構美味かった。ヴァン湖もここで見納めである。

図（10-18）セルジュク朝王族の墓地

一四時、二つの丘の間に赤屋根を揃えた小集落が見えた。一四時二五分、急峻な山地の谷合を下っていく。低所に川が流れていた。短いトンネル。一五時、灌木地帯に入り小さな集落が現れる。そして山間の盆地に出た。今度は、かなり戸数のあるバルダンという町。

一五時四五分、大きな川を渡る。地図で確かめるとチグリス河の支流らしい。崖の上に、町がある。高度が下がったためか、空気が暑気を帯びている。ここ数日ヴァン湖の影響で涼しかったのかもしれない。

一六時半、シルヴァン市を通り過ぎた。

一七時三〇分、ディヤルバクルのディディアン・ホテルにチェック・インした。一九時からの夕食には、徳島在住の大前さんや長野県から参加の宮下さんとご一緒した。宮下さんは、小布施の図書館にお勤めの方である。私は、昔訪ねた北斎ゆかりの小布施の岩松院やその近くの謙信が立て籠もった妻女山などを話題にした。そのうちに判ったのは、彼女が大変な山ガール（あるいは熟女登山者）ということだった。筋肉質で身体が軽いことは、カルス城に行ったときに気付いていた。しかし山の話を始めたら、私が登っていない山や高難度の山の名が次々に出てきた。「あと三〇ほど登れば、三百名山完登になりますから、頑張りたい」という。せいぜい一五〇前後の名山を登頂しているに過ぎない私とは、レベルが違う。妻の相手は大前さんに任せて、宮下さんと専ら登山話に興じた。

七 ディヤルバクル、バザールとキャラバン・サライ、ユーフラテス河を渡る

七月一日(月)、六時起床。朝食後ホテルに隣接する小さな公園を散歩した。ゆっくり回転する散水機が、芝生や草花を湿らせている。葡萄棚の下のベンチでは、老人が一人タバコを燻らせていた。

九時ホテルをチェック・アウト、旅も終盤に入った。ディヤルバクルの旧市街は、城壁で丸く囲われている。見所は旧市街の中心部に集中していた。私達は、まず昔のキャラバン・サライを改装した二階建ての建物の内部に入った。一階と吹き抜けの二階の周囲は土産物店が並んでいる。もとは、隊商が宿泊した場所だろう。テーブルと椅子を並べてレストランになっている一階中央の空間は、隊商が連れてきた牛馬羊ラクダを休ませたところである。後刻、この場所で再集合することを確認してから、一行はイゼットパシャ大通りを西に横切ってバザールに入る。かなり大きなバザールで品物も豊富だったが、見物は後回し

図（10-19）キャラバン・サライ跡のレストラン

にして通り抜け、裏手路地の奥にある一六世紀に建てられたサファ・モスクに入った。本堂入口外にある左右に分かれた絨毯敷きのオープンスペースでは子供たちが、コーランの手ほどきを受けていた。既に夏季休暇になっている彼らの課外の自由学習らしい。このモスクで印象に残ったのは、本堂の外に聳える二〇メートルほどの高さのミナレットだった。円筒状の壁面に施された特異な紋様が美しかった。

次いでキャラバン・サライ近くのウル・ジャーミーを訪ねたが、こちらはアーチ状の柱が並んだ長い外回廊の外観を眺めただけだった。一〇時から約一時間の自由時間、私たちはガイドに付き添われて、とりあえず地元のサッカーチームのユニホームを手に入れた。仲間とバザールを周るという妻と別れてキャラバン・サライに戻り、チャイを注文して一休みした。まだ午前中だが日向の気温はかなり上がっている。

一一時バスに乗り込み、高い城壁の写真を撮った後、レストランでランチタイムになった。

一二時半、午後の移動を開始し、一路西のキャフタを目指す。後で思い返して残念だったのは、ディヤルバクルの城壁の東側を流れているチグリス河上流を見落としたことである。おそらく昨日、この町に着く直前に渡ったであろうがガイドの指摘がなかった。今回私は、チグリスの支流を見ただけだった。

午前中に参加者から紙片で提起されていた質問に、エムラ氏が逐次答えていく。その一部分。

・初代大統領アタチュルクの政教分離政策と現在のエルドワン政権のイスラム主義的政策について‥アタチュルクの理念は国是であり、誰も変えようとは思っていない。エルドワンのやり方は行き過ぎていると、特に二、三〇代の若い世代の反発をかっている。

・トルコ人の国民性について：
オスマン・トルコ帝国以来の伝統で誇り高い。ただ自分たちの歴史を世界に発信することができなかった。
・アパートの家賃は：
場所により差が大きい。イスタンブールで三万円する広さが、東トルコでは半値くらい。イスタンブールでもボスボラス海峡に面している場所は、めっちゃ高い。
・日本のことをトルコ人はどう思っているか：
安価に電気製品が手に入ると思っている。行きたい国の一つ。
・チャイで一日中たむろしている男たちとは：
みな年金生活者。かつては男性四四歳、女性三五歳で年金が貰えた。現在、それぞれ六五歳、六〇歳に年齢が引き上げられている。

一五時から三〇分かけて、ユーフラテス河のダム湖をカーフェリーで渡る。一六時、キャフタのゼウス・ホテルに着いた。ここで明後日までの連泊となる。一九時、一階のプール横のテラスで、柴田氏大矢氏の二人組や佐分利母娘と同じテーブルで夕食を摂る。あまり話したことはなかったが、柴田氏は世界一〇大文明発祥の地を訪ね歩いているという。その一つは、アメリカのニューメキシコ州にあるそうだ。これは初耳だ。明朝早立ちなので、二〇時にベッドに入った。

八. ネムルト山上のご来光、コンマゲネ王国、アタチュルク・ダム

七月二日（火）、午前二時のモーニングコール、三時、二台のミニバスに分乗してホテルを出発する。周りの様子が分からず、なんだか荒野を彷徨う感じである。少しうとうとしたと思ったら、ネムルト山（二一一五m）の麓に着いた。トイレと鉄筋の山小屋があり、内部で人々が暖炉にあたっていた。屋外は風が強く寒いのだ。風速六、七メートルはあろう。山頂付近はもっと強い風が吹いているかもしれない。添乗員が防寒対策に念を押していた理由がここにきて分かった。

長袖シャツにウインドブレーカーを重ね、ヘッド・ランプを点灯する。四時二〇分登頂を開始、ガレ場に付けられた小石混じりの登山道を踏み固めるように歩く。時折疾風が斜面を駆け抜けた。登山に慣れていても、この強風はなかなか手強い。日頃、歩くことを怠っている妻はと見れば、結構元気に登っている。この女性は、体力はないがバランス感覚は亭主より良いかもしれない。というわけで、二五分ほどで山の肩にあたる東の神殿前に着いた。背後に、緊密に石を積み重ねた小山があるのだが、登ることが禁じられている。これは巨大な墳墓なのである。コンクリートのテラスを風よけにして、一段下がった所で日の出を待った。

五時前後になると山小屋で暖を取っていた人たちも次々に登ってきて山頂が賑やかになった。五時過ぎ東の空が赤味を増し、その手前に幾重にも連なる峰々の稜線がくっきりと浮かび上がる。そして遂に陽が顔をのぞかせた。みるみる円環が大きくなる。折り重なる山々の遠近がはっきりしてきた。足元の土も、麓の小屋も。私たちの後ろの神殿や石像群は、今や太陽を反射して照り輝いている。その間カメラの遠近のレンズを変えながら、何回もシャッターを切った（2頁　図10―20参照）。

図（10-21）ネムルト山上

太陽が完全に上がると、緊張から解き放された群衆は立ち上がって神殿の方に散って行った。ようやくエムラ氏が、イヤーホーンでネムルトの歴史を語り始めたが、時々風音に遮られて聴き辛い。その起源は、紀元前三世紀のアレキサンダー大王の東方遠征に始まる。彼は、ギリシャとペルシャの西東文明の融合を考えていた。大王は三一歳の若さで、マラリアによりバビロンで亡くなる。その遺領は、エジプト、今日のシリアを中心とする小アジア、本拠地マケドニアに三分割され、有力武将が支配することになった。シリア地方を拠点としたセレウコス朝は、アレキサンダー大王の理想を受け継ぎ東西文明の融和政策を継承する。

セレウコス朝の分派といえるコンマゲネ王国の創始者アンチオコス一世は、ネムルト山上に、神々と並ぶ石像を祀らせた。自己の神格化を試みたのである。彼の石像はギリシャ風の顔立ちをしているが、頭飾りはペルシャ風である。また彼と並び立つ最高神像は、ギリシャ神話の最高神ゼウスとペルシャの拝火教の最高神アフラマツダの混交神になっている。現在地上に不気味に転がっている首から上の石像は他所から運ばれた石に当地で彫刻し、山上の神殿に祀られていたという。その丈は、私の肩の高さに近い。彫刻の際生じた小石で墳墓の山が築かれた。コンマゲネ王国は、紀元後一世紀まで存続した後、ローマに吸収されている。

墳墓を半周回った西側にも、同様に神殿跡や首から上の石像があった。強風が砂利を巻き上げ、ガイドの説明を聴いたり石像を丁寧に観察するゆとりがなくなったので、下山を急ぐことにした。六時にネムルト山を去り、往路は判らなかった広大な丘陵地

図（10-22）アンチオコス一世とヘラクルスのレリーフ

帯を眺めながら、七時にホテルに戻った。ホテル一階のプールサイドで朝食をとり、午前中は自室で休息する。

一三時、ユーフラテス河に造られたアタチュルク・ダムの畔で、野外のランチを摂った。黒毛の犬と六匹の猫が交互に食卓に寄ってきた。客の食べ残しを貰うのが習慣になっているらしい。

一四時四〇分、アルサメイサ（古い城）の遺跡に登り、岩肌に刻まれたアンチオコス一世と大力のヘラクレスが握手をする有名なレリーフを見た。これも、アンチオコスの偉大さを誇示するために作られたものであろう。近くに彼の父ミトラデス一世の墓室の入口もあった。ユーフラテス河に架かるローマ時代の石橋ジュンデレ橋を見る。

一五時半、カラクシュと呼ばれるアンチオコス一世の家族の墳墓へ。広い大地の上に巨大な円柱が数本残る遺跡である。二つの円柱の間から、早朝に訪ねたネムルト山が遥か彼方に見えた。朝方の強風が嘘であったかのように明るい陽射しが遺跡全体に注いでいる。カラクシュの訪問で、長い一日の観光が終わった。

一九時、再びプールサイドで夕食を摂った。

九．聖地ジャンウルファー、民家訪問、アブラハムゆかりのハランと洞窟、イスタンブールに戻る

七月三日（水）、五時起床、六時一階テラスで朝食を摂る。磐田市の高橋さんが同じ卓に加わった。一人参加なので、何時も違う相手と話すのを楽しんでいるようだ。家族のことで心配することは何もないが、飼い主べったりのミニ・ダックスフントを馴染みの店に預けていることが少し気にかかる。「旅をすると、

毎回七〇〇枚ほどの写真を撮っているから、整理が大変です」

私たちは、そんなに多く撮らないが、整理は結構手間がかかる。アルバムが増えて置き場にも苦労する。

七時にホテルを出て田園地帯を走り、九時に南のハラン盆地にある聖地ジャンウルファーの町についた。この町を聖地と呼ぶのは、旧約聖書で最初の預言者であり、ユダヤ人の祖とされるアブラハムの出身地だからである。トルコで最も暑い町といわれる。まず、アブラハムが数年過ごしたとされるハラン遺跡に立ち寄るが、あまり整備されているとは言えない。すぐ近くの民家訪問の方が面白かった。日干煉瓦でできたとんがり屋根が一〇棟ほど並んでいるが、大きな一家族の住まいで、内部は繋がっている。家長の部屋、居間、寝室、キッチンなどがあるが、現在は衣類や装身具などの土産物を展示販売しているのだった。

ジャンウルファーの市街地に戻って、アブラハム生誕地の遺跡を見下ろすレストランでランチタイム。レストラン入り口の植え込みの中に、鳩と同じくらいのおおきさの白や茶色の羽毛を持つ鳥がいた。人が近寄っても逃げない。ただ鳩と違い、足の後ろに羽毛が付いていた。珍しいので写真を撮った。母娘で参加していた二組のうち娘の諏訪さんが体長不良で欠席したと思ったら、食事中今度は母親の佐分利さんも青ざめて退席した。軽い熱中症らしい。ここ数日の暑さと、旅の疲れが出たようだ。双方大事に至らず、すぐに回復した。

アブラハム生誕の場所は、岩山の下の洞窟だった（406頁　図10―23参照）。自体は「あ、これか」というどこにでもありそうな洞穴に過ぎない。旧約聖書によれば、この地メソポタミア（チグリス河とユーフラテス河に挟まれた低地）からエホヴァ神によってユダヤ人に「約束された土地」カナーンに向けて、アブラハムは南下するのである。紀元前一八世紀ごろとされている。

この遺跡は一種の行楽地になっていて、多くの家族連れの姿が見られた。隣接する広い公園の中に「聖なる魚の池」と称する青く澄んだプールや長い回廊を持つアハリル・ジャフマン・ジャーミーがあった。夾竹桃の並木が盛りである。

この後、イスタンブール行の飛行機がでるカジアンテップ市までの一四三キロを一気にバスで飛ばす。一五時、空港近くで早い夕食を摂った。飛行機内の夜食は二〇時ごろになるのである。一九時半、カジアンテップ空港を発って、二一時一〇分イスタンブール空港に着陸した。コンラッド・ホテルにチェック・インした時は、二二時半を過ぎていた。

一〇．タキシム広場、ボスボラス海峡

七月四日（木）、六時起床。一一時まで自由時間である。少し不安気味の妻を説いて、日本でも大きく報道されていた政府抗議デモの中心、新市街のタキシム広場（406頁 図10―24参照）を訪ねることにした。この時期に現地にいて、報道の事実を確かめないわけにはいかない。地図で見るとホテルから二キロほどの距離だが、ボスボラス海峡に近い坂下のベシュタハ・バス停から車で一〇分ほど坂道上がったところが、タキシム広場である。昔訪れたことがあったが、その時の記憶は殆ど残っていない。

大きな車道に囲まれた中央が一段高い広場になっていて、背後に樹木が茂った公園がある。早朝のためか、広場の周囲を歩く人はまばらである。あたりの様子を見ながら広場の石段を登ったが、その先はロープが張られていた。ロープの左右のテーブルには、それぞれ数人のポリスらしい男たちが座っている。その一人が近づいてきて、これから先に立ち入ってはいけないという仕草を見せたので、車道の南側に引き

返す。此方側にはトルコ国旗が高く掲揚されている。また東側の巨大なビル（公共のビルらしいが確認できなかった）の壁には、国旗と並んでアタチュルクの大きな写真が掲げられる。そのビルの下に、警備の兵士が一〇人ほどたむろした。夕方以後の模様は判らないが、これが午前一〇時ころのタキシム広場の状況である。私達は自由に写真をとることができた。

坂を下りて、ボスボラス海峡の岸に立つ。遊覧船が停泊し、対岸の旧市街にあるモスクのドームやミナレットが見えた。アタチュルクが死の直前まで執務していたドルマヴァッチエ宮殿の横を歩いて、一一時少し前に、コンラッド・ホテルに戻った。

一一時ホテルをチェック・アウトし、バスでガラタ橋を渡った。トプカプ宮殿がある台地の下の海岸通りを周り、まだ新しいショッピングモールで、食事と最後の買い物のための一時間の自由時間が与えられた。トルコリラは使ってしまったし特に買い物もないので、持参のサンドイッチとコーヒーで昼食を済ませ、戸外で一服した。一四時、アタチュルク空港に着き、一〇日間ガイドをしてもらったエムラ氏と別れた。後は、一七時一〇分発のトルコ航空で一一時間の空の旅、日付がかわった七月五日午前一〇時、成田空港に帰着する予定である。

（二〇一三年八月八日　記）

第十一章　ウクライナ、ベラルーシ、モルドヴァの旅

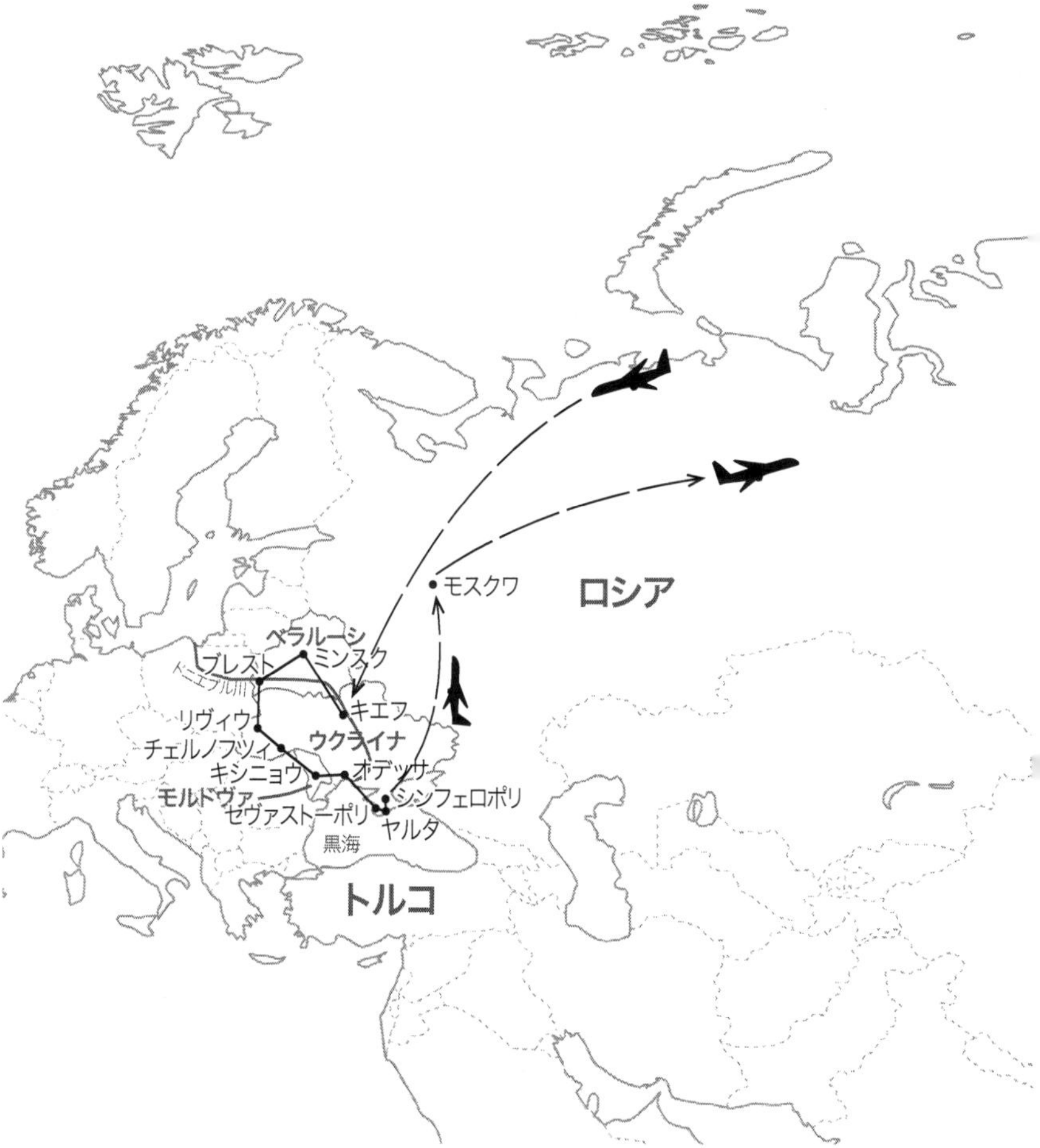

今回は、成田発の国際線に乗り継ぐまでが慌しかった。二〇一三年五月一六日（木）早朝四時に起床、軽食を済ませ、妻に車で高槻駅まで送ってもらった。新大阪からリムジンで伊丹空港へ、伊丹発七時五五分の全日空で成田空港南ウイングに九時に着いた。空港内の長い通路を北ウイングまで移動し、ゲイト一〇の団体受付カウンターでようやくD社添乗員の稲葉さんに会う。集合予定の九時五五分の少し前である。チェック・イン手続きと出国審査を済ませ一息ついたところで、改めて朝食を摂った。

アエロフロートはほぼ定刻の一二時に離陸、モスクワまで約一〇時間の空の旅が始まった。一年ほど前、外国旅行中腰痛を味わってから、狭い座席での長旅は要注意である。通路側の席を選び、時々機内を歩く。モスクワで乗継待ち二時間、さらに三時間の行程でウクライナの首都キエフのホスピリ空港に現地時間の一九時四〇分に着き、今回の三ヶ国通しの総添乗員ラミラ氏や運転手スラビック氏らの出迎えを受けた。日本との時差は六時間ある。まだ明るい日照の中、郊外の集合住宅を見ながらキエフの都心部に近づいた。落ち着いた煉瓦つくりの建物の中に高層ビルも交じっている。人口三〇〇万を超える大都会である。「緑のまち」と称せられるように街路樹も多い。二一時を少しまわったところで、今夜から二連泊するルース・ホテルにチェック・イン。した。二〇階建ての巨大なホテルである。割り当てられた八階の部屋で、長い一日の旅装を解いた。

一．キエフの黄金の城門、アンドレイ坂、ペチェルールースカ修道院群

五時に起床しホテル周辺を散歩していると、奈良から参加している前田さんと出会った。全く気付かな

かったが、彼女も伊丹から成田迄同じ全日空機に乗り合わせていたのである。結構賑やかな通りに出たが、地図を持たずに歩いているので周辺の状況が分からない。迷わないうちに早々に引き揚げて、ホテル二階で朝食を摂り、九時市内観光に出発する。一行一九人は、赤、黄、緑、青の四グループに分けられ、日替わりの優先順位に従って各人が好みのバスの席を確保する。たとえば、本日赤組に最優先が与えられていれば、赤組の人はまず好きな席を選ぶことが出来るのだ。黄組が順位二位であればこの組のメンバーは、残っている席のうちから任意の場所を選ぶ。つまりグループごとに固まるのではないから、隣席の話相手も固定されるわけではない。この稲葉方式は、なかなか良いやり方だと思った。

キエフのガイドは、アナスタシアさんという中年の女性。旧市街の中心にある独立広場までバスで行き、市内一の繁華街フレシチャーチク通りから歩き始めた。ウクライナは、日本の一・六倍の国土に六千万の人が住んでいる。その首都キエフは、紀元五世紀に三人の兄弟により建設されたと伝承されるが、九世紀後半ノブゴロドのイーゴリー派により征服された。彼らはキエフを中心に東は今日のロシア、西はベラルーシにわたる強大な東スラブ（ルーシ）人国家を築いた。これを「キエフ・ルーシ」と呼ぶ。一〇世紀末、国王がギリシャ正教を国教と定め、一一世紀のヤロスラフ賢公のとき、キエフ・ルーシは全盛期を迎えた。しかしその後は内紛が続き、一二世紀には政治の中心は新興のモスクワ・ルーシ（ロシア）に奪われてしまった。そして一三世紀にモンゴルの来寇を受けて、キエフは徹底的に破壊された。現在旅行者が目にするのは、殆どそれ以後の建造物である。

旧市街と言われている地域は大河ドニエプルの西岸にあり、フレシチャーチク通りとこれに並行して西北側を走るウラジーミル通りに挟まれた限られた空間を指し、主な見所もこのあたりに集中している。私たちは、美しい赤壁のキエフ大学の前に出た。一九世紀の半ばに創建され、同時代のこの国を代表する詩人の名前を冠してシェフチェンコ大学と呼ばれるこの国の最高学府である。大学前の緑豊かな公園内を歩いた。白い花が垂れているのはアカシア、ピンクの花をつけているのはライラック、その中間色の花を咲かせている樹はマロニエである。公園の中央に、シェフチェンコの像が立っている。ちなみに、「チェンコ」の語尾を持つ氏名はウクライナ特有のものらしい。ポプラの絮がしきりに空中を飛散していた。

次に訪ねたのは、ウラジーミル通りを東北方向に五分ほど歩いた所にある「黄金の門」である（439頁図11―1参照）。もとは古いキエフ城壁に穿たれた複数の門の一つだった。近年に、元の姿に修復されたのである。ムソルグスキーの代表作のひとつ組曲『展覧会の絵』の中で「キエフの大門」と題される一曲は、この黄金の門にヒントを得たらしい。ただムソルグスキー自身キエフを訪ねた事実はなく、あくまで展覧会で見た絵画の印象から作曲したということである。ともあれ、私がキエフで最も関心があったのがこの大門だった。それは極めて特異な形状をした重厚頑強な建造物である。高さ一〇メートルほどの門の上部は、城壁の一部のように狭間がついている。さらにその上に三本の円筒上の見晴台が並んでいた。アーチ状に穿たれた門は、奥行き一〇メートルを超えるだろう。さらに異様なのは、この門の左右に張り出している黄色に塗られた木製の複雑な構造物である。建築学的にどのような意味をもっているのか、復元の元はなにに依拠しているのか、知りたいと思った。モンゴル軍に破壊されたキエフ・ルーシ時代の遺構は、修復された大門の中に納まっているということである。城門の横手に、聖ソフィア聖堂の模型を捧げ持つヤロスラフ賢公の像が立つ。

ウラジーミル通りをさらに進んでアンドレー坂上にきた。麓にある四本のネギ坊主を中天に突き出した

図（11-1）キエフの黄金の門

図（11-2）ダイナモ・キエフのユニホームを拡げた店主

図（11-6）ミンスク郊外のミール城

図（11-9）リヴィウ市の路面電車
（著者自筆）

図（11-11）世界遺産チェルノフツィ
大学校舎

図（11-13）オデッサの公園

図（11-16）クリム汗の宮殿

図（11-20）アループカ宮殿

図（11-21）リヴァーディア宮殿
のヤルタ会談の間

アンドレー教会にちなんで呼ばれている坂である。ここに集まってくる人々の興味は、道の両側に並んだ屋台の店舗にある。まず坂の上には、家屋の壁に沿ってキエフの街路風景や、聖書に題材をとった油絵が並んでいた。続いて人形や小物入れ、カバン、帽子、磁気飾り、扇子、楽器、衣類、ガラス細工、ペンダント、絵葉書などを売る雑多な屋台が並ぶ。そのうちの一軒で私は、息子に依頼されていた地元の名門サッカーチーム、ダイナモ・キエフのユニホームを早速見つけたのである。予定の詰まったツアーの中で、特定の商品を探すのは意外に難しい。約束の一つが早々に果たせたことを喜んで、手にした商品をサイズも考えずに購入した。さらに坂を下っていると、先ほどの店主が追い付いてセロハン紙に包んだ新しい商品に取り換えたいという。「最初のものは、店に出している間に少し汚れが付いています。どうも済みませんでした」と謝った。新たなユニホームを胸の前に広げて、店主と記念写真を撮った（439頁　図11—2参照）。

午前中最後の訪問先は、世界遺産に指定されている聖ソフィア大聖堂である。一一世紀ヤロスラフ賢公の時代に創建されたが、現在目にする建物の大部分は一七世紀にバロック様式で再建されたものである。緑や金色のネギ坊主が林立する堂々たる建物だが、少し離れて立つ三層の白亜の上に金色の屋根を抱く鐘楼が印象に残った。ただ内装の一部はモンゴルの破壊を免れ、中央から祭壇にかけて聖母マリアなどの美しいフレスコ画やモザイクが創建時のままに残されている。地階に、ヤロスラフ公夫妻の石棺が安置され、公のフレスコ画が掛っていた。これらもオリジナルという。

昼食は、ウクライナ・レストランの郷土料理、サラダ、チーズを溶かし込んだボルシチ、ニラまんじゅう、カツ・ポテートウに紅茶が付いた。ボルシチはロシア料理と思っていたが、本来はウクライナのものという。仲間につられて私も写真に収めた。同じテーブルに熊本県荒尾市から参加の河野夫妻が座る。ご主人は痩せ形でごま塩頭を丸刈りにし優しい声の人、一方奥さんは顔立ち同様話し方も若々しく、当初はご夫婦なのか親子なのか判断できず戸惑った。

午後は、都心部をドニエプル河沿いに南に四キロほど下った場所にあるキエフ市第二の世界文化遺産ペチェルースカ大修道院コムプレックスを見て回る。この修道院は全体が七キロの城壁で囲まれ、北側の「上の修道院」は主な教会や歴史文化博物館が集まっている。一方、湾曲する石畳みの坂を下った南側の「下の修道院」には地下墓地がある。上の修道院では、訪問者で混雑していた三位一体教会を後回しにして、ウクライナ歴史文化財博物館に入った。この国の金、銀の装飾品を集めた博物館である。特に二階のスキタイ時代の展示物を閲覧した。ギリシア人がこの地方に植民地を拡張しつつあった時期、これに対峙していた北方の民族がスキタイ人である。金属文明の先進地域だった。日本ではスキタイの名は知られているにせよ、けっしてポピュラーとはいえない。

ドニエプル河口に多く発見されている紀元前七世紀から五世紀にかけてのスキタイ人の墳墓で発見された出土品の展示が多い。槍を持ち甲冑を纏ったスキタイ兵士の像、彼らは時に倒した敵兵の頭蓋に金属片をかぶせて兜にしたという。武具だけでなく繊細優雅な装身具もあった。ギリシャ人が作ったといわれる紀元前四世紀の「スキタイ人の黄金の首飾り」は、三層の紋様帯にそれぞれ人々の日常生活、植物文様と鳥、動物の闘争紋様が刻まれ、当時の文化水準の高さを示している。スキタイ人は、クリミヤ半島に居住していたサルマタイ人と混血し紀元前二世紀ごろに歴史上から消えた、とヘロドトスが書き残しているという。

ドニエプル河を背後に見ながら、強い日照のもと坂を降りて下の修道院の地下墓地に入った。此方は、

図（11-3）キエフを流れるドニエプル河

さらに世俗から離れた聖の世界である。狭い洞窟の中を移動している人の多くは巡礼者か修道僧で、私たちのような観光客ではない。背丈を少し超える天井と二人がやっとすり違えるほどの幅しかない洞窟の内部は、通路が複雑に屈曲している。その壁に穿たれた空間のガラスケースの中に、何世紀にもわたって名札と共に修道僧の遺体がそのままミイラになって安置されているのである。布で覆われているから顔面は見えないが、袖の間から指先が覗いているものもあった。巡礼者たちは、目的の遺体のある壁の前で立ち止まっては、祈りの言葉を唱えていた。少し重苦しい気分で、私たちは再びまぶしい陽光の中に出て、喘ぎながら上の修道院に引き返した。

「博物館に長居し過ぎましたね」と添乗員の稲葉さんがいう。三位一体教会が少し早めに入口を閉じていたのである。しかし、どんな立派な教会でも内陣の様子は見当がつくし、これからいくらでも見られるだろうと思った。これまであまりに多くの教会を見学してきたので、少し飽きてきたのかもしれない。

ホテル二階のレストランで、夕食を摂った。札幌から来た小保内氏、奈良の前田さん、埼玉県富士見市の吉崎さん、東京都稲毛市在住の松村氏らとご一緒する。まだ顔と名前を覚えていないから、お互いに簡単に自己紹介した。前田さんが呼び方を確認すると小保内氏は、「オボエナイですよ」とふざけてみせたが、前田さんが真に受けるので、改めて「本当はオボナイです」と前言を修正した。彼は、冗談好きなのだ。

「富士見市？」私は聞きなれぬ市名に頭の中で埼玉県の地図を描いてみる。汽車旅行や山旅で日本各地を回っているから、地名や地理にはいつも注意している。新しい地名が出てくると気になって、その都度確めたいのである。富士を冠した市なら富士山の周りに富士宮市、富士吉田市、富士裾野市などがあり、都内にも「富士見台」「富士見坂」などの地名はいくつもある。

「確か、ふじみ野市の隣でしたね」と松村氏が口を挟んだ。彼は、海外にもよく出かけているが国内のことも細かに知っている。何しろ日本全国に数千もある離島を訪ね歩いているのである。

「ええ」と吉崎さん。「隣接する二つの地域が市に昇格するとき、どちらも富士の名を入れようと競って、結局漢字とひらがなで表記することになりました」

両市は、東武東上線沿いにあり、東のさいたま市、西の川越市の間に位置している。

小保内氏が、「それでは地理のクイズを出しましょう」と切り出した。

「北海道には、時計まわりに一六ほどの岬があります。地元の人間としては、その名称を挙げてもらうような単純な質問は出しません」

彼はここで一同を見回した。「これらの岬の中で、歌に採り上げられたことのある岬は、どこどこでしょうか」

誰でも、宗谷岬や、知床岬、襟裳岬の名を挙げることはできた。さらにいくつかの岬の名が出てきたが、全正解者はいなかった。歌謡曲を殆ど知らない私には超難問のクイズである。正解は、宗谷、知床、花咲、霧多布、地球、神威、立待ち、襟裳、根室の九つの岬だそうである。一つの岬で幾度も歌の題材に選ばれたものもあった。小保内氏は、手元のスマートホンに曲名歌手の名を含めて詳細に記録しているのである。

「まさか礼文島のスコトン岬を忘れてないでしょうね」と最後に茶々を入れてみたが、スコトン岬の歌はありませんと一蹴されてしまった。

松村氏と小保内氏は一〇年以上前、海外ツアーで知り合った仲間で、今回数年ぶりに相部屋でツアーに参加したのだった。

二、ベラルーシに入国、ミンスクまで五〇〇キロのバスの旅

翌五月一八日（土）、七時に二階のレストランに降りていく。私が座っている席に、高松からの下松氏や千葉県市原市の高久さんがやってきた。乗松さんは話好きで桁違いに饒舌である。何のきっかけからか朝から『天地明察』の話を始めたと思ったら、川奈みゆきに話が飛ぶ。きっかけなどはどうでもよいのである。最初は彼の知識の押し売りに辟易したが、その語り口を「言語明瞭で内容支離滅裂」と思い直して、下松氏の個性を面白く観察できるようになった。気ままに話せるのは、年の功かもしれない。あとで分かったのだが、彼は参加者のうちで最年長の八二歳である。

二泊したルーシ・ホテルを八時にチェック・アウト。本日は国境を越えて五〇〇キロ北西のベラルーシの首都ミンスクまでバスで移動することになっている。勝利の女神像が立つ独立広場を過ぎて、ドニエプル河に架かる橋を渡った。郊外に出ると戸建の農家が散在していた。四月まで残る深い積雪に対応するため屋根は二段の傾斜をつけ、雪捌けの便宜を図っている。

今日は、東京都小平市の大沢さんや国立市の福山さんと共に添乗員席の近くに座った。ツアー参加者一九人だから、皆二席ずつ確保し手荷物を脇に置いてゆったりと腰かけている。前後左右の移りゆく景色がよく見える。国道は片側二車線で、両サイドにアカシアの並木が密集している。並木の切れ目から、散在する民家が時々現れる。道路に凹凸が多く、車が揺れる。これは積雪の影響らしい。道路補修が追い付

かないのである。一面に黄色い菜の花畑が広がった。九時半サービス・ステーションで一五分のトイレ休憩。こちらは道の駅の様な施設はなく、給油所にトイレや簡単な食料品売り場が付いている。一〇時半左車窓に湖沼群が現れる。農家次いで牧場、ホルスタインやジャージの牛が草を食んでいる。広い草地に黒土の畑地が交互に見える。一一時、小集落と菜の花畑。

隣席に前後して座っている大沢さんと福山さんは、絶えず駄弁っていた。会話が盛り上がっているようだが、話の内容が微妙にずれていた。お互いに相手の話を引き取っては自分の言いたいことを勝手に語っているだけなのだ。大沢さんは一年前ご主人を亡くしたらしい。「自分が死んだ後でも好きな旅行を独りで続けなさい、と主人が言い残してくれました。だから遺言を守って一人でツアーに参加しているのです」と大沢さん。一方の、福山さんは独身である。長い間国立の市役所で福祉関係の仕事をしたのち、一〇年前に退職したという。

「三〇歳になったとき、生涯独身で過ごし引退後は世界中を周る決意をしました。そのために積み立てた三千万円で、現在旅を続けてます。既に一六八か国を訪ねました」

この人は、詩吟のお師匠もしているらしい。自分の弟子が、地域の大会で優勝したと自慢した。

一一時四〇分国境に着き、ウクライナ側の出国手続き、一三時、今度はベラルーシの入国審査を受けた。パスポートに査証を貰い、別紙に入国を示すスタンプを貰う。これは出国の際に必要なので大切に保管しておくようにと稲葉さんが注意した。ベラルーシ事務所のトイレでは、誰もが蚊の大群に襲われ、ほうほうの体で飛び出して来る。車内でランチ・ボックスが配られる。一四時、ようやく入国手続きが終わった。別に込み合っているわけでもないのに、一時間もかかる理由がわからない。添乗員によれば、いつもちょっとした「嗅ぎ薬」が必要らしい。これも必要経費に入っているそうである。

ベラルーシは、日本の半分ほどの国土に一千万の人が住んでいる。二〇年来、ルカセンコ大統領が政権を維持しているという。古い地図には、「白ロシア」と表記されていた。かつてはリトアニアやポーランドと連合を組み、外敵に対抗した。一三世紀当時は、国土が深い森林で覆われていた。そのため、東側のウクライナやロシアらの地域と異なりモンゴル騎馬軍団の侵攻を免れたのである。人種的には、ブロンド青目の北欧に近い。一八世紀になると、ロシア、プロシア、オーストリアら周囲の強国によりポーランドと合わせて三分割されてしまう。

ベラルーシに入ると、道路の舗装がよくなった。全面を黄色に染める菜の花、間に防風林が植えてある。一五時から約三〇分と少し長い休憩があった。まだ、ミンスクまで二〇〇キロ、三時間ほど掛るという。バスが動き出して間もなく、「小保内さんが、余興にハーモニカ演奏をして下さいます」と稲葉さんがマイクで伝えて最前列の席を空けた。

小保内氏は、「おぼろ月夜」「蜜柑の花咲く丘」「里の秋」「とんがり帽子の時計台」「蘇州夜曲」「椰子の実」などの曲を伴奏を織り込んで上手く演奏した。大沢さんと福山さんが、若造りのソプラノでこれに合わせて唄う。後方の席から「アンコール」の声が飛んだ。

「アンコール曲には、お金を頂きます」と小保内氏。

「後ほど、カードで支払いますから」と誰かが言う。小保内氏は、逆さに持った帽子を胸の前に捧げ心づけをもらう仕草をしながら後方の座席に戻った。

福山さんが、「私も詩吟をやろうかしら」と大沢さんに囁いている。日本のお座敷列車ならともかく、

外国のバスの車中でたとえば「鞭声粛々―」と唸られてもぴんとこないのではないか、と私は危ぶんでいたが、

「是非、おやりなさいよ」と大沢さんに唆されて福山さんは腰を浮かせかけた。しかしこれに気付かなかった稲葉さんが元の添乗員席に戻ったので、福山さんは諦めて席に座り直す。福山さんの力量は知らないが、彼女のためにもやらなくてよかったと私は少し安堵していた。

一六時四五分、ペリジナ川を渡る。一八一二年、ナポレオン軍はロシアに遠征したが、この川を渡って東進した五〇万の兵士のうち、川より西に帰還できた者は、わずか五万だったといわれる。一七時、あたりは依然農村地帯だ。点在する農家の写真を撮りたいが、道路の両脇に並ぶ樹木に遮られてうまくいかない。このあたりは、ポプラや白樺が主流である。延々と道路工事が続いている。現在の片側一車線を二車線に拡張しているのだ。殆どが平地なので、この国の道路工事はトンネルの掘削や鉄橋を掛ける必要がない。建設費や維持費は日本と比較にならないだろう。

図（11-4）ペリジナ川

一九時三〇分、ようやくミンスクのオルビータ・ホテルにチェック・インした。二〇時から、ホテルに隣接するレストランで、夕食を摂る。福山さん、高久さん、前田さんら女性陣に囲まれた。この席でも、福山さんが自分の半生を大いに語った。

図（11-5）スヴィスラチ川畔

三、ミンスクと二つの城

ベラルーシの首都ミンスクは、古くからバルト海と国会を結ぶ交易の要衝として栄えた。またワルシャワとモスクワの中間に位置し、古来軍隊の往来が激しく幾度も戦乱に巻き込まれてきた。第二次大戦では、ドイツ軍により殆ど壊滅的な破壊を受けた。そのため現在の市街地は、戦後都市計画により新たに建設されたものである。一八〇万の人が住む。戦前には三五％もユダヤ系の人がいたが、多くが強制移住させられた。画家のシャガール　俳優のカーク・ダグラス、作家のサローヤンもこの地出身のユダヤ人である。

五月一九日（日）、九時半私たちは市街地を南西から東北に走るネザーレッツスイ（独立）大通りの南西端にある独立広場から、観光を始めた。政府市庁舎など一〇階建ほどの建物に囲まれた近代的空間で、広場の中央にはレーニン像が立っている。広場の一角で目立つ赤レンガの聖シモン・聖エレーナ教会に立ち寄った。二〇世紀初頭、地元の有力貴族が夭折した二人の子息シモンとエレーナのために建てたカトリック教会で、門前に長崎の大浦天主堂から贈られた鐘が飾られている。同じ広場東角にある中央郵便局で、記念切手を買う人がいた。

バスで少し北側の上の市広場に移動する。市街地を貫流するスヴィスラチ川畔の高台にある広場で、市民の憩いのスペースといえる。川はこのあたりで池のように広がっていた。ボート乗り場や、スポーツ宮殿（体育館）がある。周辺のビルや樹木があまり動かない川面に影をおとしている。上の市広場には、二つの塔を持つ聖霊大聖堂が建っていた。

東岸から川に突き出た「涙の島」には、一九七〇年代のアフガン戦争で亡くなったミンスク出身の兵士約七〇人を祀る小さな慰霊碑が建つ。無理なアフガン侵攻を強いられた市民の抗議を表していた。すぐ近くに戦前の家並みを復元したというトラエッカヤ旧市街区があったが、とりたてるほどでもない。ドラッグストアーの前に繁茂したライラックの花が印象に残っただけである。記念塔が建つ独立大通りの勝利広場に戻り、近くの居酒屋風レストラン「カミニッツアー」でキノコや肉ジャガからなる「ドラーニキ」という地元料理を食べた。合席は、以前中学で社会科を教えておられた横浜市にお住まいの古郡氏である。彼は、見るもの聴くこと食べた料理などを、きれいな文字で丹念に記帳している。昼間とったメモを毎夕整理し清書するそうである。自己紹介のとき、「私のノートはパスポートの次に大切なものですから、万一テーブルの上に置き忘れていたら教えてくださいね」と言った。旅が終わってから、アルバムとともに一ヵ月近くもかけて最終的に整理するそうである。

古郡氏のノートが役立つ日が、早くも旅行中にきた。添乗員の稲葉さんも、日記をつけている。その一部を紛失したとき、古郡氏が補ってくれたのだった。最近のツアーでは、添乗員による旅の総括が送られてくることが多い。私自身もメモを取っているが、勘違い聞き漏らし見落しなどが出てくるのである。それを修正するのに添乗員の記録は、貴重である。今回の稲葉さんの手記は、なかなか良くできていたが、その一部は古郡氏の記録のおかげだった。

午後は、ポーランド国境近くのブレストまで約三〇〇キロの行程、その途中にある二つの世界遺産に登録された城塞に立ち寄った。まず、一六世紀前半に地元の有力者により建てられたというミール城、赤い尖んがり帽子を冠った五つの塔とこれを繋ぐ城壁を持つゴシック様式の建造物である。後に増改築が繰り返され、現在見るような赤レンガ風の優雅な館として残った（439頁　図11―6参照）。見学できるのは右

図（11-7）ラジヴィール家のニヤースヴィッシュ城

側の塔の五階までと中央部の地階や中庭。階段の上がり下りに一苦労する。内部はヨーロッパの城館に見かけるものとあまり変わらず、取り立てて記述することもない。

次に、ミール城より約三〇キロ南下してニヤースヴィッシュ城に向かう。こちらは、湖と広大な公園に囲まれた景勝の地である。城に通じる土手道を五〇〇メートルほど歩いた。リトアニア、ポーランドにまたがる地域を支配したラジヴィール家が一六世紀に建てた宮殿（城）で、一九三九年ソ連軍が侵攻するまでは、同家が所有していた。大きな六角形の中庭しか拝観できなかったが、これを囲む多くの居館が印象に残った。

この後は、二六〇キロを一気に南下し、人口四〇万のブレスト市のベラルーシ・ホテルに一八時半にチェック・インした。このホテルで二連伯する。

四．ブレスト要塞、ベラヴェジ自然保護区

五月二〇日（月）、六時に起きて散歩に出かけた。市街地の南をプーク川が流れている。ホテルから一ブロック南に歩いて、川岸の草地に出た。橋の下手は川幅が広がり三〇〇メートルほど、静止した湖のように波一つたたない。対岸に建設中のビルが二つ、その間にクレーンが伸びている。近くで泳いでいた年配の男性が、岸から上がってきた。二匹の犬を連れた人が、草地に来た。橋の反対側は中洲があり、川幅が狭い。白鳥が群れている。中洲近くで、数人の人が間隔を置いて釣り糸を垂れていた。

図（11-8）ブレスト要塞の「乾いた戦士」像

九時過ぎホテルを出てバスで五分ほど、プーク川の少し上流にあるブレスト要塞の入口に着いた。ブレストは、リトアニア領であったころブレスト・リトフスクと呼ばれていた。私にはこの名の方が歴史的に馴染み深い。第一次大戦末期の一九一八年、レーニンのロシアが、バルト三国やウクライナを含む広大な領土の割譲をドイツのウイルヘルム二世に約束するブレスト・リトフスク条約を結んだのである。ドイツ帝国が大戦で敗れたため、この条約は一方的に破棄された。

ソ連時代になって、ここに頑強な要塞が築かれた。そして第二次大戦中の一九四一年、ナチス・ドイツ軍の侵攻により、悲惨な一ヶ月の籠城戦の末、要塞は破壊された。ソ連の勝利後ブレストは、旧ソ連圏の各地にある「英雄都市」の一つに指定された。私たちは、要塞跡に建てられた広大な博物館を見学するのである。

星形に刳り貫かれた巨大なコンクリート製の門から内部に入る。二〇〇メートルほど先の岩山のような記念像まで幅広い煉瓦路が伸びていた。途中に高いオベリスクが建つ。煉瓦道の両側はマリーゴールドやレンゲの花壇で縁取られた芝生で、タンポポが咲き乱れる。入口すぐ左手にソ連製の三人乗りJ三四型戦車が四台並び、さらに「乾いた戦士」と称する剣を地上に突き立て腹這いになった戦士の大きなコンクリート像がある。水源を断たれた籠城中の兵士が、夜陰にまぎれてプーク川の岸辺に近寄った姿をリアルに模している。ドイツ軍の狙撃兵により、多くの兵士は水際で倒れたという。

左手の引っ込んだところに建つ細長い建物は兵舎で、一部は昔のままである。黄色の実を付け白っぽい葉の針葉樹の大木が目を引いた。案内人に聞くと、「スプルース」ですよという。稲葉さんが電子辞書で調べると「トウヒ」とでた。中央広場のオベリスク近くに「白の宮殿」の廃墟が残る。ブレスト・リトフスク条約が結ばれた場所らしい。正面に見えていた巨大なコンクリートの山は近づいてみると、うつむき加減の兵士の顔面を模したものだった。旧ソ連の建造物らしく、粗っぽくてバカでかい。右手の建物内には、戦争当時の生々しい状況を伝える展示物や兵士の言葉が残っている。戦の残酷さが胸に響く。同時に、悲惨な戦を繰り返さないために各地に戦争博物館が新たに建設されているにもかかわらず、紛争や戦乱で犠牲者が後を絶たない人類の歴史に一層空しさを感じるのである。

一一時三五分、博物館を出てさらにポーランドとの国境近くまで移動する。この地方で公教育に使われた言語は、二〇世紀初頭は、帝政ロシアによるロシア語、一九三〇年代はポーランド語、一九四〇年代はソ連時代のロシア語、そして一九九一年の独立以後はベラルーシ語と変遷した。当然教育思想も価値観も異なる教育が実施されたはずである。国境の線引きの変動同様、世代間の世界観の溝も大きいだろう。

一二時から一三時半までデカミニエッツという町の黄色い壁のレストランでのランチタイム、奈良の前田さんや荒尾市からの河野夫妻と同じ卓につく。みな旅好きでよく海外に出ているので、いかに安くチケットを手に入れるかが話題になった。個人旅行の場合私は専らHIS社で格安航空券を手配しているが、最近はインターネットでさらに安い航空券が買えるようだ。エミレーツ航空でも比較的安いチケットが手に入るそうである。ただし格安のチケットは、使用条件や期間に制限があり、それなりのリスクも伴う。

「最近は、四泊五日を三万九千円で中国や韓国にいけるツアーもよく新聞広告でみかけますね」と前田さんがいう。「二万九千円のもありましたよ」と私が口を挟んだ。「日本国内の旅行より、よっぽどお得ですね」

妻と息子が、北京五日間の旅で格安ツアーを利用したことがある。高価な買い物店の訪問時間が長かった妻はこぼしていたが、天安門広場や紫禁城、天壇、盧溝橋、明の一三陵、万里の長城、頤和園など北京周辺の見所はすべてカバーしていた。ホテルも食事も、標準に達していたという。

「私達も、北京三万九千円の旅を利用した口です」と今度は河野夫人。

「でも同行者の中には、中国的豪華な紫檀のテーブルや螺鈿細工の刻まれた衣装戸棚などに一〇〇万円を使った人がいました」

「え？　四万円足らずの格安旅行で、一〇〇万円のお買い物！」前田さんと私は声を上げて笑った。もっぱら買い物が目的の旅行者もいるのだろう。

午後は、ベラルーシとポーランド国境にまたがる世界自然遺産のベラヴェジ自然保護区を訪ねた。と言っても保護区入口の自然博物館の裏手にある野外市育場の見学である。確かに、広い金網に囲まれ柵のうちでバイソンなどこの地域で絶滅の危機に瀕していた野生動物が保護され、気ままに暮らしている。拡張された動物園という感じだ。しかし、動物を身近に見たい訪問者には少し物足りない気がした。明日はベラルーシを出国するので、夕食後近くのミニ・スーパーに出向き板チョコなどを幾つも買ってベラルーシ・ルーブルを殆ど使い果たした。

五．再びウクライナへ、リヴィウまで

五月二二日（火）、六時のモーニングコール、七時一五分トランクを通路に出して、階下のレストランに行く。八時一五分にホテルを発った。今日は行程が長いのである。聖ニコラ教会やブレスト大学のあたりを暫時散歩しただけでブレスト市との決別、あとは再び国境を越えて一路ウクライナ西部の中心都市リ

ヴィウに向かう。九時半から一時間かけてベラルーシを出国、一一時ウクライナに入国した。この地域は、カトリックと東方正教が混交したユニイト教が主流という。大地は、古代の植物が沈積してできたいわゆる黒土（チェルノーゼム）に覆われた肥沃な穀倉地帯である。

途中の一度のトイレ休憩を経て、一二時から三〇分、サービス・ステーションでバスを停車して、車内で配られたランチボックスの昼食時間になった。隣席の小保内氏と話す。奥さんは、西ヨーロッパの、旅しか同行しないので、今回は単独での参加になった。彼はなかなかの旅行家で、例えばアフリカのマダガスカル島やその周囲のコモロやレユニオン、トリニダードを含むカリブ海の英領植民地一〇か国も訪ねているのだった。一〇か国を各国あたり一日で周る飛行機ツアーがあることは私も知っていた。しかし価格が高いうえ、短時間で訪問先の国の概況を理解できるとも思えないので諦めていた。はたして小保内氏自身、現在では訪ねた島々の記憶が混同し曖昧になっているという。

「何故か私が死んだら、一緒に旅をした時の写真を焼き捨てるなどと妻が言います。孫たちの参考にもなると思っているのに」

彼は、ビールのラベルを集めている。サービス・ステーションの小店に立ち寄っても、レストランでも、まず新しいビールを探す。破れないように瓶からラベルを剥がすのは結構難しいが、小保内氏は手際よく剥いでいく。今回の旅でも既に二三枚の新しいラベルが集まったようである。ビールが好きだからラベルが集まるのか、ラベルを集めるためにビールを飲むのか、酒類を殆ど口にしない私には分からない。

一八時半、リヴィウ市のジョルジ・ホテルに到着した。三ツ星だが、市内では最も歴史あるホテルという。何より、町歩きに便利な繁華街の真ん中にあるのがうれしい。一九時から、一階正面奥のレストランで夕食を摂る。ウクライナは西欧と違って、日本同様地上階から一階、二階と数えるようだ。千葉県市原市からの高久さんや埼玉県大宮から参加の古川夫妻とご一緒する。ご夫妻は、穏やかな感じの夫に小柄な夫人が寄り添うという感じである。自己紹介のときに語った計画によれば、今年だけでも、まだ五回ほど海外に出かける予定らしい。

今夕は、気温が一四℃まで下がっている。明日も気温が低いらしい。これまで添乗員の稲葉さんも予想していなかったほどの暑さが続いたのである。ホテルの玄関の外に立ち、道行く人を眺める。髪や目の色、肌の色など様々だ。若い女性はスラリと引き締まった体形をしているが、中年を過ぎるとみな肥満体になり、なかには無残なまでに膨れあがる。今、向こうから容姿端麗なお嬢さんが颯爽と歩いてきた。目線を正面に向け私などには目もくれず、ホテル前を通り過ぎていく。と思いきや、去り際に横目使いで確かに私を見た。異人の姿が少し気になっていたのだろう。私は、つい笑みを返した。

六、リヴィウの旧市街、シェフチェンコの森

五月二二日(水)、曇りのち雨。昨夜二二時に寝て、四時に目覚めた。最近は六時間以上眠るのが難しい。なおしばらくベッドに転がっていたが、五時半になって起き上がり、体を拭いて顔を洗う。七時、一階のレストランに降りていく。荒尾市の河野夫妻と国立市からの福山さんが私のテーブルにやってきた。

「なぜウクライナの旅を選んだのですか」といきなり福山さんが河野夫人に尋ねた。

「ウクライナは、最近テレビでもよく紹介されてるし」

「あたしは、イラクとアフガニスタンを除けば、世界の殆どの国を見てまわったから」ここが福山さんの

話したい核心である。彼女は、南極大陸にも上陸しているし、北極点もそりで到達したらしい。もちろん、アフリカ諸国にも。記念に、水牛の角や南極の石などをマンションの自宅に飾っているという。

「私も一〇年前、南極に行きましたよ」河野夫妻を会話に引き入れるために口を挟んだ。「南極の島や大陸の上陸前後では、船員がホースの水を使ってわれわれの長靴の泥を徹底的に洗浄しました」

河野夫妻が、少し訝しげな顔をしたので補足する。

「外界との相互の汚染を避けるため、南極には何一つ持ち込んではいけないし、持ち出すことも禁じられています。そうでしたね」と今度は福山さんの顔を見た。彼女は頷いた。

「石を持ち出すことも禁じられていたはずですが」

「もちろん、そんなことぐらい知っていますよ。だから上手く隠したんです」と彼女は平然と答えた。

「最近、マンションの部屋を六〇〇万円ほどかけて改造しました。記念の品々を飾るために」ここで彼女は溜め息をついた。

「私は独身だから、死んだとき引き取ってくれる人がいるでしょうか」

「金の延べ棒や貴金属なら応募者多数でしょうが、水牛の角の引き取り手を見つけるのは難しいかもしれませんね。広壮なマンションの持ち主ならともかく」と私が答える。「公益法人にでもして、国立市にそっくり寄贈なさったら」いささか無責任な提案を付け加えた。

「地球上では、福山さんには訪ねる国があまり残っていないようですね。いっそ宇宙飛行士になって、火星の石を拾ってこられたら」と河野氏が笑いながら会話を締めくくった。今日は連泊で荷物出しがなく出発も遅いから、朝から埒もない話をしているのである。

九時、市内観光に出発。この地のガイドは、ダイアナさん。ウクライナ語で「お早う」は、「ドブレ・ラーノック」有難うは「ジャンクユー」こちらは覚え易そうだ。リヴィウは、世界遺産に指定されている旧市街が残る情緒ある古都である。外国の影響を強く受けた首都キエフよりウクライナ的な都会といえるだろう。一二五六年、ガリチア公ダニエル・ドマノヴィッチが建都、子息レフの名前を町の名にしたのが起源という。まず、四一〇メートルの高所に登って、市街地を俯瞰した。一部にかつての城址が残っている。

市街地に戻り、一九〇〇年ごろに開かれたオペラ劇場を訪ねた。劇場の回廊では、練習中の歌声が聞こえている。パリのオペラ座、ミラノのスカラ座とも並び称されるほどのオペラ・ハウスというが、残念ながら会場内部には入れなかった。

アルメニア地区から町の中心、市庁舎を囲むリノック広場周囲の古い建物を廻り歩く。アルメニア人銀行家の旧宅を利用した瀟洒なカフェー、ユニイト派の大聖堂、一七三五年創業の薬局博物館、イタリア出身の商人バイム一族のチャペルは、小ぶりだが美しい円天井を備えた見事なものだった。古い建物の間を縫って、路面電車がゆっくり走っていた（439頁 図11—9参照）。重厚で落ち着きのある街並みだが、活気がある。「戦乱に焼かれなかった古都はいいなー」と思う。リヴィウはそのような印象を与える町だった。

一三時から「ゴールデン・ボア」というレストランで一時間を超えるランチタイム。小保内氏、下松氏、松村氏、それに東京出身の大柄な加藤氏とたまたま男五人が集まって、高地旅行の話から高山病対策を語り合う。

後は市街地の東、シェフチェンコの森にある一八世紀から二〇世紀にかけての民家を集めた民族建築・

風俗習慣博物館を訪ねた。日本の明治村の様なところである。一八八〇年代の小学校、鴨居に向日葵の紋様を描いた大きな農家など西ウクライナ各地の木造建築が一〇〇棟ほど移築されていた。中でも、イニイト派のニコラス教会は、数層のひさしを付けたパゴダ風の建物が連なる釘一本も使わぬ木造建築として見事であった。その門前で集合写真を撮る。向こうの建物への斜面を登りかけていた丈の高い村上さんが、手足を最大限に伸ばした奇妙な姿勢で転倒した。こちら側にいた添乗員の稲葉さんが、あわてて走っていく。幸い怪我もなく、村上さんは立ち上がった。

一旦、ホテルに戻る。夕食までの自由時間、再び徒歩一〇分ほどのイノック広場まで散策した。土産物店で磁気飾りを買ったり、昼間ガイドに教えられていた「五一グリュー」に立ち寄って名物チョコを手に入れた。店内で旅行仲間にも出会う。

夕食時は、さいたま市からの古川夫妻と歓談する。中国の三峡下りや旧満州への旅が共通の話題だった。この二人は、ツアーで中国・ロシア国境の満州里も訪問しているのである。二〇年ほど前私も個人旅行で彼の地を踏んだのだが、このような僻地まで日本からのツアーがあるとは知らなかった。国境に建つ見張り所から中国衛兵の目を盗んでロシア側の集落の写真を撮った記憶がある。

七．テルノポリの人造湖、街角で出会った母子、チェルノフツィ市

五月二三日（木）、六時起床、八時にホテルを出発。今日は、チェルノフツィまでの約三〇〇キロを専ら南下する移動日である。行き交う車は、チェッコ製のシコダ、ロシア製のラーダ、ルーマニア製のダキアなど多彩である。総添乗員のラミラさんが、ウクライナの給料について、「明細書プラスその一〇倍の

図（11-10）テルノポリで
出会った母子

現金が支給されます」と妙なことを言う。税と将来の年金は明細書記載の額に従って決定される。なぜこのような二重構造になっているのかの説明はなかった。年金は、日本円にして平均月二万円程度である。

一一時一五分、人口二〇万のテルノポリという一六世紀からの古い町に立ち寄った。もともとポーランド領にあったが、一八世紀後半オーストリアに編入され、大戦間期（一九一八－四二）ポーランドに戻り、さらにソ連時代を経て現在のウクライナ領になった。この地域の目まぐるしく変転する歴史が凝縮されたような小都市である。

街の中心に、テルノピリというかなり広大な美しい湖がある。ドニエストル河の上流セレト川の一部を堰き止めた人造湖だった。大きな遊覧船が岸辺に係留されている。公園のように広々とした目抜の歩行者天国を歩く。黒い式服の夫と白い花嫁衣装のカップルに出会った。広場の一角にシェフチェンコの物思いに耽る坐像がある。プーシキンの立像もあった。

一行から少し離れて進んでいると、きれいな日本語で呼び止められた。振り返ると、乳母車を引いている地元の女性だった。車の中には、小熊の様な耳がついたピンクの毛編帽を被った女の赤子の笑顔があった。立派な体形の母親は、「日本の方でしょう」と話しかけ、「数年前に日本を訪ねたことがあります」という。広島、熊本、宮崎に立ち寄ったそうである。一般の外国人が最初に挙げる東京や京都と違う都市名が並んだので、少し興味を惹かれた。果たして彼女の日本訪問は、一般的観光旅行ではなく舞踊団の一員としての公演旅行だった。そういえばウクライナ民族舞踊団が来日巡回していたことを思い出した。それにしても公演旅行だけで、このようなきれいで正確な日本語が話せるわけがない。その後も日本語の勉強を続けてきたのだろう。そしてよい機会とばかり、私に話しかけたのである。一緒に記念写真を撮り、共に笑顔の母子と別れた。

一三時半から一時間ほど、「古い水車」(Staryi Mlyu)という水車や陶器、草花、蔦で表の壁面を華やかに飾った三階建てのレストランでランチタイムをとった。刳り貫いた丸パンの中に満たされた緑色のボルシチにクレープ風パンケーキ(グレヴィ)、ロール・キャベツなどの郷土料理は美味かった。

午後は、湿地や農場と移り変わる風景の中をなお一七〇キロばかり走った。冬季の氷雪地帯で道路の修復状況が悪く、バスのスピードが上がらない。一九時四〇分、プルート川を渡って、ブコビナ(「ブナ林」の意)地方の中心都市人口二五万のチェルノフツィ市に入り、本日の宿泊所ブコビナ・ホテルに着いた。

八. モルドヴァへ、二重の虹の架け橋

五月二四日(金)、六時に起床し、八時にチェック・アウト。本日は午前中チェルノフツィ市を観光し、午後モルドヴァ共和国に入る予定である。

昨日立ち寄ったテルノポリ同様この町の歴史的遷移変転も激しい。一四世紀から一八世紀はモルドヴァ公国とオスマン帝国の共同支配下にあったが、露土戦争(一八七七-八)でロシア側に付いたオーストリアが戦後これを領有、大戦間期にはルーマニアの支配下に置かれ、やがてソ連領に組み込まれ、ソ連崩壊の一九九一年独立ウクライナ共和国の領地になった。隣国のベラルーシが第二次大戦中ドイツ軍により壊滅的破壊を受けたのに比べ、チェルノフツィを含むブコビナ地方はドイツと友好関係にあったルーマニア

に属していたためナチスの侵攻を免れている。当時人口の五〇%を超えていたユダヤ人も、無事だった。この地方からは、カナダやルーマニアへの移住者も多い。ウクライナ人が多数住むルーマニアのスセアヴァ(Suceava)市とチェルノフツィは姉妹都市である。ブコビナ地方は、ルーマニアとの関係が深いのだ。

八時一五分、私たちは市の中心部にある劇場前広場から歩き始めた。この広場は、正面に丸いドームを中央に載せたオペラ劇場、左に公民館、右手にユダヤ人センターに囲まれた長方形の瀟洒な公園になっている。その先、市庁舎が建つ広場の反対側の壁には一九四八年当時の新聞記事が刷り込まれ、その前にシェフチェンコ像が立つ。ウクライナではシェフチェンコが、国の文化的シンボルになっているようだ。

この市街の繁華街、歩行者天国のトブリヤンスカ通りの緩やかな坂道を歩く。午前なので人通りは少ない。当地ガイドの誘導で、見所の建物を選んで立ち寄った。一二番地にある旧知事の屋敷は、石畳の中庭の両側に木造のバルコニーがあり、正面奥の赤屋根の上に時計台が載っていた。マロニエの街路樹の奥に聳える緑色のドームは、チェコの建築家ジョセフ・ラウカによるウクライナ正教の大聖堂である。

町歩きの途中でガイドに、この国に多い「チェルノー」を冠した地名の関係について質問した。例えば、当地のチェルノフツィ、原発事故で知られるキエフ北方のチェルノブイリ、など。

「チェルノーは、黒い、という形容詞です。例えば有名なウクライナの肥沃な大地が「チェルノーゼム」(黒土)と呼ばれるように」とガイドが答えてくれた。

この通りから少し離れたところにあるチェルノフツィ大学の校舎(一八七五年創立)は、この町の中でも特にすばらしい建造物だった(439頁 図11—11参照)。これもラウカが設計し、一八年の歳月をかけて建設されたものである。当初は、大学の神学部や大司教の館、聖職者たちの居住区として使われていた。

特に正門を入った左手にある現在の神学部は、赤レンガとウクライナ刺繍模様が入ったタイルが張られた美しい建物で、世界文化遺産に登録されている。建物から若い男女の学生が、三々五々出てきた。私たちは正面奥の外国語学部の中に入り、二階の講堂などを見学する。裏手の林には、ブナの大木が茂っていた。

個人旅行の時には、時間の余裕があれば大学の構内を歩く。大学の雰囲気や学生たちの様子を見るのが楽しみなのである。しかしツアーで大学に立ち寄ることは滅多にない。一般的観光地でなく旅行者の関心が高くないと考えられているからだろう。世界遺産ということで今回チェルノフツィ大学の構内に立ち寄れたのは、幸運だった。入口の両側に色とりどりの鉢植えを並べた木造のレストラン「カナウス」で昼食休憩。一四時、国境のアマリガ村に着いた。ウクライナの出国手続きに次いで、一四時三〇分から小一時間かけてモルドヴァ入国手続きをする。

モルドヴァ共和国は、九州ほどの国土に四三二万の人が住んでいる。ただし、国内を流れるドニエストル河の東側に一割のロシア系が居住し、自治を主張して中央政府の威令が及んでいない。国民はEU加盟の西のルーマニアのパスポートを取得できる。モルドヴァは、ロシアよりルーマニアの影響が大きい。国民の平均的月収は三万円ほどという。

一六時、麦畑の間に点在する農家、草を食む一匹の牛を見た。空き地の土地は黒色を帯びている。このあたりも黒土地帯の一部だろう。車道の両側にはポプラやリンゴの並木が延々と続いている。農村風景を写真に撮ろうとしても木立ちが邪魔して上手くいかない。一六時半、依然緩やかな起伏のある農村地帯を走っていた。一六時四〇分になって、ようやく二〇分間のトイレ休憩。旅に出ると誰でもこまめに用を足す。後でもよおしてきて仲間に迷惑をかけてはいけないからだ。トイレ休憩は、運転手に休息してもらうためにも重要である。

一八時、ボルチという町でボックス・ディナーが配られ、四〇分間停車した。僻地の旅では時々ボックス・ランチが提供されるが、夕食弁当は初めてだ。今夜の宿泊地キシニョウまで、まだ一三〇キロも残っている。小公園のベンチで、仲間うちの雑談。

「総ガイドのラミラさんは、体重を気にしているらしい」と誰かが話した。三〇代と思しきラミラさんは、たしかに少し太り気味である。この国の女性は、二〇代の初めまではスマートで美しい肢体をしている。しかし、中年から太り始め、老女になると大多数が無残な肥満体を、おぼつかない足腰で支えるようになる。ラミラさんは、いまその分岐点に立っているのだった。今回参加の日本人女性は殆ど六〇代だが、小太りの福山さんや村上さんを除いて皆痩せ形である。

「当地で提供される料理の質量を見れば、原因は明瞭です」と私が口を挟んだ。「わたしたちが多くを残してしまう脂肪分の多い肉料理を、彼女らは毎日平らげているのでしょう」

「日本人でも相撲取りは別ですね」

「彼等は、肥満しないと商売にならないから」

「私は、も少し筋肉を付けたい」と筋肉質の前田さんがいう。「そのスマートな体型で満足しないとバチがあたりますよ」とすかさず異論を入れる。

「酒は一度に大飲してはいけない。ちびちびやるのがコツです」と一行のなかで最も偉丈夫な東京の加藤氏が主張した。

「焼酎は、体に良いそうですね」と小平市から来た大沢さんが酒飲みを擁護した。

「それは、酒飲みの得意な言い草に過ぎません」

酒を全く受け付けない私は反論する。「体に良いか悪いかは、肝臓が判断することですよ」

「最近、万歩計を片手に今日はどれほど歩いたかを自慢する人が増えて、かなわん」と加藤氏が付け加える。

「そんな時には先手を打って、本日あと何歩残っていますか、と尋ねたらいいのです」と札幌市の小保内氏が冷やかした。

車が移動を再開して一時間ほど走った二〇時頃、まだ明るかった前方に異様な黒雲が拡がり始めた。バスは、構わず黒雲に向かって突き進んでいく。果たして、大粒の雨が窓ガラスを叩きだした。今回の旅で初めての本格的雨である。しばらく俄か雨のなかを走っていると左前方に虹が見えた。虹は弧を描きながら伸び広がり右車窓からも見えるようになった。黒雲の中にくっきり浮かび上がる見事な虹だ。前席に座っていた前田さんも気付いて、急いでカメラを取り出した。そのうち、最初の虹の先に、少しぼやけているが二つ目の虹が見えてきた。中天に浮かぶ二重の虹の架け橋、それはこれまで私が見た中で最も特異で壮大な美しい虹だった。

二一時、モルドヴァ共和国の首都人口八〇万のキシニョウ市のリーゼンシー・ホテルにチェック・インした。今宵から、このホテルで二連泊する。

九．キシニョウの町歩き、プーシキン旧居、懐かしのヒロイン「タチヤーナ」

五月二五日（土）六時起床、小一時間散歩に出かけた。ホテルは市街地の西南部にあり、周辺は閑静な住宅地である。五分ほど北東に歩いて緑豊かなシュテファン・ツエル・マレー公園に入った。公園の名は、一五世紀のモルドヴァ公国の有名な君主に因むという。十字架を高く差し伸べた王の騎馬像が、北東隅の公園入口に立つ。公園の北側を東西に走るのが、同じ君主の名を冠した市のメインストリートである。公園の中ほどに円形の花壇があり、中央の細長い円筒の様な台座にプーシキンの胸像が載っている。この後に触れるが、キシニョウはプーシキンゆかりの町である。ホテル近くには、観覧席を備えたサッカー場もあった。

九時に市内観光に出発した。市街地は、碁盤の目のように道路が東西南北に整然と区画されている。まず、ステファン・チェル・マレ大通りの東端にある聖ティロン修道院に立ち寄った。現在六人の修道尼に守られているという。参道左手の花壇に咲く鶏頭やラヴェンダーのような紫色の総状花が、瀟洒な尼僧院に彩を添えていた。モルドヴァは、ロシア正教とルーマニア正教が交錯する地域だが、現在はロシア正教のほうが優勢らしい。すぐ近くには科学アカデミーの堂々たる建物があり、その前の解放広場の角には両手を広げた女神像が立っていた。

次いで、東に一五キロほど離れたミニシティ・ミニにある広大なワイナリーを訪問した。この国のワインは、フランス系カベ・ルネ・ソービヨン種のブドウから作られるという。ワイン工場の訪問というと、試飲への期待で行く前から舌なめずりしている人もいるが、アルコールが飲めない私には、「あ、またワイナリーか」と思うだけである。それほど現在ワインの産地は世界中に広がっていて、旅先で有名なワイナリーに案内されることが多い。ただし、この工場の地下にある貯蔵庫ワイン・ケラーは桁違いに大きかった。石灰石の石切り場であった坑道を利用しているからである。全長二〇〇キロに及ぶ昔の坑道のうち、ワインの保管に利用されている部分は五五キロある。ワインはまず樽に寝かされてから瓶詰めにされ、地下の区画された壁の中に横向きに押し込まれている。一五〇万個のワイン・コレクションがあるという。

「あのうちの一本を引き抜いても、誰も気付かないんじゃない？」と誰かが冗談をいった。天然の冷房が効いた地下のレストランで、ワインの試飲を兼ねたランチが提供された。

午後はキシニョウに戻って、市の西北端にあるプーシキン博物館を訪ねた。一八二〇年から三年間、思想上の理由からロシア皇帝アレクサンドル一世に首都を追放されたプーシキンが実際に住んでいた家で、一九四八年に修復されたものである。淡いグレイの瓦屋根に白壁の平屋、入口の両側に木枠の大きな窓が並んでいた。内部は、書斎や寝室など四つの明るい部屋に仕切られていた。ある部屋には家族や友人との写真に交じって、手稿や、作品の展示、代表作『オネーギン』の登場人物のスケッチが並んでいた。この作品の着想を得たのもキシニョウ時代とされている。

図（11-12）キシニョウのプーシキン博物館

思いがけず横にいた村上さんが「タチヤーナは、妹の方だったわね」と口を挟み、私が「いや、姉さんでした」と言い直したことから、二人だけその部屋にとどまって『オネーギン』についての感想をしばらく語りあう。数十年ぶりで今回の旅の直前読み直していたから、登場人物やストーリーについての私の記憶は正確になっている。

――オネーギンがかつて田舎暮らしをしていたころ、近隣の屋敷に寡婦と二人の娘が住んでいた。内気な姉の名はタチヤーナ（ターニャ）、明るく派手な妹はオリガという。伊達もののオネーギンは、多くの女性から付文をされるが、社交や恋愛の手練手管に飽きてしまい人間関係に距離を置いていた。あるときオネーギンは、タチヤーナから告白の手紙を受け取る。引込み思案の彼女が、必死の思いで綴ったものだった。しかしオネーギンは、結婚しても男女が幸福になるわけではないと、タチヤーナの思いを退ける。

数年後モスクワでの夜会でオネーギンは、今は公爵夫人として社交界の花形となったタチヤーナと再会する。彼は、たちまち彼女の魅力の虜になり恋文を届けた。しかし繰り返し送った手紙にも返書はなかった。さらに歳月が流れる。意を決したオネーギンはペテルブルグの公爵夫人のもとを訪ねる。タチヤーナは、オネーギンの手紙を手に涙を流した。

「昔に戻れるものなら、忌まわしい上流社交界の虚飾や流行の邸宅や夜会など私にとって何の値打ちがありましょうか。一棚の書物と荒れ果てた庭、貧弱な住居、オネーギン様に初めてお目にかかった場所、それらと取り換えることができるのであれば。幸薄いターニャにとっては、もはやどんなクジでも同じことです。私は貴方を愛しています。今更隠し立てすることではありませんもの。でもこれからは、夫に操を立てて生きていくつもりでございます」

タチヤーナはオネーギンを客間に残して奥に消えた――

ほんの要約にせよ紀行の本筋を離れて、『オネーギン』の内容に立ち入り過ぎたかもしれない。シェイクスピアやゲーテと並び称されるロシアの大詩人（むろん、ダンテを挙げる人もいる）とはいえ、現在わが国でプーシキンの作品を読んでいる人が多いとは思えないので纏めてみたのである。この作品中オネーギンが誤解から、オリガを恋していた友人を決闘で倒す場面がある。このエピソードは、プーシキン自身の最後を暗示させる。彼は、妻に言い寄る男との決闘により一八三七年、三八歳の若さで詩業半ばに逝った。ともあれ、タチヤーナは、ロシア文学が生んだ最も人気あるヒロインのひとりとして文学史上に光彩を放っている。プーシキンの家博物館の訪問で、モルドヴァ共和国そしてキシニョウ市での貴重な一日が終わった。

一〇．三度ウクライナへ、オデッサ、ポチョムキンの階段

五月二六日（日）、六時に起きて八時の出発。市域を出ると一面の畑地、ポピーが一帯を赤く染めていた。沿道にクルミの並木が続く。九時半、ケウシェニという町を通り過ぎた。日常雑貨や食品、車の部品などを並べた日曜市が立っている。一〇時から一時間かけて出入国の手続き、三度目のウクライナ入国である。ドニエストル河を東に渡って、アヤキー村でトイレ休憩、正午過ぎ黒海に面した人口一二〇万の大都会オデッサに着いた。その名は、紀元前のギリシャ植民地オデッソスに由来する。一八世紀末ロシア領になり、エカテリーナ二世の時代に現在の市街地の基礎が出来上がった。沿岸貿易の拠点として黒海の真珠と讃えられる。

今日は時間に余裕があるらしく、一三時から一時間半もかけて日本料理店「和」で昼食休憩、マグロの刺身、お澄まし、茶わん蒸し、焼きうどん、これにデザートのアイスが付いた。同席者は、小保内氏、加藤氏、下松氏と男性ばかり。小保内氏の新ビールラベルの数も四〇を超えた。下松氏と加藤氏はタイプが異なるが気は合うらしくよく同席している。キシニョウのワイナリーの昼食時にも、全く関係のないプルーストの『失われた時を求めて』や中里介山の『大菩薩峠』に加藤氏が触れ、下松氏が大きな声で応じていた。この二つの大作を読み通す人は少ない。もしこれらを通読しているとしたら、加藤氏はかなりの読

書家だ。

きっかけは忘れたが、下松氏が宮本武蔵の話を始めた。彼にとって、話の流れなどどうでもいいのである。またかという顔で加藤氏が苦笑いした。宝蔵院流の槍術や洛北一乗寺下がり松の吉岡一門との決闘のこと。「省略すれば、下松の決闘ですね」と私が半畳を入れる。これに構わず下松氏は、千葉周作の北辰一刀流に話題を転じた。「おや、今度は神田お玉が池の先生ですか」と誰かがいった。

午後はまずオペラ劇場（創立一八八七年）の訪問。ウイーン風バロックにロココやルネッサンス様式も混在するというややこしい建物だが、最近一二年もかけて改装された。かつてリムスキー・コルサコフが指揮し、シャリアピンが歌った名門劇場である。プーシキンの『大尉の娘』も、オペラを作曲したチャイコフスキー自身の指揮により初演されたという。

次いで、市の北一五キロにある「パルチザンの栄光博物館」に立ち寄る。エカテリーナがウイーンの建築家に町の建設を任せた際、使用される石材発掘のため地下に一千キロにも及ぶ坑道が出来た。この坑道が、第二次大戦中の一九四一年ナチ軍やルーマニア軍に対するパルチザンの拠点になった。現在その一部が公開されている。指令室、兵士が使用した井戸や台所、ベッド・ルームなどを、狭い地下道を歩きながら見学した。最深部は一七二メートルにも達するらしい。

オデッサ市に戻り、美しいアーケードやサルビヤ、マリーゴールドが咲き乱れる公園の中を歩く。噴水が上がる近くで、グレン・ミラーのジャズが演奏されていた（440頁　図11―13参照）。

七時半、市街地の東北端にある歩行者天国の美しい並木道プリモールスキー通りに来た。ここから、大きな客船が停泊する港に向かって一九二段の石段が下っている。通称「ポチョムキンの階段」と呼ばれる。

図（11-14）ポチョムキンの階段

幅三〇メートルほど、途中に三個の大きな踊り場がある。石段の上から見下ろすと踊り場しか見えず、逆に下から見上げると踊り場が隠れ石段しか見えない。それ自体、なかなか印象的な階段なのだが、これを一躍有名にしたのは映画史上の名作、エイゼンシュタイン監督による「戦艦ポチョムキン（一九二五年）」にこの階段が利用されたことによる。一九〇五年この港で起こったポチョムキン号の反乱が主題である。映像では、階段上で少年が無残に殺害される場面が撮影された。あまりに惨たらしかったため、長い間この部分がカットされてきたという。

キシニョウ滞在の後プーシキンはオデッサでも数年を過ごし、『オネーギン』の数章をこの地で執筆した。その家も文学館として残っているが、こちらの訪問は無かった。

今夜二三時四九分オデッサ発の夜行寝台でクリミア半島に移動することになっている。それまでの時間どのように過ごすのかと訝かっていたら、観劇が用意されていた。ロシア演劇場で一九時から上演されるゴーゴリー作の『Viy（ヴィー）』の鑑賞である。「外国語の会話劇を見ても、筋がわからず居眠りするだけだ」と不平を漏らす人がいたが、私は全く知らない題名に興味を持った。ゴーゴリーは、ロシア各地の民話の収集家として知られているが、『ヴィー』も民話を基にした劇という。開演時間が近づくにつれ客席は、八割方埋まった。女性客は日頃よりは着飾っているが、あまり気取った服装でもない。子供連れも多い。私たちは、ほんの粗筋だけを頭に入れて、舞台を眺めた。

――三人の若者が夜道の森で迷い、老婆が住む民家に転がり込む。この老婆は実は魔女で、三人のうちの一人修道僧を付け狙う。難を逃れて帰宅したその男は、司教により瀕死の女性の家に祈祷に向かうよう命じられた。ところがこの女性こそ、先日の魔女だった。天井から下がった二つのロープにぶら下がった修道僧と魔女は、客席の頭上の空中で縦横に激しい追跡劇を演じ、最後は男が首を括って死ぬ――

題名の意味は聞きそびれたが、魔女のことであろうか。なんともすさまじい物語だが、全体はミュージカル仕立てで、村人の風俗、祝祭、地方の風景が描写され、コサック・ダンスが演じられるなど、言葉は判らなくても結構楽しむことが出来た。

この後二二時から市街地の南、オデッサ駅近くの中華料理店で遅い夕食を摂り、駅舎に向かった。青い車体に黄色の横線が入った長い列車が停車している。寝台車は各コンパートメントに二段ベッドが二つの計四人用である。これまで通りホテルで相部屋のひとは、一コンパートメントを二人で使い、私のように一人部屋料金を支払った者はコンパートメントも独り占めした。各車両に担当の車掌が控えている。一行の大型トランクは車両に持ち込めないので、スラヴィック氏がバスでクリミヤ迄運ぶ。私たちは簡単な手荷物だけで一晩を過ごした。

図（11-15）オデッサ駅

一一．クリミヤ半島、クリム汗の宮殿、セヴァストーポリ要塞とトルストイ

五月二七日（月）、朝六時、寝台車のベッドで目を覚ます。トイレに行こうとドアーに手を掛けたが全く動かない。早朝なので隣室者に合図を送ることもはばかられる。昨夜、ドアーの開閉のやり方をよく確かめておくべきだったと、少し後悔した。コン

パートメントに幾つもついている押しボタンを調べてみた。一つだけよく分からないマークがついている。思い切って押してみると、車掌がきてドアーを開けてくれた。運良くこのボタンが、呼び出し用のものだった。

八時、昨夜配られていた朝食用弁当の包みを開いた。中にはチーズにサラミ、丸ごとのキュウリとトマトがそれぞれ一個、食パンに菓子パン、リンゴとバナナ一本ずつ、缶ジュースが入っていた。一一時五二分クリミヤ半島の基点になるシンフェロポリ（ギリシャ語で「幸福をもたらす」の意）駅に到着、出迎えの当地ガイドがターニャと自己紹介した。一瞬「あ、この人もタチヤーナだ」と思う。バスで先着していた運転手スラヴィク氏と再会し、バスの旅が再開された。

クリミヤ半島は現在約二〇〇万の人が住み、年間約七〇〇万の観光客がやってくる。エカテリーナ二世がロシア領に組み込むまでクリミヤ半島には、クリミヤ・タタールと呼ばれるモンゴル系の人々によるクリム汗国があり、一五世紀から三〇〇年間バフチサライを都としていた。バフチサライの野外レストランで、ラグマンという麺入りスープやマントウなどクリミヤ・タタール料理のランチを摂る。

一四時半、クリム汗の宮殿を訪ねた。堀に架かる橋を渡って内部に入る。入場してすぐ左手にある鉄門は精緻な紋様が刻まれ、中央にタンガと呼ばれる学章の様な汗の紋章がある。この紋章は、逆さにしてウクライナの国章トリスプに使われている。内庭の周囲には、夏の宮殿、家族の居住区ハーレム、ミハラブとコーランの置台のあるモスクら、瀟洒な建物が配置されていた。クリム汗国の始祖は、ジンギス汗一一代の末裔とされているが、定住しイスラム化して立派な宮殿を営んでいた。ガイドのターニャさんに訊くと、最大版図は、今日のモルドヴァ共和国からクリミヤ半島全域に及んだという（440頁　図11—16参照）。

ヤルタへの移動の途中、セヴァストーポリに立ち寄った。この要塞は、エカテリーナ女帝の廷臣ポチョムキンが建設を進めた。ヤルタやセヴァストーポリを含むクリミヤ半島を連邦の中のウクライナ自治共和国に区分けしたのは、フルシチョフである。将来ソ連が崩壊してウクライナが独立することなど、かの敏腕な書記長でも夢想だにしなかったのだろう。現在ロシアは、セヴァストーポリの借用料として毎年二〇〇億円相当をウクライナに支払って、軍港の管理を続けている。日本政府が費用を負担してアメリカに駐留してもらっている沖縄の基地とは、ベクトルの向きが全く逆である。

ナヒーモフ提督像が立つ広場から海岸通りを歩いて、波止場に降りて行った。深い入り江の対岸に軍艦や起重機が並んでいる。円筒形の沈没船記念碑があった。要塞封鎖に使われた船という。後日軍神と崇められるようになった若い日の海軍士官広瀬も日露戦争以前にこの港の視察に来ているというから、旅順港封鎖のヒントもセヴァストーポリで得た可能性がある。

セヴァストーポリの大要塞に対し、英国、フランス、サルディニア王国（イタリア）、トルコらの国々が共同で攻め込んだのが一八五五年のクリミヤ戦争である。ロシアの提督ナヒーモフも戦死し、両軍合わせて五〇万人の死者を出す凄惨な戦だった。敵味方の負傷者を介護したナイチンゲールの活動は、後の国際赤十字の創設に繋がる偉業と語り継がれている。

ところで当時この要塞には、砲兵士官として二六歳のレフ・トルストイが参戦していたのだった。彼は、『一八五五年五月と一二月のセヴァストーポリ』二部作を現場で執筆した。砲弾が飛び交うなかでの士官や兵士たちの言動を通じて、彼らの心理が見事に分析されている。トルストイは、ロシア軍人の愛国心を強調しながらも、戦争の現実を冷徹に描写した。一瞬にして命を絶たれる将兵たち、戦場に敵味方入り乱

図（11-17）セヴァストーポリ港

れて散乱する死体など。出版前、当局により削除を命じられた箇所もあるという。ロシア軍は、三四九日の攻撃に耐え抜いた。この時の経験が、後の『戦争と平和』に生かされたにちがいない。この大作中のリアルな戦場場面の描写力は、一〇年ほど先立つ『セヴァストーポリ』で既に予告されている。

海に沿った崖上の道路を、東のヤルタに急いだ。北側には一木一草も生えぬ岩山が続いている。この北風を遮るクリミヤ小山脈によりヤルタは温暖な保養地として、昔から上流階級の人々を惹きつけてきたのである。ヤルタまで小一時間ほどかかった。ヤルタに近づいたとき、ターニャさんが崖下を指差し、「一九九一年、休暇中のゴルバチョフが、反対派の一味に軟禁された別荘です」という。見下ろすと、柿色の屋根が一瞬目に入った。ソ連崩壊の直接的引き金になった事件の現場である。一八時半、ヤルタのパレス・ホテルにチェック・インした。

一二　ヤルタの海岸通り、犬を連れた奥さん、二つの宮殿とヤルタ会談

五月二八日（火）、六時起床。ヤルタの略図を手に、早速朝の散歩に出かけた。パレス・ホテルは、宿泊施設や保養所、屋敷などが散在する閑静な山手に位置している。ホテル前の幅一〇メートルほどの路地は、チェーホフ通りという。細い坂道を二ブロック下って、レーニン海岸通りに出た。化粧石を敷き詰めた広い通りである。その山側は、白亜の地にベージュの模様を重ねた二、三階建ての落ち着いた建物が軒を連ねている、一〇メートルほどの間隔で、丈の高い棕櫚が並木を形作る。海岸通りから石段を一〇段ほ

ど降りると海辺の砂浜だ。此方には、売店や海の家風の平屋がある（2頁　図11―18参照）。海岸通りに沿って東のレーニン広場まで歩く。まだ人影はほとんどない。前方から上がる太陽がまぶしい。広場近くの小さなドックには、小型の船が多数係留されていた。湾を囲んで西に伸びている突堤の先端に丈の低い灯台が見える。

ホテルで朝食を済ませ、九時に今度はガイドに連れられて再び海岸通りを歩いた。朝の散歩では気付かなかった一九一八年一〇月のロシア革命記念碑やチェーホフの『犬を連れた奥さん』の一節を記したプレートを、ターニャさんに教えてもらう。次いで、少し山手にあるアレキサンダー・ネフスキー教会へ。ネフスキーは、一三世紀モンゴルやドイツ騎士団の侵攻に抵抗したロシアの英雄の名前である。正面のギリシャ風列柱が印象的だった。この日三番目に訪ねたのは、市街地の北西にある「チェーホフの家博物館」である。一八九九年、胸を病んだチェーホフは、ヤルタに家を建て移り住んだ。そして一九〇四年に亡くなるまでの五年間、『三人姉妹』、『桜の園』、『犬を連れた奥さん』らの名作を書き残した。門を入り、階段をおりたところの展示館には、チェーホフの写真や原稿、机、私物などが展示される。上手の植物が茂った広い庭園の奥には、「白いダーチャ」と呼ばれる白亜二階建てのチェーホフが母や妹と暮らしていた家がある。階下に居間と食堂、その奥に寝室、二階には母や妹の部屋、チェーホフの文机、ピアノがあり、家族の写真が壁に貼られている。この家にはゴーゴリーやトルストイも訪ねており、作曲家で名ピアニスト、ラフマニノフもこの家のピアノで演奏したと伝えられる。チェーホフの妹は、一九六三年までこの家に住み、兄の記念館創立に尽力した。

ヤルタは保養地として、またこの後で訪ねたヤルタ会談の場所として世界的によく知られている。しか

図（11-19）「白いダーチャ」

し私に限っていえば、チェーホフの『犬を連れた奥さん』を最初に連想する町なのである。

——伊達男のグーロフが、いつも白いスピッツ犬を連れベレー帽を被った小柄な奥さんアンナ・セルゲーブナに出会ったのは、海岸通りだった。初めは、ひと時の女遊びと思っていたグーロフは、やがてアンナを深く愛するようになる。しかしアンナは、夫が住むS市に帰った。グーロフはS市でアンナと再会し、その後二人はモスクワで逢瀬を重ねるようになる。

ただそれだけの物語りである。チェーホフは、何らかの解決や希望を提示しているわけではない。人生には、まとまったストーリー展開もなく正解もないということだろう。彼が人間を見つめる眼差しは優しいが、その視野の底には常にほろ苦い哀感が漂っている。

『犬を連れた奥さん』がチェーホフの最高傑作とは思わないが、最も記憶に残る作品の一つであることは間違いない。それは、映画化された作品の映像の故かもしれない。ヤルタの海浜に現れたどこかさびしげな貴婦人と、いつもその後から尻尾を振りながらちょこまかと追っていく白い犬。そう、この白いスピッツ犬が、この短編に光彩と深い陰影を添えているのだった。一九一八年のロシア革命以前は、グーロフの様な紳士やアンナの様な淑女たちがこの海浜を行き交っていたのである。海岸通りのカフェーで、あるいは山手の路地裏で、そのような奥さんの一人と出会えたら——これがヤルタの地名と分かちがたく結ばれている私の夢想である。

一一時から、続けて二つのヤルタを代表する豪華な宮殿を訪問した。まず、市街地の南西一六キロにあるアループカ宮殿、帝政時代当地を治めていたヴォロンツオフ伯爵が住んでいた館である。バスを降りて、両側を高い石垣で仕切られた道を入り口まで歩いた。鋸の歯の様な北側の岩山聖ペトロ山の頂に向けてロープウエイが伸びている。

豪華な調度を並べた南面の部屋部屋、ヤルタ会談の時チャーチルがこの宮殿に滞在し、その一室で執務した。ある部屋では大きな窓の間の壁ごとに、当館に所縁のある人物の胸像が並んでいた。ロシアに侵攻したナポレオン軍を破った名将クトーゾフ将軍（彼は『戦争と平和』でも主要な登場人物である）、エカテリーナ二世とポチョムキン、そして館の女主人ヴォロンツオフ伯爵夫人など。ガイドのターニャさんによると、なんとこの夫人こそ、『オネーギン』に出てくるタチヤーナのモデルとされている女性だという。

黒海を見晴るかす南側の庭には、赤、ピンク、白、橙色、青など多彩な花々が咲き乱れる大きな花壇があった。まぶしい陽光の下、花壇のあいだの小道を抜けて館の中央に出た。こちら側が、アループカ宮殿の正面なのである。傾斜を利用して大きな広い石段が玄関まで登っている。石段の両側には、宮殿を守護するかのように左右二頭ずつのライオン像が横たわっていた。玄関入口はモスクのミハラブのように窪み、その天井や柱はアラベスク模様で飾られている。イギリスの建築家によりイスラム風に設計されたのである。私たちは広い庭の其処ここに散り、記念写真を撮りまくった（440頁　図11—20参照）。

引き続き訪ねたリヴァーディア宮殿は、ロシア皇帝ニコライ二世の夏の宮殿として一九一一年に建てられたもの、一般には第二次大戦の戦後処理を巡るルーズベルト、チャーチル、スターリン三巨頭による一九四五年二月四日から一一日にかけてのヤルタ会談の場所として名高い。ただし、アループカ宮殿を観た後では、ロシア皇帝の別荘にしては比較的質素な造りに見えた。一階にある有名な会議の間は、真紅の絨毯が張られた長方形の部屋である。通路から見て長方形の奥の狭い側の壁に穿たれた暖炉近くに白いクロスで覆った円卓が配置され、その周りに木製の背もたれの付いた椅子が一〇個ほど並んでいる——ただそれだけである（440頁　図11—21参照）。

そのほか一階には、ルーズベルト大統領の寝室や食堂、そしてある夜秘かに訪ねてきたスターリンが、ルーズベルトとさしで千島列島の領有を話し合ったという部屋も見学した。四ヶ月後に亡くなる大統領は既に体力が衰えていて、スターリンに押し切られたという意見が根強い。

二階には、ニコライ二世一家に係る資料が展示されている。ニコライ二世と夫人、アレキサンデル二世などの写真が飾られた部屋、一家の居間として使われた部屋などがあった。この宮殿が出来てからわずか七年後革命で惨殺された一家は、実際には幾夏をこの館で過ごしたのだろうか。

アーチ状に穿たれた回廊に囲まれた中庭は、三巨頭が記念撮影をした場所である。棕櫚が伸びる花壇の中央に敷かれた石畳の小道の奥に、白い噴水盤がある。三人はこの盤の前に並んだという。中庭には立ち入ることが出来ないので、この庭を背景にした手前の回廊に立って自分の記念写真を撮った。

一四時、ヤルタの観光名所の一つ、俗に「ツバメの巣」と称される館を見下ろすレストランで前田さん、下松氏、加藤氏らとランチを摂った。

「昨夜は、ベッドのスプリングが肩に当たってよく眠れなかった」と前田さん。すかさず下松氏が「Spring has come『春（スプリング）が来た』」と合いの手を入れた。昔、英文法の授業で、現在完了の例文として覚えたらしい。旅が深まるにつれ、彼の舌の回転が益々良くなっている。

スズキのスープが出てくると、「まあこの味は、スキズキだな」と再び駄洒落を飛ばした。

前田さんが、日本の演歌の話を始めた。しばらく現在の流行歌手の批評が取り交わされた。歌手の名前くらいは私も小耳に挟んでいるが、誰それの持ち歌などと言われても全く分からないから、殆ど黙って聞き流すだけである。ただ由紀さおりの名前が出てきたときだけ、「彼女は最近外国で人気が出ているそうですね」とテレビニュースの受け売りをしてみた。

そのうち前田さんが、「やっぱり、美空ひばりが最高ね。あのような歌唱力のあるひとは二度と現れないでしょう」と褒めた。すると下松氏が、

「そこで大伴家持の出番だ」という。皆その意味が分からず、彼の発言を待った。

「うらうらと　照れる春日に　雲雀あがり　心悲しも　ひとりし思えば」と家持の代表的歌の一つを彼は詠って見せた。

「なんじゃ、これは」と加藤氏があきれ顔をする。「家持の歌を諳んじただけじゃないか」

「いや、美空にひばりが舞い上がる情景を讃えた歌なのです」下松氏は泰然と言い放った。

「先に発言した方の勝ちですね」と私も苦笑する。

ただ前田さんは、「ひょっとしたら大学の先生？」と感心したような声をあげた。

「時々、そのような質問を受けることがあります」下松氏は嬉しそうに答える。「本当は、長いサラリーマン生活を勤め上げた人間ですが」

「今度はいろいろ面白いところが見物できて楽しい旅でした。でも今回もっとも印象的だったことは、よく勉強されてる方に何人もお会いできたことです」前田さんは真面目な顔で話した。

食後に立ち寄った「ツバメの巣」は、ヤルタ市街地のはずれ、アイ・トドール岬の崖の上にそそり立つ白亜の城塞である。実際は、一九一二年にドイツ人の富豪が建てた館に過ぎないが、その外観と立地の良

図（11-22）「ツバメの巣」

さからヤルタを訪ねた人は必ず立ち寄る名所となっている。ツバメの巣を背景に集合写真を撮る。

この日の観光の最後は、クリミヤの名産マサンドラ・ワインのワイナリーでの試飲。各自のテーブルに配られたトレイの一〇のワイングラスに、甘口から辛口へと糖度が異なる一〇種のワインが注がれている。試飲後、お気に入りのワインを注文することができる。最高級の一七七五年ものは現在五本しか残っていないが、一本一七〇〇万円はするという。舌先を湿らす程度の私の試飲ぶりを見ていた加藤氏は、「残りを頂いてよろしいか」と断ったうえで、私のトレイに載った一〇本のグラスを飲み干してしまった。一九時半から、旅の最後となる晩餐を楽しむ。

五月二九日（水）、五時に目覚めて再びレーニン海岸通りまで降りていく。この町を今後歩くことは、おそらくないだろう。でももし機会があったとすれば、妻を連れて歩くのも悪くないなと思う。もっと長期の滞在客として。

バスでシンフェロポリ空港まで行き、モスクワ経由で成田に帰着する予定である。シンフェロポリ離陸時間に合わせて、七時に朝食を摂り、八時にホテルをチェック・アウトした。バスは、数回坂道を折り返しながら崖上の道路に出た。一、二度曲がり角で市街地と海岸を見下ろすことができた。しかしこれを最後にヤルタは、私達の視界から消えた。

（二〇一三年七月二三日　記）

おわりに

日ごろの活動のなかでも最も楽しく充実した時空であった私の諸国遍歴。そのうち本書では、二〇〇三年の「早春のトルコ紀行」から二〇一三年の「ウクライナ、ベラルーシ、モルトヴァの旅」までの一一編の旅の記録を収載した。最近一〇年間の紀行である。しかし、この短い期間の間にも、世界の状況はめまぐるしく変転している。その多くが、本書の対象である東西回廊の地域に係わるものだった。

二〇〇三年に起きたニューヨーク多発テロをきっかけに米国にリードされた多国籍軍は、イラクやアフガニスタンに進駐した。「早春のトルコ紀行」は、イラクに対する国連査察期限の直前に出掛けた旅である。その後イラクやアフガンでは形式上一応民主主義的政府が生まれたが、情勢はなお混沌としていて安定には程遠い。むしろ、近隣諸国に不安定な状況を醸成しているように見える。安泰に見えたアサド政権のシリアでは、内戦が収束する見通しが立っていない。私が訪ねた首都ダマスカスや北部のアレッポも、戦乱に巻き込まれてしまった。アレッポのスーク（市場）で、片言の日本語を使いながら愛嬌を振りまいていた若い衆は無事だろうか。初期キリスト教の記憶を残す古都ダマスカスの路地裏は、無傷で残っているか、ウマイヤド・モスクやアゼム宮殿で一緒に写真を撮った家族や少年たちは、今どうしているのか。

いっぽう、最終第十一章の「ウクライナ、ベラルーシ、モルドヴァの旅」（二〇一三年五月）から一年も経っていないのに、ウクライナ南端のクリミヤ半島はロシア軍が確保し、東部のドネツ州でも分離独立の動きが収まらない。しかしこのような激しい政治的軍事的変動はなんら最近の一〇年に限られたものではなく長い歴史的背景があり、東西の回廊であるこの地域が置かれた地政学的条件に起因している。

歴史、なかでも世界史の学習は、世界の中の日本を考える端緒を与えてくれるだろう。同様に、外国を旅することも自国を省みる良い機会である。旅をしながら私は、日本人や日本社会の長所や欠点を絶えず比較していたのだった。日本のマスコミやその影響を受ける世論は、どうしても同盟国米国や西欧的視点や価値観に偏向し易い。純粋に客観的な立場は取れないにしても、これまで私は、事象を複眼的に観察しようと試みてきた。イラクやアフガン問題でも、イスラエル／アラブ関係でも、ウクライナの現状についても、エネルギー政策でも、私はマスコミの一般的論調を単純に受容することは出来ない。

本書に載せた紀行文の初稿の多くは、当初地元高槻市の文芸総合誌『水晶群』に掲載したものである。会員相互の合評会で頂いた貴重なアドバイスが、今回の編集に大いに役立っている。

本書に挿入した水彩画を描き始めたきっかけは、近くの原村で野外スケッチを指導中のとが逸平先生との出会いにある。その時からおよそ七年の歳月が流れた。依然として未熟なのは私の努力不足によるものだが、水彩も紀行の一部と考え、あえて使うことにした。

カラーと白黒写真を併用した為、その編集と配置が難しかった。五回にわたるゲラでの筆者の要望を快く引き受けていただいた叢文社編集長の佐藤由美子氏に、心から感謝いたします。

二〇一四年六月二八日　高槻市の自宅にて

著者／北原　靖明（きたはら・やすあき）

英国近現代史、特に英国植民地研究が主なテーマ。
東京大学卒業、英国ウォーリック大学で修士号。大阪大学で博士号「文学」取得。

主な著書
『インドから見た大英帝国』（昭和堂，2004）
「ヒル・ステーション―インド植民地における英国人の特異な空間」『空間のイギリス史』所収（山川出版社，2005）
「キプリングの帝国」『キプリング―大英帝国の肖像』所収（彩流社，2005）
「セルヴォンとナイポール―相対するコスモポリタニズム」『現代インド英語小説の世界』所収（鳳書房，2011）
『カリブ海に浮かぶ島トリニダード・トバゴ―歴史・社会・文化の考察―』（大阪大学出版会，2012）
訳書
「百の悲しみの門」『キプリング―インド傑作選』所収（鳳書房，2008）

東西回廊《とうざいかいろう》の旅《たび》

平成二十六年九月二十五日　初版第一刷

編著者　北原靖明
発行者　伊藤太文
発行所　株式会社　叢文社
〒112―0014
東京都文京区関口一―四七―一二
電話　〇三（三五一三）五二八五

印刷　モリモト印刷株式会社

定価はカバーに表示してあります。
乱丁・落丁についてはお取り替えいたします。

ISBN978-4-7947-0729-1